大道偕行

中国和意大利文化线路保护研究新视野

Side by Side

New Horizon of Cultural Routes Conservation and Research in China and Italy

于冰　[意] 海莱妮·波斐里奥　主编

文物出版社

图书在版编目（CIP）数据

大道偕行：中国和意大利文化线路保护研究新视野 / 于冰，（意）海莱妮·波斐里奥主编．—北京：文物出版社，2020．1

ISBN 978－7－5010－6483－0

Ⅰ．①大…　Ⅱ．①于…　②海…　Ⅲ．①文化遗产—保护—文集　Ⅳ．①G112－53

中国版本图书馆 CIP 数据核字（2019）第 272835 号

大道偕行：中国和意大利文化线路保护研究新视野

主　　编：于　冰　［意］海莱妮·波斐里奥

责任编辑：李　睿　宋　丹
责任印制：梁秋卉
封面设计：王文娴
出版发行：文物出版社
社　　址：北京市东直门内北小街 2 号楼
邮　　编：100007
网　　址：http：//www. wenwu. com
邮　　箱：web@ wenwu. com
经　　销：新华书店
印　　刷：北京京都六环印刷厂
开　　本：710mm × 1000mm　1/16
印　　张：15. 25
版　　次：2020 年 1 月第 1 版
印　　次：2020 年 1 月第 1 次印刷
书　　号：ISBN 978－7－5010－6483－0
定　　价：280. 00 元

本系列出版物的研究成果由意大利国家研究委员会和中国文化遗产研究院签署的科技合作协议框架资助支持，中文版出版由中国文化遗产研究院资助

意大利阿匹亚古道考古遗址公园，昆提乌斯别墅遗址（拍摄：于冰，2017年9月）

目　录

序

中国大运河，江苏淮安洪泽湖渔港（拍摄：于冰，2018年7月）

序　一

柴晓明　中国文化遗产研究院院长

通过这本书，我很高兴见到中国文化遗产研究院和意大利国家研究委员会的合作结出了硕果。正如这个课题主题——文化纽带——所示，这本论文集也见证了中国文化遗产研究院和意大利国家科学委员会之间，并以此为平台在更广的范围内，取得丰富的交流成果。

书中论文表明，双方的合作研究促进对大型文化线路遗产保护利用管理复杂问题在一个更新、更广视角下的认识与思考。从多元文化角度开展学术比较研究，对于大型文化线路的价值研究、保护管理在不同社会背景下的演进，是非常重要的领域。

课题的研究也为更多中国和意大利文化遗产保护管理研究机构（如意大利文化遗产与活动旅游部、中国的浙江省和淮安市文物机构等）的交流与合作搭建了平台。中国大运河和意大利阿匹亚古道这两个在世界历史上具有重要影响的文化线路，在遗产保护领域却可称为是后来者——中国大运河 2014 年才被列入世界文化遗产，而意大利阿匹亚古道至今仍在预备名单之中。因此通过双方的合作来吸引更多力量团结起来加强两条文化线路在地方、国家和国际等各个层面的保护管理和推广利用工作就有特别珍贵。

因此，我很欣喜双方的合作研究取得了实实在在的成果，也期待这样的合作形式得以拓展和深化，能够在下期合作项目中取得更多的成果。为此，中国文化遗产研究院愿与意大利国家研究委员会竭诚合作，加强交流，并将继续给予必要的支持，使双方的合作成为多元文化交流的充满活力的纽带。

序　二

吉尔伯托·科贝里尼　意大利国家研究委员会
社会人文科学和文化遗产部主任

意大利国家研究委员会和中国文化遗产研究院资助支持了三年（2016－2018）合作研究项目“大型文化线路遗产保护利用管理——罗马帝国阿匹亚道路和中国大运河”。由意大利和中国学者共同实施的这一研究项目，旨在促进两大文化之间的对话，携手加强两国大型文化遗产保护、管理和推广。案例选择了两个世界著名的文化遗产：已经列入世界遗产的世界最古老的人工运河——中国大运河（包括京杭运河），以及古代罗马共和国建造的最早和最重要的道路之一阿匹亚古道（阿匹亚万路之王）。选择这两个案例不仅因其历史价值，也因其近年开发和管理方面的原由。

项目意方承担机构为文化遗产保护与推广研究所，该所以多学科方法开展文化遗产保护和推广研究。该所属于意大利国家研究委员会的社会人文科学和文化遗产部，主要在意大利和其他国家组织开展物质遗产和非物质遗产的价值认知、分析检测、修复维修、开发利用和传播推广。

文化遗产研究中所运用的科学方法和技术手段是一个复杂的、整体的体系，涉及丰富的文化和社会内涵。保护民众的身份价值，对于其遗产所处的地方经济往往同时带来积极和消极的后果。遗憾的是，在文化遗产保护领域中，有时候相关科研活动过于专业，其分析、修复、技术和法律方式显得与其本来的目标和“文化”内涵相当疏远。

文化遗产科学研究的挑战就是如何在科技活动和文化遗产真正的内涵之间架起沟通的桥梁。应当将文化遗产视为人类无数选择的结果，经过千百年的过滤留传至今。因此文化遗产是社区的血脉，是社区男女老少情绪、思想、期盼和忧虑的结晶，构成社区的身份和品质，营造当代的现实和氛围。

遗产研究的最终目标是保存人类身份和情感寄托，并以可认知和可理解的方式传承后代。意大利国家研究委员会及社会人文科学和文化遗产部不仅致力于弘扬和尊重文化、研究和专业技能，而且致力于过去与现代的文化沟通。中－意合作研究项目即期望迎接这一艰巨挑战，为识读、保护和传承我们共同的文化遗产做出贡献。

前　言

位于罗马卡皮托利山Minturnae遗址的道路和基础
拍摄：Antonio Politano

互鉴之光

（中文版前言）

于　冰

本论文集英文版 China and Italy：Routes of Culture，Valorisation and Management，已于 2018 年 10 月由意大利国家研究委员会出版社（CNR Edizioni）出版。

为扩大双方合作研究成果在中国读者中的影响，中国文化遗产研究院决定提供支持，将论文集翻译为中文出版。

首先说明一下本论文集的研究对象——文化线路。这里不想纠结于文化线路、线性文化遗产或系列遗产等定义的不同，而想强调“文化线路概念的丰富性和可扩展性，无论是沟通交流、不同历史观还是和平信念，都可以囊括其中”（世界遗产公约操作指南，2015 年）。因此，它不仅可以涵盖中国大运河和罗马阿匹亚古道这类典型的交通文化线路，也可以涵盖欧洲 20 世纪极权时期建筑线路（普雷泰利、法瓦托论文）和中国长城（刘文艳、于冰论文）这些历史上曾经发挥过防御或隔离作用的跨区域遗产。其最终目的是为当代服务，“吸引人们走上发现之旅，享受多元丰富的遗产，通过共同的历史和遗产将远方的城镇和人群联结在一起”（欧洲理事会文化线路官网）。

再说明一下本论文集的主题——所谓新视野，在于价值传播在遗产保护管理中的新动态。通观意大利作者和中国作者论文，可以看出两组论文的侧重点有所不同。意大利论文重点讨论欧洲和意大利在文化线路的价值传播和推广利用（相关用语翻译问题在下面讨论）方面的思考和实践，而中国作者的论文侧重点还在价值研究和保护管理。即使两组论文都涉及遗产管理和信息技术应用，意大利的遗产管理和信息技术应用则侧重于以推广利用为导向，而中国的遗产管理和信息技术应用侧重于以遗产保护为导向。倒是有一篇中国论文代表了文化线路在中国发展的新动态，即“大运河文化带建设”重大国家战略（冯辽、魏兴乐），它的目标——“大运河是祖先留给我们的宝贵遗产，是流动的文化，要统筹保护好、传承好、利用好”（习近平 2017 年 6 月批示）——恰恰与意大利文化遗产和活动部 2016 年启动的“阿匹亚古道万路之王”计划异曲同工。当然，不同之处也显而易见。在意大利，文物部门在新战略中发挥着主导作用；而在中国，文物部门还仅仅是参与者。无论如何，大运河文化带建设战略的启动为两国比较研究提供了新的素材，这是在课题立项之后的计划外“惊喜”。但这也不能算纯粹的偶然。本课题在立项申报时即认识到“文化线路的研究已成为国内外遗产研究、城市规划和区域发展的前沿领域”（课题申报书，2016 年），说明了研究选题的前瞻性和敏锐性。

论文集作者队伍的组织，旨在保证论集的权威性与及时性相结合，理论研究与案例经验相结合。作者队伍中，有来自国家级研究机构和高校的作者，包括中国文化遗产研究院于冰、意大利国家研究委员会波斐里奥及意大利文化遗产和活动部斯卡罗纳，合作对中国和意大利文化遗产宏观管理体制进行了深入比较分析；中国文化遗产研究院燕海鸣为海上丝绸之路申遗研究负责人，冯辽和魏兴乐参与中国大运河文化带纲要文化遗产保护专题调研和报告撰写，余建立、王晶主持参与中国大运河申遗过程中的考古发掘、调研研究、保护规划编制等专业工作，于冰和刘文艳长期从事中国长城资源调查认定和保护管理的专业协调，意大利博洛尼亚大学达拉利、普雷泰利和法瓦雷托长期从事欧洲文化线路理论研究和项目运作。作者队伍中还包括两国文化线路保护管理实践经验丰富的人员，如意大利文化遗产和活动部秘书总局弗朗西斯科、比阿罗、卢伊吉和席尔瓦尼，阿匹亚古道考古遗址公园管理局局长巴黎女士，罗马考古遗址监管局资深修复专家、建筑师费里迪齐，萨勒诺省、阿维利诺省和贝内文托省考古管理局局长西亚雷利，中国浙江省大运河负责申遗全过程调研和文本编写的浙江省文物考古研究所资深研究员张书恒，等等。汇集如此强大的作者队伍，希望呈现给读者一部框架系统完整、内容翔实丰富、资料真实可靠的论文集。

下面说明论文集中文版的翻译问题，之所以在前言中讨论而不是将其放在后记中，是考虑到在翻译过程中遇到的不仅是翻译技术问题，更主要的是理念和制度问题，闪现互鉴之光。而且放在前面有助于读者在后面的阅读中能更准确地理解中文版本与英文版本的异同关系。

首先，中国论文均由作者本人在各自英文论文基础上整理为中文，为适应中国读者知识背景和阅读习惯，在内容和结构上有所删减、补充或调整，因此中国作者的中文论文与英文版中相应论文内容并不是严格的对应翻译关系。

另外，论文集中意大利作者的论文由中国文化遗产研究院文物研究所的研究人员于冰、余建立、赵夏和余越等负责翻译，于冰负责对所有英文翻译进行校译。在翻译中值得深思的一点想在这里指出，就是在翻译与价值传播和推广利用相关的词汇时，很难找到对应的中文词汇。这类词汇包括 enhancement，valorisation，fruition，appriciatioin，enjoinment（表 1）等等。这不仅仅是历史原因或语言习惯问题——像中文“文物”一词就很难找到准确的英文对应词汇，而是反映了我国在文物价值传播和推广利用方面的制度化建设还相当滞后，与保护管理制度相关术语相比，还没有建立一套达成相对共识的文物利用术语体系，像“利用”、“展示”、“开放”、“活化”这些词既没有专业界定，其主语也基本是文物工作者而不是公众。

举例而言，enhance（包括 enhancement，enhancing 等变形）这个词汇在本论文集意大利作者相关的 9 篇论文中，总共出现了多达 60 次左右。这个词本身的含义十分简单，就是提高、提升、加强的意思。但放在意大利文化遗产体系中，它与保护构成两大支柱，非常重要。从这个意义而言，这个词的地位等同于我国文物保护中的“利用”。但在我国“利用”这个词汇虽然出现在《文物保护法》中，但却从未加界定，从而各方理解差异甚远，甚至存在很大分歧和争议。为避免不同中国读者的不同理解，我们在翻译中未将 enhancement 翻译为“利用”，而在绝大多数情况下翻译为“推广”，个别情况下译为

“推广利用”、“展示推广”等，以便与中国语境相适应。为便于中国读者理解，这里介绍一下推广（enhancement）一词在意大利文化遗产保护法律体系中的含义。在意大利《文化和景观财产法典》（Codice dei Beni culturali e del paesaggio，2004 年）中，明确定义：“文化遗产的推广工作，目标是促进文化遗产知识的传播，确保该遗产的利用和公众享用具备最佳条件，关键在于履行相应的职能，以及规范相关的活动。推广工作还涵盖对文化遗产的保存工作的促进和支持”（第六条）。另外法典还有若干专门章节和大量相关条款涉及相关规定。这里有两个关键词：“职能”和“规范”。“职能”赋予文化遗产和活动部代表国家推广文化遗产的义务和责任，必须依法履行；“规范”则通过详细的法律规定确保文化遗产和活动部在文化遗产推广工作履行职能、授权和委托、受托全过程的文化遗产保护原则不受损害。在此基础上，无论是政府、企业、社会组织还是公众，都可以理直气壮地讨论、决策、资助、参与和监督文化遗产的推广，而不必纠缠于一个词所引发的争议，数十年原地踏步。

表 1　词语翻译及说明表

原文	译文	说明
Via Appia Via Appia Antica The Ancient Roman Consular Street of Appia	阿匹亚古道、 阿匹亚道路	Via Appia 即阿匹亚道路，Via Appia Antica 一词是在 19 世纪旁边新修了一条道路——阿匹亚新道（Via Appia Nuova）之后的名称，即阿匹亚古道，还有 the Ancient Roman Consular Street of Appia，直译为古罗马执政官修建的阿匹亚道路。很多论文将这几个词互用，均指阿匹亚古道，本论文集多译为“阿匹亚古道”，也译为“阿匹亚道路”。
Appia Regina Viarum	阿匹亚万路之王	拉丁文，英文意为 Appia Queen of Roads，直译为“所有罗马道路中的皇后”，也有译为“女王之路”。但为确切表达原文含义，译为“万路之王”

续表

原文	译文	说明
Roman mile	罗马里	相当于 1481 米
Ministry of Cultural Heritage, Activities and Tourism (MiBACT)	意大利文化遗产和活动部，简称遗产部	在论文集英文版中，提及意大利文化遗产行政主管部门均用 Ministry of Cultural Heritage, Activities and Tourism（MiBACT）名称，应译为“文化遗产、活动与旅游部”。但在论文集出版过程中，意大利中央政府进行机构改革，其旅游职能被划出（归并入意大利农业食品和林业部），现该机构更名为 Ministry of Cultural Heritage and Activities（MiBAC），为简洁见，本论文集统一译为“意大利文化遗产和活动部”
Enhancement	推广、推广利用、展示利用	具体特定法律内涵，详见前文
Valorisation	价值传播、价值推广、价值传承	词源为德文 Verwertung，在马克思主义理论体系中，意为资本增值过程。此词原本含义为通过使用或以其他方式应用资源，发挥资源的建设性作用，实现其自身价值。此词在国外文物保护领域也十分常用，如本课题意大利国家研究委员会合作方的机构名称即为 Istituto per la Conservazione e la Valorizzazione dei Beni Culturali——文化遗产保护推广研究所。此词用中文表达，“发挥文物作用”比较准确，只是不够精简。翻译中根据上下文译法有所不同
Fruition	活化利用	原意为成果转化，享用成果，将资源转化为可用的成果
Appreciation	鉴赏、价值认知	理解和认知某物的价值，欣赏和赞赏某物的价值，升值
Enjoyment	享用、参观	愉悦的体验，享受

最后，感谢葛承雍、詹长法两位审读专家对本论文集修改完善提出的宝贵意见。遵照葛承雍建议，本书中文标题在英文版论文集基础上做了润色，并在每篇首页增补了相关文化线路实景图片，增加了论文集的吸引力。詹长法对本书原文中意大利文和拉丁文专业术语的翻译给予了指导。余越参与了全书的校对工作。

文化纽带

（英文版前言）

海莱妮·波斐里奥　于冰

意大利国家研究委员会和中国文化遗产研究院共同资助了双边合作研究项目“大型文化线路遗产保护利用管理——罗马帝国阿匹亚道路和中国大运河”，执行时间为2016～2018年。双方研究团队希望通过合作研究的开展，了解彼此在文化遗产保护、利用和管理领域的相关政策和管理工具，特别是涉及大型文化遗产的方面（见于冰、波斐里奥、斯卡罗纳论文）。为此，两个世界著名文化遗产被选为最具代表性的案例，即中国大运河（2014年成为世界遗产）和阿匹亚古道（古罗马道路中的万路之王）。之所以选择这两个案例，不仅考虑到它们悠久的历史，也考虑到它们近期的重大行动。

在当今全球化背景下，大型文化遗产面临巨大挑战，需要对其调查、评估、保护、管理和开发开展多学科综合研究。文化线路这类跨区域的文化遗产尤其如此。现在与过去、文化和自然、物质遗产和非物质遗产复杂交融，造就了文化线路。实际上，在古代主要交通体系周边，无论是水路还是陆路，至今仍然富集聚落、基础设施和古迹遗迹（见张书恒论文）。在区域范围内，这些不同时期遗留下来的丰富遗产也是今天可持续发展的资源基础（见王晶、彭雪论文）。如此复杂遗产体系的阐释、保护、推广和管理，应当基于对其不同历史时期遗产价值和文化内涵的深入挖掘，基于对其人类活动生命力影响的全面认识，涉及社会、经济、文化等全方位（见于冰论文）。保护行动不仅应以遗产价值为核心，还需要对遗产及其更宏观区域管理体制加以研究，包括相关管理政策、实施条件和实施效果。于冰论文中讨论了运河遗产法规，刘文燕、于冰论文中讨论了应用信息技术如何作为有效工具为长城这一巨大而复杂的文化遗产研究和管理提供支撑。

具体而言，合作课题的案例之一中国大运河，以水为独特媒介将人与自然紧密联结在一起，提供了一个理想的综合性研究平台，涉及考古调查、研究评估、规划决策、保护维修、管理监测、展示利用、城镇化发展、社区参与和公共服务、生态保护和可持续发展等一个长长的遗产保护链条，成为富有挑战性的管理研究命题（见冯辽、魏兴乐论文）。大运河案例更有意义的一方面还在于它刚刚于2014年成功申报世界文化遗产，因此使我们有机会跟踪它在申遗前管理规划的编制过程，以及申遗成功后规划的实施情况。过去此类跟踪评估工作较为缺乏，因此需要探讨可行的评估方法和评估技术，以便为研究如此复杂遗产保护链条所需的数据采集和数据分析提供框架。通过对管理规划的系统跟踪和评估，有助于更好认识相关政策的适用性，公众对运河展示的认可度，遗产保护对当地社区生活的贡献度等。在全面评估大运河保护管理实施情况基础上，课题以淮安市为重点节点，对比分析国家层面和城市层面遗产管理规划的落实情况（见余建立论文）。

另一案例阿匹亚古道则代表了意大利的典型情况。阿匹亚古道被认为是万路之王，是古罗马修建的最早和最重要的罗马道路之一。阿匹亚古道将罗马与意大利东南的布林迪西连接在一起，打开了意大利半岛通往东方的大门，使罗马与希腊、埃及和东方的贸易通道直接相通，同时提供快速军事调度便利。贸易带来的财富促进了道路沿线各种活动（生产、经济、居住）的诞生。聚落的兴盛同时得益于大规模渡槽的修建（有很长部分的渡槽是修建于地下的），比如克劳迪亚渡槽、新阿尼奥渡槽和马西亚渡槽将水引向罗马及罗马周边郊区的别墅区。早在拿破仑时期，就开始有设想将罗马市中心一直到阿尔班山脚下开辟为大型考古公园。但是直到1988年，经过保卫阿匹亚古道及周边古迹的数十次请愿和斗争之后，拉齐奥大区政府才批准设立“阿匹亚古道大区公园”。公园占地面积3400公顷，只包含近600余公里长的阿匹亚古道中的16公里，而且在公园范围内据统计现在还存在2500多处违法建筑。本书第三篇中的论文从不同方面介绍了阿匹亚古道的情况。阿匹亚古道考古遗址公园管理局局长丽塔·巴黎的论文讲述了公园的历史和发展历程，玛丽亚·格拉齐亚·费里迪齐主要介绍阿匹亚古道的保护维修工作，茱莉亚娜·托科·西亚雷利介绍了卡帕尼亚大区阿匹亚古道的保护政策。

中国大运河和意大利阿匹亚古道均为具有交通功能的线性遗产，因此我们认为借鉴近年来其他文化线路的经验将有所裨益，诸如意大利的法兰西道路（http://www.viefrancigene.org），或者欧洲范围内的厄纳齐亚道路（http://www.viaegnatiafoundation.eu/），以参考相关最佳实践，并从不同视角更全面认识文化线路。因此本书还邀请了欧洲和中国其他文化线路的相关论文，包括菲奥雷拉·达拉利关于欧洲文化线路，普雷泰利、法瓦雷托关于20世纪集权统治建筑的欧洲城市记忆计划，燕海鸣关于海上丝绸之路，以及刘文燕、于冰关于长城的论文。同时，还针对文化线路密切相关的经济问题和管理问题进行了研究，以研究文化线路能为当地社区和不同利益相关群体带来哪些社会经济效益（见阿莱西奥·雷论文）。

2015年10月，意大利文化遗产和活动部部长达里奥·弗兰切斯基尼宣布将阿匹亚古道全线公布为文化线路预备名单，并拨巨款用于全线遗产资源普查，建设地理信息系统数据库（见巴罗、斯卡罗纳、席尔瓦尼论文）。这一命名为“阿匹亚万路之王”的计划启动正好与我们项目开始的时间巧合，因此课题的合作伙伴增加了意大利文化遗产和活动部，以便获得更为直接的资料信息，并促进两国三家机构之间更好的沟通交流。在这个背景下，2017年9月25日在意大利文化遗产和活动部举办了三方国际研讨会，遗产部在阿匹亚古道保护管理方面的工作在会上进行了介绍（见多拉·迪·弗朗西斯科论文）。

综上所术，本书汇集了三家机构的合作成果，期望能够促进两国在大型文化遗产和文化线路保护、利用和管理方面的相互了解和长期合作。

第一篇

意大利和中国遗产保护法律工具

中国长城，河北金山岭明长城（拍摄：纪正权）

文物保护管理制度与改革：意大利与中国比较视野[1]

于冰（中国文化遗产研究院文物研究所 北京 100011）

海莱妮·波斐里奥（意大利国家研究委员会文化遗产科学研究院，意大利罗马 CNR－ISPC）[2]

斯卡罗纳·卢伊吉（意大利文化遗产和活动部，意大利罗马[3]）

摘　要　央地事权划分是文物保护管理体制的重大命题，体现一个国家对文物资源和文物保护意义的认识高度。体制改革的敏感程度和路径依赖，体现文物保护工作对宏观环境嵌入的认识广度。核心文物保护工具的设计与运用，体现文物保护工作的常态机制和基本方法。理念变迁，体现文物保护工作中的理论思考及值得关注的新动向。中国和意大利两国文物保护管理体制在这几个方面的分析比较，对文物保护利用体制改革的顶层设计，具有借鉴之益。

关键词　意大利　中国　文物保护　体制改革

---

〔1〕本文在英文版 Heritage preservation in Italy and China：Legal tools and institutions 基础上有较大修改，主要为第二部分中国文物保护的内容针对中国读者有所调整，并增加第三部分对比分析内容。本文已在《中国文化遗产》2018 年第 5 期发表

〔2〕隶属于意大利国家研究委员会（CNR）的文化遗产科学研究院（Scientific Institute of Cultural Heritage，ISPC），于 2018 年 6 月 28 日成立，由 CNR 原文化遗产学部的 4 个文化遗产相关研究所合并组建。作者海莱妮·波斐里奥（Heleni Porfyriou）来自（原）文化遗产保护与推广研究所（Istituto per la Conservazione e la Valorizzazione dei Beni Culturali － ICVBC）。

〔3〕作者斯卡罗纳·卢伊吉（Luigi Scaroina）任职于原意大利文化遗产和活动旅游部秘书总局二处（国家和欧盟战略计划）。

一、意大利文化遗产保护：高度集中的管理体制

（一）管理体制：演变与特点

1861 年意大利统一伊始，就已经认识到文化遗产和历史遗迹是建立国家认同的宝贵的具有象征意义的资源（Traniello，2002）[1]。

在意大利，负责文化遗产保护工作的职能在国家（State）[2]层面，具体而言就是意大利文化遗产和活动部——包括及其驻地方分支机构，即遍布全国各地的管理局（Superintendences）。这种高度集中化（centralized）管理体制的起源，可以追溯到法西斯主义时期实施的两部法律：分别是 1939 年 6 月 1 日颁布的第 1089 号法律（《关于历史、艺术资产的保护法》）和 1939 年 6 月 29 日颁布的第 1497 号法律（《关于自然景观地的保护法》）。在这些立法颁布的同时，1939 年还对当时的驻地方管理局体制进行了改革，管理局的数量从 28 个增加到 58 个，职能也进行了拆分，分别设置了考古管理局（负责古物监管）、建筑管理局（负责古迹和历史建筑监管）和历史艺术品管理局（负责博物馆和美术馆监管）。三年后，1942 年《城镇规划法》的颁布实施进一步完善了整个管理体制，明确了中央和地方政府机构在属地管理和规划方面的职能划分：保护和保存文化遗产的职能赋予国家，由国家级机构——意大利文化遗产部及其驻地方管理局来具体负责，而地方政府负责区域发展的规划和管理。

---

〔1〕 这方面的首批法案之一是 1861 年 12 月 22 日颁布的佛罗伦萨国立图书馆法案（Traniello，2002）。

〔2〕 2001 年修订后的《意大利共和国宪法》第 114 条规定："共和国由市、省、特大城市、大区和国家组成"。该修宪被称为是意大利从单一制国家"向联邦制国家迈出的关键一步"，地方政府自治权大大增加。通过修宪，赋予市、省、特大城市和大区以自治地位（修订前只赋予大区自治地位），并与国家享有同等宪法地位（参见：冷霞．意大利地区自治制度的宪法变革［C］// 何勤华．全国外国法制史研究会学术丛书——20 世纪西方宪政的发展及其变革［DB/CD］．法律出版社，2005［2004－09－20］中国知网中国会议数据库）。另一方面也说明，即使在意大利大力分权改革之中，文化遗产保护职责仍然保留在国家，坚持其国家战略意义之不可动摇，因此下文称意大利文化遗产保护在当今欧盟国家普遍分权背景下"仍彰显出鲜明的意大利特色"——译者（即本文第一作者）注。

文化遗产是国家不可分割的资产（inalienable assets），不具有经济价值。正是基于此立场，将文化遗产保护职责赋予国家，有助于抵御一切与私有财产权相关的政治阻力。这一立场不但没有受到法西斯政权垮台的影响，而且还被载入战后意大利共和国的新《宪法》；在当今欧洲大背景下仍彰显出鲜明的意大利特色。事实上，战后于1948年颁布的《宪法》在第9条中确认了国家在保护景观和历史、艺术遗产中的核心地位[1]。这一集中化的文化遗产保护体制，几乎没有受到后来各种分权政策的影响。分权政策始于1970年代各大区政府的纷纷成立，后来导致了2001年《宪法》修订对央地政府职能的重新划分：文化遗产、环境和生态系统的保护工作授权国家负责，而“文化遗产和环境遗产的推广和展示（enhancement and appreciation）、文化活动的推广和组织”则授权给各大区负责[2]。

这种复杂的法律体系经过一个多世纪的发展和演变，最终在2004年通过《文化和景观财产法典》（*Codice dei Beni culturali e del paesaggio*）[3]的形式，得到了统一整合。这部法典的立法意图是，明确国家、地方政府（市、特大城市）和区域性机关（省、大区）之间的职能划分，主要依照它们管辖权的不同而通过合作与协议的形式来运行。然而事实上，绝大多数国家和大区之间的“活化和展示项目协议”都从未付诸实施；这两级政府之间的行政权限划分已经产生问题，只能通过详细的修宪才能够解决。

（二）保护工具：遗产名目录与档案建设

对任何文化财产的保护，都要首先基于确认其文化价值的“公告”（de-

---

〔1〕《意大利共和国宪法》（2003年修订）第9条规定“共和国保护国家自然景观和历史文化遗产”——译者注。

〔2〕《意大利共和国宪法》（2001年修订）第117条规定了国家（the State）和大区（Regions）的立法权划分，其中国家拥有专属立法权的领域包括：环境、生态系统和文化财产保护（第s款），国家和大区共有的立法权包括环境和文化财产推广——译者注。

〔3〕此处beni（对应英文goods，或properties）译为财产更符合原文字义。意大利文化遗产和活动旅游部名称中也是beni，按习惯译为遗产。

claration)[1]。这一行政职能属于国家，具体由各驻地方管理局行使。“公告”意味着“约束”，意味着需要受到管理局的监督，需要按照管理局的规定接受财产使用方面的限制条件，需要就拟开展的任何工程提出授权请求，以及附加给业主的保证财产完整性的义务。所有的“公告”汇总在一起，就形成了文化遗产“名录”（catalogue），名录共分为历史、艺术、建筑、考古、档案、人口人类学、环境和景观等八类文化遗产（heritage assets）。任何公民或社会成员都有权提出将某一资产纳入保护的提案，国家的职责是评估该提案，并且“公告”该遗产已经被收进“名录”。在意大利，这份“名录”被看作是一份具有多项功能的开放式文件[2]：它将每项遗产置于“约束”之下，形成所有遗产的家底清单，对它们进行监控，并安排维护和修复工作[3]。

管理局（和/或其他保护管理政府机构）分别管理各自的名录，并在各自辖区内制定和实施各自的保护策略。在国家层面，由意大利文化遗产部（以数字档案形式）建立和维护全国遗产名录。意大利文化遗产部设有档案司，下设的直属机构包括国家档案中心，中央编目和档案研究院（the Central Institute for Cataloguing and Documentation，ICCD），101 处国立档案馆和 15 个大区档案与图书馆管理局。全国遗产名录维护由 ICCD 具体承担。意大利文化遗产部还负责制定标准，向驻各地管理局发布指导意见。

（三）保护理念：预防性与计划性保护

意大利文化遗产保护最重要的一个特点，就是它的前瞻性理念，已经超

---

〔1〕公告是意大利《文化和景观财产法典》中的关键性法定程序，主要体现在法典第二部分《文化遗产》第一分部《保护》的第一章《保护对象》（第 13 条“文化价值公告”，第 14 条“公告程序”，第 15 条“公告通知”，第 16 条“公告的行政抗诉”等），第四章《境内流通》（第 59 条“转让公告”），第七章《利用》（第 98 条“用于公益利用的公告”），第二分部《享用与推广》的第三章《档案查阅和保密保障》（第 125 条保密性公告）等各个方面——译者注。

〔2〕第一部《纪念性建筑名录》于 1902 年由文物与美术总局编制出版。该名录后来持续增补，成为系列出版物，一直出版到 1938 年第 72 卷。

〔3〕意大利《文化和景观财产法典》有专章对“编目”（第二部分《文化遗产》第一分部《保护》的第一章《保护对象》第 17 条，共 6 款）工作作出详细规定——译者注。

越了单纯对文化财产本体的保存，而上升到“预防性和计划性保护（preventive and planned conservation）”。这一概念（祖传遗产的保管）的历史渊源可以追溯天主教会的教会祖产管理中，具体体现为圣查尔斯·博罗梅奥在1582年为保存和保护宗教建筑而制定的《规范和指导》（Tosco，2014）。

到了近现代，最早提出“预防性修复”理论定义的要归功于切沙雷·布兰迪，他曾担任1939年成立于罗马的中央修复研究所（*Istituto Centrale per il Restauro*）所长。随后在1970年代，布兰迪的学生乔万尼·乌尔班尼，也是布兰迪的继任者，发展了关于“计划性保护”这一综合性理论和实践。这为遍布全国的遗产体系得到全面保护提供了理论支撑，并推动了1986年“文化遗产风险地图”（*Carta del rischio del patrimonio culturale*）的发布。以数字地图系统为基础，这一工具可以对意大利遗产每个具体构成要素的风险状况，提供及时和详细的信息。

在此期间，罗伯托·迪·斯蒂法诺在建筑领域发展了“整体保护（integrated conservation）”理念——这一原则在1975年通过的《阿姆斯特丹宣言》[1]中得到全面采纳。整体保护理念不仅涉及遗产的技术性和保护性修复内容，还涉及范围更为广阔的内容，包括遗产的展示传播（fruition），以及如何融入其所处的社会和经济环境。

（四）近期发展与改革

在过去十年间，意大利文化遗产部发生了一系列重大变化。其中的首要变化就是2013年将旅游政策办公室从总理办公室划归并到文化遗产部（根据71/2013号法律），其名称现在也扩展成为——意大利文化遗产和活动旅游部（MiBACT）；其下成立了新的旅游总局（*Direzione Generale Turismo*），推动全国旅游发展项目和政策制定工作，在旅游行业领域负责与各大区、欧盟和国

---

〔1〕欧洲建筑遗产大会1975年发布《阿姆斯特丹宣言》，提出建筑遗产整体保护原则，全面阐述遗产保护需要紧密联系城市规划、地方政府责任、社区参与，需要法律、行政体制、金融手段、专业修复技术转化等配套保障制度改革——译者注。

际之间的联络与协调（Tocco，2017）[1]。在一系列重大变化中，最重要的改革是在达里奥·弗兰切斯基尼担任文化遗产和活动旅游部部长期间推进的，这些变化始于2014年，现已基本告一段落（Settis，2002）[2]。

弗兰切斯基尼所领导的复杂改革进程的正式启动，是由公共支出缩减引发的。通过改革，文化遗产部的行政结构得到彻底重组，特别是压缩驻地方分支机构。开支的减少意味着需要减少政府职员数量，但同时也为解决长期以来困扰文化遗产部的管理体制问题创造了条件。这些问题包括“文化”与“旅游”部门之间缺乏整合；驻地方分支机构管理局的管理和决策传递机制（尤其是它们与中央机构的关系）不顺；中央机构臃肿，职能不清；意大利博物馆缺乏自治权限，发展潜力受到严重束缚等等（MiBACT，2014）。

改革大幅度创新了博物馆管理体制。首先在中央，对文化遗产部博物馆总局局长职能进行改革，授权其在全国范围内实施发展战略，推动与大区和地方政府联合设立博物馆中心（museum centers），活化利用文化机构和文化场所，制定收费和服务导则。在各个大区，设立大区博物馆综合中心（Regional museum poles）作为博物馆总局驻地方分支机构，负责文化遗产部与大区政府合作协议的签署，促进中央博物馆和地方博物馆、国有博物馆和私人博物馆的合作，“实现其展示传播、活化和利用工作等方面的公益服务”。另外，批准20家重要博物馆和考古遗址（包括庞贝古城和古罗马竞技场）实行行政管理和科学研究的全面自治（在此之前多年，直接管理很大面积的罗马监管局和庞贝古城管理局，已经改革建立了自治管理体制）（Guzzo，2003）；

---

[1] 旅游总局负责旅游政策的职能，包括在国际舞台上重振意大利竞争力的战略规划制定，弘扬“意大利制造”品牌战略，同时也为战略性项目的实施提供保障支持，以提高意大利各不同地区的旅游服务供给能力。有关该局的责任，请参阅：www. beniculturali. it/mibac/export/MiBAC/sito – MiBAC/Luogo/Uffici/Struttura – organizzativa/visualizza_ asset. html_ 1999341105. html.

[2] 这些新近改革似乎是被一种新的意识所支配，该意识以国家经济复苏为目标，也把经济价值附加于“文化”领域。值得注意的是，在意大利，我们是如何从“文化不会为餐桌带来食物”的态度，发生战略性转向，这一战略方向以旅游为中心，有时似乎主要是从文化的经济衍生品角度来看待文化，而不是从其社会效应来看待文化（Settis，2002）。

引进高水平管理团队，面向全球公开招聘负责人（MiBACT，2014）。这也意味着这些自治机构不再由文化遗产部驻地方管理局负责管理。这样一来，各监管局的职责只剩下保护一些个别遗址和景观（Casini，2016）。

改革的第二个重大变化（来自 2016 年 1 月 23 日签署的部长法令）是文化遗产部中央机构和其驻地方分支的重组。“为了进一步提高文化遗产保护工作的管理效率”，强化文化遗产部秘书总局（General Secretariat）指导、应急和协调的跨部门职能；加强地方决策协调机制，由大区协调委员会（秘书总局驻大区秘书局 regional Secretariats 负责牵头，管理局参与）统一行使管辖区内行政职能，如发布文化遗产价值和认定公告等，而不再由管理局直接发布；合并之前分别负责不同类别文化遗产的各管理局，成立统一负责考古、建筑、景观和历史艺术品的综合性管理局。

需要强调的是，这些改革举措产生了一系列重大影响。尽管改革时强调“驻大区秘书局行政职能的加强并不会取代管理局的专业技术职能”，强调博物馆自治改革的同时将“确保其与管理局和地方政府保持密切联系，使其保护职能和维护国家文化遗产完整统一的目标不受侵害”（MiBACT，2014），但是改革可能引起的风险还是需要引起注意。改革之前，遍布全国的遗址公园和博物馆没有自主管理权，他们的门票收入由监管局统筹安排，用于那些“次要的”古迹的保护和维护。同时，监管局还负责对其管辖范围内的遗址和相关博物馆开展相关研究工作，提升这些遗产的价值认知水平，并统筹采取相应的保护措施。

现在，活化和展示方面的工作由大区博物馆综合中心负责，而且它们有权成为缔约合同的主体，因此可以成为收入中心，经济地位大大增加。管理局只剩下组织实施那些不以活化和展示为目的的单纯的保护项目职能，而且没有任何具体实施保护工作的机会：这一任务现在已在操作层面被委派给了驻大区秘书局。然而，价值认知、保护和活化利用工作是整体工作的有机组成部分；把它们分开会使各方面工作都面临财务困境。一方面，博物馆由于缺乏展览内容，同时因为自治而缺乏与全国其他大区博物馆的交流，因而可能会陷入财务困境；另一方面，监管局不仅因为丧失博物馆门票收入而减少保护工作的资金来源，而且丧失了专业领域的管理约束途径，而这一点对于实施正确的保护至关重要。

二、中国文物保护：高度分化的管理体制

（一）以属地管理为核心的体制特征

一般认为，中国历史上是典型的东方专制国家（Wittfogel，1959），中华人民共和国成立之后又经历了 30 年计划经济时期，是一个高度集权的国家。实际上，当代文物保护管理体制形成高度分化的特征。

中华人民共和国成立之初，中国“为集中力量建立社会主义经济基础、巩固新生的无产阶级政权，而采取了高度集权的计划经济体制和行政管理体制”（荣秋艳，2014）。在此背景下，文物保护虽然已经开始实行以属地管理为主的逐级上报行政体制[1]，但在高度集权体制下，地方政府只是中央政府在本地区的代理人，没有独立法律地位和经济利益，完全接受中央政府的指示和领导（荣秋艳，2014），在土地、财政、机构人员等方面均执行中央计划指令，因此当时的属地管理并无分权实质。

1994 年的财政体制改革，对中央和地方政府的财权、事权及支出责任重新划分，地方政府职能发生根本性转变，然而文物工作仍延续“属地管理”体制，开始出现高度分权现象。财政体制改革，即分税制改革产生的影响，使地方政府在经济、社会、文化和行政管理方面的职能显著强化，自主性大大提高。“从地方政府职能履行的实际情况来看，地方政府在财政分权改革后

---

〔1〕1951 年中央人民政府政务院颁布的《古迹、珍贵文物、图书及稀有生物保护办法》中，主要保护职责即为“各该地方人民政府文教部门及公安机关”（第一条）、“由当地人民政府负责保管，并逐层报上级政府转报中央人民政府文化部决定处理办法”（第二条）等。1960 年国务院颁布的《文物保护管理暂行条例》规定，“各级人民委员会对于所辖境内的文物负有保护责任”（第一条），“一切文物保护单位的保护和管理，都由所在地县、市人民委员会负责；日常具体的保护和管理工作，可以委托所在地的人民公社、机关、学校、团体进行”（第五条）。

将经济职能置于更为重要的地位……重经济建设而忽视公共服务提供的行为表现突出，往往将财政资金投向见效快、可突显政绩的基础设施建设和产业发展等方向，直接经济效应不明显的医疗、教育、科技文化等公共产品和服务提供普遍被忽视”（荣秋艳，2014）。

未意识到地方政府职能转变的宏观形势变化，1982 年第一部《文物保护法》及 2002 年的修订版，基本沿用 1960 年国务院《文物保护管理暂行条例》属地管理思路。在地方政府对于规划、财政资金和土地开发使用等方面具有很大自主权的情况下，涉及文物保护的领导责任、城乡规划、日常管理、经费预算、机构人员均由地方政府负责〔1〕，属地管理体制的性质发生根本性转变，体现出高度分权特征。

属地管理适应我国地大物博、差异显著的特点，但在特定历史阶段也造成一定的弊病。各地经济建设迅猛发展与文物保护矛盾日益尖锐，迫于发展压力和财政压力难以顾及文物保护，地方政府文物保护责任很难落实，“法人违法”成为文物破坏案件的主要原因（廉颖婷，2016）。

在文物保护属地管理体制中，国务院文物行政部门（即国家文物局）所起的作用主要是宏观管理，“主管全国文物保护工作”〔2〕的职责，职能包括拟订事业发展规划和标准，文物行政执法督察，审核和监督世界文化遗产申报和管理，管理和指导全国考古工作等〔3〕。各地各级文物行政部门与国家文物局并无行政隶属关系，受地方政府领导。在这种体制下，当地方经济发展与文物保护发生冲突时，地方文物部门和国家文物行政部门作为行业管理部门

〔1〕《文物保护法》规定，“地方各级人民政府负责本行政区域内的文物保护工作。县级以上地方人民政府承担文物保护工作的部门对本行政区域内的文物保护实施监督管理。县级以上人民政府有关行政部门在各自的职责范围内，负责有关的文物保护工作”（第八条）。“县级以上人民政府应当将文物保护事业纳入本级国民经济和社会发展规划，所需经费列入本级财政预算”（第十条）。

〔2〕“国务院文物行政部门主管全国文物保护工作”的职责，见《文物保护法》第八条。

〔3〕具体参见国家文物局官方网站“主要职责”介绍［EB/OL］. http：//www. sach. gov. cn/col/col1020/index. html

都很难影响地方政府决策，发挥有效制衡作用。

此外，国家的文物财政政策和土地政策加剧了文物保护属地管理行政体制的分权程度。财政政策方面，国家文物局对地方政府决策的控制，基本通过涉及全国重点文物保护单位工程项目的事前审批和违法案件发生的事后督察，以及中央文物保护财政经费的分配。虽然近年中央文物保护财政投入大幅增加，占全国文物事业费的40%～60%（于冰，2016），但因为支持范围非常有限〔1〕,所以很难扭转地方财政压力下重经济发展轻文物保护的决策倾向。

土地政策方面，改革开放后土地管理体制市场化进程大大加快，而文物管理采取了文物所有权与其附着土地所有权和使用权分离的法律制度，这一“不随地走”的文物土地制度不仅世界各国鲜有，在国内其他类别国有资源资产中也极少采用。文物保护管理和依法行政因而带来很多特殊困难。大量国有文物分布于不同所有权和使用权的土地之上，在国有资产管理制度空白的现状下，国有文物保护与各类发展、建设、生产生活、交易等活动交融在一起，分散决策程度极高，存在高度信息不对称和激励不相容，破坏风险面广、概率高，监管成本巨大，将文物保护事业“纳入本级国民经济和社会发展规划”（《文物保护法》第十条）落实不到位现象普遍存在。

（二）保护工具：文物保护单位制度

中华人民共和国成立以来，以《文物保护法》为核心，由法律、行政法规、部门规章、地方性法规、规划和标准构成的中国特色文化遗产法律体系框架正在基本形成。有两部专门为特定遗产颁布的法规都涉及本论文集主题——文化线路遗产，即2006年颁布的《长城保护条例》（国务院，2006））和2012年颁布的《大运河遗产保护管理办法》（文化部，2012）。专业准则和标准化体系建设受到重视，已颁布修订《中国文物古迹保护准则》以及33项

〔1〕 中央文物保护财政经费只能用于全国重点文物保护单位保护规划编制、本体维修等个别方向，见财政部、国家文物局《国家重点文物保护专项补助资金管理办法》（财教〔2013〕118号）第二章“补助范围和支出内容”。

国家标准和 85 项行业标准[1]。

在中国不可移动文物保护管理制度中，文物保护单位是核心制度。2002 年修订的《文物保护法》第二章“不可移动文物”共 14 条，12 条都是与文物保护单位相关的规定。不可移动文物保护管理中的主要措施，包括价值评估、定级公布、“四有”工作，保护范围和建设控制地带划定与管理，修缮资质，用途管理和经营限制等规定，都以文物保护单位为对象。

文物保护单位制度具有分级管理特点。自 1956 年开始实行“文物保护单位”制度以来[2]，现存 766722 处不可移动文物中，公布为各级文物保护单位的共 129508 处，其中全国重点文物保护单位 4296 处，省级文物保护单位 17298 处，市县级文物保护单位 107914 处[3]。不可移动文物确定为各级文物保护单位，主要“根据它们的历史、艺术、科学价值”（《文物保护法》第三条）。不同级别文物保护单位在核定公布、“四有”工作、建设活动审批和修缮要求等方面行政职责由不同级别政府或政府部门承担[4]。

文物保护单位分级管理的特点，是计划经济时期社会领域“单位”思想

〔1〕 见全国标准信息公共服务平台 http：//www. std. gov. cn/中相关国家标准和行业标准分类统计（WW）

〔2〕 国务院在《关于在农业生产建设中保护文物的通知》（1956 年）第三条中要求：“必须在全国范围内对历史和革命文物遗迹进行普查调查工作。各省、自治区、直辖市文化局应该首先就已知的重要古文化遗址、古墓葬地区和重要革命遗迹、纪念建筑物、古建筑、碑碣等，在本通知到达后两个月内提出保护单位名单，报省（市）人民委员会批准先行公布，并且通知县、乡，做出标志，加以保护。然后将名单上报文化部汇总审核，并且在普查过程中逐步补充，分批分期地由文化部报告国务院批准，置于国家保护之列。被确定的文物保护单位，由文化部进行登记，颁发执照，交由当地人民委员会负责保管。各地农业生产合作社对本社范围内的文物保护单位负有保护责任”。

〔3〕 总数 766722 处不可移动文物为国家文物局 2011 年召开第三次全国文物普查成果新闻发布会公布数据［EB/OL］. http：//www. sach. gov. cn/art/2011/12/30/art_ 722_ 109889. html. 国保、省保和市县保数据来自国家文物局编印《2016 全国文物业统计资料》（2017 年 8 月）公布的《文物行政主管部门基本情况综合年报（二）》，该表“本辖区文物点”总数 553428，不同于三普公布总数，可能由于统计计量口径不同导致。

〔4〕 例如，全国重点文物保护单位由国务院核定公布（《文物保护法》第十三条），由省级人民政府“划定必要的保护范围，做出标志说明，建立记录档案，设置专门机构或者指定块负责管理”（文物保护法实施条例第八条），其保护范围内开展建设活动，“必须经省、自治区、直辖市人民政府批准，在批准前应当征得国务院文物行政部门同意”（《文物保护法》第十七条），“需要迁移的，须由省、自治区、直辖市人民政府报国务院批准”（《文物保护法》第二十条），等等。

向文博行业的延伸（王运良，2009）。虽然它在特定历史条件下发挥了集中行政资源加强重点文物保护的优势，但也产生一定的负面影响。

首先从基础工作而言，文物保护单位制度体系首先缺乏法律明确界定。文物保护单位制度作为不可移动文物保护管理的基础性制度，其“概念至今未得到清晰界定”（王运良，2009），核定公布的范围和内容也不尽明确。正式公布的文物保护单位名单，并不明确告知文物保护单位的构成范围〔1〕。另外，文物保护单位制度的编目工作和信息公开尚未制度化，甚至连全国重点文物保护单位都缺乏完整权威便捷查询系统〔2〕，更不用说省市县各级文物保护单位名录的及时完整公布。这给文物保护管理和执法带来很大困难。另外，由于文物保护单位概念与社会上普遍理解的行政事业单位概念完全不同，信息公开程度又很低，造成普遍混淆，认知度不高，给社会力量参与和支持文物保护和文物利用带来制度上的障碍。

其次从保护力度而言，在文物保护单位分级管理框架体系下，占不可移动文物绝大部分的低级别文物保护不力。目前几乎保护规划、维修工程管理、经费使用、四有工作标准等主要保护措施都以全国重点文物保护单位为中心，而市县级文物保护单位等低等级文物和未核定公布为各级文物保护单位占不可移动文物97%以上，针对它们的保护措施少，标准规范少，管理监督力度小，导致低级别不可移动文物的研究和基础工作极为薄弱，破坏较为严重〔3〕，削弱了

---

〔1〕 例如，2006年第六批全国重点文物保护单位“京杭大运河”（编号6－0810－3－513）和2013年第七批全国重点文物保护单位大运河（编号7－1973－3－009）的公布内容（国家文物局官方网站［EB/OL］. http：//www. sach. gov. cn/col/col1649/index. html）中，以及其他公开官方渠道都查询不到实际列入大运河遗产构成的95处大运河遗产点清单。

〔2〕 国家文物局官方网站只有单独批次的全国重点文物保护单位名单，格式也不统一，包括无法检索和查询的图片格式（第七批全国重点文物保护单位）。无论是管理人员、研究人员还是社会公众都无法便捷使用，还需要加以整理和录入，才能得到一个完整的全国重点文物保护单位名录（国家文物局网站［DB/OL］. http：//www. sach. gov. cn/col/col1644/index. html.）

〔3〕 据国家文物局公布的第三次全国文物普查结果，与第二次普查相比消失4.4万处。不可移动文物消失的原因，除了部分因居民自行拆除改建外，因经济建设而拆除的所占比例也不少（参考消息援引新华社消息［DB/OL］［2012－01－29］http：//china. cankaoxiaoxi. com/2012/0129/11613. shtml）

不可移动文物的有效保护和服务社会经济发展大局作用。

另外从常态保护机制而言，文物保护单位管理仍以工程项目为主，缺乏日常运行管理保障机制。虽然围绕文物保护单位规定了“四有”基础工作的法定职责，但受到人员、经费保障制度和管理机制制约，文物保护单位的保护管理仍以保护维修工程项目为主要抓手。看看相应机构建设情况特别能说明问题。截至2015年统计，全国服务于文物维修工程勘查设计、施工和监理的甲级（一级）资质专业机构已经超过300家[1]，却尚无一家从事不可移动日常养护或记录档案建设维护的专业机构。

（三）发展趋势

中国现代意义上的文物保护管理体系建设始于20世纪早期。一个起源是现代科学的引入，包括地质学和考古学等西方科学方法，对文物价值有了更为全面和科学的认知。第二个起源是文物主权意识的觉醒，认识到任何文物都依附于特定的文化，一个国家对其境内文物拥有绝对所有权，他国不得侵犯，“非但供考古之研究，实关于国粹之保存”（李建，2015）。因此，文物不再是皇室贵胄的玩物，而对公众和国家具有重要文化意义。

21世纪以来，随着中国经济社会快速发展，文物保护领域也出现新趋势，可概括为整体保护理念，治理方式改革和拓展公共服务。

整体保护一方面表现在对文物的认识趋向整体化，从对单点文物或文物重要点段的认识向文物整体价值认识转变。以长城为例，1961年开始的前四批全国重点文物公布了11处长城关堡和部分墙体。2001年第五批全国重点文物保护单位将长城整体公布，以后各批仍在不断扩充。与此同时，文物价值认知范围也越来越广泛，工业遗产、乡土遗产、20世纪遗产、文化景观、遗产运河、文化线路等文物受到重视（中国古迹遗址保护协会，2015）。

[1] 据统计，我国现有文物保护工程勘察设计甲级资质机构106家，施工一级资质机构183家，监理甲级资质机构36家，参见：刘曙光，柴晓明：《文物工作研究——聚焦2015》，文物出版社，2016，第250页（附录表2）。

整体保护另一方面表现在对文物环境的重视。2005 年国际古迹遗址理事会大会在西安召开，发布了《西安宣言——保护历史建筑古遗址和历史地区环境》。另一重要政策是自 2005 年国家文物局牵头启动大遗址保护计划，目标超越遗址本体保护而实现“大遗址的本体和环境的整体保护得到明显改善”，“谋取区域社会效益，生态效益的和谐与可持续发展”[1]。

整体保护还表现在从抢救性保护向预防性保护全过程的转变。系统和主动性保护受到重视，监测工作从世界文化遗产地向更广文物保护管理工作推广。例如，2015 年修订的《中国文物古迹保护准则》即增加了监测相关内容。

文物治理体系的央地关系在中国政府深化行政体制改革、推进“放管服”[2]的宏观背景下也发生变化。中央文物行政审批职权在持续压缩和下放。《文物保护法》近年也多次相应修改，例如在 2015 年修改内容中，考古发掘单位保留出土文物作为科研标本，国务院文物行政部门不再有审批权[3]。

在中央文物行政部门审批权限下放的同时，文物执法督察工作得到逐步强化。2009 年，国家文物局设立督察司，组织开展文物行政执法、安全保卫督察工作，组织查处文物违法重大案件[4]。2016 年设立文物违法举报中心和举报电话。近年持续开展文物法人违法案件专项整治行动，以法治思维和法治方式加强文物保护力度，体现出从立项审批的入口管理向过程和实效管

---

〔1〕 摘自国家文物局、财政部《十一五期间大遗址保护总体规划》（文物办发［2006］43 号）“总体目标”部分。

〔2〕 “放管服”是深化行政体制改革、转变政府职能的总要求，即简政放权、放管结合、优化服务协同推进。参见：李克强总理在全国推进简政放权放管结合优化服务改革电视电话会议上的讲话——深化简政放权放管结合优化服务推进行政体制改革转职能提效能（2016 年 5 月 9 日），中央政府网［EB/OL］http：//www. gov. cn/guowuyuan/2016 -05/22/content_ 5075741. html.

〔3〕 《文物保护法》第三十四条第二款原内容为“经省、自治区、直辖市人民政府文物行政部门或者国务院文物行政部门批准，从事考古发掘的单位可以保留少量出土文物作为科研标本”。现修改为：“经省、自治区、直辖市人民政府文物行政部门批准，从事考古发掘的单位可以保留少量出土文物作为科研标本。”

〔4〕 见国家文物局官网，督察司介绍［EB/OL］，http：//www. sach. gov. cn/art/2018/1/12/art_ 1021_ 62283. html.

理的重心后移。

随着中国社会经济快速发展，公众对文物利用需求旺盛，中国政府也在大力拓展文物利用公共服务，要“让收藏在博物馆里的文物、陈列在广阔大地上的遗产、书写在古籍里的文字都活起来，对于传承中华优秀传统文化、满足人民群众精神文化需求、提升国民素质、增强民族凝聚力、展示文明大国形象、促进经济社会发展具有十分重要的意义（国务院，2016）。

作为其中一项重大举措，国家文物局组织实施了国家考古遗址公园建设和展示利用计划，“促进考古遗址保护、展示与利用”（国家文物局，2009）。2010 年、2013 年和 2018 年分三批共建立了 36 处国家考古遗址公园。2017 年，国家文物局还发布了《文物建筑开放导则》，“鼓励机关、团体、企事业单位、集体和个人所有的文物建筑对公众开放”（国家文物局，2017）。

在理念上，中国文物保护的整体观与公众服务趋势与全球文物保护趋势一致；在管理上，“放管服”治理改革也与全球新公共管理趋势一致，只是时间进程略有滞后。中国这一变革还在持续进程之中，相应的配套制度建设也还在探索之中，因此借鉴国际经验寻找符合国情的文物保护体制改革之路具有重要意义。

三、比较分析

在国际比较研究中，涉及管理体制机制的方面最难借鉴。因为制度变迁存在路径依赖性质，主要表现为自我强化和自我锁定状态。受不同国家历史因素和现实条件影响，路径依赖使制度建设一旦走上某一路径，既定方向会在往后的发展中得到自我强化，甚至会陷入“锁定”状态，使借鉴他国经验或自我变革变得十分困难[1]（吴敬琏，1995）。

尽管如此，国际经验的借鉴仍然十分富有启发意义。文物保护利用体制

---

〔1〕 路径依赖理论由美国诺斯提出，在中国改革开放研究中得到大量应用。

改革势在必行[1]，而改革能否成功，能否建立效率更高、效果更好的文物保护管理体制，不仅取决于改革者的主观愿望和最终目标，还依赖于对历史路径选择的判断和未来改革路径的选择，否则会由于“差之毫厘，失之千里”。文物作为全人类共同财富，具有相似的资源资产特性和保护管理需求，如何谋划文物保护事业的战略定位，如何对待文物保护管理体制改革，如何建立有效的文物保护工作机制和方法，还是存在一定的共性。因此，在改革顶层设计时不仅需要立足国情，也需要放眼国际。

（一）央地事权划分的集中度

在意大利文化遗产保护央地权责法律体系中，区分了保护和利用工作性质的不同。一方面明确中央政府在文化遗产保护中的绝对责任，以“抵御一切与私有财产权相关的政治阻力”；另一方面通过改革赋予地方政府在文化遗产活化利用中越来越多的职能。这样的划分既通过权力制衡、机构设置、财政保障等制度确保坚持文化遗产保护目标不动摇，又能较为灵活地适应多元化社会丰富的文化需求。当然，如何平衡文物保护和活化利用管理职能间的关系和协调，在国际上也是一直处于探索和争论之中，需要慎重对待。意大利近年在文化遗产活化利用和旅游体制方面变化频繁，引起意大利遗产保护领域专家同行的忧虑，也正说明这一点。

文物保护中央与地方事权划分，是文物保护管理体制的重大命题。它应当以文物资源战略属性和文物保护公共职责为根基，通过合理配置权力，科学运行权力，保证文物保护目标优质高效实现。实践证明，目前我国属地管理体制不能有效平衡文物保护在国家整体利益与局部利益、普遍利益与地方

---

[1] 2018年7月6日，中央全面深化改革委员会第三次会议审议通过《关于加强文物保护利用改革的若干意见》，国家文物局党组学习贯彻中央深改委第三次会议精神（见国家文物局官网［EB/OL］.［07－10］http：//www.sach.gov.cn/art/2018/7/9/art_1019_150417.html），会议指出，要把确保文物安全放在首要位置，聚焦文物保护的重点难点问题，加强制度设计和精准管理，注意盘活文物资源，在保护中发展，在发展中保护。

特殊利益之间的分配关系，又未合理适度发挥公共文物资源的活化利用服务当代作用。应当在文物保护管理体制改革中，打破路径依赖，适当科学集中文物保护中央事权、依法下放文物利用地方事权。

（二）体制改革的敏感性

意大利文化遗产保护工作的管理体制和管理职能划分，在几个世纪的时间中，为适应日益变化的世界，在逐步调整和改革，体现出鲜明的文化敏感性，和卓有成效的监管机制。而改革始终秉承的宗旨是，使文化遗产保护事业成为意大利之永恒和根本之国策[1]。

中国现代意义上的文物保护管理体制起步相对较晚，新中国在计划经济体制下建立起来的分级负责、属地管理表现出相对稳定性，未随改革开放后央地政府事权财权划分、土地制度市场化等宏观形势变化而做出实质性调整，给文物保护管理带来深远影响。近年来，在国际上很多国家文物财政投入削减的背景下，中国文物保护工作财政投入和项目数量却在大幅增加，成果和水平有所提高。然而，影响文物事业发展的体制机制改革尚“不够到位”，鲜有重大举措，是“被动局面没有扭转”的根本制度性因素[2]。文物事业发展需要专业技术创新和体制机制改革并重，应当增强对宏观制度环境变化的敏锐性。

（三）基础工作的重要性

意大利文化遗产保护视遗产目录和档案工作为核心工具，体现出全覆盖、全过程、持续性、公开化、信息化、机构化和法定化等特点，在全社会参与文化遗产保护、利用、管理和维修中发挥重要作用。

---

〔1〕 本段内容在原文中为意大利文化遗产管理体制部分的小结，由译者根据结构需要移至此处。

〔2〕 中央纪委监察部网站，中央第六巡视组向国家文物局党组反馈专项巡视情况［EB/OL］.［2016 - 06 - 02］. http：//www. ccdi. gov. cn/special/zyxszt/djlxs _ zyxs/fkqk _ 18jzydjl _ zyxs/201606/t20160613_ 80366. html

文物保护单位作为中国不可移动文物保护的核心工具，虽然建立文物记录档案法律制度，但由于配套政策不落实而演变形成重项目而轻基础工作的倾向。档案工作及其常态化保障体系，是文物行业健康发展的基石，也是文物事业获得社会公众支持和参与的媒介。加强文物和文物工作档案建设，对文物工作机构建设、预算结构、人员队伍、标准体系具有长远影响，应当成为文物事业发展体制机制改革的重点。

文物是国家珍贵财富，是民众身份认同纽带。文物保护与国家经济社会发展紧密关联，需要在国家层次上统筹把控保护目标的稳定性和制度改革的敏感性之间的平衡，更需要在专业层次上建立服务于全资源、全社会的可持续的日常工作机制。

参考文献

［1］Traniello，P. Storia delle biblioteche in Italia（意大利图书馆历史：从统一至今）［M］. Bologna：Dall' Unità ad oggi，2002：15－17.

［2］Tosco，C. I Beni Culturali：Storia，Tutela e Valorizzazione（文化遗产：历史、保护与活化利用），［M］. Bologna，Il Mulino，2014.

［3］Tocco，G. "Dalla Tutela Alla Valorizzazione di Siti e Monumenti Archeologici：Ruolo e Funzioni Degli Organi Periferici del Ministero dei Beni e Delle Attività Culturali e del Turismo. Norme e Buone Pratiche"（考古遗址和古迹从保护到活化利用：意大利文化遗产和活动旅游部机构职能改革的政策与最佳实践）［C］//S. D' Agostino（ed.）Ingegneria e Beni Culturali. Bologna，Il Mulino，2017：633－682.

［4］Settis，S. Italia S. p. A. L' Assalto al Patrimonio Culturale（意大利股份公司，对文化遗产的威胁），［M］，Turin，Einaudi，2002.

［5］Ufficio Stampa MiBACT，Verso un Nunvo MIBACT Franceschini：Rioganizzazione del Ministero è Rivoluzione dei Beni Culturali（走向新的 MIBACT，弗兰切斯基尼部长：部门重组是文化遗产革命），［EB/OL］. 2014－07－16 http：//www. beniculturali. it/mibac/export/MiBAC/sito－MiBAC/Contenuti/MibacUnif/Comunicati/visualizza_ asset. html_ 378112305. html

［6］Guzzo，P. G. Pompei 1998－2003：l' Esperimento Dell' Autonomia（庞贝 1998－

2003：自治试点）［M］. Milan，Electa，2003.

［7］Casini，L. Ereditare il Futuro（继承未来），［M］. Bologna，Il Mulino，2016.

［8］Wittfogel，K. Oriental Despotism：a Comparative Study of Total Power［M］. Yale University，1959.

［9］荣秋艳. 中国地方政府职能：问题、成因及转变［J］. 经济问题探索，2014（3）.

［10］廉颖婷. 国家文物局通报文物执法情况法人违法案件占78%［N］. 法制日报，2016-03-31.

［11］于冰，大遗址保护财政制度需求特征与现状问题分析，中国文物科学研究，2016（01）.

［12］国务院，长城保护条例［Z］. 2006-10-11.

［13］文化部. 大运河遗产保护管理办法［Z］. 2012-08-14.

［14］王运良. 中国文物保护单位制度研究［D］. 复旦大学，2009.

［15］李建. 我国近代文物保护法制化进程研究［D］. 山东大学，2015. 引文为：大总统发布限制古物出口令［G］//中国第二历史档案馆. 中华民国史档案资料汇编（第三辑·文化）：185.

［16］中国古迹遗址保护协会. 中国古迹遗址保护准则［S］. 2015.

［17］国务院关于进一步加强文物工作的指导意见［Z］. 2016-03-04.

［18］国家文物局. 国家考古遗址公园管理办法（试行）［Z］. 2009-12-17.

［19］国家文物局. 文物建筑开放导则（试行）［Z］. 2017-11-07.

［20］吴敬琏. 路径依赖与中国改革——对诺斯教授演讲的评论［J］. 改革，1995（3）.

第二篇
欧洲和意大利文化线路遗产保护和管理

意大利阿匹亚古道，梅特拉陵墓, 1720–1725 期间（来源：https://www.parcoappiaantica.it）

区域尺度下的文化线路与遗产体系：管理问题

阿莱西奥·雷

意大利都灵圣塔加文化经济基金会

余建立　译

摘　要　本文从多学科的角度，并结合联合国教科文组织的愿景和做法，探讨诸如历史文化线路等区域性遗产系统管理的几个重要问题。事实上，目前联合国教科文组织世界遗产——目前已有1000多处遗产地——面临着申遗程序和管理工具上的重大转型，特别是事关2030可持续发展议程[1]（Batisse，Bolla 2005）所带来的挑战。除了严格依赖于具体国家法规的行政管理方面之外，还存在一些其他管理问题，需要引起遗产组织的注意，并提出自己的质疑。

关键词　文化线路　联合国教科文组织　世界遗产　遗产管理　旅游

一、文化线路和遗产新“范畴”

很多学科都在探索文化遗产领域以及遗产概念本身，这个概念当然是随着时间推移而演变。这种对于文化遗产不断扩大的热衷和兴趣确实有助于理解与遗产有关的重要问题，有助于探索解决遗产管理问题的最合适的方式。

---

〔1〕　指2015年9月召开的“联合国可持续发展峰会”通过的《改变我们的世界：2030年可持续发展议程》——译者注

例如，在经济学界，描述文化生产系统组织最著名的概念之一是“文化区”（cultural districts）。通常我们用这个定义来描述这样一个场所，在这个特定区域内聚集了系统的经济活动，并在成员之间共享诸如隐形知识、信任和制度等资源。这些特征事实上也能恰如其分地描述许多近年来根据1972年联合国教科文组织《保护世界文化和自然遗产公约》（UNESCO 1972）而列入世界遗产的新遗产地。世界遗产名录用来保护那些具有“突出普遍价值”的纪念物、建筑群和遗址。这个“突出普遍价值”是公约的核心概念，是基于一些文化和自然遗产地，没有区别地对于“全世界人民”（公约序言）具有如此突出和普遍的重要性，以至于它们必须“整体上作为全人类世界遗产的一部分加以保护”。《世界遗产公约》的这种认识，可以在某些方面被认为与“文化区”概念紧密相关，主要是它们都与时间和空间有着较强的关联；正如世界遗产名录中包括那些给定时间和空间中代表特定文化的资产一样，“文化区”的概念被用来形容由特定物质文化形成的资产，也限定在特定时间和空间内。从这个意义上说，很多意大利的世界遗产可以视为意义重大：它们包括卡尔塔吉龙地区（瓦尔迪诺托的巴洛克城镇，因陶瓷制造传统著称）、穆拉诺地区（威尼斯及其泻湖，因生产穆拉诺玻璃著称）、那不勒斯（亚美尼亚的圣·格雷戈里奥教堂的耶稣诞生场景模型Presepe艺术）、奥尔恰山谷、五渔村或皮德蒙特葡萄园传统的葡萄酒生产（Bertacchini等，2009）。

1972年以来，“遗产”的本义发生了巨大变化，并且从20世纪80年代初以来已扩展包含了非物质内容（如2003年《保护非物质遗产公约》的定义），如流行节日、精神习俗、神圣仪式和智力“物质”资产（intellectural material assets，Araoz 2010）。显然，文化遗产的定义并未终结于古迹和馆藏品器物。它还包括从祖先那里继承下来并传给后代的传统或活态内容，如那些来自口头传统或生产传统工艺品所必需的知识、实践和技能。

这些世界遗产新类别的不断出现，比如所谓的系列遗址，跨越了单个地区和国家的边界（图1），如“文化路线”（1993年引入）和“文化景观”（1994年引入），说明联合国教科文组织为适应当代文化遗产更加可信的愿

图1　巴林珍珠业，由5个系列景点组成，讲述了巴林珍珠业的社会和经济历史，从水下“捕鱼”到穆哈拉克岛市区的市场（图片由阿拉伯世界遗产区域中心提供）

景，如何持续调整和改变其价值阐释和管理工具。这些类别反映并清楚地表明，在当代人看来，文化遗产被视为是活态遗产，其表现形式，如所提到的那些，事实上是无价的，因为它们不仅是物质成分的表现，也是与之关联的充满活力的社区的表现。因此，它们构成了文化多样性的驱动力。在这种背景下，文化现象（例如，沿着圣地亚哥·德·孔波斯特拉路线的朝圣队伍，图2）不断被社区和群体再现，与历史互动。这种动态也具有给当地社区带来一种认同和持续感的效果。“文化线路”的概念是开放的、动态的、唤起记忆的，并提供了一个特殊的框架，人类的相互理解、对历史和文化的多元诠释都可以按照这个框架来操作。它建立于时间和空间上的人口流动、相遇和对话、文化交流和跨时空孕育。文化路线基于一系列重要节点和有形元素，这些元素证明了路线本身的重要性。它们包括一系列物质要素和物体，通过文明进程的连接线索，与无形性质的其他价值相联系，而该文明进程的重要性对于特定的社会或群体在历史上的某个特定时间是决定性的。

图 2　圣地亚哥 – 德 – 孔波斯特拉朝圣线路。这条可以说是世界上最著名的线路，在 1993 年被列入了联合国教科文组织世界遗产名录

基于这些考虑，近期学术界主流对遗产提出了一个新的定义：遗产不仅是既定社会和文化的产物，它也文化的生产者。就其保护而言，联合国教科文组织申明（参见《文化多样性公约》，2005 年），将文化置于发展政策的核心是对世界未来的重要投资，考虑文化多样性原则是全球化进程成功的一个先决条件。

二、管理问题

正如已经简要讨论的，根据定义，区域性遗产系统包括/包含具有文化价值和内涵的不同组成部分；有鉴于此，它们的管理必然要求采取一种综合的方法，既认识到它们的相互依存性，又认识到它们的独特性。那些系列遗产和文化路线（申遗成功或申遗中），诸如“圣地亚哥朝圣之路”、“安第斯大道”（图 3）、“丝绸之路”、“维京航线”、“十字军东征路线”或“威尼斯贸易路线”等，都属于在地理上跨越国界的文化遗产，但却代表着，或被用来识别，特定的文化群体身份。

图 3　安第斯大道：从阿根廷到秘鲁的 23000 公里长的路网，连接了 2000 多年间建造的各种生产、行政和仪式中心。

走朝圣之路的人分享着一种集体价值观的归属感，并不依赖于他们的国籍，而是基于参与持续数个世纪的仪式。沿着丝绸之路修建的城市和村庄，通过建筑形式表现出不同文化在这里交流，创造了沿途独特的风格。从这个意义上说，这种“叙事”场所（描述与不同场所有关的历史时期/活动/事件的复合体）是文化空间共享的例子（Buzio，Re 2012）；朝圣者或商人在数量上没有限制，但它强烈地影响着文化本身的创造和传播。就文化景观而言，它们产生的影响可能尤为显著。就像空间的概念一样，景观的概念来源于其他领域的理论，旨是为某一特定地域的复杂特征提供解释。在时间作用下，一种文化产生了与自然的特定关系，成为那个地域形成独特风貌的根源，而这个地域又反过来成为反映创造它们的社会的一面镜子。就这些问题的争论早在 1980 年代就开始了，直到 1992 年世界遗产委员会正式接纳了三类文化景观（明确界定、有机演变和相互关联的文化景观），以便揭示和维持人类和环境之间相互作用的巨大多样性，以及保护活态传统文化（Thorsell，2003）。

三、文化和旅游

与遗产管理有关的最重要的问题之一，当然是用这些地方来发展旅游或开发其旅游潜力。当这个问题涉及景观或线路等这类大片区域范围时，就显得尤为重要。毋庸置疑，关键问题来自于促进遗产共享所带来的挑战，这些挑战与遗产的开发、知名度和旅客涌入有关，因为这些影响了当地社区的日常生活，也对保护当地文化价值和文化真实性的能力提出挑战。

遗产的真实性和纯正价值在让它变得更符合消费者口味的过程中实际上可能已经受到损害。有许多地方已经发生或正在发生这种变化，很多地方的遗产（不论有形或无形）可能正在变得标准化和同质化，因为当地社区都想努力以更容易吸引游客的方式展现这种遗产（Pedersen 2002）。

当我们谈及仪式、典礼或其他基于社区的表演活动时，我们很容易发现一个节日的营销力度越大，它的真实性受到损害的可能性就越大，当地社区传统与现代发展需求之间脆弱平衡被打破的风险就越大。

类似于联合国教科文组织非物质遗产名单上的许多其他事件，例如，中国的端午节包括仪式、舞蹈和表演（这里指在河上），如果大量游客不受控制地涌入当地，这些仪式和表演就会面临很大的风险，就像在威尼斯、丽江或基多，由于巨大的游客流量，当地居民举行仪式和表演的真实含义正日益消失（Di Giovine 2009）。

关于这个问题，曼斯菲尔德和乔纳斯研究了以色列北部一些基布兹的乡村旅游。他们认为存在一种社会文化承载能力，代表了当地居民对入境游客带来的变化的抵制。当超过最大承载能力时，当地居民认为旅游业是有害的，而不是有益的，他们开始对此抵制，从而不仅损害了那个场所的真实价值，也损害了它作为游客体验的意义（Mansfeld，Jonas 2006）。

同时我们要记住，若要使遗产体系的文化意义保持完整，如在上面提到的那些遗产体系中，必须要有人的存在，必须要有人去使用这些遗产体系；人的存在是遗产体系在现代生活中生存和受到欣赏的必要条件。空荡荡的遗址或被遗弃的传统有可能在人们的感知中失去价值，从而被忽视，并最终消失。以人为本的遗产管理意味着每个管理工具都应该以那些当地社区自己表达的需求为导向。因此，为促进地方发展，文化项目的立项及其实施应该建立在充分了解地方需求、资源和经济动态的基础上。这与将管理策略和管理决策仅仅建立在场所价值上的观点完全不同。价值属于一个场所，但需求是由其人民来表达的；价值意味着过去优先，而需求属于当代。

四、物质和非物质遗产的结合

关于上述对遗产表达多维性质的思考，20 世纪初在德国和美国出现了一个有意思的人类学理论，提出“文化区域（cultural area）”的视角。在这个理论中，“文化区域”被定义为具有共同文化特征的地理空间，包括综合的文化表达和文化资产。这个概念经常被应用到文化遗产的概念中，试图对其进行修改，并就管理计划的编制提供许多有意义的建议——管理计划自 2002 年以来成为教科文组织所要求的管理工具之一。在这种背景下，“文化区域”的概念可以与“文化经济”理论联系起来，正如已经提到的，多年来，文化经济一直强调文化社区和文化地区的重要性（Buzio，Re 2010）。在文化遗产领域，文化区域也可以与缓冲区相联系，不仅作为遗址的保护工具，而且作为使文化遗产与其周边区域和生活社区相融合的“场所”，并在某种意义成为跨越所谓的“卓越孤岛”核心区边界的空间（并且符合欧盟景观公约所确认的原则）（Greffe 2010）。

两份遗产名录（物质遗产和非物质遗产）上公布的其他遗址似乎都走在这个方向上。就像摩洛哥的杰玛·埃尔·弗纳广场（2008 年被列入非物质遗产名录），这里是一个聚焦了众多传统活动的文化文化空间，包括讲故事、疗愈、各种形式的娱乐和商业活动（图 4），它成为马拉喀什麦地那（1985 年列入物质世界遗产名录）的重要补充。对于所有的线路也同样如此。例如丝绸

图 4　马拉喀什麦地那和杰玛·埃尔·弗纳广场。从 14 世纪开始，三角形的杰玛·埃尔·弗纳广场就成为马拉喀什的象征，自 1922 年起作为摩洛哥艺术遗产的一部分受到保护。广场聚焦各种传统活动，如讲故事、治疗、各种形式的娱乐以及商业活动。

之路，道路与村庄和当地市场总是交织在一起。还有菲律宾的稻作梯田(1995年列入物质世界遗产)，其中包括在梯田上劳作的伊夫高人所唱的哈德哈德吟诵(2001年列入非物质遗产)。梯田与在播种季节和水稻收获时歌唱的哈德哈德吟诵之间有着密切的相互关系，这体现了世界遗产地和杰出作品之间独特的相互依存关系。

在那个地方，一代又一代传下来的知识和技能，加上微妙的社会平衡，创造了一道风景，连同音乐和其他文化传统，证明了人与环境之间的和谐。但是现在，这些梯田和吟诵都濒临灭绝，当地的专家和实践者呼吁采取协调一致的保护措施，否则梯田和圣歌都不能相互隔离地加以保护。

作为结语，为了有效地管理这些区域性系统，一些问题已经提出，并且需要加以回答。比如，遗产边界是什么？在跨国移民时代，遗产意味着什么？假设真正的保护都会产生新的价值，那么保护和捍卫遗产的意义还有哪些未被认识？

参考文献

[1] Araoz G. (2010), Scoping the Road Ahead for ICOMOS: protection of intangible - based heritage categories, presentation at the ICOMOS International Committee meeting on Conservation'. s theories and philosophy, Prague.

[2] Batisse M., Bolla G. (2005), The Invention of 'World Heritage', Club Histoire (History Papers 2) Paris, Association des Anciens Fonctionnaires de l' UNESCO (AAFU).

[3] Bertacchini E. et al. (2009), Enhancing the valorisation of UNESCO World Heritage Sites: a Pigouvian Approach, working paper CSS EBLA, Torino.

[4] Buzio A., Re A. (2010), "Creativity and cultures: Towards a 6th C for UNESCO World Heritage policies?", in REM Research on Education and Media 27/2, pp. 107 - 120.

[5] Buzio A., Re A. (2012), Cultural Commons and new concepts behind UNESCO world heritage sites recognition and management, in Cultural Commons edited by E. Bertacchini et al., Cheltenham, pp. 178 - 193.

[6] Di Giovine M. A. (2009), The Heritage - Scape: UNESCO, world heritage and

tourism, Plymouth.

[7] Greffe X. (2010), Urban Cultural Landscapes: An Economic Approach, working paper for CSS EBLA, 01, Torino.

[8] ICOMOS (2004), The World Heritage List: Filling the Gap – An Action Plan for the Future, Paris.

[9] Labadi S. (2007), "Representations of the nation and cultural diversity in discourses on World Heritage", in Journa [10] l of Social Archaeology 7/2, pp. 147 – 170.

[11] Mansfeld Y., Jonas A. (2006), "Evaluating the socio cultural carrying capacity of rural tourism communities: a 'value stretch' approach", in Tijdschrift voor Economische en Sociale Geografie, 97/5, pp. 581 – 599.

[12] Pedersen A. (2002), Managing Tourism at World Heritage Sites. World Heritage a Practical Manual for World Heritage Site Managers, UNDP, UNESCO.

[13] Thorsell J. (2003), World Heritage Convention: Effectiveness 1992 – 2002 and Lessons for Governance, Gland, Switzerland/Gatineau, Quebec, IUCN/Parks Canada.

[14] UNESCO (1972) Convention Concerning the Protection of the World Cultural and Natural Heritage, URL (consulted February 2007): http://whc.unesco.org/archive/ convention – en.pdf

文化线路和罗马线路：地方可持续发展和社会参与的挑战和机遇

菲奥雷拉·达拉利

意大利博洛尼亚大学

余建立　译

摘　要　发展，正被日益塑造成为一个概念，作为可持续和未来理想的有机构成，与地方福祉紧密相连。在这个概念中，当代遗产的建设，以及传统遗产的活化利用（fruition），因其加强地方身份认同和自力更生的能力，得以在地方层面上和国际层面上均成为政治、经济、社会和文化战略。这让人联想到一条线路，它穿过一个区域的线性地方系统，再从地方扩展到国际范围。事实上，如果仅用经济术语将古代道路定义为“基础设施”，是特别狭隘和简单的。例如，那些古代道路就与政治背景不可分割，虽然该政治背景早已消失。阿匹亚古路——伟大罗马道路体系之首——即是如此。阿匹亚古道之名并不是来自其功能或其目的地，而是来自它的建造者（监察官阿匹尤斯·克劳迪乌斯·凯库斯，公元前312年）。被尊为“万路之王”的阿匹亚古道，今天再次成为关注的中心，不仅仅是由于所谓的慢节奏旅游的结果，更是与欧洲理事会的政策和意大利文化遗产和活动部的计划有关，该计划旨在重新发现意大利的文化、历史和景观线路，并树立区域可持续发展的良好典范。本研究旨在探寻，这些线路的文化价值和精神价值，以及它们在提升地区知名度和创造赢利机会的经济意义，是否意味着它们也可以被视为一种资源？将它们看作战略性的地方系统是否正确？最后，在我们当今这个时代，将罗马道路视为横贯古罗马帝国整个地理区域的潜在文化线路是否合适？本文试图解决这些问题，是因为意识到这些线路仍然是古罗马帝国的现存肌理，包括了一个从欧洲延伸到地中海、非洲和中东共计 440 万平方公里的区域，并真正促进遗产的可持续性。

关键词　罗马线路　地方可持续发展　波伊廷格地图　慢节奏旅游　地中海

一、当代框架下罗马线路的地缘历史网络

自罗马时代以来，士兵、朝圣者、商人和流浪者所行走的古代线路一直是欧洲文化遗产的基本要素。在过去的几十年中，它们已成为欧洲理事会各种计划的目标，旨在认定它们的价值，扩大它们的影响。当欧洲文化线路委员会（EICR）于 2017 年 9 月在卢卡庆祝成立 30 周年时，这些线路被视为可以促进地方可持续发展的有效创新工具（文化线路 2017a 和 2017b）：整个过程始于 1987 年，当时欧洲理事会的委员会参观了圣地亚哥·德·孔波斯特拉（Santiago de Compostela，译者注：在西班牙），并正式认证这是一条朝圣之路，成千上万的东欧、北欧和南欧人自 11 世纪初以来就通过这条路前往圣詹姆斯使徒神殿朝圣。持续增长的朝圣者数量有力证明了形成于中世纪的一种欧洲精神的存在，证明了导致文艺复兴的人文主义的存在。然而，后来这样朝圣线路中的许多都被淹没和遗忘了，直到大约 30 年前，才被我们这个时代重新发现，成为横贯整个欧洲大陆新文化线路的灵感来源。除了这些朝圣线路外，欧洲文化线路委员会（EICI 2017）还考虑了其他线路（作为主题线路），如由战略创意活动产生的罗马皇帝和多瑙河葡萄酒线路。作为 18 世纪以来欧洲集体想象的一部分，在 21 世纪初已经为这些罗马线路计划了许多项目，其中一个项目是由欧盟资助的罗马线路倡议（ROMIT 2003/2006）。MESA – ROMIT 项目可以被视为是 ROMIT 的衍生项目，作者曾在 2006 年联合国教科文组织“文化、旅游和发展”网络第二次研讨班（Dallari，2006）和伊斯坦布尔举行的第五届“地中海盆地文化遗产保护科学技术国际大会”（Dallari，2011）上做过介绍。

在过去的十年里，有许多关于罗马道路的案例研究，（在意大利和其他地方）有越来越多的公共和私人的社会机构参与进来，也有很多相关公共政策制定和研究；罗马道路越来越被视为一种促进区域发展的新型地方线性系统，以及作为罗马帝国古代疆界内地方发展和区域间合作的典范。

这是否可以成为欧洲及其他地区可持续发展的战略潜力（Dallari，Mariotti 2005；Candela 等 2005）？这种假设必须建立在认识这些线路的文化和精神价值以及它们对区域提升和获益的经济潜力的贡献基础上。

本文讨论今天这些罗马线路是否真的可以被视为一种资源的问题，不仅就其文化和精神价值方面而，而且从其对所沿线经济活动的重要性而言；也就是说，根据最新文献基础和项目实施，它们现在是否可以被视为具有文化、区域和能力建设潜力的战略性地方系统。

二、科学文献

通过将历史遗存和丰富遗产视为资产和资源，当代文化现在可以来重新阐释欧洲古代朝圣线路的意义。这已经成为各种研究的对象（AlmaTourism 2017，8/6 和 8/16；AlmaTourism 2013，4/7－8；Zabbini 2012），同时还思考了它们作为区域线性系统加以实施的潜力，并且具备国际扩展前景。本文基于这样一个假设（Dallari，Mariotti 2005；Candela 等 2005）：它们确实为地方的可持续发展提供了战略潜力（不仅在欧洲地区，甚至更广泛），这不仅承认它们的文化和精神价值，而且承认它们的经济潜力，因为它们可以为区域推广和经济利益带来好处。换句话说，这些线路可能富有吸引力，以旅游业为起点，吸引各种具有文化、可持续和包容特点的新生活方式和活动。例如，朝圣的复兴已经产生了情感影响，仿佛在模仿宗教经验，在人类生活中重新发现时间的缓慢——正是这一理念引发了慢节奏旅游（fullagar，markwell 等 2012）和慢节奏运动（Calzati，De Salvo，2012）。撇开这些考虑不谈，这些新型的“在路上”的体验式旅游正在吸引越来越多的人流量，而这些人流量可能现在只能被定义为一种利基现象[1]（新华社等 2005；Novelli 2005；Dinis 2011），但已经在世界范围内得到越来越多的重视。但另一方面，加强对这些线路的价值认知和鉴赏的必要性一直没有得到应有的重视，那些存在于欧洲档案中的海量遗产信息一直被忽视。因此，需要建立以科学知识为基础的“冷真实性”，与由当地社区和旅游者对这些线路持续升温的（Addison 2003；Rhodes，Donnelly – Cox 2008）“热真实性”进行整合。这个所谓的“热真实性”，由 T. Selwin（1996）在 20 年前对线路旅游的兴起所定义，并经 Cohen & Cohen（2012）进行了实证。如果要平息一些社会争论的话，这是一个需要考虑的严重问题。现在相关社会争论不断，因此迫切需要严肃思考“冷真实性”与“热真实性”有效结合的问题。

不应忘记的是，到圣地亚哥·德·孔波斯特拉朝圣线路大部分起源于古罗马，途经前罗马殖民地 Emerita Augusta（梅里达，译者注：西班牙城市）和古罗马城市 Asturia Augusta（阿斯托卡，译者注：西班牙城市）；同样，所有到罗马的朝圣线路，即所谓的罗马大道（Vie Romee）都延续了从北欧和东欧通向罗马的古罗马道路体系。自 3 –4 世纪以来，罗马一直是法国朝圣者最重要的宗教目的地。这些罗马大道包括著名的法兰西大道（自 1994 年以来被欧洲理事会认证为文化线路）、罗密亚 – 日尔曼大道（VIA Romea Germanica）和 Romea Strata Way。

古罗马人修建道路的时候就本着长久使用的目标。其中至少有八条直到今天仍然延续相同的线路，并发挥着类似的作用；其中一条就是阿匹亚古道[2]，

[1] Nitch phenomenon，是指在市场中通常被大企业所忽略的某些专业性很强的细分市场——译者注。

[2] 另外七条是：盐路（Via Salaria），是一条非常古老的罗马道路，早在公元前 4 世纪就已经存在，它的名字来源于从亚得里亚海到罗马的盐的运输；Via Cassia，从罗马通往伊特鲁里亚北部的卢尼（Luni）的罗马道路；Via Aurelia 古罗马道路，修建始于公元前 2 世纪，沿提勒尼亚海岸通过西维塔维奇亚、比萨和热那亚，将罗马与阿雷拉特（Arles）连接起来；Via Flaminia 是连接罗马和阿里米南（Rimini）的罗马线路，公元前 220 年由盖尤斯·弗拉米尼乌斯在其任监察官期间修建；Via Postojna，公元前 148 年由执政官波斯图米乌斯·阿尔比努斯修建，经过皮亚琴察、克雷莫纳、维罗纳和维琴察，将热那亚与康科迪亚·萨吉塔里亚连接起来；Via Claudia Augusta Altinate，是一条从阿尔蒂诺通往多瑙河的古罗马道路；以及 Via Emilia，建于公元前 187 年，根据执政官马库斯·埃米利乌斯·莱皮德斯的命令，在里米尼和皮亚琴察之间修建，连接北部领土和 Via Flaminia。

于公元前312年由监察官阿匹尤斯·克劳迪乌斯主持修建，连接罗马和卡普亚（后来延伸到布林迪西）。在大多数情况下，规划这些道路的目的是使得军事运输更加便捷和高效，但它们也服务于各种商业和政治目的（Davies 等 2002），是维护罗马霸权和统治其臣民的手段。

阿匹亚古道（Pratilli 1745；Cancelieri 1990；Arnoldus Huyzendveld 2004）是第一条经过精心设计的罗马道路。它于公元前312年开始修建，是一条主要的军事补给线路，能够在任何天气下支持各种运输方式。路面上铺有巨大的、相互扣住的抛光石头，下面的基础由碎石铺垫，以确保其连接紧密，排水良好；这一革命性技术被当时的罗马人推广应用在其后罗共和国和帝国时期修建的庞大道路体系中。被称为“万路之王”的阿匹亚古道两侧均建有人行道，车行道宽约4.10米，可以双向通行；它几乎是笔直的，每一英里都有一个石碑作为标记。帝国垮台后，它被遗弃和忽视了13个世纪，直到拿破仑时期才提出设想，将从图拉真圆柱到罗马城堡的整个道路辟为大规模考古公园；但直到1931年，新的罗马总体规划才将阿匹亚古道纳入其中，并在其周围划出保护性“缓冲区”形成“超级公园”。20世纪50年代末，“我们的意大利”协会（Italia Nostra Association）为保护阿匹亚古道进行了长期斗争，吸引了相当多的公众关注。然而在20世纪60年代，一项新的景观保护计划只将道路两侧几米宽区域划为公共绿地。1988年，拉齐奥大区政府将阿匹亚古道建立为一个大区公园，2017年，意大利文化遗产和活动部将其确定为法兰西大道南部的一个非常重要的组成部分。事实上，法兰西大道的北部和南部可以被视为同一条道路，从北欧、东欧和西欧而来的朝圣者们沿首道路抵达罗马，然后通过阿匹亚古道途径拉齐奥、坎帕尼亚、巴西利卡和阿普利亚等大区直至布林迪西港，再前往耶路撒冷（Caucci，2014）。因此，尽管以前的罗马道路（特别是法兰西大道，或者更确切地说是以其共同目的地——罗马命名的罗马道路）尚未被研究或视为社会遗产（Waterton 等 2006），但正是在这种背景下，它们现在正被提议作为吸引旅游者的新文化线路。

最后，从科学研究的角度来看，我们拥有罗马帝国最重要的地图，波伊廷格地图（Tabula Peutingeriana）[1]（Omnes Viae 2011），它是一项真正宝贵而富有吸引力的研究资源（Levi，Levi 1967；Paola 1998；Bargnesi 1998；Magini 2003；Prontera 2003；Calzolari 2003；Lachin，Rosada 2003；Munzi，Zennati 2004；Staffa 2005；Albu 2008；Morandini 2013）。

综上所述，可以说，尽管有关这些线路的科学文献十分丰富，但对其从考古、历史、地理、社会、经济和旅游角度出发进行的可持续、多学科、理论和应用方面的研究却很少。

三、欧洲和地中海盆地的罗马线路：新老项目

近半个世纪以来，对于这些古老线路沿线的文化遗产和非物质文化遗产，尤其是在它们经过的老城和小地方，来自各种国际组织的支持在不断的增加。联合国教科文组织、欧洲理事会、欧盟、“我们的欧洲（Europa Nostra）”和其他组织已经成功地加强了公众对这一遗产的认识，并鼓励社会参与，欧盟也宣布2018年为欧洲文化遗产年。在过去的三十年中，欧洲文化线路委员会（EICR）已将31条线路认定为欧洲线路，其中22条是可追溯到罗马共和国和帝国时期的罗马线路（Culture Routes 2017a）。这一认识对线路经过的当地社区非常有益（在大多数情况下），并从欧洲地区扩展到其他地中海和亚洲地区。正如“大旅程”[2]（Grand Tour）开始所展现出来的，旅行者对考古学（尤其是古罗马考古学）的兴趣从未停止过，而且在持续增长，并且这是一个典型的新型细分市场，今天通常被称为“旅游的动机”而不是“泛旅游”。

今天，罗马考古建筑群保护和可持续管理的共同目标是鼓励将其纳入当地发展政策的创新综合战略。借鉴欧洲文化线路委员会的成功政策，联合国

---

〔1〕 波伊廷格地图（Tabula Peutingeriana）是一个独一无二的文件：一幅大约绘制于13世纪的古代道路地图（公元4世纪）。这是一幅700 x 34厘米的羊皮卷，现保存在维也纳国家图书馆。

〔2〕 Grand Tour，可以称为欧洲贵族的成年礼，指17－18世纪的传统风俗，当贵族或富裕家庭的年青男子（有时也包括女子）达到成年（21岁）时，由导师陪同沿着较为固定的线路游历欧洲，以意大利为主要目的地，接受古典时期和文艺复兴时期艺术熏陶——译者注。

教科文组织已经在其文化遗产清单上列出了8条线路，而“我们的欧洲”奖则有助于使它们更广为人知。在这方面，尽管ROMIT项目[1]并未对欧盟产生任何实质性影响，但已有10万公里的罗马线路得到确认。

在ROMIT项目中考虑到两个重要的因素：第一，遗产构成社会认同的重要因素，与人的各种情感相关联，结合了无形要素（传统、价值和信仰）和有形要素（艺术、工艺、建筑和景观）；第二，遗产可以转化为具体的旅游产品。ROMIT的预期成果包括：在跨国管理研究和经济研究以及考古遗址调查的基础上，实现一个易于复制的共享发展模式；开发一个跨国和多语言的共享欧洲遗产名录，遴选和汇总与古罗马圆形剧场、竞技场、建筑物、道路、城墙等各类遗产相关的信息和文件，包括那些鲜为人知或完全未知的信息和文件；设计与这些罗马考古遗址相关的文化线路，并通过网站进行管理；建设一个专门的网站，宣传和管理一个基于波伊廷格地图（Tabula Peutingeriana）而设计的专题文化线路，设计一个欧洲观察点，从中观察对历史和文化遗产感兴趣的游客的旅游活动；编制培训材料，面向从事城市和土地开发的公职人员、文化遗产管理者和经营者以及旅游促进机构的工作人员。

以此为背景，一系列基于波伊廷格地图的线性和环形线路被设计出来，采用了线性模型和环形模型（图1、图2）[2]，但该项目从未得到欧洲层面的组织实施，而大量在线搜索后来也查询不到了！尽管如此，作者参与该项目的经验，启发作者以相同思路设计了地中海非洲和中东（Mesa－Romit）罗马线路。地中海非洲和中东是一个非常贫穷的地区，特别是在过去十年中还

---

〔1〕这一由欧洲资助的项目得到了Interreg III－B CADSES（2003－2006）指导委员会的批准。在五个国家（意大利、德国、奥地利、保加利亚和希腊）的经济、社会领域和空间设计方面达到了很高的研究水平。

〔2〕共设计了以下线路：大陆环（Rimini、Nuremberg、Wien、Sofia、Patras、Rimini）；亚得里亚海环（Rimini、Bologna、Aquileia/Venice，Tries）Te、Split、Tirana、Patras、Brindisi、Bari、Rimini）；亚得里亚海之旅（Rimini、Venice、Treviso、Graz和Vienna）；大陆之旅（Rimini、Verona、Trento、Munich、Nuremberg）；中欧之旅（Nuremberg、Regensburg、Linz、Vienna）；巴尔干之旅（Vienna、Budapest、Belgrade、Nis、Sofia）；爱琴海之旅（Sofia、Patras、Thessaloniki）。

爆发了地缘政治危机和领土危机，从突尼斯（2010 年 12 月）和阿拉伯之春开始，然后是北非和中东内战爆发。Mesa – Romit 项目的科学报告（Dallari 2006）在格雷乌莱班（译者注：位于法国普罗旺斯 – 阿尔卑斯 – 蔚蓝海岸大区）召开的联合国教科文组织/大学结对和网络计划“文化、旅游、发展”网络第二次研讨会（2006 年，法国）上发表，为工业化和旅游业整合提供了一个新的视角。它的目标是推动一个全新的经济和政治重组过程：开放边界，在当地和地中海范围内重建马格里布、埃及和马什雷克社会版图；加强对罗马文化遗产的保护和开发，使其成为古代建筑和人类文化景观转型的最重要范例；组织 Mesa – Romit 地区各相关公共和私人团体共同参与的会议和讨论，以促进“合作”。但无论是第一份格雷乌莱班报告（Dallari 2006 年）还是第二份伊斯坦布尔报告（Dallari 2011 年）都没有任何后续行动；也许是该项目来得太快了，但最重要的原因可能是，它可能是一个以欧洲为中心自上而下的项目。

图 1　ROMIT 项目的亚得里亚海环形线路（作者绘制）

自 2017 年以来，阿尔及尔建筑与城市化职业技术学院的建筑与遗产专题研讨班正在组织一篇博士论文，题为“推广阿尔及利亚温泉遗产（Algerian Thermal heritage）的文化线路设计”，以旅游发展总体规划（SDAT 2030）的形式支持一种更为自下而上的国家政策，规划以波伊廷格地图上标示出的罗马浴场为线索，设计出各种潜在的文化线路和新经济旅游业（温泉）（Morandini 2013）。

图 2　ROMIT 项目的亚得里亚海线性线路（作者绘制）

最后，目前正在制定的意大利战略旅游计划（PST 2017）和步道旅游计划（PST 2017）表明了意大利文化遗产和活动部的承诺。在正在考虑的 72 条路径中（MiBACT，2017C），有两条是遗产部特别感兴趣的：阿匹亚古道和法兰西大道的南段。因此，人们越来越形成共识：作为“区域大动脉”的罗马道路体系既是一种挑战，也是一种机遇！

四、寻求国际维度的地方维度；寻求地方维度的超国家实体。区域性社区和区域性地方制度：自下而上和自上而下的政策

一眼看去，罗马道路体系（以及其他古代线路）可被视为一种地理上分散的可持续现象：视为农村地区实现“发展/旅游”的重要地域资源，其身份价值和文化遗产作为共同历史进程的表现形式仍然存在于小村庄和古代欧洲、地中海和中东的中心地区。这种区域多样性，也可以被视为一种多中心现象，可以成为新的区域凝聚力的粘合剂并确立其在地方层面的作用（Dematteis,

Rivolin 2004）。以这种方式来看，这些古老的线路，特别是罗马帝国的线路，作为可持续地方发展的区域体系（Becatini 1987；Dematteis 2003；Dallari 2007）和国际化的一部分，可能代表着解决争端和重组碎片的一个起点。

在学术领域，将地方与全球、地方发展与国际发展截然对立的想法早已过时；20 世纪末，意大利工业区（Becattini 1987）[1]和区域地方系统是一场有关意大利国民经济的重要争论的一部分，为地方发展的重要性提供了支持（Bourdin 2000）。所谓“学术发现”的工业区，其实是以自下而上的方式自发产生和发展的现象，在 20 世纪 90 年代初几乎完全发生在所谓的 NEC（北部 - 东部 - 中部意大利）地区（Fuà 1983）。随后，该方式被公共机构实施的新政策所采纳，通过所谓的“生产性地方系统”（productive local system）扩展到覆盖整个区域的社会区域系统，并向其提供公共补贴。然而这一战略并未取得成功，而由国家政策（主要是大区政策）主导的这些进程的失败进一步凸显了自上而下的属地化方式的弱点（Sabatier 1986；Talen 2000；Albrechts 2004；Albrechts 等 2003；Allmendinger，Haughton，2010）。后来，在 21 世纪初，2001 年 3 月 29 日颁布的第 135 号意大利法律（Dallari，Mariotti 2005；Dallari 2007 and 2011）提供了一种工具，将极少数自发起源的意大利旅游区作为其模式，并鼓励开发和宣传当地旅游系统。

当一个地区或系统采用这种模式时，当地的文化线路可以依据它来阐释，而且可以借助欧洲理事会等这些跨国机构的活动，很自然地在地方发展计划中与国际背景相结合，包含很强烈的国际色彩。这类项目的目的在于彰显跨区域的身份特征，而这一身份特性体现于区域内各个地方的可持续地方制度

---

〔1〕 Giacomo Becattini 将工业区定义为一个社会地域实体，在具有特定自然特征和历史特征的区域内，一类人员群体和一组工业活动相互依存（1987 年，第 52 页）——原注。在意大利，工业区是一个特定概念。它指的是一个地区的中小企业（生产企业和生产企业之间、生产企业和非生产企业之间）以一项经营活动为中心，根据现代经营需要，逐步建立起来的相互信赖、比较稳固的协作关系和产供销体系。从 20 世纪 50 年代开始，意大利东北部和中部地区众多中小企业利用当地及国内外有利条件在这里迅速发展，从传统农业经济为主转型成为意大利乃至欧洲最富裕的新兴工业区——译者注。

中（如罗马线路上的朝圣之旅），这种地方制度以一种超国家地方系统（SL-OS）的形式出现，或多或少地体现出一个延续的跨区域系统（Reed & Bruyneel, 2010）的特征。对于游客的体验来说，这种大尺度的宏观策划给人以“不落俗套”的感觉（Maitland, Newman 2014; Condevaux, Djament Tran 等 2016）。

欧洲理事会通过《法罗公约》（2005 年），在不断扩展和跨学科的文化遗产理念中，强调个人和人类价值观的核心地位。在此文化遗产理念中，当地社区通过“参与和互动”的包容性意义上看到了本地参与者和外来者在管理文化遗产方面发挥的作用，从而实现了一种同时具有地方性和国际性的社会参与形式。

毫无疑问，欧洲理事会的文化线路通过自 1987 年以来在空间和时间上的历程能够表明，欧洲大陆文化遗产和身份的基础是欧洲各个国家的遗产及其文化。事实上，正是这些线路实践了欧洲理事会的基本价值观：人权、文化民主、文化多样性和认同、跨文化对话、交流以及跨国界和跨世纪的相互充实。通过实施各种新的政策和新的行动，可以促进各国间不同形式的合作，它们是加强文化合作、区域可持续发展和社会凝聚力的有力证明，弘扬统一、历史、文化和欧洲价值观等象征意义，并在当代背景下重新发现以前被边缘化的目的地（文化线路局部扩大协定 2010）。

五、提高可操作性：当地社区和旅游者的社会参与

历史线路特别是根据波伊廷格地图描述的罗马帝国线路体系（图 3）是一种宝贵的资源，不仅因为它们的文化和精神价值，也因为当它们被纳入一项以最大限度提高区域可持续盈利能力的战略时，成为了一种经济资源。因为它们具有可持续性和包容性，可以此发展模式为基础加以推广，并日益被纳入区域进程当中。在过去的 30 年中，科学贡献的数量不断增加，欧洲文化线路（朝圣线路和罗马线路）获得巨大成功，都证明了这些新项目和新政策的能力建设潜力在不断增强。

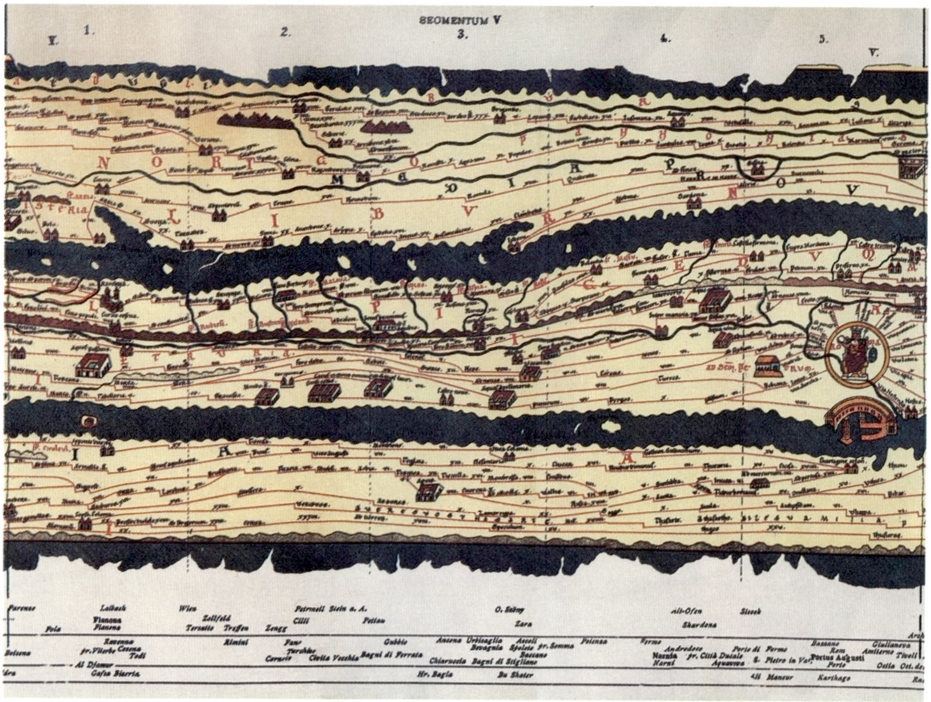

图3　位于亚得里亚海和地中海之间的意大利中部和罗马帝国首都罗马：波伊廷格地图，第5片段（Prontera F. ed. 2003，Tabula Peutingeriana. Le antiche vie del mondo，Firenze）

在地方可持续发展的理论工作中，这种现象在地理方面也得到了加强，相关研究正在讨论如何使地方线性和环形区域系统应用于国际层面上。意大利文化遗产和活动部（MiBACT 2017）表示这些系统作为线性物理线路十分具有操作性，可以整体加以规划，意大利的制造业和旅游区作为当地和国际社区的组成部分，也可以囊括进来。

因此，加强知识（历史文献和学术研究）之间的联系十分重要，加强当地社区与欧洲和地中海网络中的一线目的地和二线目的地的联系和参与度也十分重要，因为这些中小地方在其“冷真实性”方面是脆弱、被遗忘和被忽视的。支持这一计划有助于为欧洲和地中海身份认同流入新生命，该身份认同现在是以地缘政治意识为基础的。

在第一条欧洲文化线路委员会认证的欧洲文化线路公布30年后，我们现在能够确认其可持续地方发展的战略潜力（Azzari，Dallari 2018），这实际上是一个治理上的尺度再造（Swyngedouw 2004；Brenner，Bialek 等 2000；Baldersheim，Rose 2010；Reed，Bruyneel 2010），即从本地扩大至国际的尺度升级，与从全球落实到本地的尺度缩减同时并举。因此，欧洲和地中海的身份认同作为一种区域营销战略的附加潜力，支持了这种动态地理的模式。

如今，阿匹亚古道重新发现了自己在这一动态模式的位置。它为我们提供了一个非常有趣的研究案例，分析如何在国际背景下开展区域范围内的活动。这一案例再次证实地方/全球和网状维度之间的关系越来越深：用创造性途径实现可持续性的一把新钥匙。

参考文献

[1] Addison R. M. (2003), "Performance technology landscape", in Performance Improvement, 42/2, pp. 13 – 15.

[2] Albrechts L. (2004), "Strategic (spatial) planning re – examined", in Environment and Planning B: Planning and design, 31/5, pp. 743 – 758.

[3] Albrechts L., Healey P., Kunzmann, K. R. (2003), "Strategic spatial planning and regional governance in Europe", in Journal of the American Planning Association, 69/2, pp. 113 – 129.

[4] Albu, E. (2008), "Rethinking the Peutinger Map", in Cartography in Antiquity and the Middle Ages, pp. 111 – 120.

[5] Allmendinger P., Haughton G. (2010), "Spatial planning, devolution, and new planning spaces", in Environment and Planning C: Politics and Space, 28/5, pp. 803 – 818.

[6] Arnoldus – Huyzendveld A. (2004), Centocelle: Roma SDO le indagini archeologiche (Vol. 2), Soveria Mannelli.

[7] Azzari M., Dallari F. (2018), Le Vie Romee dell' Europa e del Mediterraneo di viandanti, pellegrini e mercanti. Le strade dell' identità europea nelle pratiche contemporanee, in Atti del XXXII Congresso Nazionale di Geografia "L' apporto della geografia tra rivoluzione e

riforme. N. 16: Geografie variabili nel quadro europeo e mediterraneo degli itinerari culturali. Rivoluzioni (trans) disciplinari, metodologie di analisi e politiche territoriali su viaggi e cammini", edited by F. Salvatori, Roma, pp. 4 – 13.

[8] Baldersheim H., Rose L. E. (2010), "Territorial choice: Rescaling governance in European states", in Territorial choice, 3, pp. 1 – 20.

[9] Bargnesi R. (1998), "Il bacino del Po nella Tabula Peutingeriana", in Syngraphé, 1, pp. 143 – 154.

[10] Becattini G. ed. (1987), Mercato e forze locali: il distretto industriale, Bologna.

[11] Bourdin A. (2000), La question locale, Paris.

[12] Brenner N., Bialek W., Van Steveninck R. D. R. (2000), "Adaptive rescaling maximizes information transmission" in Neuron, 26/3, pp. 695 – 702.

[13] Calzati V., De Salvo P. eds. (2012), Le strategie per una valorizzazione sostenibile del territorio: il valore della lentezza, della qualità e dell' identità per il turismo del futuro (Vol. 31), Milano.

[14] Calzolari M. (1996), Introduzione allo studio della rete stradale dell' Italia romana: l' Itinerarium Antonini, Vol. 7, fasc. 4, Roma.

[15] Calzolari M. (2003), "L' Italia e L' Etruria nella Tabula Peutingeriana", in Prontera, 3, pp. 35 – 47.

[16] Cancellieri M. (1990), "Il territorio pontino e la via Appia", in Archeologia Laziale, 10/1, pp. 61 – 72.

[17] Caucci von Saucken P. (2014), Santiago, Gerusalemme: complessità, unità e integrazione delle peregrinationes maiores, in In viaggio verso Gerusalemme: Culture, Economie e Territori – Walking towards Jerusalem: Cultures, Economies and Territories, edited by A. Trono, M. L. Imperiale, G. Marella, Galatina, Lecce, pp. 3 – 11.

[18] Cohen E., Scott Cohen S. (2012), "Authentication: Hot and Cool", in Annals of Tourism Research, 39/3, pp. 1295 – 1314.

[19] Condevaux A., Djament – Tran G. et al. (2016), "Before and after tourism (s). The trajectories of tourist destinations and the role of actors involved in "off – the – beaten – track" tourism: a literature review", in Via@, 10, pp. 2 – 27.

[20] Dallari F. (2011), Emilia – Romagna come componente della Terza Italia: specificità e cambiamenti, in Tante Italie Una Italia. Dinamiche territoriali e identitarie, edited by C. Muscarà et al., Milan, V. III, pp. 133 – 157.

[21] Dallari F. (2007), Distretti turistici tra sviluppo locale e cooperazione interregionale in Geografia del turismo edited by F. Bencardino, M. Prezioso, Geografia del turismo, Milano, pp. 194 – 218.

[22] Dallari F., Mariotti A. (2005), "L' Italia tra distretti industriali e sistemi turistici locali", in Ambiente, società, territorio. Geografia nelle scuole, 4, pp. 26 – 32.

[23] Davies H., Davies H. E. (2002), Roads in Roman Britain, Stroud.

[24] Dematteis G. (2003), Ilmodello SLoT come strumento di analisi dello sviluppo locale, in SLoT quaderno 3 edited by G. Dematteis, Bologna, pp. 13 – 27.

[25] Dematteis G., Governa F. (2005), Territorialità, sviluppo locale, sostenibilità: il modello SLoT. Milano.

[26] Dematteis G., Janin Rivolin U. (2004), "Per una prospettiva sud – europea e italiana nel prossimo SSSE" in Scienze regionali, 2, pp. 135 – 150.

[27] Dinis A. (2011), "Tourism, niche strategy and networks as factors for both entrepreneurship and rural sustainability", in IX Rural entrepreneurship conference: a sustainable rural, pp. 1 – 19.

[28] Ferlazzo L. (2011), "Involvement or engagement" in Educational Leadership, 68/8, pp. 10 – 14.

[29] Fuà G. (1983), L' industrializzazione nel Nord Est e nel Centro, in Industrializzazione senza fratture, edited by G.

[30] Fuà, C. Zacchia, Bologna, pp. 10 – 22.

[31] Fullagar S., Markwell K et al. eds. (2012), Slow tourism: Experiences and mobilities, Bristol.

[32] Lachin M., Rosada G. (2003), "Le vignette ad aquas nella Tabula Peutingeriana: il caso di Quaeri in Istria", in Histria Antiqua, 10, pp. 247 – 254.

[33] Levi A. C., Levi M. A. (1967), Itineraria picta: Contributo allo studio della Tabula Peutingeriana (Vol. 7), Roma.

[34] Magini M. (2003), In viaggio lungo le strade della Tabula Peutingeriana in Tabula Peutingeriana. Le antiche vie del mondo, edited by F. Prontera, Città di Castello, pp. 7 – 15.

[35] Maitland R., Newman, P. eds. (2014), World tourism cities: Developing tourism off the beaten track, London.

[36] Morandini F. (2013), "Le acque termali nella Tabula Peutingeriana", in Aquae salutiferae, pp. 273 – 287.

[37] Munzi M., Zennati M. (2004), "Una postazione di miliari presso Abu Kammash (Tripolitania)", in Libyan Studies, 35, pp. 123 – 130.

[38] Novelli M. ed. (2005), Niche tourism: contemporary issues, trends and cases, London.

[39] Paola B. V. (1998), "Considerazioni sulla via severiana e sulla tabula peutingeriana", in Mélanges de l' Ecole fran. aise de Rome Antiquité, 110/2, pp. 929 – 993.

[40] Pratilli F. M. (1745), Della via Appia riconosciuta e descritta da Roma a Brindisi libri 4 di Francesco Maria Pratilli per Giovanni di Simone.

[41] Prontera F. ed. (2003), Tabula Peutingeriana: le antiche vie del mondo Firenze.

[42] Quilici L. (1989), Via Appia da porta Capena ai colli albani, Roma.

[43] Reed M. G., Bruyneel S. (2010), "Rescaling environmental governance, rethinking the state: A three – dimensional review", in Progress in human geography, 34/5, pp. 646 – 653.

[44] Rhodes M. L., Donnelly – Cox G. (2008), "Social entrepreneurship as a performance landscape: the case of 'Front Line'", in Emergence: Complexity and Organization, 10/3, pp. 1 – 35.

[45] Sabatier P. A. (1986), "Top – down and bottom – up approaches to implementation research: a critical analysis and suggested synthesis", in Journal of public policy, 6/1, pp. 21 – 48.

[46] Selwyn T. (1996), Introduction, in The tourist image. Myth and mythmaking in tourism, edited by T. Selwyn T., Wiley, pp. 1 – 32.

[47] Staffa A. (2005), "Insediamento e circolazione nelle regioni adriatiche dell' Italia centrale fra VI e IX secolo", in L' Adriatico dalla tarda antichità all' età carolingia, pp. 109 – 182.

[48] Swyngedouw E. (2004), "Globalisation or 'glocalisation'? Networks, territories and rescaling", in Cambridge review of international affairs, 17/1, pp. 25 – 48.

[49] Talen E. (2000), "Bottom – up GIS: A new tool for individual and group expression in participatory planning", in Journal of the American Planning Association, 66/3, pp. 279 – 294.

[50] Waterton E., Smith, L., et al. (2006), "The utility of discourse analysis to heritage studies: The Burra Charter and Social Inclusion", in International Journal of Heritage Studies, 12/4, pp. 339 – 355.

[51] Xinhua Q., et al. (2005), "Strategies of Sustainable Tourism Development Basing on the Niche Theory", in Ecological Economy, 8, pp. 1 – 23.

[52] Zabbini E. (2012), "Cultural Routes and Intangible Heritage", Almatourism – Journal of Tourism, Culture and Territorial Development, [S. l.], 3/5, pp. 59 – 80.

网页

Accord Partiel élargi sugli Itinerari Culturali. (2010). http://culture routes. net/sites/ default/ files/ files/EICR – COE_ depliant – presentation – institut – juin2016 – ITA_ IMP. pdf.

Almatourism, Journal of Tourism, Culture and Territorial Development (2017), Vol 8, No 16, "Romei and Francigeni. The Sources for a European Pilgrimage History".

https://almatourism. unibo. it/index

Almatourism, Journal of Tourism, Culture and Territorial Development (2017), Vol 8, No 6, "Via Francigena: Long Way of Peace among the European Landscapes".

https://almatourism. unibo. it/issue/view/606.

Almatourism, Journal of Tourism, Culture and Territorial Development (2013), Vol. 4, No 8. https://almatourism. unibo. it/issue/view/404.

Almatourism, Journal of Tourism, Culture and Territorial Development (2013), Vol 4, No 7. https://almatourism. unibo. it/issue/view/391.

Candela G., Dallari F. et al. (2005).

https://scholar. google. it/scholar? hl = it&as_ sdt = 0%2C5&q = Candela%2C + Dallari%2C + Gola%2C + Scorcu%2C + 2005&btnG = #d = gs_ cit&p = &u = %2Fscholar%3Fq%3Dinfo%3AWm_ j6grUiuMJ%3Ascholar. google. com%2F%26output%3Dcite%26scirp%3D0%26hl%3Dit.

Convenzione di Faro (2005)

www. beniculturali. it/mibac/multimedia/MiBAC/documents/1492082511615 _ Convenzione _ di _ Faro. pdf.

Cultural routes (2017a) . www. coe. int/en/web/cultural – routes/by – theme.

Cultural routes (2017b) . www. culture – routes. net.

Dallari F. (2006) . http: //docplayer. fr/8587638 – Projet – le – tourisme – culturale – entre – developpement – local – et – cooperation – interregional – fiorella – dallari. html.

Dallari, F. (2011) . https: //books. google. it/books? id = TugFDsILUNMC&pg = PA346&dq = mesa – ROMIT + project&hl = it&sa = X&ved = 0ahUKEwjfrvLZmeLaAhUDkywKHQf – BcoQ6AEIJzAA#v = onepage&q = mesa – ROMIT% 20project&f = false.

EICI (2017) . www. coe. int/en/web/cultural – routes/the – roman – emperors – and – danube – wine – route.

MiBACT (2017) . www. turismo. beniculturali. it/home – cammini – ditalia/.

MiBACT (2017c) . www. turismo. beniculturali. it/home – cammini – ditalia/atlante – dei – cammini/.

OmnesViae. https: //omnesviae. org/it/#

Parco Regionale dell' Appia Antica (2015) . www. parcoappiaantica. it/home/il – parco/storia.

PST (2017) . www. turismo. beniculturali. it/wp – content/uploads/2017/07/Piano – Strategico – del – Turismo_ 2017_ IT. pdf

ROMIT (2003/2006) . www. keep. eu/keep/project – ext/362/ROMAN% 20ITINERARIES.

“欧洲城市记忆中的二十世纪极权主义政权时期的建筑”：弗利的文化线路和遗产

马克·普雷泰利，朱利亚·法瓦雷托

意大利博洛尼亚大学建筑系

赵　夏　译

摘　要　20世纪中欧和东欧各国极权主义政权执政时间产生的重要历史建筑和城市遗产，具有严肃性和“不方便性”等共同特质。这些建筑特色虽然受到当时意识形态的影响，但在建筑上体现了当时先进设计理念。20世纪极权主义政权时期建筑联盟的成立，标志着很多国家摒弃了长期以来在意识形态上的排斥，消除了对大量房屋的建筑价值进行客观评估的障碍。意大利的弗利市是这个联盟倡议的积极践行者和这些地方组织的代表城市，拥有丰富多样的具有理性主义风格的遗产，使之成为意大利历史上受到二十年法西斯主义时期影响最为重要的城市之一。论文介绍了弗利市理性主义建筑在价值研究、保护与活化利用领域的案例实践。

关键词　欧洲城市记忆中的20世纪极权主义政权时期建筑　文化线路　20世纪遗产　极权主义　弗利

一、引言

“欧洲城市记忆中的20世纪极权主义政权时期建筑”联盟（以下简称A-TRIUM）成立于2013年，致力于管理冠以同名的欧洲文化线路，两者同时诞生（参见 http：//www. atrium - see. eu/）。

在弗利市政府的推动下，ATRIUM 联盟的成立是公共权力部门首次支持这些 20 世纪中欧和东欧各国极权主义政权执政时间产生的重要历史建筑和城市遗产展示利用的明确行动。这些具有严肃性和“不方便性”共同特质的建筑虽然并不完全相同，但都产生于极权主义时期，ATRIUM 的工作目标就是把他们的经验汇总连通起来。

这条跨国文化线路已于2014 年4 月11 日得到了欧洲理事会的认证。它的管理任务已经分解至各个国家的相应职能机构（阿尔巴尼亚、保加利亚、克罗地亚、希腊、匈牙利、意大利、罗马尼亚、塞尔维亚、斯洛伐克和斯洛文尼亚）。这些地方机构在性质上各不相同，有的属于市级，有的属于跨城市联盟，有的属于省级或者大区级，但要加入 ATRIUM 联盟，它们的前提条件是必须承诺遵守会员章程规定的义务，即大力推广该文化线路，提高大众对该文化线路各种特征的认知，并确定纳入文化线路各种活动的地点名录。意大利的弗利市[1]是这个联盟倡议的积极践行者和这些地方组织的代表城市，这里也是 ATRIUM 联盟的正式注册地（图 1）。实际上，弗利市拥有丰富多样的具有理性主义风格的遗产，使之成为意大利历史上受到二十年法西斯主义时期（又被称为“二十年” ventennio）影响最为重要的城市之一。

ATRIUM 联盟得到了很多国家政府的支持，这实在是非常关键和重要的一大进步，表明各个国家摒弃了长期以来（存在于不同国家的不同时期）在意识形态上的排斥，这种排斥一直在阻碍对大量房屋的建筑价值进行客观评估。以意大利为例，这些房屋建筑可以追溯到 20 世纪 30 年代到 40 年代早期。这些建筑特色通常受到属于一种社会类型的政治意图的影响，它们的建筑师和工程师往往是当时先进设计文化的承载者，这种先进设计理念使意大利至少在两方面处于领先地位：摒弃过时的建筑语言；广泛地采用新型建

---

〔1〕 弗利（Forli）是意大利北部城市，艾米利亚 - 罗马涅大区弗利 - 切塞纳省首府所在地——译者注。

筑技术和实施技术——比如使用结构钢筋混凝土，配套以新的房屋技术服务方式，同时在更广泛的意义上，将先进工业研究成果的新型材料应用在建筑工地上。

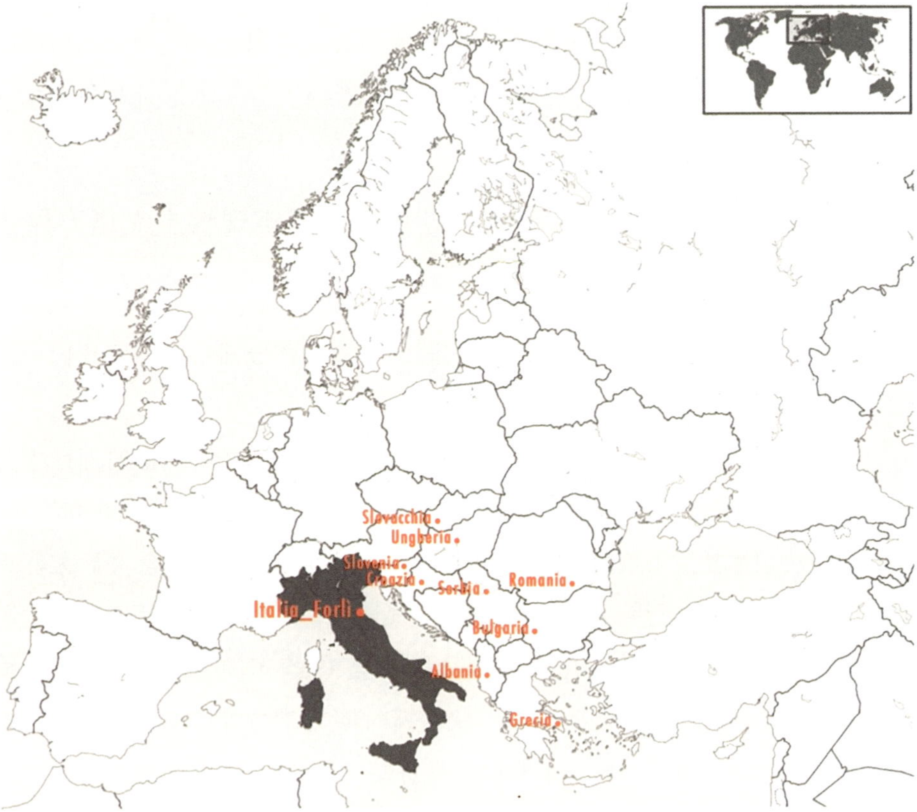

图 1　ATRIUM 欧洲文化线路的成员国，标示弗利市作为该计划的发起者（作者绘制）

ATRIUM 联盟致力于以下两个领域的工作：一方面，加大对极权主义时期遗留下来并且现在各个国家现存的大量建筑遗产的宣传和鉴赏，推动这些国家的公众与这些建筑表现形式之间的和解，因为经常情况下这些建筑形式是注定要被最终消除的，至少是在时代记忆里，就为毕竟这些建筑形式使人回忆起一个完全负面消极的时代；另一方面，使公众对这些建筑形式有更深入的认识，最终使这类建筑的保护走上良性循环的轨道。以上两种类型的活动在不同国家以各种不同的形式开展起来，ATRIUM 联盟也藉此促进了认知和经验的交流活动。例如，调查和研究每一栋建筑，分析保护它们的具体难题，提升他们的价值鉴赏；推广各个联盟成员的成功保护模式；鼓励每个国家当地的居民和游客充分利用这类建筑和城市遗产。ATRIUM 联盟通过鼓励各种可能的发展机会，把所有这些活动看作当地社会发展的机遇，他们给游客提供热情周到的服务和引导，研究和恢复那些尚未被完全发掘并存在很多保护难度的遗产。

二、ATRIUM 联盟和弗利市：开启加强城市理性主义遗产保护的历程

在欧洲委员会正式授予 ATRIUM 欧洲文化线路称号四年之后，我们可以把 ATRIUM 联盟在罗马涅大区的活动做一个总结。

很长一段时间以来，弗利市政府都在推动公众对于大量丰富的理性主义建筑遗产的认识和鉴赏。在 ATRIUM 得到欧洲文化线路官方认定的同时，弗利市政府决定修复该市最具标志性和代表性的建筑：巴利拉之家（后来称为利托里奥意大利青年营），开启了对理性主义建筑遗产的保护利用进程。这座建筑由罗马建筑师塞萨雷・瓦勒建造于 1933 至 1935 年间，最初是献给阿纳多・墨索里尼的。巴利拉之家确定了法西斯时期兴建的青年人体育和道德教育官方机构的建筑风格，具有重要标志性意义（图 2）。在这座建筑落成仪式举办的六年后，在上面新加盖了一层楼，改变了它整体的尺度和比例关系；这之后不久，虽然法西斯战争还在继续，但巴利拉之家已经不再得到充分的利用。随着战后“除忆诅咒”的影响，大部分法西斯建筑都被弃用，对这些建筑的保存带来灾难性后果。相比之下，巴利拉之家却在废弃之后被很快被利用起来。尽管如此，虽然 40 年代末巴利拉之家就已经恢复使用，但仅限于其中的一部分，因此还是加剧了这座建筑总体状况的恶化。直到进入 21 世纪，这座建筑作为特殊历史阶段见证的价值才得到认可，从而决定将其修缮并完好地传给后代（图 3）。这些修缮工作从 2009 年持续到 2015 年，

图 2　弗利市的巴利拉之家。图上是它首次开放使用时的样貌（罗马塞萨雷·瓦勒档案馆，Archivio Cesare Valle Roma，照片，档案盒 25，CV – FOT/039）

图 3　弗利市的巴利拉之家。图上是它经过修缮后呈现的样貌（拍摄：G. Favaretto，2016 年）

标志着弗利市启动保护利用理性主义建筑的进程。这些工作的历史功绩在于，它至少提出了这样的一个命题，即如何在弗利以及其他地方，将一座具有显著历史、物质和标志意义的建筑传承后代。

（一）弗利市的理性主义建筑：知识、保护与活化利用

弗利市政府为自己设定的近期主要目标之一就是展示利用市内理性主义建筑。实际上，在巴利拉之家修缮工作开展的同时，还有很多其他保护理性主义建筑的活动也在蓬勃开展。

在这个背景下，ATRIUM 项目最基础的三个重要因素就是：知识、保护和利用。众所周知，正像《意大利文化遗产和景观法典》所确认的，并且众所周知的理念，即任何旨在鉴赏和推广历史遗产的一个不可缺少的组成部分，就是“履行职能，规范活动”，以实现“推广文化遗产的认知”目标，确保“以最佳条件供公共使用和享有”，促进及支持现存遗产的“保护工作”（立法法令，42/2004，第 6 条，第 1 段）。

知识是 ATRIUM 项目三个关键要素中的首要因素，是以历史自觉和责任感开展建筑保护项目设计的基础要素。知识在决定现存遗产保护和再利用策略上也起着关键作用。基于此理念，并且意识到弗利市作为“二十世纪城市”需要积累关于理性主义建筑方面的知识，ATRIUM 开始和博洛尼亚大学建筑系的一个科研团队——这其中包括本文作者——合作，来丰富目前关于弗利市理性主义建筑的知识体系。

在这项研究进行过程中，阶段性的研究成果公开发布并以多种不同方式可以获得。在文化旅游业中，创新性的沟通交流系统可以为远近游客提供有用知识，了解到这个深受法西斯主义影响国家的建筑的历史、大事件和特点。数字工具为实现这些目标提供更为便捷的手段：多媒体文档、照片、图纸和投影将帮助使用者了解这些遗产的历史知识和历史意义。当游客在弗利市大街上和建筑内行走时，他们可以通过智能手机和平板电脑获取这些知识，这会增加他们对于这些建筑信息的了解，认知建筑的物理要素与其见证历史事

件的关联性。对于专业人士来说，他们将有机会深化和细化他们的研究，因为系统能提供给他们关于某座建筑所使用的建造材料和建造技术的细节，以及后续开展的工作的细节，这可为他们设计维修方案时提供重要的知识基础，以严格尊重现存肌理。

保护是 ATRIUM 项目三项关键要素里的第二项。尽管弗利市的巴利拉之家的修复工作尚未全部完成，但是它标志着弗利市理性主义建筑遗产面向未来转变的计划的开端。实际上，关于另一个建筑——桑特雷利（护理学校）——的研究项目已经先于它的修复工作开展。

桑特雷利由建筑师圭多·萨维尼设计，于 1934 年开工建造，晚于巴利拉之家一年开工。这座建筑最初是为罗萨·马尔托尼也就是贝尼托·墨索里尼的母亲建造的，分别在 1937 年由墨索里尼和 1938 年由意大利埃琳娜女王举办了两次官方的落成典礼（图 4）。相较于弗利市大量建筑应用大理石作为立面饰面的特点，法西斯政权对于浮夸的一贯追求似乎没有在这座建筑中体

图 4　桑特雷利，该建筑 1936 年的样貌（http：//atrium. comune. forli. fc. it/linfanzia - a - forli - e - fascismo/［25/04/2016］）

现出来。主要饰面为涂层，尽管它的确给局部装饰留有了余地，比如由弗朗切斯科·奥利乌奇创作的伪壁画（pseudo - fresco）装饰（战后用石膏面层覆盖而隐藏）。到 1941 年底，因为不断有来自这座建筑的平顶渗入水流，加盖了一个四坡屋顶。在接下来的时间里，这座建筑被不断扩建。1970 年，为了增加建筑内的容积，在入口门廊上方又加盖了一层有坡屋顶的一层楼。桑特雷利一直作为护理学校在使用，直到 2012 年的时候教学活动被转移到别处。到那时已经很明显这座建筑需要得到关注了（Favaretto，Signorelli 2017）（图 5）。

图 5　桑特雷利，该建筑 2017 年的样貌（拍摄：G. Favaretto，2017 年）

2012 年桑特雷利弃之不用的时候，博洛尼亚大学建筑系学位课程的建筑修复工作室（导师为教授、建筑师 Marco Pretelli 和教授、建筑师 Lucia Serafini）抓住机会，开始考虑这座建筑的新用途。一系列的设计提案面向公众公开展览，这也是一个推动其保护和再利用策略的有利机会。

与此同时，作为推广展示“弗利，二十世纪城市”计划的一部分，市政府决定开始桑特雷利的修复工作。今天，桑特雷利正在被改造成为一个集城市文化、历史身份和创新的场所，成为大区政府"开放研讨会"项目的一部分。目的是赋予这座建筑新的功能，作为"文化遗产和活跃市民的开放式研讨会"，一个可以聚会研讨和举办活动的富有活力的空间，并将成为地理空间上分散的20世纪博物馆的讲解中心，同时也是公共图书馆和开放式创新工作室。

活化利用是ATRIUM项目的第三个关键要素。为确保所有弗利市的建筑遗迹得到保护，弗利市政府确立的目标是为这些"二十年"建筑找到适应性新用途，这是确保他们得到保护的必要条件。这座城市的很多理性主义建筑都已经得到利用，用途与其原始用途都或多或少地有所相似或不同，它们都将得到保护和定期的有计划的维护。对于那些已经弃用、正在加速老化的建筑，需要根据它们的固有价值考虑它们再利用的策略。巴利拉之家的修复项目在考虑确定新用途和增加新用途时，就精确地遵守这一原则，比如成立体操博物馆，部分重新利用其原有功能。继巴利拉之家项目，桑特雷利的保护修复工作即将展开。桑特雷利新的功能的界定将有助于加强它作为建筑本身的固有活力，也将有新的空间展示"弗利，二十世纪城市"的故事，还会有空间留给会议和讨论交流，这在当代的环境下将赋予这座建筑新的活力。

（二）规划未来：文化，参与，创新

公众参与在弗利市一战和二战期间历史建筑的保护利用计划实施中具有重大意义。这在已经举办的两届"弗利，二十世纪城市"文化节上得到了印证。文化节举办了多场研讨会，多媒体展映，引导参观和大型会议。在这方面，ATRIUM项目本身也建立起规范框架，以促进实现多个既不相同又相互关联的目标：针对弗利建筑遗产价值，扩展其知识体系，弘扬其文化内涵，提高其公众认知度。

两届"弗利，二十世纪城市"文化节都在巴利拉之家举办，其中的展览吸引了众多观众。第一次展览详细介绍了发生在两次世界大战期间，与建筑师塞萨雷·瓦勒及其设计的建筑相关的罗马涅大区历史事件（Tramonti

2015）；第二次展览分析了法西斯主义时期在意大利之外实施的丰富的建筑活动（Tramonti 2017）（图 6）。

图 6　左起："塞萨雷 · 瓦勒—另类现代性：罗马涅大区建筑"展览海报（弗里，2015 年 9 月 18 日 – 10 月 25 日）；"海外地区建筑和城市规划：多德卡尼斯群岛，埃塞俄比亚，阿尔巴尼亚（1924 – 1943）"展览海报，（弗里，2017 年 4 月 21 日 – 6 月 18 日）

公众并不只是这些活动的旁观者。大区政府规划"开放式实验室"策略的意图也寻找共享解决方案，在罗马涅大区创建多个氛围亲和的、开放参与式的场所，作为孵化器，一方面致力于观点的交换和合作，另一方面也致力于催化创新。

桑特雷利就被定义为这样一个"公众开放场所"，作为可以用来促发共同创意的公众参与设计项目的一部分（图 7）。文化遗产和积极公众参与是项目运行的基本要素，旨在提升文化遗产展示利用，促进公众参与决策过程，为意见交流讨论建设特定空间。同时营造面向城市和市民的数字技术开发环境，进一步强化上述过程激发出来的创意。这些项目策划能够培养出一个多元化的公众群体，他们对弗利市的理性主义建筑的历史知识和技术知识有深入了解，进而也能发展为更广泛的文化、创新和参与计划的一部分。

图7　左起，在巴利拉之家举办的研讨会；在桑特雷利的引导参观（拍摄：G. Favaretto，2017 年）

以上这些加强公众对两次世界大战之间的弗利市古建筑的推广策略将不仅影响到当地的文化、历史遗产和社会生活，而且还能够拉动经济增长和旅游业。这些项目"提出了与这些文化资源利用和管理相关的新问题，即如何既充分尊重过去和未来之间的连续性，同时又丰富地方发展的新可能性（Boriani，Gabaglio 等，2009，p. 74）。

参考文献

[1] Boriani M.，Gabaglio R.，Giambruno M.，Pistidda S.（2009），La regione di Delvina：un itinerario di turismo culturale，in Albania e Adriatico meridionale. Studi per la conservazione del patrimonio culturale（2006 – 2008），edited by M. Boriani，G. Macchiarella，Firenze，pp. 74 – 83.

[2] Favaretto G.，Pretelli M.，Signorelli L.（2016），"Eresia" o assenza di "credo"? Il restauro delle architetture del totalitarismo：l' intervento alla Casa del Balilla di Forlì，in Eresia ed ortodossia nel restauro. Progetti e realizzazioni，edited by G. Biscontin，G. Driussi，Marghera – Venezia，pp. 267 – 277.

[3] Favaretto G.，Signorelli L.（2017），Which authenticity for Fascist regime architec-

ture? The case of the Santarelli Kindergarten in Forlì (Italy), in Rehab 2017. Proceedings of the 3rd International Conference on Preservation, Maintenance and Rehabilitation of Historical Buildings and Structures, Braga 14 – 16 June 2017, edited by R. Amoêda, S. Lira et al., Barcelos, pp. 783 – 793.

[4] Pretelli M., Signorelli L., Favaretto G. (2016), "Architettura Razionalista a Forlì. La conoscenza per il progetto di restauro", in Materiali e Strutture. Problemi di conservazione, 10, pp. 63 – 82.

[5] Tramonti U. ed. (2017), Architettura e urbanistica nelle terre d'oltremare. Dodecaneso, Etiopia, Albania (1924 – 1943), Bologna.

[6] Tramonti U. ed. (2015), Cesare Valle. Un'altra modernità: architettura in Romagna, Bologna.

网址

http://www.atriumroute.eu/

http://www.atrium-see.eu/

http://www.regione.emilia-romagna.it/fesr/eventi/2017/apertura-dellex-asilo-santarelli/

“阿匹亚万路之王”计划：古罗马道路的推广与融合

多拉·迪·弗朗西斯科 意大利文化遗产和活动部，秘书总局二处

于 冰 译

摘 要 “阿匹亚女王之路”计划是由意大利文化遗产和活动部最新组织实施的重大项目，旨在开拓阿匹亚古道的创新性转化，鼓励慢旅游方式，扩展意大利文化活动的多样性，同时以此为契机加强阿匹亚古道遗产本身的保护和推广。这是一种全新的项目模式，不再局限于文化遗产本体，也不再局限于罗马近郊的局部路段，而是扩展至道路全线及周边综合文化和自然资源。文章介绍了“阿匹亚女王之路”计划涉及的范围、组织管理架构和程序、内容及信息技术支撑措施。

关键词 “阿匹亚万路之王”计划 文化线路 步道 管理

自古以来，阿匹亚古道就是最伟大的基础设施工程之一。它从罗马通到布林迪西，途径众多有着不同的地理、历史、景观和城市特色的地区。1 世纪，著名罗马诗人斯塔提乌斯首次将阿匹亚古道称为“万路之王（Regina Viarum）”（Silvae，2，2，12）。在过去近两个世纪以来，阿匹亚古道已经成为意大利国家认同的重要元素，它在物质和文化上代表国家统一，一直鲜活地保留在意大利人的集体记忆之中。正是因为阿匹亚古道，罗马军团的优秀

战士才得以从帝国首都出发和凯旋；正是沿着阿匹亚古道，梅塞纳斯[1]和贺拉斯[2]于公元前37年抵达布林迪西续签了屋大维和安东尼之间的同盟协议[3]；正是阿匹亚古道的终点布林迪西，作为启航东方的港口，连接了与亚洲的贸易通道，成为香料和纺织品的中转中心。

在此特别简短地回顾这些与阿匹亚古道相关的历史事件，旨在说明其独特价值和珍贵资源正是意大利文化遗产与活动部以全新方式重新启动阿匹亚古道计划的基础所在。这条线路的诞生是出于快速高效的军事目的和其他交通目的，历经数千年成为遗产，在当代得以重新利用和活化，目的却是慢旅游，是引导游客从集中旅游景点向周边扩散的遗产展示升级。希望通过这个计划的实施，为其他类似性质步道的战略转型和文化转型提供最佳实践示范。

具体而言，“阿匹亚女王之路”计划[4]的意图在于开拓阿匹亚古道的创新性转化，鼓励慢旅游方式，扩展意大利文化活动的多样性，同时以此为契机加强阿匹亚古道遗产本身的保护和推广。过去受到法律规定的限制，相关工作仅限于古道的局部点段，诸如位于罗马市内的部分，这也是目前保存状况最好的部分。2016年1月23日，文化遗产和旅游部颁发行政令，宣布组建阿匹亚古道考古遗址公园及其他国家级（of significant national interest）[5]机构和博物馆。阿匹亚古道考古遗址公园管理局[6]的设立，标志着其工作重点首次发生转变，涵括了更广的空间范围和职能。实际上，该行政令的规定之

[1] 盖乌斯·梅塞纳斯（Gaius Cilnius Maecenas，公元前70－8年），罗马帝国皇帝奥古斯都的谋臣，著名外交家，同时还是诗人艺术家的保护人。诗人维吉尔和贺拉斯都曾蒙他提携。他的名字在西方被认为是文学艺术赞助者的代名词——译者注。

[2] 昆图斯·贺拉斯·弗拉库斯（Quintus Horatius Flaccus，公元前65－8年），古罗马文学“黄金时代”代表人之一。罗马帝国奥古斯都统治时期著名的诗人、批评家、翻译家，代表作有《诗艺》等——译者注。

[3] 应该指凯撒死后，安东尼，雷必达和屋大维于公元前43年结成政治同盟，史称后三头同盟，获得统治罗马5年的合法权力。5年后，三头成员再次结盟，获得又一5年统治权——译者注。

[4] 部际经济规划委员会（Inter－ministerial Committee for Economic Planning，ICEP）“发展与凝聚力基金2014－2020”决议第3/2016号，批准实施“文化与旅游”计划，2016年5月1日。

[5] 2016年1月23日部长令第6条第1段。

[6] 详细内容见本论文集中阿匹亚古道考古遗址公园管理局局长丽塔·巴黎的文章。

一就是赋予公园管理局局长在整体上推广阿匹亚古道全线的责任。虽然现在阿匹亚古道（不限于罗马市内的部分）已经成立了统一的管理机构，但是在法律上还需要将古道全线作为遗产资产“以一种全新的形式”加以升级。在此目标思想指导下，政府部门——特别是秘书总局二处[1]——希望通过强有力的计划实施，建设一条线路，一条步道，以发挥万路王的功能价值，并能够嫁接后续其他项目和计划，提升和推广沿线各地各自独特的区域环境（图1）。

图1　位于罗马卡皮托利山 Minturnae 遗址的道路和基础（拍摄：Antonio Politano）

这是一种全新的项目模式，不再局限于文化遗产本体，而将道路全线及其文化吸引力作为一个整体。阿匹亚古道的范围边界扩大了，包括古道全线

〔1〕 2017年2月15日，秘书长任命秘书二处官员、建筑师 Dora Di Francesco 担任“阿匹亚女王之路”计划负责人。此外，2017年10月5日部长令委派 Di Francesco 女士为“文化与旅游”计划负责人。

约600千米及其周边区域，形成一个扩展的考古区域，不仅其本体价值效应得以倍增，其周边的文化空间也得以受益。因此，必须认识到这项新计划的复杂性，需要在国家层面和地方层面引入多元操作工具，包括文化遗产和旅游部实施的多项国家战略资助计划和欧盟战略资助计划，以及一些地区已经开始实施的欧洲区域发展基金（ERDF）“文化与发展”国家计划。

实施计划的第一项重要步骤就是由文化遗产与活动部秘书总局二处与拉齐奥、坎帕尼亚、巴斯利卡塔和普利亚大区政府成立一个技术工作组，共同制定阿匹亚古道推广协议，确定在道路全线（从罗马到布林迪西）开展统一行动的工作计划。经过协商，文化遗产和活动部及相关大区政府达成操作协议，于2018年3月1日签署，成为阿匹亚步道建设的关键时刻。作为协议的附件，秘书总局二处制定了总纲文件（master document），对计划框架，线路经过上述四个大区的范围做出界定，全长共计约600千米，覆盖80个市[1]（图2）。文化遗产和旅游部遴选出考古、历史和建筑遗产，沿线的自然景观，部分仍在使用的道路区段，以及（因安全或其他因素而）在古道之外必要的绕行线路。还开发了地理信息系统，将与文化遗产资源、项目和保护工程相关的数据整合在统一地理信息基础上，形成沿古代罗马道线路路的现代步行道路的地理－文化平台。除此以外，组织实施阿匹亚古道的航空调查，应用数字技术生成摄影测绘图，通过激光探测与测量（LiDAR）技术生成数字地形模型[2]。在把步道建设成为文化线路的过程中，信息平台将发挥战略工具功能，通过数据整合和相关技术实现多种目标，辅助支撑游客服务，支撑区域展示利用服务链条的延伸。

文化遗产与活动部正在与各地大区政府密切合作，在地方政府和大区政府职权范围内遴选更多文化遗产也开展相应配套的行动；整合和优化步道线路，彰显其优良品质，同时融合加入更多物质资源和非物质资源及基础设施，

[1] 除传统阿匹亚古道线路外，还包括坎帕尼亚和普利亚大区境内311千米长的图拉真支线（贝内文托－布林迪西）和52公里长的沿海支线。

[2] 相关内容详见本论文集中G. 比阿罗，L. 斯卡罗纳和P. 席尔瓦尼的文章。

图 2　阿匹亚道路：纳入“阿匹亚女王之路”计划的线路范围

突出不同地理区位的特色，在步道沿线提供更多个性化的旅游服务产品。通过与地方政府的战略共识，在意大利南部地区的发展中实现欧盟计划目标。出此考虑，在帕拉贾诺到塔兰托这部分线路中穿越伊尔瓦钢铁公司[1]的区域，秘书总局要求塔兰托发展技术工作组考虑创建一条“绿色通道”的可行性，通过种植树木和灌木，保证游客可以沿阿匹亚古道步行穿过该工厂区，从而使该段古道重新发挥公共功能。这种做法，不仅能够解决绕行 SS7 阿匹亚国家高速公路的关键技术问题外，而且还能通过“标识性”活动，提升一个因过度城市化而破坏严重区域的风貌和品位。

秘书总局二处正在提议启动阿匹亚全线卫星监测计划，并邀请相关国家机构和国际机构参与。监测计划将服务于两个目标：一方面，它可以向全线所有用户提供各个区域的持续状况报告，以确保紧急情况下的时时安全（因为监测可以做到沿线任一点段的险情即时发现）；另一方面，它可以获得卫星影像，保证阿匹亚古道及其缓冲区处于时时监控之下，辅助实施景观保护工作。

阿匹亚古道生命之血仍在流淌。希望通过这条古老线路的复兴，能够促进沿线区域经济发展，推动文化和旅游系统的合作，催生可持续文化旅游新型网络的形成。让阿匹亚古道在重生中“万路之王”实至名归，这一任务持久而艰巨。

---

〔1〕 意大利最大钢铁企业——译者注。

第三篇

意大利利阿匹亚古道案例研究

意大利阿匹亚古道考古遗址公园，罗马（拍摄：于冰 2017年9月）

阿匹亚古道：现代城市环境下文化遗产保护和增长的新模式

丽塔·巴黎

意大利文化遗产和活动部，阿匹亚古道考古遗址公园管理局局长

于 冰 译

摘 要 位于意大利罗马市中心及近郊的阿匹亚古道，是古道全线保存最好的一部分，自然景观深深嵌入现代城市肌理，古道沿线分布着众多重要纪念建筑和考古综合区，形成鲜明反差，凸显其独特美感和魅力。也正因如此，阿匹亚古道也面临城市发展的挑战。文章回顾了阿匹亚古道数个世纪的保护历程，面临的当代发展破坏威胁，以及隶属于意大利文化遗产和活动部的考古监管局近年在阿匹亚古道沿线重要遗产地所做的征收、考古研究、保护维修、展示推广和日常维护方面所做的工作。这些工作为刚启动的"阿匹亚万路之王"计划奠定了基础。阿匹亚古道将继续作为文化遗产和景观遗产保护和管理新模式的试验地，与城市社会发展和居民生活相结合的新项目将在这里实施。这个独特空间将给罗马带来真正的挑战，如何将极为重要的考古遗址区域发展成为一个全新的、开放的空间：从古代罗马到基督教时代的古迹和历史文化，如何与当代市民休闲的场所和谐共存。

关键词 阿匹亚古道考古遗址公园 保护 文化遗产 现代城市

"文化遗产和环境遗产属于公共财产，其保护的最终目的必须是公众利用和

享受。保护是原则性问题；随意性的决策行为不可接受…”（安东尼·齐德纳）

一、阿匹亚道路周边环境

在罗马城市总体规划地图上，阿匹亚古道表现为一块明显的绿色楔形区域，从罗马市中心的主要考古区一直延伸到罗马城堡山脚下（图 1）。这块楔形区域在法律上被认定为具有文化价值的考古景观，受到规划工具保护，还被拉齐奥大区政府公布为自然保护区。阿匹亚古道从这块区域直穿而过，保存状况良好，其线路和遗迹一直延续至普利亚大区的布林迪西。

在罗马，阿匹亚古道深深嵌入现代城市肌理，形成鲜明反差，更加凸显其独特美感和魅力。古道沿线分布着众多重要纪念建筑和考古综合区，周边是优美的乡村景色，其景观特色举世罕见，必须作为一个整体加以保护和推广。

二、19 世纪阿匹亚古道的保护活动

数世纪以来，阿匹亚古道上保存良好的、丰富的历史遗迹，引起了学者、艺术家和建筑师们的热切兴趣，他们慕名而来欣赏这些古迹风光，通过油画、水彩和照片等形式留下她永恒的魅影。

19 世纪早期以后兴起了更为科学的古物研究方法，加之人们意识到如此珍贵的古代遗迹不应被废弃，因此当时的教皇政府发起了一项阿匹亚古道修复项目，由建筑师卡尼纳（Luigi Canina）负责实施（Canina 1853）。道路本体及两侧属于公共财产的古迹经过整治，成为面向公众开放的露天博物馆，形成考古遗址和考古景观展示的新形式（图 2）。过去被乡村交通破坏的古道，以及被拆除构件的史迹，改变了残损面貌，恢复了遗产尊严，展现出包括车道、路面辅石、步道和两侧古迹的完整形态（仅限于史迹得以保存的部分）。国家还征收了古道两侧很宽的带状区域，建起石块干垒的矮墙（女墙 macere），将古道与私人领域隔离开来。散落的墓葬残件——雕塑、人像、石刻、建筑构件等，被镶嵌在新建的展示墙上，竖立在古墓葬废墟前面，得以

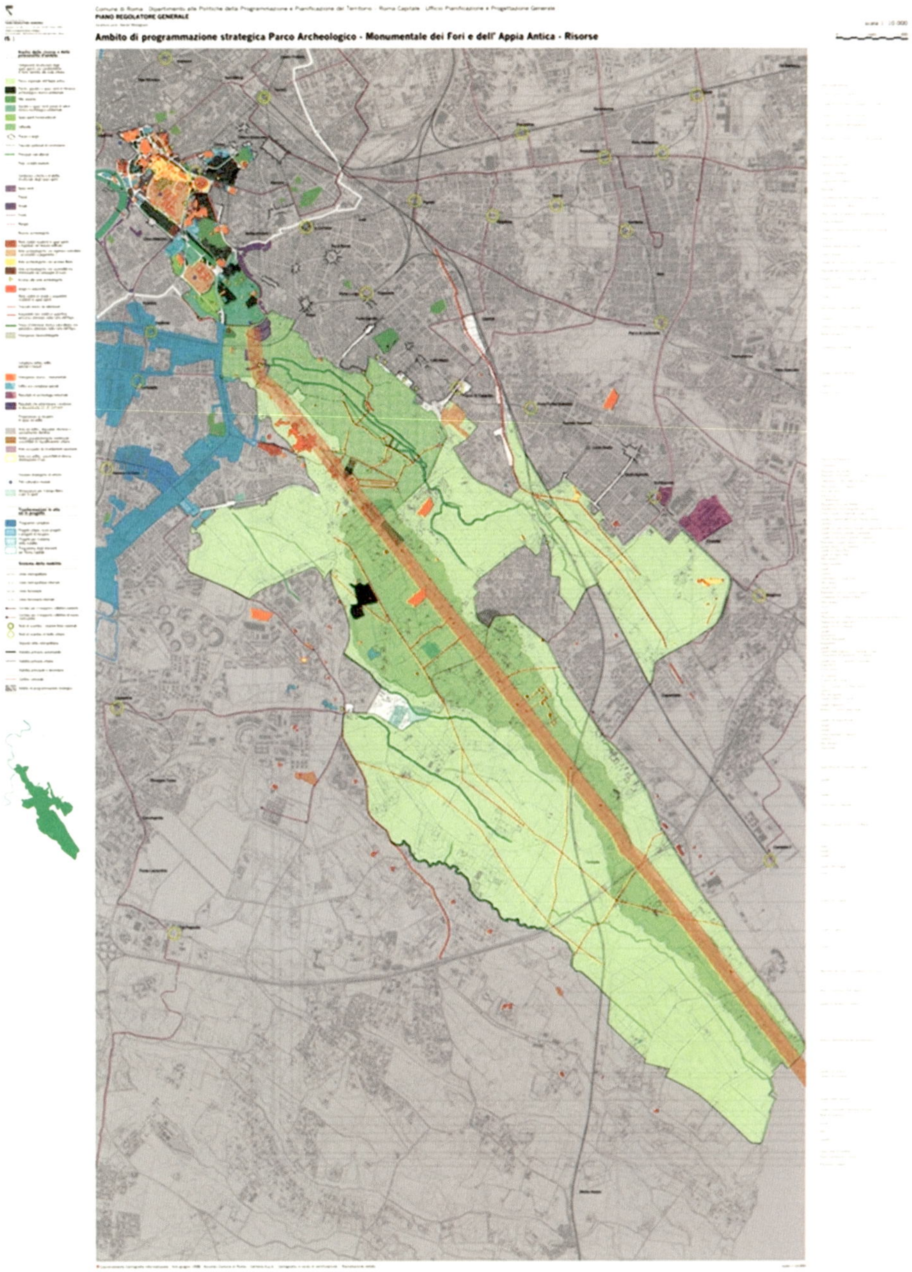

图 1　阿匹亚古道在罗马总体规划地图上表现为一片巨大绿色区域（罗马 PRG，2003 - 2008）

在原始环境中向公众展示。这种方法遵循了文物古迹应当原址保护的“现代”原则，之前也由安东尼·卡诺瓦（Antonio Canova）和吉塞佩·瓦拉迪尔（Giuseppe Valadier）在阿匹亚做过局部试验。

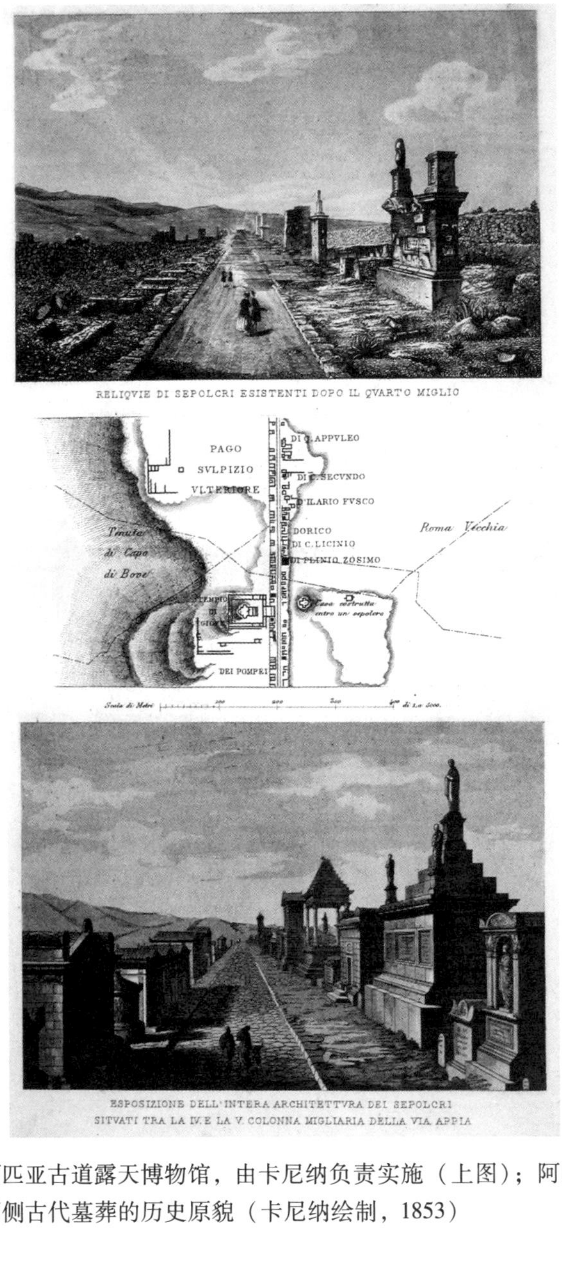

图2　阿匹亚古道露天博物馆，由卡尼纳负责实施（上图）；阿匹亚古道两侧古代墓葬的历史原貌（卡尼纳绘制，1853）

19世纪晚期和20世纪上半叶，阿匹亚古道这种露天博物馆的展示方式，被卡尼纳详尽测绘下来，吸引了全世界访客纷至沓来，激发无数学者和摄影家的灵感去描述和展现它。其中就有记录阿匹亚古道和两侧古迹的老照片，从这些照片中可以看出，此时道路两侧已经新种了苍翠的松柏（Muñoz 1913）。此时，阿匹亚已经成为人们希望瞻仰历史原真状态古迹的首选之地。然而自1870年起，不同的规划思想开始影响位于罗马市中心的考古遗址以及位于帕拉蒂尼山脚下的阿匹亚古道起始部分。此时的规划目标是将罗马建设成为意大利王国的新首都，要在罗马古老遗迹与欧洲未来都市之间做出取舍：结果一条条穿越城市的宽阔林荫大道被付诸现实，罗马面貌发生巨大变化，在此过程中，文物古迹仅仅被视为点缀性的道具（Capobianco 2010；Insolera 2011）。

在其后的数十年里，阿匹亚道路遗址建筑群不再受到重视。私人开始在这里修建高档乡村别墅，使这一地区变成了富人区，古迹被拆毁，或被重新改建为住宅。与此同时，新修的道路打破和割裂了罗马大道的庄严宏阔，上铺沥青使车辆可以快速通向钱皮诺机场〔1〕和电影城〔2〕。

这样的浩劫破坏，由于安东尼·齐德纳（Antonio Cederna）不懈的努力逐渐受到遏制，至少是在舆论上（Cederna 1997，Cederna 2006）。齐德纳从1953年开始撰写文章，抨击那些“阿匹亚的强盗”（图3），获得国际声誉。从那以后，齐德纳从未停止其争议不断却言之有据的写作，抗议对如此珍惜遗产的破坏行为。其努力至今仍具现实意义。

安东尼·齐德纳的舆论攻势，引起政府部门重视，也引发社会公众的关注，代表性社团组织“我们的意大利”一直冲锋在前。在这些努力下，1965年制定的罗马城市总体规划将阿匹亚及其周边整个区域划为保护区，定位为供公众享用的公益性公园。

---

〔1〕 罗马两大机场之一，位于罗马东南郊——译者注

〔2〕 Cinecittà，意大利规模最大、设备最齐全的电影制片厂，全国电影拍摄中心，位于罗马城南郊——译者注

IL MONDO - 8 settembre 1953 - Pag. 3 -

Roma. Una gita di piacere sull'Appia Antica ai principi del secolo.

I GANGSTERS DELL'APPIA

Entro pochi anni la Via Appia sarà ridotta a un rigagnolo in mezzo alla nuova città che sta sorgendo sopra e attorno ad essa, grazie ad una banda di speculatori e all'indifferenza dello Stato.

DI ANTONIO CEDERNA

ANTONIO CEDERNA

图3　安东尼·齐德纳，“阿匹亚的强盗”，《世界报》1953 年 9 月 8 日

然而，尽管制定了保护阿匹亚区域文化遗产和自然景观的严格规定，违法建设却仍在持续，公然对抗文化遗产监管局的管理现象也仍在持续，这些厚颜无耻的行为，没有强有力的政治干预很难控制。

难以贯彻实施公益性公园规定的因素之一，就是大量具有重要价值的古迹产权保留在私人手中，而只有非常少量的古迹属于国有。国有古迹资产包括道路本体及两侧50公顷土地，昆提乌斯别墅（Villa dei Quintili），塞塔·巴斯别墅（Villa di Sette Bassi），一些小型古迹，和140公顷的罗马市区土地。

在如此困难的条件下，国家只要有任何机会就想尽办法（通过研究、修复、展示等多种方法）推动保护工作，经过几年的努力证明恢复阿匹亚古道历史风貌、向公众展示推广是能够做到的。必须坚持以持续研究为基础，将研究成果在更大范围内加以转化，以保证保护修复的质量，并保留乡村风貌，以强调其与城市的联系、强调阿匹亚的社会作用为宗旨。

三、罗马考古监管局的工作

在过去将近20年的时间里，罗马考古监管局（其管理阿匹亚的职能现在已经划转到阿匹亚古道考古遗址公园管理局）的工作目标是保护阿匹亚古道文化遗产的整体历史价值和地貌景观，发挥其当代文化作用的同时，将文化遗产保护总体规划的实施与研究、保护修复、文化活动（projects）和产权征收紧密结合，确保规划体现阿匹亚古道的特殊性和具体问题，以实现其风貌的逐步恢复，实现其公共文化空间性质的真正回归。

通过一系列的考古发掘和修复，并将相关成果以崭新方式呈现出来，并通过从私人手中购买产权（花费了巨大努力）等各种尝试，上述目标有所实现。这也证明，不再简单地将古迹"围起来"，而是以研究、知识和文化活动引导决策，将已经在历史演进中融入阿匹亚遗产的其他历史时期文物与罗马帝国史迹共同展示，讲述阿匹亚古道的完整故事，是一条可行之路。只有这样，才能建立阿匹亚的文化资源平台，一个支撑科学研究和娱乐活动的持续性对话平台，一个促进社会发展的机会空间。

现在让我们来看几个这个方式的重要案例，它们都涉及考古发掘、修复、研究、档案调查，并将这些成果以新形式展现出来，彰显每处遗址的独特个性（Paris，De Stefanis 2014）。

遗址群梅特拉之墓（Mausoleum of Cecilia Metella）、卡埃塔尼宫、圣尼古拉教堂和城堡[1]经过考古发掘和结构加固后得以恢复历史风貌（图 4）。同时，20 世纪早期作为阿匹亚露天博物馆修建起来的展示墙也进行了更新和扩展（Meogrossi 2000，Paris，2000）。今天，这个遗址群全谱系地展现出阿匹亚的漫长历史，从地下室可以看到的 26 万年前地质时期的火山岩浆，以及中世纪的城堡时代，一直到 19 世纪的近代保护方式。

图 4　阿匹亚古道考古遗址公园：切契利亚·梅特拉之墓、卡埃塔尼宫、圣尼古拉教堂和城堡遗址群（拍摄：S. Castellani）

很长部分的阿匹亚古道路面清除了后期覆盖在上面的沥青，石头路面经

[1] 1303 年由卡埃塔尼家族在教宗博义八世（本名贝尼德托·卡埃塔尼）调停下修建的。

过修复重见天日，旁边还修出人行步道，将古道和两侧景观建立起和谐的关系（图5）。

图5　阿匹亚古道考古遗址公园：经过修复的铺石路面及步道（拍摄：S. Castellani）

原来由卡尼纳所实施的修复工作，那些道路两侧的墓葬古迹也继续得到修复（Filetici 2000，Filetici，Paris 2017），清除病害，进行加固避免进一步损坏（图6）。

1984 年国家收购了昆提乌斯别墅，经过考古发掘、修复、新的空间和游览线路调整后向公众开放，使观众得以重新认识这个荣耀一时的古代罗马郊区最大宅邸（图7）。在占地面积24 公顷的昆提乌斯别墅旁边，又把另外面积大约 4 公顷的新圣玛丽亚庄园及其乡村住宅合并进来，后者在古罗马时期原本就是一体，这样就恢复了历史上完整的别墅格局（图 8）。这些重大产权收购和修复项目增加了阿匹亚古道上的参观内容，提供完善的旅游服务，使游客可以追寻它从古罗马至今的历史变迁，了解新圣玛丽亚广园这处曾经的教会财产如何转让给贵族家庭经管。

图 6　阿匹亚古道考古遗址公园：以卡尼纳方式进行的墓葬古迹修复（拍摄：S. Castellani）

图 7　阿匹亚古道考古遗址公园：修复后的昆提乌斯别墅（拍摄：S. Castellani）

图 8 阿匹亚古道考古遗址公园：新圣玛丽亚庄园及其乡村住宅（拍摄：S. Castellani）

2002 年，距梅特拉之墓不远的牛头私人别墅（Capo Di Bova）被国家收购。别墅的名称来自梅特拉墓外部的装饰（图 9）。中世纪以来这里一直被用作住宅和花园，其地下的历史后来被意外发现[1]，使人们对此处各个时期的历史演变有了更多的认识。别墅经过重新布置向公众开放，经常举办文化活动和展览，介绍阿匹亚古道保护历史。安东尼齐德纳家人捐献给国家的档案和图书也收藏于此，供社会研究和学习（Paris，Mazzotta et al. 2013；Paris，De Stefanis 2014）。

四、最新进展

只有经过这种渐进式的、细致的工作，才有助于改变过去犯下的错误，以创新的方式弥合过去留下的无数创伤（Filetici，Paris 2017）。

〔1〕 修复过程中在别墅花园地下发现了公元 2 世纪中期的罗马时期浴场，以及别墅之前修建的一座农舍，其建筑大量使用了罗马浴场的构件——译者注。

图9　阿匹亚古道考古遗址公园：牛头私人别墅（拍摄：S. Castellani）

然而要在整体上拯救阿匹亚古道文化遗产，只能通过组织重大项目，将文化遗产、植物遗产和景观遗产作为统一遗产综合开展有计划的保护和日常养护。这是我们经过历次保护展示项目——而且现在还在继续实施——尝试后认为唯一适用的良方：在详细开展研究和保护遗产价值和特色的基础上，结合创新方式加以展示。沿着过去工作指明的同一方向，我们还在持续从私人手中征收重要阿匹亚古迹的工作，以扩大政府管理遗产范围，实现我们的研究和维护理念。与此同时，阿匹亚的悠久历史必须向公众讲述，并通过照片、电影和数字化方式展示帮助公众更好地理解和欣赏。这些遗址经过精心养护可以发挥许多作用，例如在昆提乌斯别墅创建的意大利遗产花园（Giardino dei Patriarchi d' Italia）。与意大利国内和国外机构、大学、学校和社团合作赋予阿匹亚古道以新生，我们相信是管理和保持它们活力的正确方法（Paris 2011）。

因此进入新千年之后，阿匹亚古道将成为文化遗产和景观遗产保护和管理新模式的试验地，与城市社会发展和居民生活相结合的新项目将在这里实施。这个独特空间将给罗马带来真正的挑战，如何将极为重要的考古遗址区域发展成为一个全新的、开放的空间：从古代罗马到基督教时代的古迹和历史文化，如何与当代市民休闲的场所和谐共存。

为了实施这项阿匹亚古道计划，必须逐步开展工作，从征收那些最重要的古迹和遗址群开始，同时精心养护这些古迹和遗址，开创新的游客线路，在古迹和遗址之间尽可能设立不同的停留地点，学习知识，娱乐休闲，怡情养致，观赏基于每处遗址价值和特点的展示陈列。阿匹亚必须继续成为不同专业学者和研究人员的研学之地。另外还要改善公共交通系统，使来自罗马各个方向的人都能便捷地抵达阿匹亚古道，增加公共交通比例，减少通行此区域私人交通的流量。

齐德纳的前瞻性实践，为我们留下了宝贵财富，可以指导我们当代的保护工作（Antonelli Carandini，Mannucci 2008）。我们对现代城市与阿匹亚古道之间关系的认识正如已故学者因瑟雷拉[1]所指出的那样，如果整治得当，可以激发不可限量的潜能。因瑟雷拉认为，阿匹亚古道虽然历经摧毁和破坏，但仍然标示着当代罗马城市的骨干肌理，具有极为重要的现代性和未来意义，是构成“未来罗马”真实性的结构性要素（Insolera 2011）。

作为文化遗产和活动部最新改革[2]的一部分，阿匹亚古道现在设立为考古遗址公园。新成立的管理机构拥有特殊自治权（2016 年 1 月 23 日部长令），新任命的局长经过国际招聘程序后获得任命（2016 年 4 月 9 日）。公园从罗马奥里利安城墙扩展至（位于弗拉托奇的）马里诺，介于埃汀缇娜道路、阿匹亚新道和托斯克拉纳道路之间，包括卡法莱拉山谷（the Valle della Caffarella）和托尔·马兰齐亚庄园（Tenuta di Tor Marancia，公园范围内）。所有国有古迹和遗址划拨公园管理[3]。

公园管理局局长在公园范围内的职能等同于考古、艺术品和景观监管局局长，并且对划拨其管理的机构、地点、建筑和遗址群拥有同样的职权。公园管理局局长还负责阿匹亚道路全线的推广项目，并负责协调全国有关阿匹亚道路的所有推广事项。自 2017 年 2 年，笔者被任命为阿匹亚古道考古遗址公园管理局局长。

参考文献

[1] Antonelli Carandini M., Mannucci V. eds (2008), Antonio Cederna archeologo, giornalista, uomo, poeta. Scritti per Roma, Roma.

[2] Calzolari V. (1990), “Progetti e prospettive per il Parco dell’ Appia Antica”, in

---

[1] Italo Insolera（1929 - 2012），意大利建筑师，城市规划师，历史学家，发表若干专著和论文，阐述在当代大都市发展中历史城镇的地位——译者注。

[2] 见本论文集第一篇

[3] 阿匹亚道路及相关古迹墓葬的国有产权（罗马、钱皮诺、马里诺境内）包括玛齐亚渡槽，克劳迪亚渡槽，新安尼奥渡槽；昆提乌斯渡槽；罗马纳古物陈列馆（Antiquarium di Lucrezia Romana）；梅特拉之墓；牛头别墅（罗马）；拉丁道路公园；费斯卡尔塔（新圣玛丽亚）；昆提乌斯别墅；塞塔·巴斯庄园（罗马）。

Quaderni di Archeologia Etrusco Italica, 18, pp. 145 – 153.

[3] Canina L. (1853), La prima parte della Via Appia dalla Porta Capena a Boville, Roma.

[4] Capobianco V. (2010), La zona Monumentale riservata, in Il primo miglio della Via Appia a Roma, Atti della giornata di studio (Roma, Museo Nazionale Romano, 16 giugno 2009), a cura di D. Manacorda e R. Santangeli Valenzani, Roma, pp. 11 – 21.

[5] Cederna A. (1997), Storia moderna dell' Appia Antica. 1950 – 1996: dai gangster dell' Appia al parco di carta, a cura di G. Cederna, Bologna.

[6] Cederna A. (2006), I vandali in casa. Cinquant' anni dopo, a cura di F. Erbani, Roma – Bari.

[7] Cirone D. (2000), Valle della Caffarella. Scavi della Torre Valca, al Colombario Costantiniano e al Ninfeo di Egeria, in Archeologia e Giubileo, Gli interventi a Roma e nel Lazio nel Piano per il Grande Giubileo del 2000, Vol. I, Napoli.

[8] Filetici M. G. (2000), Conservazione di otto piccoli sepolcri e ritrovamento di uncolombario, in Archeologia e Giubileo, Gli interventi a Roma e nel Lazio nel Piano per il Grande Giubileo del 2000, Vol. I, Napoli.

[9] Filetici M. G., Paris R. (2017), L' Appia: progetti e realizzazioni, in Via Appia. I disegni degli architetti a cura di M. M. Segarra Lunares, Milano, pp. 16 – 33.

[10] Insolera I. (2011) Roma Moderna. Da Napoleone I al XXI secolo, Torino.

[11] Le Pera Buranelli S., Turchetti R., eds (2003), Sulla Via Appia da Roma a Brindisi. Le fotografie di Thomas Asbhy 1891 – 1925.

[12] Meogrossi P. (2000), Supporti documentari dell' Appia Antica: il Castello Caetani e la cartografia georiferita della Villa dei Quintili, in Archeologia e Giubileo, Gli interventi a Roma e nel Lazio nel Piano per il Grande Giubileo del 2000, Vol. I, Napoli.

[13] Muñoz A (1913), "Restauri e nuove indagini su alcuni monumenti della via Appia", in Bullettino della Commissione Archeologica Comunale, XLI, pp. 3 – 21.

[14] Paris R. (2000), Mausoleo di Cecilia Metella e Castrum Caetani, in Archeologia e Giubileo, Gli interventi a Roma e nel Lazio nel Piano per il Grande Giubileo del 2000, Vol. I, Napoli.

[15] Paris R. (2000a), Villa dei Quintili, in Archeologia e Giubileo, Gli interventi a Roma e nel Lazio nel Piano per il Grande Giubileo del 2000, Vol. I, Napoli.

[16] Paris R. ed (2000b), Via Appia. La Villa dei Quintili, Milano

[17] Paris R. ed. (2011), La Via Appia, il bianco e il nero di un patrimonio italiano, Exhibition catalogue (Rome, 23 June - 11 December 2011), Milano.

[18] Paris R., Mazzotta B., Naccarato M. (2013), "Via Appia Antica. Il nuovo sito archeologico di Capo di Bove e il Triopio di Erode Attico", in Römische Mitteilungen, 119, pp. 275 - 331.

[19] Paris R., De Stefanis C. ed. (2014) Via Appia. Cecilia Metella, Castrum Caetani, Capo di Bove, Milano.

[20] Tomassetti G. (1910), La campagna romana, antica medioevale e moderna, Roma.

网址

—www. parcoarcheologicoappiaantica. it

—www. archiviocederna. it

“阿匹亚万路之王”修复的过去与未来

玛丽亚·格拉齐亚·费里迪齐
意大利文化遗产和旅游部，斗兽场考古遗址公园管理局
于 冰 译

摘 要 今天的阿匹亚道路，是各种极端情况的混合体，既存在未经污染的绝美之地，同时并存着被非法建设和长久荒废的受损之地。意大利文化遗产和活动部启动“阿匹亚万路之王”计划的目的，就是通过跨学科方式实施这条文化线路的振兴，提高全社会对其历史和艺术价值的认知。

得益于当代科学知识和新材料，以及检测这些新成果适用性的研究工作，文物修复正处于世界遗产保护和社会发展融合的新地平线中央。

经过30年的努力和实践，“阿匹亚保护团队”（Appia Workshop）形成了一套多学科的设计模式和基于长期跨学科合作的独特方法。在此基础上，在“阿匹亚万路之王”计划中我们得以实现所谓“步行线路”的新范式，贡献于更加包容和以文化内涵为本的旅游发展。

关键词 阿匹亚古道修复项目 方法 地震加固 实验 推广

一、引言

阿匹亚古道的美与其复杂性密不可分。我们的任务就是保护和保存它的复杂性，不断加深对它的认知。数千年来，来自远方的人、货、军队在阿匹亚道路上来来往往，保留至今的古迹遗址周围环绕着优美的自然景色，形成

罕见的历史和景观遗产，为我们提供了一步一景、引人入胜的美丽画卷。然而令人惋惜的是，古道上的很多地方因自然残损和非法建设而遭破坏。

阿匹亚道路随着沿线区域的地形地势通向前方，部分段落以块石铺面，下面是尺寸逐渐减小的碎石，以便快速排掉雨水。作为商品、军队和人员流动的主干道，这样的路面经过严格的专业设计，进行持续的精心养护，以确保交通畅通。当然有些段落的路面并非块石铺就，而只是碎石（Glareate，一种由小石头松散混合的形式）路面，甚至仅仅是夯土。随着时间的推移，有很长部分路段的原始路面被废弃，或被繁忙的现代道路所取代，行人走在上面十分危险。

伴随着被长期遗弃或现代改造，以及非法建设的破坏，有些情况非常严重，导致阿匹亚古道现状残损不堪。因此，文化遗产和活动部秘书总局〔1〕组织全方位行动，与地方政府和相关政府机构一起，修复这条历史道路，提升其展示利用水平，实现阿匹亚道路的复兴。

1953 年 9 月 8 日，集记者、环保人士、政府活动家和学者身份于一身的安东尼·齐德纳〔2〕在《世界报》上写道：

“阿匹亚古道整个线路，包括其两侧各一千米乃至更宽的范围内，都属于具有特殊价值的古迹遗产，应当保护它的尊严不受侵犯，保护它的历史和传说，它的遗迹和树木，它的乡村和景观，它的美丽，它的孤独，它的宁静，它的光线，它的日出和日落…”。

呜呼！阿匹亚古道却没有逃脱盗抢和非法建设的魔爪，很大部分的段落及周边的古迹和古村镇遭到破坏。现在，终于有机会实施一系列修复计划更正这些错误。缺乏资金投入只是阿匹亚古道缺乏保护遭受破坏的原因之一，

---

〔1〕 文化遗产和活动部秘书总局二处，2018 年 1 月 12 日行政令，实施“阿匹亚万路之王”计划。来源：部际经济规划委员会 2016 年 3 月决议，任命工作组；玛丽亚·格拉齐亚·费里迪齐（本文作者）任秘书总局二处设计事宜总协调建筑师。

〔2〕 齐德纳的家人将其保存的档案捐赠给了斗兽场监管局。档案经过丽塔·巴黎和 Piero Meogrossi 的修复，现在保存于牛头别墅的阿匹亚研究中心。

关键原因还在于肤浅的文化认知水平。振兴计划的实施正是建立在坚实的价值认知基础上，建立在对阿匹亚古道及其历史和环境价值认知的基础上。

“阿匹亚万路之王”计划标志着阿匹亚古道开启了崭新的“救赎之路”，从这个起点出发，使之能够迈向跻身于欧洲其它伟大历史文化线路之列的目标。协调景观、自然、动物、古迹和历史建筑融合为一个整体，是计划的核心。以此为核心，将建立新型的适应性和包容性的旅游模式，以支撑当地社区的发展和繁荣。

在尊重地方特色和多样性的基础上，阿匹亚古道从罗马到布林迪西全线的修复项目将采用统一的方式开展。将印发“实施指南”，规定所有保护项目，包括沿线不同区域和各类材质（碎石、块石、夯土等）的修复项目所必须采用的工艺和方法。

事实上，阿匹亚道路在建设之初就是作为一项重大项目组织实施的，设计施工极为严密，以确保其耐久性、快速高效和抵御长时间风化的性能。在缜密的指挥体系组织下，大量劳力投入到线路规划、材料甄选、基础施工和路面铺设之中。

在道路两侧铺设有路牙石，不仅标识出车道的宽度，而且同时标识出缓冲区，有助于指示出行进线路的方向。现在许多路牙石已经不存在了，有计划将其复原，旨在体现出道路的连续线性特征。如果路牙石被覆盖或隐埋于随意生长的植被下面，将进行考古调查明确道路两侧的位置。复原将采用与原来材料相协调的材料进行。

维修时特别注意要求恢复原来的排水系统，它们的功能是将路面的雨水汇集起来并把它们排出道路以外，它们的坡度必须经过仔细测算和调整，避免形成集水坑洼，过去就是这些坑洼导致道路的损毁和破坏。

可持续旅游发展的新模式，旨在融合经济发展、社会和谐和环境保护，促进地方进步，将“阿匹亚万路之王”战略计划与改善人民生活相结合。以此为目标，有几个问题就不可回避。为实现旅游服务的可达性，促进面向居民和游客的全员旅游，使他们在休闲时间可以实现娱乐和文化需求，通行条件则是必不可少的因素之一。因此在“阿匹亚万路之王”战略计划中，发展新模式中必须专门考虑到与包容和参与相关的伦理要求，例如残障游客的需求必须与其他游客一样得到同等重视。在设计研究中必须回应这类需求，在实施相应项目的过程中传播以人为本的体验文化，提高生活品质，完善旅游服务，面向公众，面向个体，在文化遗产保护的同时取得经济效益和提高生活品质的重大进步。

二、罗马市境内阿匹亚古道修复：一个研究和主动保护过程

自上世纪 90 年代开始由罗马考古管理局组织实施的修复计划——这个计划仍在延续——包括多个以综合性的历史、艺术和实验研究等跨学科方法为基础的保护项目。

为保护和保存阿匹亚道路庞大数量的历史遗产，意大利文化遗产和活动部高度重视对私人拥有的各类重要古迹、建筑和遗址产权收归国有，现在这些被国家收购的资产得到良好修复并属于阿匹亚古道考古遗址公园的组成部分。

昆提乌斯别墅位于距阿匹亚道路起点 5 罗马里处，是当时罗马近郊最重要的庄园之一。国家于 1985 年收购该庄园，2000 年将其对公众开放〔1〕。得益于持续的考古发掘和修复工作（图 1），公众现在能够享受一条重要的参观线路。这条线路连接两个方向，一个方向面向阿匹亚新道〔2〕，而从另一个方向——也就是昆提乌斯别墅大门入口处——可以俯视阿匹亚古道。从古道上眺望昆提乌斯别墅，别墅大门构成宏伟庄严的远景，其背后的水神庙现在也进行了修复〔3〕。

---

〔1〕 丽塔·巴黎负责 2000 年修复项目的考古工作，建筑师皮埃罗·米格罗西 Piero Meogrossi 监督建筑工作。

〔2〕 西罗马帝国衰落后，阿匹亚古道被荒废。1784 年，庇护六世教皇下令在古道旁边修建一条新路，为区别于原来的阿匹亚道路（Via Appia），此后原来的道路称为阿匹亚古道（Via Appia Antica），旁边新修建的道路称为阿匹亚新道（Via Appia Nuova）——译者注。

〔3〕 修复项目由玛丽亚·格拉齐亚·费里迪齐负责，考古发掘和研究由丽塔·巴黎和 C. Lalli，C. Celia，R. Frontoni，C. Tagliapietra 完成，2009 – 2013

图1　昆提乌斯庄园的冷水浴场（拍摄：L. Filetici，2018 年）

在牛头别墅发现了公元前二世纪的罗马浴场[1]，齐德纳个人收藏的档案由其家人捐赠给国家，保存在这里的齐德纳研究中心和阿匹亚道路档案中心。

圣尼古拉教堂（The Church of San Nicola nel Castrum Caetani）由笔者主持修复（Filetici，Paris et al. 2007），属于罗马考古监管局的修复计划之一。教堂内部原来是以火山岩石块用所谓的"opus saracinescum"工艺砌筑。19 世纪末期，为防止流浪者和强盗利用废弃的教堂，教堂的屋顶被拆除，沿着内墙流下的雨水致使大面积墙面剥落。修复工程将这些剥落的墙面进行加固，同时修出新的排水通道，和其他方式一起改善雨水排除效果。然而要使石墙得到彻底保护，未来还是需要复建屋顶。

新的灯光设计为游客和路人展现出教堂的美妙结构，获得 2017 年 IES 灯

[1] 文化遗产和活动部 2002 年收购该别墅，由建筑师 Piero Meogrossi 负责修复。

光设计大奖。过去由于结构问题被封堵上的入口，也重新开通。原来开裂严重的钟楼也得到结构加固（图2）

图2　修复后的圣尼古拉教堂，新的灯光效果，由 M. Baldieri 设计（拍摄：L. Filetici，2018 年）

美丽的新圣玛丽亚庄园别墅由国家于 2006 年收购。经过繁琐的行政手续[1]，终于将其从非法建设和肆意改造的惨状下解救出来。它的修复工程任务十分复杂，需要考虑很多保护内容：包括让停滞水流重新流动起来的水动力系统，植物园修复工程，抗震系统，以及内部结构的调整以重新恢复古代砌石构造。新圣玛丽亚庄园别墅的修复项目针对工程任务的复杂性，强调了多学科参与的重要性。多学科的庞大修复团队建设成为修复工作的主题，参与人员越是深入到古迹遗址每一处具体细节，越是认识到多学科参与的责任和意义。

新圣玛丽亚庄园别墅位于从阿匹亚古道进入昆提乌斯别墅的入口处。昆

[1] 由丽塔·巴黎，Antonella Rotondi，和 Livia Giammichele 代表罗马考古监管局执行

提乌斯庄园十分开阔，观众可以在这里参观到浴场遗址，有着精美角斗士马赛克的体育场，中世纪修道院的 Olivetan 道士种植的花园和草药，还有规模巨大的乡村宅院，我们修复了它的古代砖墙和钟楼，钟楼上那些中世纪白红相间的方格图案经过修复令人赞叹[1]。

别墅结构加固包括对石质结构的抗震性能改善，增强其承载力，并与辅助机械设施（flat tie rods and bars）结合更具粘接力，以便在特殊部位增加抗震性能。用栗木建造的木板屋顶和衬层与石墙交错固定在一起，因此不必再插入钢筋混凝土圈梁；水平拉杆（flat tensioning bars）、墙洞和拱顶进行了更新。在此规模庞大的修复工程中以不同工艺使用了传统材料。

图 3　新圣玛丽亚庄园别墅（拍摄：L. Filetici，2018 年）

〔1〕钟楼的修复由 Vazio 公司承担；服务设施设计，由 L. Argentieri，Orel 承担，灯光设计，由 M. Baldieri 承担；水动力系统，由 Massari 工作室的 E. Codacci Pisanelli 承担；安防系统由 P. Quagliana 承担；测绘由 MCM 工作室的 S. Belotti 承担；结构设计，由 G. Carluccio 承担；建筑设计和修复设计，由玛丽亚·格拉齐亚·费里迪齐承担；会计核算由 P. Piazzolla 承担；考古发掘，由 R. Frontoni，丽塔·巴黎承担。

别墅的下半部分进行了加固，其外部增加了一个钢制楼梯，楼梯的结构设计尽量低调，安置的位置在历史上曾经有一处石质楼梯，虽然楼梯已不存在，但仍留有痕迹。

2018 年 6 月底，昆提乌斯别墅不再被僧侣占用，收回公有向公众开放，展现出未经雕琢的新旧交错的修复理念，其微妙之处正如修复工程师 Antonino Giuffrè 所言：

“当我们接近这些古老的石头，就像医生接近病人，其面目令人敬畏。它们是那么真实，保留着那些曾经把它们修建得如此优雅的手的印记，那些把它们处理得那么微妙平衡的精心。因此，今天的我们肩负着严肃的责任，展开一场与古代天才的对话，将我们的手小心地放置于那些天才之手曾经触碰的地方”（Giuffrè 1984，p. 120）。

1998 年至 1999 年之间，我们修复了位于 4－5 罗马里间的 8 座墓葬，它们曾于 1853 年由都灵建筑师卡尼纳（Luigi Canina）修复，现在我们将重新回顾他们建筑理念（Fileticі，Paris 2017）。他关于露天博物馆的创新提议至今仍具生命力。19 世纪的访客乘着马车行进在阿匹亚道路上，两侧是卡尼纳在古迹前面竖立起来的展示墙，那些出土的考古标本被收集起来镶嵌在墙上，不仅能够原址展示，还有效防止被盗。卡尼纳的直觉体现出一种非常现代的文化线路意识，通过古迹修复将文化线路本体转变成为一座博物馆。卡尼纳理念的现代性和创新性正是体现在其保护和修复方法的阐释展示手法上——该理念受到其同时代广大公众的喜爱——也是我们研究的重点。

当我们开始着手修复卡尼纳曾经修复过的古迹时，我们严格遵循他留下来的文献和极为详尽的测绘图纸，这些材料保存在都灵国家档案馆里，我们在那里开展的仔细研究。这些材料忠实记录了每件出土文物发现时的地层位置，按照在阿匹亚道路每侧的顺序在笔记本中逐一编号记录。

1998 年，我们和费拉拉大学一起，为这 8 座墓葬建立起三维重建测绘模型（图 4）。对于卡尼纳所选择竖立在原址的那些出土构件进行了现场保存状况的评估，然后归于原位（Filetici，Pasquali 2000）。我们以条纹纹理的石灰华板把被盗留下的空间填补起来。8 座墓葬的每座墓葬都进行了清洗和保护，并在每座墓葬前树立一座标志碑，刻上墓葬的名称和修复完成的时间。

图 4　Hilarus Fuscus 墓葬的三维重建模型（费拉拉大学建筑系，2000 年）

因此，可以说这是对修复工作的修复，是将当代知识和技术应用于保护卡尼纳的露天博物馆，延续他具有远见的"组合式"方法，将古迹保护下来。

在项目中，我们建立了一套在档案、修复、历史研究和现存建筑之间对话的新方式，我们愿意将此献给已故的 Paolo Mora，希望我们对修复的修复能够为文化遗产保护学科发展提供有益思路，为以后阿匹亚古道的其他修复工作提供参考。

在 Casal Rotondo，卡尼纳修建了一座表面起伏的漂亮砖墙，上面镶嵌着旁边墓葬散落的曲面大理石构件[1]（图 5）。

在文物古迹保护的众多方式中，卡尼纳的修复项目是一个设计杰作，它

〔1〕 修建幕墙将考古出土的构件镶嵌在上面是安东尼·卡诺瓦率先提出的，并在牛首别墅附近位于第 4 罗马里不远处的 Marco Servio Quarto 墓旁边实施。

清晰地体现出一名建筑师是如何选择不同的保护方式解决具体问题，也为我们如何在“阿匹亚万路之王”计划实施中面对极为复杂和多样的问题起到了示范作用。

图 5　位于 Casal Rotondo 的曲面幕墙，卡尼纳修建（拍摄：L. Filetici，2018 年）

根据卡尼纳发表的研究成果，我们重新设计了里程标志碑，上面刻着每座墓葬的名称和修复竣工的日期，立在墓葬旁边。这些里程标志碑（图 6）也被选定为“阿匹亚万路之王”计划中步道项目的标志[1]。

基于我们曾经完成过的大量修复项目，我们认为古迹遗址的修复不可能遵循统一的方法，特别是像阿匹亚古道这样复杂多样的历史遗产，必须坚持针对每一处古迹遗址的特殊性具体问题具体分析。

事实证明，修复中采用适用材料和传统工艺是正确方向，避免改变文物古迹的原始均衡和结构类型。实际上，要正确理解任何文物古迹或建筑的保

〔1〕 关于“阿匹亚万路之王”步道项目的详细内容，请见本论文集中 Biallo，Scaroina，Silvagni 的文章。

存状况，最基本的条件就是要重构其随时间变化的历史过程，分析这些变化对其稳定性的影响。

我们对 Gallienus 墓（图 7）下层的桶状拱顶进行了重建，原来支撑拱顶的砌石墙体倒塌，现在进行了恢复。

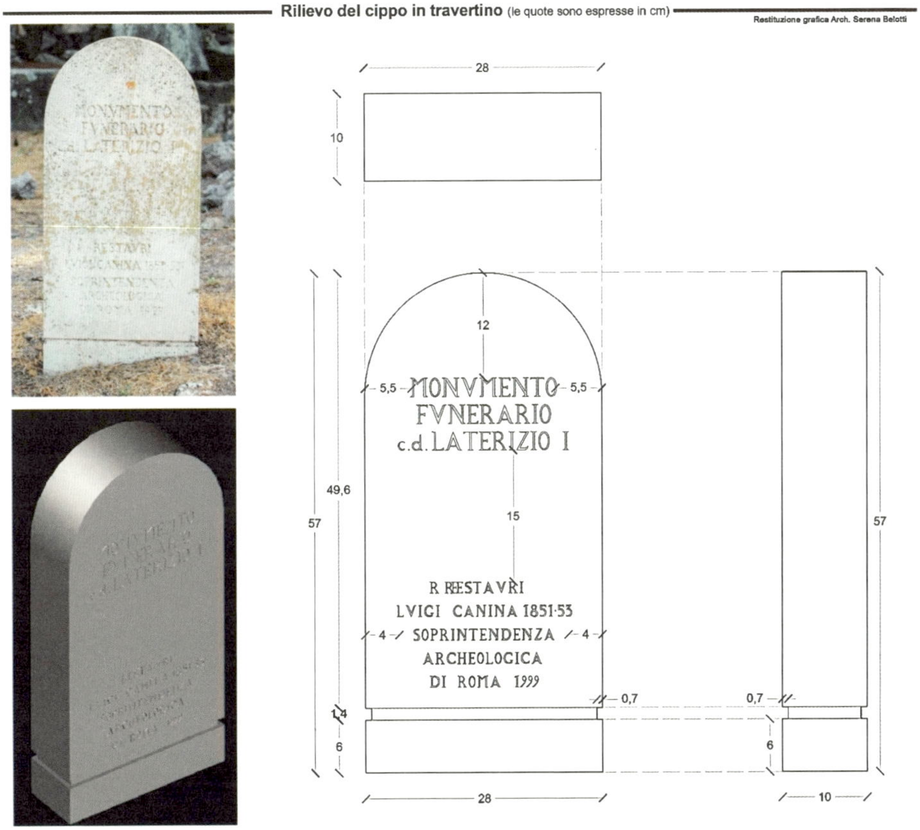

图 6　阿匹亚计划，里程标志碑，玛丽亚·格拉齐亚·费里迪齐设计（绘图：S. Belotti 2017）

被称为“sepolcro a staffa”墓的骨灰室仍原址保存有骨灰瓮和地面马赛克，我们对其屋顶进行了加固。

在道路另一侧，位于昆提乌斯别墅水神庙的八角形墓葬（图 8），其拱顶支撑薄弱，结构处于危险状态，修复时对其部分穹顶进行了重建，以支撑用灰浆（cementitio）砌筑起来的块石。内部以钻石型砌法（opus reticolatum）建造的螺旋形楼梯被补全和加固，以恢复其对周边结构的支撑作用。

图7 Gallienus 墓。拱顶和抗震设施修复，由 Ettore Palmucci 完成。项目负责人为玛丽亚·格拉齐亚·费里迪齐和 C. Baggio，2016 年（拍摄：S. Belotti，2017 年）

图 8　修复后的八角形墓葬，M. G. Filetici 负责（作者拍摄，2016 年）

这些墓葬中有很多外墙面已经缺失，下面的灰浆长久暴露在外面，造成不可弥补的毁坏。周边的破坏因素包括以东北方向为主的风蚀，西方海风带来的潮湿，不断变化的气候条件，周期生长的植被，以及由干旱或突降暴雨导致的危害。因此，下步工作是使外墙面得到正确保护，对其上生长的植物进行分析，以及确保排水系统发挥正常功能。

阿匹亚道路修复工程的关键因素之一是确保其日常养护得到精心的、有计划的开展（Alberti，Filetici et al. 2005）。为此，我们组织了大规模的保养维护项目，已经试点了几年时间，对文物古迹按照规划、石工类型，价值等级，风险水平等进行分类。在此基础上根据需求确定养护的频率、方法、工艺和成本预算。监管局每年除了保证对主要建筑群和景观开展有计划的日常保养维护外，还在评估的基础上对 66 座墓葬循环实施专门保养。当然这项重要和必须的保养维护计划纳入了监管局的年度预算。

25 年以来，罗马考古监管局以此有序的方式持续开展工作，虽然并不总能保证得到充足的资金保障，但其科学的保护方法始终坚持如一。这些修复项目构成多学科总体保护计划的一部分，以研究卡尼纳出色修复工作为起点，结合了新兴科学和技术手段和修复知识。“阿匹亚工作室”正是这一计划实施和发展的典型代表。

参考文献

［1］ Alberti B.，Filetici M. G. et al. （2005），La tutela ed il restauro del patrimonio archeologico nel Parco dell’ Appia antica，in Atti del V Convegno Nazionale ARCo，Roma，pp. 173 – 182.

［2］ Filetici M. G.，Paris R. （2017），L’ Appia：progetti e realizzazioni，in Via Appia，I disegni degli architetti，edited by M. Segarra Lagunes，Milano，pp. 16 – 33.

［3］ Filetici M. G.，Paris R. et al. （2007），Restauro e miglioramento strutturale del grande ninfeo della Villa dei Quintili sull’ Appia Antica，in Atti del VI Convegn Nazionale ARCo，Roma，pp. 646 – 657.

［4］ Filetici M. G.，Pasquali S. （2000），“Via Appia antica in Roma 1851 – 1999：un percorso tra documenti d’ archivio e monumenti attraverso la rappresentazione 3D”，in Quaderni，10，Scuola Normale di Pisa，Centro Ricerche Informatiche Beni Culturali，pp. 183 – 188.

［5］ Giuffrè A. （1984），Pietà perimonumenti，in Restauro e cemento armato in architettura 2，edited by G. Carbonara，AI. T. E. C.，Roma，pp. 120 – 123.

阿匹亚古道：保护和展示项目的一个方法论

茉莉亚娜·托科·西亚雷利

意大利文化遗产和活动部，萨勒诺省、阿维利诺省和

贝内文托省考古监管局局长

余建立 译

摘　要　阿匹亚古道最终修建后总长度达到近600千米，作为其政治和军事目的的体现，其经过的广大区域和城镇都留下了强有力的印记。在它沿线形成了众多城市定居点，而且构成其中很多城市的东西主干道。它作为百户区领地划分的基础，也深刻影响着现代城市格局的演变。在罗马阿匹亚古道考古公园以外的绝大部分，过去考古发掘中发现的道路，包括路面和周边古迹现在基础都已被回填，地面已不可见。因此在方法论上，应认识阿匹亚古道是一个复杂的遗产，其重要性不仅体现在其铺砌的道路上，而且还体现在沿线区域的形形色色特征上，它至少穿越意大利的四个大区——拉齐奥、坎帕尼亚、巴斯利卡塔和普格利亚，这些区域在景观、环境、聚落、自然、古迹和建筑等各个方面都有其他区域所不具备的独特性。基于此方法论，首先需要建立综合性专门数据库，服务于学术研究、线路策划、区域规划和公众共享。

关键词　阿匹亚古道　方式　加强和保护

一、历史注解

已经有很多文章论述了阿匹亚古道在意大利历史上的重要性，许多研究

仍在进行中，特别是有关尚未确认的部分道路的研究（Vistoli 2013）。

这里仅限定于回顾重要的历史事实。阿匹亚古道由被称为“盲人”的阿匹乌斯·克劳迪乌斯·凯卡斯于公元前312年主持建造，它将罗马与坎帕尼亚最重要的城市卡普亚连接起来。道路的第一部分长132罗马里，可能利用了已经在使用的线路——阿尔巴那古道（Via Albana）。从一开始，它就具有重大的政治意义，是对罗马逐渐扩张到古代意大利南部地区的计划的实施，奠定了帝国的基础。事实上，通过我们回顾阿匹亚古道逐渐被延长的若干阶段，我们就可以追踪它所经过的领土日益被征服的过程，以及它的延伸是如何通过逐渐吞并殖民地来体现的：公元前296年希努埃萨和公元前295年明图尔内，它们分别位于加里利亚诺平原的两端；公元前291维努西亚，位于伊尔比尼亚、卢卡尼亚和阿普利亚之间的战略边界；公元前268年贝内文托，位于坎帕尼亚和阿普利亚之间的关键位置。这条路最终延伸至塔伦图姆，与整个萨尼奥一样，塔伦图姆自公元前272年起就一直处于罗马的统治之下，其最终目的地是继续延伸至布鲁迪西姆——通往东方的桥头堡，那里实际上在公元前246年至243年间就成为殖民地。

当它完全成形时，如同罗马诗人普布利乌斯·帕皮纽斯·斯塔提乌斯所定义的“万路之王”那样，它的总长度达到了364罗马里。作为其政治和军事目的的体现，其经过的区域都留下了强有力的印记。例如，在它沿线促使城市定居点的形成，并且成为这些城市的东西向主干道（decumanus maximus）。它也经常成为划分百户区领地的轴心。所谓百户区，是指按照严格统一方法将被征服的土地分割成若干块，分配给退伍军人，由其占领领土和行使权力（图1）。

今天阿匹亚古道仍然穿过一些现代的城市中心，这些城市中心是在古老的遗迹上通过逐渐分层建设和发展起来的。今天阿匹亚古道经过的圣·玛丽亚·卡普阿·维特莱老城，是一个在古城卡西利努姆遗址上发展起来的聚落，它与罗马道路的格局保持一致。老城的南部入口（图2）两侧是陵墓，而北部是一个具有纪念意义的三方拱门的遗迹，即所谓的哈德良拱门（图3）。

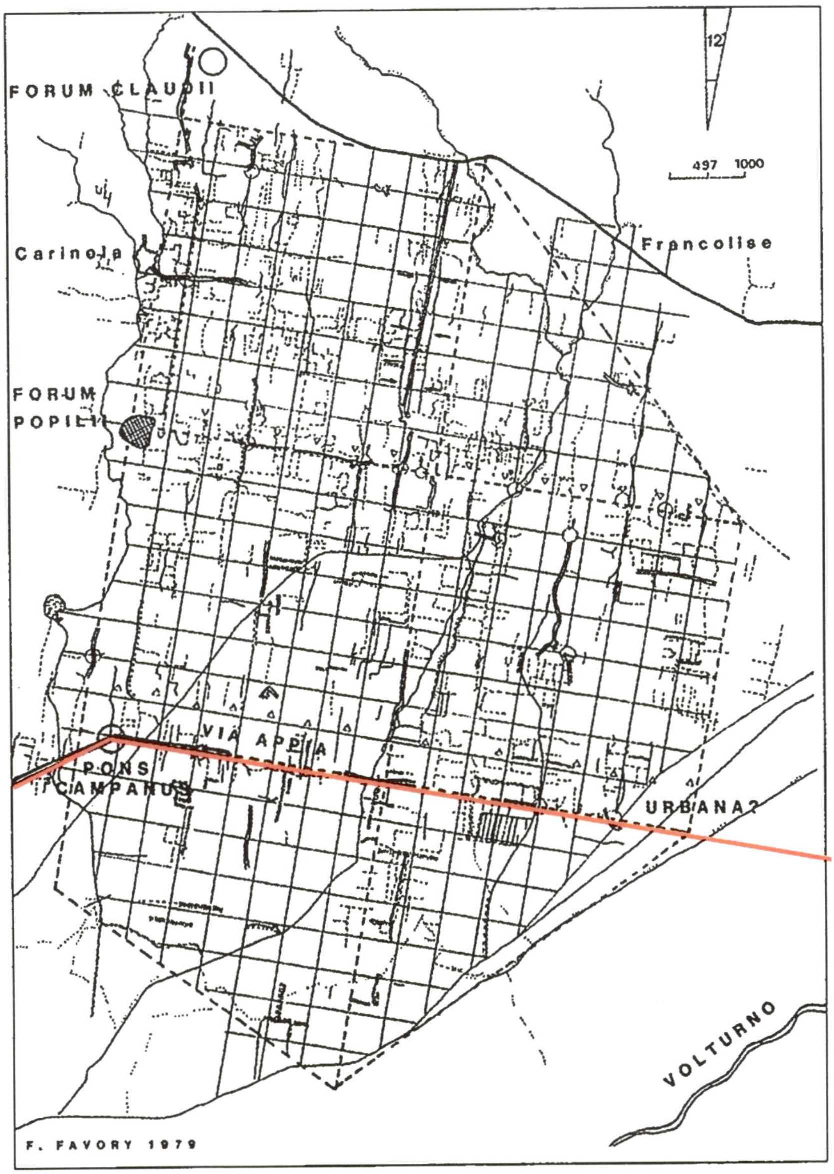

图1　位于坎帕尼亚大区卡里诺拉和格拉赞尼斯之间的福尔努斯·阿格尔的百户区

图 2　古代卡普阿南门的两座陵墓（今天的圣・玛丽亚・卡普阿・维特莱老城）

图 3　古代卡普阿北门的哈德良拱门（今天的圣・玛丽亚・卡普阿・维特莱老城）

阿匹亚古道继续被用作城镇历史中心发展的主要轴线；后来在腓特烈二世（1239 年）统治时期，在城镇入口处修建了一座雄伟建筑（图 4），大大提高了道路的重要性。

图 4　卡普阿（古卡西利努姆）历史中心的入口遗迹

就贝内文托而言，一个在拉丁殖民地贝内文图姆基础上稳步建立和发展起来的城市定居点，其历史与阿匹亚古道息息相关；事实上，从一开始，阿匹亚古道就是城市结构的骨干。它成为古罗马南方前线的一个根据地，保障了罗马向多尼亚肥沃土地扩张政策的实施。今天，这座现代城镇最主要的道路——科尔索 - 加里波第大道仍然修建在阿匹亚古道基础上。贝内文图姆的城市布局最初就是围绕阿匹亚古道加以组织，从那以来，它就一直影响着城市的布局，阿匹亚古道的各个路段在不同时期发挥着程度不同的重要作用。即使在伦巴第时代[1]，原来的聚落仍然保持着主要地位；在后来的几个世纪，当它进入教会的统治成为一个非常重要的主教辖区时，变得更加重要。

阿匹亚古道，罗马诗人斯塔提乌斯所称其为万路之王（Silvae II 2，12：Appia longarum teritur regina viarum）和高贵之路（nobilis），总长度达到 364 罗马里。它由精心打磨光滑的玄武岩块铺成，14 罗马英尺即 4. 10 米宽，道路

〔1〕 伦巴第为一个日尔曼部落，于公元 568 – 774 年期间统治了意大利半岛大部分区域——译者注。

外侧是简单夯土路面的行人道。每隔 10 – 15 英里就有换马休憩的驿站。至少到公元 6 世纪，阿匹亚古道整条道路一直还在使用。从那以后，平原地区被放弃，道路变得不稳定，部分原因归结于野蛮人的破坏，另有部分原因也在于沼泽地的形成，至少对于离罗马最近的拉丁姆（译者注：即现在的拉齐奥）境内部分道路沼泽成为主要损毁原因。后来，它被一条新的阿匹亚道路所取代，这条新路的很多部分与旧线路重合。尽管如此，原来的阿匹亚古道仍然继续发挥着重要的基础性作用：这是朝圣者前往圣地的线路；在十字军东征期间再现了它的军事意义；它还发挥了重要的文化交流媒介作用，在它通过的意大利南部地区，那里的宗教和城市建筑仍然可以发现来自东方的影响。

它不仅经历了专制和掠夺的时期，也经历了大规模兴建标志性建筑时期，尤其是在很多城镇的入口和出口。19 世纪初，在法国统治下，意大利南部地区的商业活动增加，提升运输和贸易速度的需求猛增；约阿希姆·穆拉特（Joachim Murat）颁布一项特别法令（1813 年 5 月 7 日第 1753 号），要求对整个道路网进行重组，标志着一个新时期的开始，在此期间，阿匹亚古道迎来了生机和兴盛，在波旁王朝复辟后，这种生机更加蓬勃。

二、方法论的假定

由此可见，阿匹亚古道是一个复杂的遗产，其重要性不仅体现在其铺砌的道路上，这些道路随着时间的推移一直保持着令人钦佩的良好保存状态，而且还体现在沿线区域的形形色色特征上，它至少穿越意大利的四个大区——拉齐奥、坎帕尼亚、巴斯利卡塔和普格利亚，这些区域在景观、环境、聚落、自然、古迹和建筑等各个方面都有其他区域所不具备的独特性。

对于这类丰富多样的遗产，启动其保护、保存和推广项目，首先需要建立一个专门数据库，作为价值认知计划的第一步（Tocco Sciarelli，Franco 2013），以便收集相关数据，包括线路的调查、已有相关路段的可靠证据、保存状态、已采取的任何保护措施、所有已实施或计划中的推广项目、遗迹的法律身份，以及已知存在但尚未发掘的路段的保存状况信息。

这项调查最初仅根据档案和文献资料进行，确定在坎帕尼亚、巴斯利卡塔和普格里亚范围内有 32 处与阿匹亚道路相关，其中坎帕尼亚境内不少于 23 处。其中最主要的遗迹是石头或碎石铺成的道路路段（图 5），或者只剩下基础的部分路段。此外，还应包括一些仍沿用历史线路的现代城市道路和街道，如（坎帕尼亚大区）圣·玛丽亚·卡普阿·维特莱老城（卡塞塔省）的科尔索·阿皮奥大道，（卡塞塔省）马达洛尼的利比特·阿皮奥大道（图 6），蒙特萨奇奥的安努齐亚塔·维奇亚大道和那不勒斯大道、贝内文托的科索·但丁和科索·加里波第大道，以及（阿韦利诺省）米拉贝拉·埃拉诺的德尔·普格里大道。另外，沿古代道路两侧从多古迹、乡村别墅以及墓地也已登记造册。

图 5　a－b 米拉贝拉·埃拉诺（古埃拉诺姆）的最新发现。阿匹亚古道的一部分用碎石铺成，另一部分则用玄武岩铺成。

保存下来的铺石路面的路段稳定保持在 4 米的宽度，而碎石铺就的路面路段的宽度约为 1 米。道路两侧有石灰岩作为边缘石，还有用大小和形状规则的钙质鹅卵石铺就的步道（crepidines），有时使用其他材料进行修复；路面上仍然有车辆经过时留下的连续车辙。底层路基的宽度可以达到 10 米。过去考古发掘中发现的、或是抢救性勘探或出于保护目的而进行的预防性考古工作发现的几乎所有铺石路面，甚至铺石路面以外的部分，现都已被回填，或已经地面不可见；唯一的例外就是可以在考古公园里看到一部分。

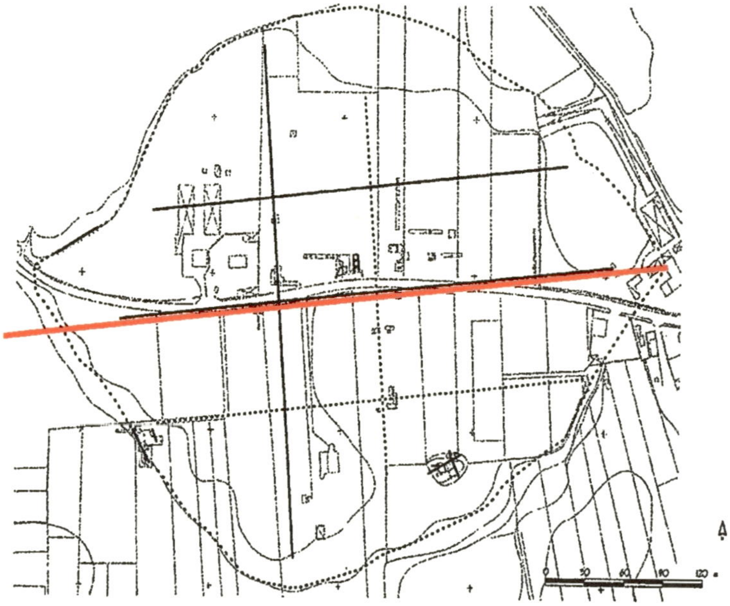

图6　穿过马达洛尼（古卡拉提亚）中心的阿匹亚古道

收集的数据通过Excel电子表格汇总，根据简化的档案标准分路段整理，每个路段按照预先确定的内容进行分类，可以通过下拉菜单选择；还包括阿匹亚古道各个路段和沿线古迹所面临的风险程度；以及它们的推广工作情况。因此，数据库的设计目的是快速和综合查询，并可以经常更新。每处遗址附有补充信息表，这些信息表可以添加图形和照片档案，添加最新状态信息。该编目、图形文件加上数据库一起，已经接入一个专门为阿匹亚古道建设的、基于地理图形信息的地理－文化平台（见本书比阿罗·卢伊吉·席尔瓦尼论文）。意大利文遗产和活动部已将这个参考信息系统用于所有的规划和管理工作。该系统的目的是快速、简洁地获取信息，这样就可以策划和安排景观环境保护、保存、修复和升级所必需的项目和活动。此外，它还可以用来提取信息，作为阿匹亚古道展示宣传的内容向社会公布。最后，所有已获得的知识，包括地图数据，将对阿匹亚古道编制联合国教科文组织世界遗产名录申报材料作出重要和直接的贡献。

必须强调的是，保护和推广阿匹亚古道并不以保护和修复古代道路本身为终点，而（确切地说，正如我们上面所描述的原因）应该考虑它是沿线地区中一个特殊的构成要素和特征元素，因此目的是要在计划其城市路段或周边景观升级改造工作时必须要特别小心的处理。一方面，标志和历史证据必须得到清晰的阐释，另一方面，对于受其影响的广大区域，质量必须得到强调，树立宏观而长远的愿景，重新整合以前那些在缺乏统一规划情况下支离破碎进行的工作。

意大利文化遗产和活动部将负责制定修复和改造沿线区域和景观的指导方针，并推广它们的价值传播。最后，我们必须提到保罗·鲁米兹和他的合作者在 2015 年沿着阿匹亚古道线路（Rumiz 2016）进行的长途跋涉。他们应该被高度赞扬，因为他们引发了媒体对古老道路的特别关注，也引起了当地社区的关注、兴趣和自豪感。他们所走的道路尽可能地遵循了阿匹亚古道最初的线路；在无法遵循的情况下，他们走的是相邻的道路或现代道路的一部分。尽管所产生的数据出入在学术界引发了一些争论，但应当理解的是，如果现代朝圣者的道路和古老的阿匹亚古道都得到重视，每一条都有其自身的特点和特色，有助于相互推广和宣传，共同为沿线地区复兴做出贡献。

参考文献

[1] Rumiz P. (2016), Appia, Milano.

[2] Statius P. P, Silvae, edited by C. E. Newlands, 2011, Boulder.

[3] Tocco Sciarelli G, Franco M. (2013), Il progetto della Società Magna Grecia sulla via Appia, in La via delle aquile nella terra dei lupi, edited by C. Grassi, Nusco, pp. 99 – 115.

[4] Vistoli F. (2013), Saggio bibliografico sull' antica via Appia, Roma.

阿匹亚古道步道的区域信息系统

乔瓦尼·比阿罗[1]，斯卡罗纳·卢伊吉[2]，保罗·席尔瓦尼[1]

1. 地理信息系统有限责任公司

2. 意大利文化遗产和活动部，秘书总局二处

余　越　译

摘　要　为了实施阿匹亚古道步道项目，意大利文化遗产和活动部在原有地理－文化信息平台基础上，开发了专题的阿匹亚古道步道区域信息系统。该系统以地理信息作为基础支撑，不仅链接阿匹亚古道线路的相关信息，也链接其他步行线路、沿途的文化遗产、车站和住宿设施，以及途径的居民区和地方行政管理机构等信息。为获得统一的底图，遗产部专门委托进行了航拍飞行。在步道建设阶段，系统目前用于设计线路、管理安全工程和设置标识等项工作。进入步道运行阶段后，它将作为推广和参观游览阿匹亚古道步道的地理信息平台，继续为认知、保护和推广这个最著名的古代道路发挥重要作用。

关键词　阿匹亚古道步道　地理信息系统

开展一个像阿匹亚古道步道这样雄心勃勃的复杂性项目，需要开发同样复杂的信息管理系统，为所有参与项目的相关方提供即时便捷的查询服务。

从已收集到的大量信息来看（其中部分仍有待收集）其内容非常广泛，性质差异也非常大，因为在如此复杂的项目中要考虑的方面不仅包括考古、

历史、艺术和景观特征，而且还包括线路连续性的各个方面，不仅涉及线路的保护、相关规划工具，还涉及推广和活化利用等有关方面，直接关联步道的潜在用户需求。这条线路所处的环境也极不相同，因为它要经过 4 个大区、12 个省和大约 80 个自治市。在罗马之外，它还会经过中等规模的城市、只有少数居民的小村庄、退衰的边缘地带、未受破坏的景观、独立的古迹和完整的考古遗址等等。

为了实施阿匹亚古道步道项目，意大利文化遗产和活动部认为有必要以地理信息作为基础支撑，不仅链接阿匹亚古道线路的相关信息，也要链接其他的相关信息，例如：其他相关步行线路、沿途的文化遗产、车站和住宿设施，以及途径的居民区和地方行政管理机构等。

因此，为了适应这一新的需要，意大利文化遗产和活动部决定在一个被称为“地理 - 文化平台”的网络地理信息系统基础上加以更新。这个信息平台已经在遗产部使用运行了若干年，已经积累了大量十分有用的以地理信息为参考基础的多层次信息，如文化遗产和景观资源的位置，入口处的管理信息（包括封闭区域和对外开放区域），而且具有编辑和管理财务方面及研究项目的功能，这让遗产部在费用、时间、项目开发和运行管理等各个方面大大提高了效率。

地理 - 文化平台是根据遗产部内部的各种实际工作而创设的，当时需要将涉及同一“遗产”的不同信息展现在同一地理区域范围内。信息技术的发展使地理信息能够纳入数据库，从而通过关联功能促进了来自不同来源信息的系统建设，并使其能够与遗产部以外的地理数据库相互链接。由于该系统可以根据特定的需求定制接口、数据库和专用功能，因此很快就生成了一个用于步道的专用部分。首先是检索阿匹亚古道线路的最新研究成果，并将其导入数据库。后来 Riccardo Carnovalini 所研究的各个路段的 GPS 线路也被添加到系统中，保罗·鲁米兹和他的团队沿该线路全线行走，并在他的书中进行了描述（Rumiz 2016）。在基本数据外，地理 - 文化平台还包括沿途的考古资料、保护区划、历史中心以及遗产部从其他机构和各地监管局所收集的大量其他资料。

沿着阿匹亚线路步道的各个路段被划分成若干单元，按照类型（仍保持最初侧向人行道的单元、历史上铺设沥青的单元、未铺设路面的单元、或者是未经平整的粗糙道路）和步行或骑车的安全程度进行分类。这样分类的目的是，例如标示出不安全的路段，就需要必须找出更安全的绕行线路，或制订改造相应线路使其更为安全的解决办法。另外，对所有安全方面存在疑点的线路进行了全面调查和拍照，以便确定设置安全警示标志的位置。由于阿匹亚所经过的四个大区行政部门的技术图纸（图 1）和现有的正射影像（即使可以通过系统互相访问查询）都不一致（或者因为比例尺不同，或者因为更新时间不同），意大利文化遗产和活动部专门委托沿着这条线路进行了一次航拍飞行（图 2），获取了全线 1：5000 的地理地形数据库，阿匹亚万路之王计划涉及区域的 1：2000 地图，以及正射影像、地形数字模型和数字等高线

图 1　坎帕尼亚大区贝文内托市航拍图，1940 年代早期（RAF 供图）

模型。所有工作都按照这类地理数据的国家标准进行数据生产，并整合进入地理－文化平台，使得进一步设计步道线路和规划其它重要内容成为可能。利用叠加制图技术，可以更精确地划定大区和市政行政边界，用于自动确定线路每一段的地方管理权限。这个信息系统的设计不仅是为了展示步行线路，更重要的目的是作为开发步道的支撑工具，根据需要修缮和整合原有线路，通过增加安全设施确保步行安全，并设置适当的标志和信息牌。

图 2　贝文内托市航拍图，由意大利文化遗产和活动部为地理－文化平台建设专门委托拍摄，2016 年

简而言之，该门户汇集了与阿匹亚古道有关的现有丰富资料，将其组织在技术平台上，形成为一个门户枢纽，任何计划沿阿匹亚步行的人都可以阅读到所需要的全部信息（图 3）。“阿匹亚万路之王”步道计划的性质并不是科学研究；它实质上是应用最新的文档和技术，以科学的方式运作，创建一个高质量的知识平台。事实上，该计划的核心意图是帮助用户认识阿匹亚道路的古老线路，展示它的古迹和建筑物、它的历史，它的行政区划，以及已

经开展实施的工作、项目和修复工程。

图3　贝文内托，在地理 - 文化平台上标示出阿匹亚古道步道穿越城市的地图（地理 - 文化平台，2017）

地理 - 文化平台作为设计线路、管理安全工程和设置标识的信息技术系统的作用一旦结束，它将用于推广和享受阿匹亚古道步道的地理信息平台，从而继续为认知、保护和推广这个最著名的古代道路发挥重要作用。

参考文献

[1] Rumiz P. （2016）Appia，Milano.

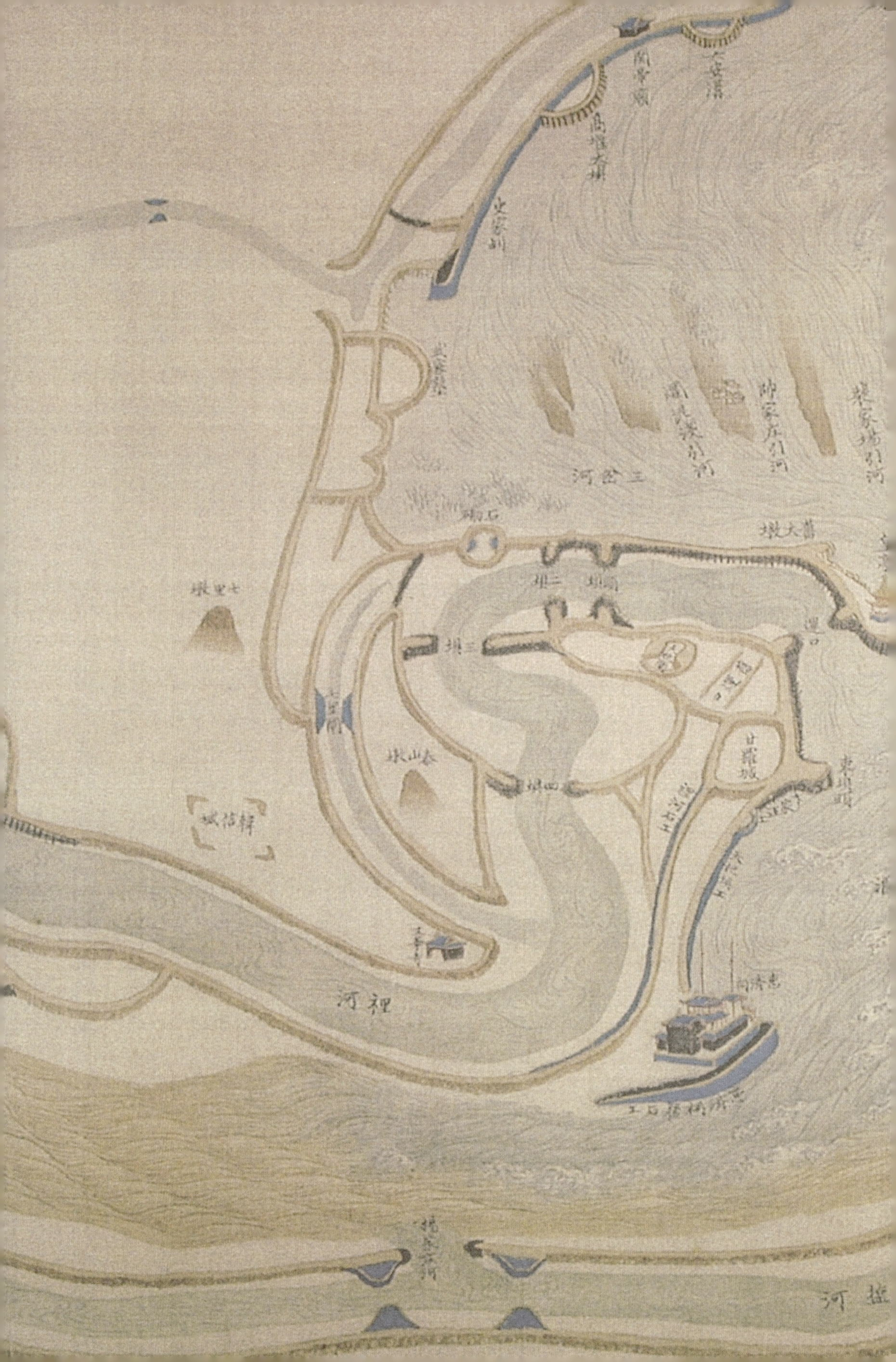
三岔河
舊大墩
七里墩
奎山墩
韓信城
甘羅城
裡河
惠濟祠

第四篇
中国大型文化线路价值研究与价值评估

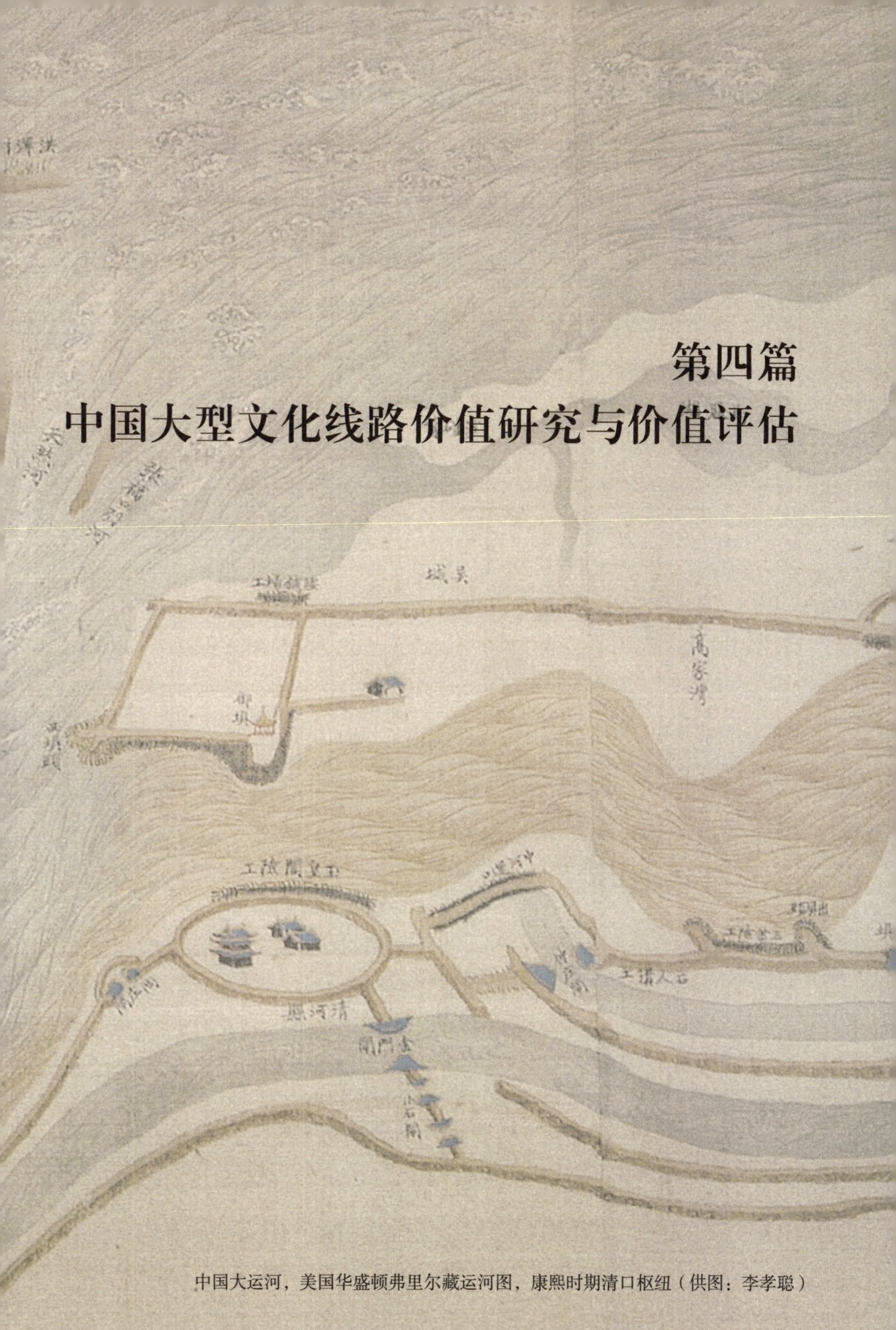

中国大运河，美国华盛顿弗里尔藏运河图，康熙时期清口枢纽（供图：李孝聪）

中国大运河形胜区域人居环境发展特征及策略研究——以大运河水系交汇区域为例

王　晶　中国文化遗产研究院中国世界文化遗产中心

摘　要　本文在大运河的整体工程价值框架下，以大运河与其他水系交汇的“形胜”区域为主要研究对象，探讨了该区域人居环境发展的历史特征及趋势走向。文章尝试引入“形胜”这一古代志书中描述城池自然地理区位及选址依据的城镇营建思想，选取典型运河“形胜”城镇，分析运河水系交汇区域的人居环境发展规律，并对该区域的当代发展策略提出整体建议。

关键词　大运河　区域发展　水系交汇

中国大运河是世界上开凿时间较早、规模最大、线路最长、延续时间最久且目前仍在使用的人工运河，是人工与自然相结合的伟大创造，是人类融合了自然、科学、社会、经济、艺术、美学的天才杰出创造。中国古人建造和维护大运河保证其贯通中国南北航运的过程，是逐步、持续认识、利用既有自然江河湖泊等地理条件的人地互动过程，大运河人居环境便是在这个过程中形成的独特区域人居环境类型。

中国大运河肇建于距今近2500年的春秋时代，从隋代（581－618）开始实现全线贯通，经唐（618－907）、宋（960－1279）发展，最终在元代（1271－1368）成为自北向南绵延近两千公里，沟通海河、黄河、淮河、长江、钱塘江五大自然水系的交通大动脉。大运河巧妙利用了一系列既有自然水系，在大运河与这些水系交汇的区域多为原有自然条件较为优越的形势危重之地。该区域自然水网发达，交通位置便利，人员、社会、货物流动频繁，在大运河人居环境的整体演变中多起到至关重要的作用，形成了层次清晰、特色鲜明的运河人居“形胜”区域。

“形胜体现的是中国人居中人与自然互动关系，是赋予自然人格化的载体。‘形胜’就是在整体的、人化的自然环境中选择、营建人居之地的重要思想。”（吴良镛，2013）同时运河“形胜”也是一种将大运河人工功能秩序与自然水系环境融合的人居选址和营建方法的集成和提炼。在大运河与重要水系流域聚会的整体形势下，营建创造出的满足保障人们生存安全、生活便利、环境优美、资源丰腴的可持续发展的大运河“形胜”人居环境，可以作为运河区域人居环境的典型代表。

一、“以水定城、河湖之交”的人居环境营建策略

大运河与其他水系交汇处是大运河整体工程的关键节点，同时也是人居环境营建与自然水网互动最为频繁的运河“形胜”之地。按照“形胜”这一人居环境营建理念，“形胜”在评价人居环境选址方面主要考察的是军事和安全的攻守形势、交通联系的便利程度以及山水环境的丰沛。即所谓“攻守”与“生聚”是大运河河湖相交的“形胜”城镇选址优势所在。具体可以体现在：1、据河湖之险要，满足当时军事、政治和国家管理需求；2、借舟楫之便利，充分发挥大运河水利、运输之功效；3 凭资材之丰腴，提供风光优美、物产丰富的人居环境资源。

由于运河区域在全国范围内始终处于政治、军事、经济、文化诸方面的中心地位，因而成为历代封建皇朝着力控制的最重要的区域，每一代皇朝统治者也都要凭借运河这个理想的地理位置、优越的经济条件和人文环境，总揽大局、驾驭全国。大运河与河湖交汇的区域，兼具自然水系交汇所形成的天然屏障与运河突出的政治、军事属性，通过一系列运河勘查、规划、设计、决策、施工、使用的集成过程，形成运河沿线“据河湖之险要”的形胜节点。

因运河交通之便利，运河形胜区域大都地控南北、舟车转输，成运输、交通之便利，也为区域人居环境的繁盛奠定了基础。《重修扬州府志》的《山川》卷概括“借了舟楫之便利、凭资材之丰腴”这一形胜思想对于运河人居环境建设的影响：

“明张宁序曰先王体国经野，画界分疆，必择水陆辐辏，舟车四达之地以域民，盖以民生日用，宫室食货，陶冶木石之重力，弗易致必资舟车以任重致远。从古圣神开物成務，竭思创制以为安养斯民之政也。广陵古扬州之域，实惟江淮都会古称富庶，杨一益二。危楼九曲、珠帘十里、二十四桥风月之景尤为东南佳丽。民殷物阜，冠盖东南而人才地产随之。”[1]

二、人地互动、持续演进的人居环境发展规律

中国大运河是人类利用自然条件、持续改造自然环境的大型水利人居工程。水系交汇的形胜区域人居环境发展演变则直接体现了大运河这种持续演进的动态特征。大运河这种动态“人水”互动工程体系主要由河道工程、枢纽工程和以湿地、圩田为主的土地工程构成，它们分别在线、点、面三个维度上共同构建了立体的“扫帚状”运河人水工程体系。线性工程河道主线及其支线保持水道畅通，点状水利枢纽保障河道与其他流域水系沟连跨越，而面状的湿地、圩田工程则是充分利用运河在江南地区发散的网络水系，形成了独特的形胜区域人居环境面貌。

例如，大运河与其他水系交汇情况最为复杂的淮扬运河与江南运河河段。大运河淮扬运河与江南运河段包含春秋、东晋、隋唐、明清、近代各个历史时期的重要河段，时间连绵，动态发展；而交汇区域运河河道的动态变迁则直接反映了长江、淮河、湖泊等自然地理环境的变迁。

《扬州水道记》序四大致勾勒出了淮扬运河河道与其所在自然环境的动态变迁过程。（图1）“江去淮三百六十里，沟于春秋，渠于汉，水断于晋，渎

[1] 《重修揚州府志》清嘉庆15年（1810）卷八《山川》

于隋，河于唐，皆运河也。而今之运河非古之运河。今河自明臣白昂后地始定。大抵昔之运由湖，今之运由河。昔由高邮州治东委折北上，今则由治西湖东长渠径达。昔之水南高北下，以坡塘撙之而常不足；今北高南下，以瓜埠（瓜洲）、茱萸湾、芒稻河宣泄之而患有余。盖地势之迁变使然哉。”

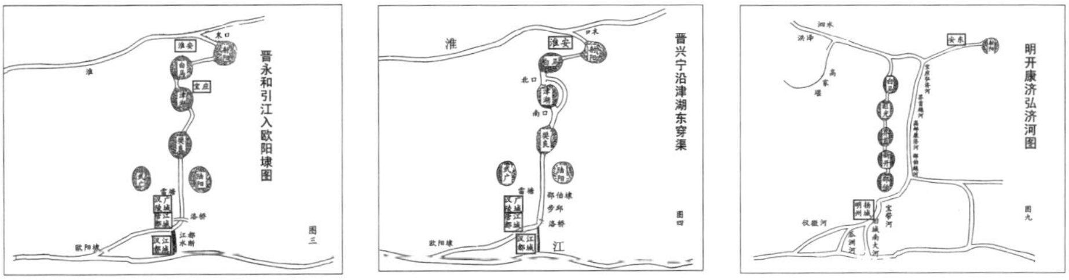

图 1　运河扬州段历史演变示意图
图片来源：（清）刘文淇著，《扬州水道记》

江淮间邗沟江北运口的变迁和演进可以集中反映大运河在处理河江关系中的人工与自然互动演进。古人因长江北岸线的不断南移以及黄河不断裹挟的泥沙使得长江及其周边自然地形地貌逐渐发生变化，而大运河与长江交汇区域也因此不断调整持续。反应，这种反应也深刻的影响了交汇区域城市的变迁。《淮扬水利全图》（图 2）中清楚的表达出人、自然与运河工程作为一个整体，大运河与其各要素相互连通、互相作用，浑然天成的人居系统。

在大运河水系交汇的形胜区域，水陆辐辏、商贾通济，促进了大运河沿线市镇的演变和繁荣。大运河与重要水系或水网交汇区域，运河为区域发展总纲决定城镇级别、影响城镇规模、制约城镇形态、促进城镇繁荣。

（一）近水兴城，层级网络

在大运河与全国性的重大水系交汇区域形成了重要的区域性历史形胜城镇，这种区域营建策略也同时体现在运河与其支线、区域性河流以及相关的湖泊、湿地等水系的交汇处，并呈现出城镇的级别及繁盛程度与相交水道的级别及功能相匹配的规律。

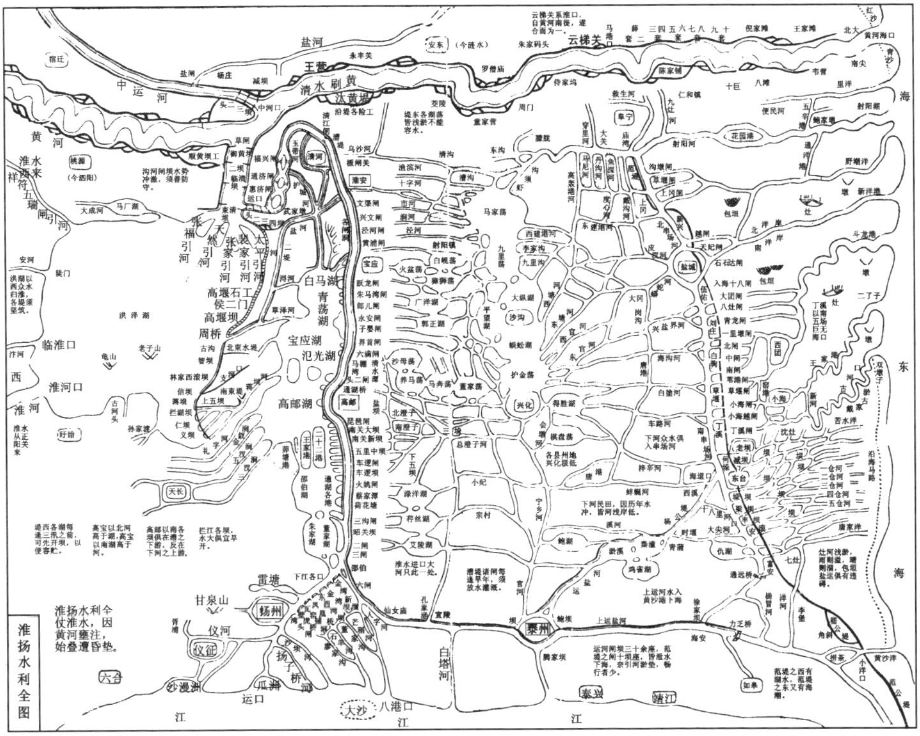

图 2　淮扬水利全图

资料来源：（清）冯道立，《淮扬水利图说》

例如，大运河与长江等重大水系的关系变化几乎贯穿了扬州城及其周边区域的城镇人居环境建设历史。海岸线的变迁，长江岸线的南移、黄河夺淮，自然湖泊的聚散，都成为深刻影响扬州地区人居环境演变的重要因素。

淮扬段运河支线众多，与主航道一起构成了遍布淮扬地区的水道网络。便利的水路交通往往成为交通枢纽，随着沿大运河经济的发展和文化的传播，又成为地区经济和文化的中心，带动了淮扬地区的城镇发展，催生了众多的运河城市与运河村镇。淮扬运河沿线的城镇沿大运河河道分布，而且城镇往往分布在南北走向的大运河与东西向引河或减河的交汇口，等级分布也和与大运河相联系的水道等级对应。这种规律也见证了因运河带来的人与物频繁往来，带动了商品集散的需求，从而促进了大运河沿线城镇和乡村的繁荣。

淮扬运河沿线的重要城市多于大运河水系交汇处形成并发展起来。淮安因为处于运河与淮水交汇之处，其前身秦时所设淮阴县[1]于古淮水与泗水交汇处，即为今古清口所在地，遥控末口，是重要的军事和交通要冲，乃形之胜地。使得后期"南北机枢"的淮安逐渐成为大运河航运的交通枢纽，发展成为最典型的运河城市之一，并先后带动了山阳、淮阴、清河、清江浦等淮安地区数座运河城镇的兴起。

扬州地区更是在某种程度上由运河与长江交汇的形胜区位决定了扬州城市及其周边区域的人居环境的发展方向。由于扬州"北据淮，东南据海"[2]，形势危重，自古便是政治、军事冲要[3]。又因大运河贯通江淮使得扬州成为"重关复江之奥，四会五达之庄"[4]形之胜地。

除淮安、扬州这类大运河与淮河、长江等重大水系交汇形成的运河都会城市，大运河与一些地方河道的交汇也形成了各具特点的运河城镇。例如扬州地区的高邮城的建立便是以邗沟的开凿为契机，在邗沟与运盐河的交汇处兴建城镇进而发展起来的。"及至汉文帝五年（公元前 175 年），吴王刘濞开邗沟以利盐运，高邮运盐河出现……而运盐河和邗沟的交汇地区便是高邮城的城址所在。其交通对位的确立促进了城市的形成；同时，水运交通的改善带来的人流和物流的聚集，成为城市形成发展的原动力。"（图 3）（陈薇等，2013）

又如安宜城在唐代改为宝应城，并在南宋时期筑造土城，随着宝应湖的开挖以及运道的筑堤兴建而聚集为城；邵伯也在宋代逐渐汇聚成镇的规模；湾头则随着隋唐时期运河由北向南进入扬州的大门，亦为南方货物经过扬州

---

[1] 因其城廓在淮河以南，故称淮阴。淮阴故城年代晚于甘罗城，在甘罗城遗址西面不远，甚至有部分相互重叠。淮阴故城位于今淮阴区码头镇，秦王政 24 年（前 223 年）设县，南宋以后受黄河夺淮的影响，被洪水冲毁，现还有一些文化遗存。

[2] 重修揚州府志. 清嘉庆 15 年（1810）. 卷一

[3] 乐史，宋.《太平寰宇记》：扬州境东西二百二十五里，南北一百六十七里，西北至东京一千九百四十里，西北至长安二千七百里。东至海五百六里，至泰州九十五里，南至大江三十里，渡江至润州七十里。西至滁州二百里，北至楚州三百里，东南至海四百里，至泰兴县界八十里，西南至和州三百六十里，西北至泗州二百里，东北至泰州盐城县三百六十里。

[4] 鲍照. 南朝宋.《芜城赋》

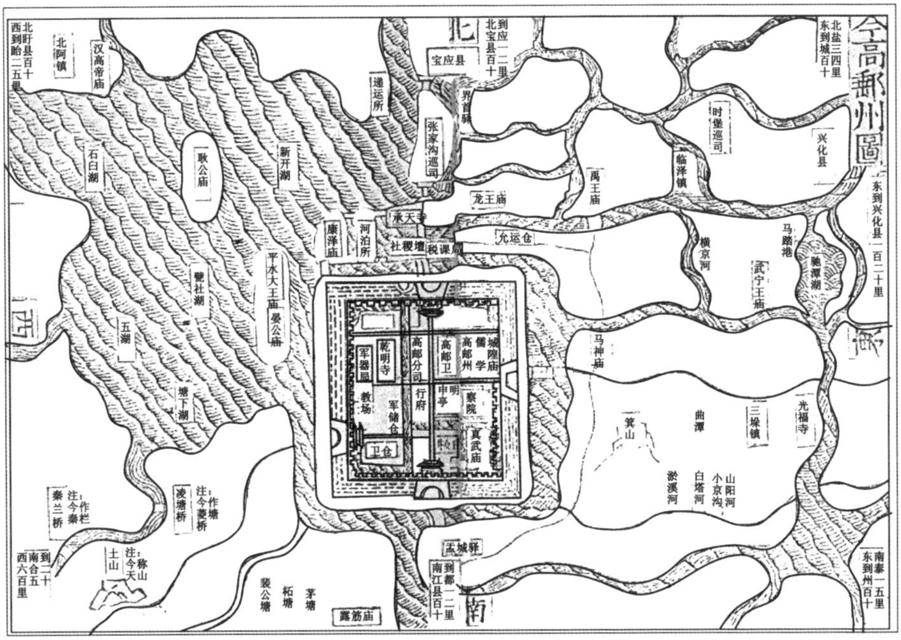

图 3　改绘自明嘉靖时高邮州图

资料来源：（明）朱怀干修，盛仪纂《嘉靖惟扬志》

北运的重要港口；南侧瓜洲是依伊娄运河的开凿，成为运河与长江交汇的黄金点，并从唐末至宋逐步完善城池。

（二）逐水建城，历代叠加

大运河的水系交汇形胜区域，一般都有“逐水建城”的人居建设原则。例如以扬州城和淮安古城为代表运河聚落，在地理空间上，基本位于大运河畔，或是紧邻运河故道，与大运河的地理空间紧密连接。在与大运河历史渊源上，也都是由运河的兴起而形成的，其发展兴衰与大运河息息相关。

“逐水而建”可以充分利用区域四通八达的水系优势，既可利用现有河道作护城河使用，抵御外敌，也方便城内居民生活取水，更可方便城市内外交通。这些水系交汇区域区人居环境的演进、城池的变迁、城市水系的变化，均受到历代人工水系与自然环境之间的深刻影响，且留下了大量历史叠加的痕迹。

（三）临河置市、雅俗共赏

由于大运河的军事、漕运、盐运等国家交通运输功能，同时在水系交汇处又兼具商贸、经济等民间贸易往来，由此形成了形成了街肆林立、滨江临河、功能混合的雅俗共赏的运河人居聚落。

例如扬州大运河位于蜀冈之下，从子城南流过，仕民工商逐河而居，运河两岸首先得以开发，形成新型的工商业区。《新唐书・五行志》中就有记载："光启' 初扬州府署门屋自坏，故隋之行台门也，制度甚宏丽"。而临河置市也是是扬州的一个特点，水陆通畅是当时水系交汇区域商业繁荣的重要原因。井上靖先生在《天平之甍》中有这样的叙述："眺望市区罗城一带，大运河从南到北，穿过中部，东西通着十二条街道……从禅智寺境内的一角，可以俯瞰沿高地流过的运河，看到河中挤满了无数大小船只，舷舷相摩……"。足见其临河置市的商业繁华特征。

三、"通变则本乎实事"的当代人居环境发展策略

相较于历史上的大运河水系交汇形胜区域四会五达、雅俗共赏的人居环境秩序，当代运河人居环境的衰落已然成为事实。中国大运河成为世界文化遗产，大运河区域发展也面临极大的机遇和挑战。如何充分利用历史文化资源创造出符合中国国情的大运河遗产保护利用之路，重塑当代大运河区域发展繁荣，是我们亟待解决的问题。

基于历史经验的大运河形胜区域发展策略研究建立在大运河区域发展的历史规律梳理和特征辨析的基础上，以整体观为主导思想，以人地互动为主要行为模式，以大运河遗产为区域人居环境建设纲领。

吴良镛先生在《中国人居史》中，高度概括了大运河水环境的改造给中国人居环境的关系带来的巨大且深远的影响："通过多层次的水利改造形成人工自然环境，这是中国古代人居建设的一项重要技术和文化，运河、渠道、水网支撑着不同尺度的人居环境发展。这一过程中，古人认识到水不仅仅是

物质的水，而且是具有了生命力的地之血脉，水系的治理过程也可被喻为对大地肌理的梳理，人居的建立也就成为这一新的肌理的一部分，与大地血脉相连。”（吴良镛，2013）大运河当代区域发展应该整合大运河与重要水系交汇的形胜区域，延续与强化运河文化区域的动态水网格局，辨形胜、创景致，结合现实需求，探索大运河当代形胜人居环境发展策略。

（一）运河形胜区域发展的整体性与区域性

运河形胜区域发展的整体性即借鉴历史经验，将中国大运河看做人地互动、持续演进的整体成果。大运河创造性地将零散分布的、不同历史时期的区间运河连通为一条统一建设、维护、管理的人工河流，是人类与自然互动的伟大创造。而大运河与重要水系交汇之处形成的形胜区域是这一人地互动伟大创举的集中体现。

以运河交汇为形胜选址原则而建立发展的运河城镇群、城市带，是运河人居环境中人地互动“整体观”的杰出代表。这种整体观主要体现在运河形胜人居的土地综合利用、功能多样复合、适宜人类居住、满足整体需求。“整体观”是吴良镛人居科学的重要方法论之一，他认为“研究建筑、城市以至区域等的人居环境科学，也应当被视为一种关于整体与整体性科学”。

区域性则是强调大运河区域规划营造的发展特性。作为公元 7 世纪至 19 世纪中国最重要的运输干线，大运河显示了水路运输在国家和区域发展、环境变迁与文化交流方面强大、深远的影响力。大运河通过长期的人工干预，在与自然的共同作用下大大改变了沿线地貌和自然环境，体现出人类对自然的不断抗争与适应的过程，以及由此带来的对区域环境、规划营建的深远影响。

（二）运河形胜区域发展的文化战略提升与重构

中国大运河是“百花齐放”的跨时空文化流域、延续流动的跨领域活态系统、“串珠成链，由线及面”的跨类型资源宝库，具有得天独厚的资源条件。当代大运河的区域发展已然成为以文化价值为核心的国土空间开发、实现文化与经济、社会、生态融合发展的新战略。结合京津冀、长江经济带、长三角等重要国家战略以及华夏文明传承创新区，大运河文化区域的重构是国家层面的重大战略举措，是建基于文化自觉与文化自信的表现，是基于文化遗产保护的祖国河山再认识。

（三）运河形胜区域发展的资源格局延续与强化

1. 强化动态水网格局

大运河在处理河湖关系、河江关系、河淮关系、河海关系的工程措施中，创建出纵横捭阖的运河水网格局，反映了中国古代在水利建设方面利用自然和人工改造结合的伟大成就和创造精神，是运河区域发展格局最重要的特征之一。

运河水网关系层次清晰、等级分明、动态演进。大运河在密集的水系、水网的发展和改造过程中，逐渐形成了以运河为线性主干道，相交河道按其等级依次排列的水系网络。运河市镇的发展则遵循着所处地区水网的特征，同时该地区的人居聚落、街道、建筑的布局走向也深受水网格局的影响。

2. 整合运河亲水资源

大运河区域发展依托的是与运河密切相关的大量运河亲水资源。遗产资源类型多样，包含大量河道、湖泊、古桥、闸坝堰等水工设施以及运河名城名镇名村、各类古建筑、古遗址等运河关联遗产，并有着复杂多样的自然地理环境和人文社会环境。大运河流域蕴含着中华文明重要的文化资源宝库，且具备历史运河、文物古迹、文化线路、线性文化景观、文物保护单位等多重属性，可以全方位进展示和阐释。

以运河为核心的运河亲水资源体系在用地功能、建筑密度、水网交通等方面形成了独特亲水的聚居模式，因运河成镇、镇水相依，运河城镇的规模尺度亲水宜人，并在运河水网的变迁中不断生长。

3. 重塑运河交汇节点

大运河作为一项巨大的国家尺度水利工程，各类运河工程枢纽是大运河区域发展体系中最重要的节点。当代运河的发展仍应充分认识大运河的工程属性，利用大运河的突出工程价值，充分发挥大运河工程枢纽的带动作用，重塑当代运河区域节点。

运河交汇处的水系交错、水宁景美的运口景观节点是当代运河水系交汇区域中最有审美价值的“形胜”节点。当代运口景观节点对于所处形胜城镇可以形成节点均布，步移景异的宜人居所。对于一些河道形态走向曲折迂回的运河区域，两岸可以形成滨水地带的公共空间，包含了各种形态与主题的运河公园。

当代社会，大运河的功能需求发生根本性变化，连续性也有所削弱。在这种条件下，我们应发掘与当代社会经济相匹配的大运河遗产功能，联系运河重要的工程枢纽节点，围绕新的功能重塑当代运河交汇触发点。

参考文献

[1]（清）刘文淇著，《扬州水道记》

[2]（清）冯道立，《淮扬水利图说》

[3]（明）朱怀干修，盛仪纂，《嘉靖惟扬志》

[4] 吴良镛．人居环境科学导论［M］．北京：中国建筑工业出版社．2001

[5] 吴良镛．中国人居史［M］．北京：中国建筑工业出版社．2013：476

[6] 付崇兰，中国运河城市发展史，四川人民出版社，1985

[7] 陈薇等著，走在运河线上－大运河沿线历史城市与建筑研究，中国建筑工业出版社，2013：169

大运河遗产的工程思想和工程价值

于　冰[1]　张廷皓[2]

[1]中国文化遗产研究院文物研究所　[2]中国文化遗产研究院

摘　要　从工程哲学视角理解和认知古代工程遗产的价值特性意义重大。工程的价值主要包括功能价值、集成价值和发展价值。功能价值是工程遗产的基础，主要判断标准是适用性和灵活性，而不必是理论的完善性和技术的先进性。集成价值是工程思维而不是学科思维的体现，工程思维不是各个学科理论思维的叠加，而是完全不同的思维方式。发展价值要求对工程遗产真实性的认知和评估具有特殊性，必须考其动态变化特征。中国大运河是古代工程遗产杰出代表，是为帝国统治服务的国家工程，人类历史上的建造奇迹，临水生活的社会文化大动脉，人与自然结合的伟大景观工程。

如果说本文之初提到的中国运河遗产研究实现了第一个理论突破，即通过"水利工程体系"指导考古工作回归运河遗产本体，那么从工程哲学的视角认识运河遗产的工程价值实现了第二个突破，将原来对运河遗产水利水工技术价值的强调，提升到对运河遗产在解决自然和社会复杂问题的综合工程价值的认识，从而对运河遗产的整体保护，对运河遗产调查、认定、保护和管理具有实践指导意义。

关键词　大运河　工程思想　工程价值

大运河文化遗产身份的确认，相当晚近。与 1961 年被公布为全国重点文物保护单位的长城相比，京杭运河在近半个世纪之后的2006年才得到公布。这与中国大运河在中华文明进程中的价值和影响极不相称。

首先的认识障碍，来自对运河遗产真实性的质疑。大运河在历史上的杰出地位举世公认，历史档案和文献资料汗牛充栋，对这些档案和文献的现代研究也成果丰硕。然而今天北方运河段落大都被掩埋或废弃，南方大部分段落仍然保持繁忙的运输功能，与其他自然河流并无二致。针对这一问题，近年运河考古工作引起重视，取得突破性进展。中国文化遗产研究院率先在运河关键节点推动运河考古，如2008年在江苏淮安运河清口枢纽开展运河水利遗产多学科调查和研究（中国文化遗产研究院，2012），2009年和山东省考古研究所在山东济宁运河南旺分水枢纽合作开展主动考古发掘（中国文化遗产研究院，山东省考古研究所，2011），取得重要发现，对运河遗产真实性评价起到强有力支撑。

第二个认识障碍，来自对运河遗产突出普遍价值的感性认识。考古调查和发掘发现的古代运河水利、水运遗址。显得如此分散而不起眼——一个土堆（图1），残缺的石闸（图2），乡间小河（图3）——与其历史上的卓著声誉极不相称。如何评价这些运河水利、水运设施遗迹的突出普遍价值？即使从科学技术史的角度来评估大运河遗产的价值，特别是元明清时期的京杭运河，其技术水平似乎也并非先进。例如勘察设计选线似乎是以早期运河为基础不断试探修补，并不见科学的、整体的规划设计文献；例如挑水坝、引河技术古已有之，堤防技术至少西周时就已出现，筑坝蓄水技术早已成熟，这些技术在京杭运河的运用似乎并体现出多少技术发展与革命，显得过于简单陈旧；例如早于欧洲400年发明的复闸技术（Kirby，1990）在中国的宋代已很先进，到后来反而在多处废止不用，而大量使用看似落后的、临时的、简易的围堰、盘坝等技术；例如为维持运河通航而影响灌溉、防洪、黄河治理的问题，巨额的工程投入与管理成本问题，以及内陆水运与海运的选择问题等等。

图 1　江苏淮安清口枢纽里运河西堤剖面（拍摄：于冰，2008 年）

图 2　江苏扬州运河东堤刘家堡减水闸考古发掘现场（拍摄：于冰，2011 年）

图 3　江苏淮安清口枢纽黄、淮、运交汇处 U 型人工河道（拍摄：于冰，2008 年）

如果不从另外的视角认识运河遗产价值，我们可能会象那位法国传教士李明（Louis Lecomte）一样发出如此感叹："一些很少受到现代物理理论及水平测量原理教育的人，竟然能将如此伟大的工程完成得尽善尽美，真是令人难以相信"（［法］李明，2004）。

一、工程哲学和古代工程遗产

（一）工程哲学

这个视角，就是工程哲学和工程思维。从哲学的视角认识工程，工程是为社会目的、有组织地改造自然世界的设计、实施和维护运行的人类实践活动。"有目的"意味着任何工程都是为某种目的服务的，涉及价值判断和取舍。"有组织"排除分散的、个体的活动，涉及复杂的、分工的、社会性的活动。"改造世界"指工程活动的"本质是改进、改造和新建"，而不是重复性的生产活动。

工程与科学和技术有着本质区别。科学是以发现为核心的人类活动，科学是发现自然规律，以追求真理为目标；技术是以发明为核心的人类活动，技术是发明方法，以追求技巧和诀窍为目标；工程是以建造为核心的人类活动，工程是按照社会需要设计造物，构筑与协调运行，实现特定边界条件下各种要素的优化，以追求价值为目标。

工程与技术有不同的任务、对象和思维方式。技术活动的任务是发明带有普遍性和可重复性的“特殊方法”，是一个创造过程，利用科学原理和技术手段做出的一些发明创造。任何技术方法都必须具有“可重复性”，而不能是一次性的。工程活动就不是这样，任何工程项目都是个体性的，独一无二的。工程思想关注的是科学技术与自然和社会的关系，是社会和文化价值在工程技术中的体现。

（二）古代工程遗产

中国拥有悠久前工业文明，规模巨大、历史漫长、价值突出的古代工程遗产十分丰富。但是，工程遗产的特点和价值远未像古建筑和工业遗产那样引起足够的重视。本文中，工程遗产主要是指古代工程遗产，它既区别于古建筑的仪式性和美学性而更具实用功能，又区别于工业遗产的现代科技价值而更具东方农业文明特质。因此，从生产资料与生产力发展水平来看，古代工程遗产主要指具有历史、科学、技术、社会综合价值的人类建构实践所产生的遗存，包括前工业文明时期的陆路交通工程、水运工程、防洪工程、灌溉引水工程、给水排水工程、农垦工程、盐业和矿业工程、军事工程、城镇基础设施工程（主要指城墙、道路、给排水等公共基础设施工程）等。

（三）工程价值特殊性

价值是遗产保护的核心。因此，从工程哲学视角理解和认知古代工程遗产的价值特性非常重要。

功能价值。工程是实践性很强的活动。功能价值体现在必须从实际出发，从特定条件出发，为特定的政治和社会目标用户服务，解决实际问题，满足实际需求。功能价值或实用价值，是工程遗产最根本的价值属性。工程遗产主要判断标准是适用性和灵活性，而不必是理论的完善性和技术的先进性。

集成价值。工程设计、建造和运行是权衡人与自然、人与人、不同科学技术手段的过程。认识工程遗产的集成价值，需要运用工程思维而不是理论思维，工程思维不是各个学科理论思维的叠加，而是完全不同的思维方式。工程发挥其功能作用必须依赖其综合性与系统性。对于工程遗产来说，其遗产构成之间的集成与关联价值，远远超过单个遗址或单个元素自身的价值。工程遗产的价值认知和保护核心在于整体性和集成性，既包括各个工程遗产组成单元之间的整体性，也包括工程遗产与自然生态环境、周边居民生活和社会文化特征的整体性。

发展价值。工程实践是人类控制变化的主要形式。为实现工程的功能价值，工程必须在持续变化的自然和社会环境中保护动态更新和维护运行。变化和演进是工程实践的特征，对人类可持续发展具有深刻影响。因此，工程遗产真实性的认知和评估具有特殊要求，必须考其动态变化特征。

二、中国大运河是古代工程遗产杰出代表

以工程思维去认识大运河那些遗迹片段，才会理解和膜拜中国大运河这个前工业革命时期最伟大最具复杂性、系统性、综合性的超大型水利工程遗产。古代工程遗产的三大价值——功能价值、集成价值和发展价值，体现在大运河在中华文明发展中所发挥的深远政治、技术、社会和景观影响上。大运河遗产，是中国古代工程遗产的典型代表。

运河遗产的构成，根据以上四个方面的影响，分为四类（表 1）：河道、运河水工遗存（改造自然的技术措施）、运河附属遗址（运河管理机构和政治机构），以及运河相关遗产（运河社会和文化衍生遗存）。

表 1　全国大运河遗产构成汇总表

<table>
<tr><td rowspan="2">运河遗产分段</td><td rowspan="2">河道长度（千米）</td><td colspan="4">运河水工遗存</td><td rowspan="2">运河附属遗存</td><td rowspan="2">运河相关遗产</td><td rowspan="2">小计</td></tr>
<tr><td>河道遗存</td><td>河道度（km）</td><td>湖泊/水库、泉等水体遗存</td><td>水工设施</td></tr>
<tr><td>通惠河段</td><td>29</td><td>3</td><td>5.5</td><td>4</td><td>8</td><td>2</td><td>4</td><td>21</td></tr>
<tr><td>北运河段</td><td>148</td><td>1</td><td>46</td><td></td><td>4</td><td>8</td><td>4</td><td>17</td></tr>
<tr><td>南运河段</td><td>458</td><td>1</td><td>210</td><td></td><td>13</td><td>2</td><td>8</td><td>24</td></tr>
<tr><td>会通河段</td><td>450</td><td>3</td><td>244</td><td>5</td><td>41</td><td>3</td><td>11</td><td>63</td></tr>
<tr><td>中河段</td><td>483</td><td>3</td><td>44</td><td></td><td>6</td><td>1</td><td>4</td><td>14</td></tr>
<tr><td>淮扬运河段</td><td>241</td><td>8</td><td>205</td><td>2</td><td>25</td><td>6</td><td>31</td><td>72</td></tr>
<tr><td>江南运河段</td><td>479</td><td>14</td><td>333</td><td></td><td>36</td><td>11</td><td>22</td><td>83</td></tr>
<tr><td>浙东运河段</td><td>225</td><td>2</td><td>154</td><td>1</td><td>20</td><td>4</td><td>5</td><td>32</td></tr>
<tr><td>卫河（永济渠）段</td><td>462</td><td>3</td><td>123</td><td>1</td><td>4</td><td></td><td>5</td><td>13</td></tr>
<tr><td>通济渠（汴河）段</td><td>236</td><td>10</td><td>157</td><td></td><td>10</td><td>4</td><td>7</td><td>31</td></tr>
<tr><td>合计</td><td>3211</td><td>48</td><td>1521.5</td><td>13</td><td>167</td><td>41</td><td>101</td><td>370</td></tr>
<tr><td rowspan="2">世界遗产点段</td><td rowspan="2"></td><td rowspan="2">27</td><td rowspan="2">1011</td><td>2</td><td>34</td><td>9</td><td>12</td><td rowspan="2">85</td></tr>
<tr><td colspan="4">1（清口枢纽）</td></tr>
</table>

① 资料来源：绿色区域数据来源：《大运河遗产保护与管理总体规划》（中国文化遗产研究院，2011 年），黄色区域数据来源：《中国大运河遗产管理规划》（国家文物局，2013 年）

（一）为帝国统治服务的国家工程

大运河的政府目标成就了其无与伦比的工程奇迹。没有中国这个庞大中央集权统治国家的特殊政治、经济和军事背景，就不可能在这个自然水资源极度不均衡的国度内持续建造如此巨型的人工运河。为实现独特的漕运税收目的，运河成为联接北方政治中心（先为隋唐宋时期的西安洛阳，后为元明清时期的北京）和南方经济中心的大宗货运必备水道。历史上每年有多达 400 万石的粮食以及各类物资从广大南部地方运至京畿。

为保障这条战略水道的畅通，其建造、运营和维护均由中央政权直接管理，相关支出有时甚至达到全国财政收入的十分之一。运河沿线分布着河道总督府及其分司等各级建造、维护、更新、改造运河工程技术设施的管理机构，钞关等专司征收运河过往船只税费的管理机构，兵堡等维护运河治安的军事设施，浅铺等专为疏浚运河淤浅的工人——浅夫提供的驻地，以及仓储管理及其设施、漕船修造工场作坊、漕政管理机构等。

例如，在大运河沿线仍留存有古代运河管理机构和配套设施遗址列入世界遗产，象江苏淮安总督漕运公署遗址，山东临清运河钞关，和设在运河沿线的中央粮仓——洛阳的含嘉仓和回洛仓，河南浚县黎阳仓，杭州富义仓等。

（二）人类历史上的建造奇迹

中国大运河创造了人类建造史上的奇观，形成人类历史上最长的人工河道，其中以长安、洛阳和开封为中心的隋唐大运河，最长达到2400km，后来的元明清时期的京杭运河，长1700多km，全线持续运用时间长达数个世纪，部分区段持续运用至今近2500年。在沟通五大流域不同地理条件下（图4），为在超长距离范围内解决水源供给和地形高差两大根本问题而实现航运，规划修建了无数的坝、堰、堤、闸、水门、水库、引水渠道、泄水通道等等各类水利和水运设施。这些不同区段的河道以及水利、水运设施，针对不同地点、不同条件和不同需求，体现出不同的规划、设计、施工、更新、改造、材料、工艺、方法等诸多技术手段。而因大运河工程而保存和流布的工程文件、奏章上谕、专史专志、历史舆图等河工文献，历史长，数量多，也构成中国大运河珍贵而独特的工程技术遗产。

其中最具代表性工程，是纳入世界遗产的位于运河全线制高点的山东会通河段南旺分水枢纽。会通河是大运河全线地势最高、地形高差最大的河段，最大高差曾达到约50米。1411年重新选址修建了会通河全段最重要的引水工程——南旺枢纽。通过修建戴村坝将汶河水位抬升，经由小汶河引水，在会通河全段的海拔最高点——南旺向运河供水，带来稳定水源。

此后又通过建造水柜和节制闸的方式，不断完善南旺枢纽供水体系。又陆续在南旺分水口南北建造一系列节制闸，精确控制分水水量，既解决会通河纵比降较大的问题，又节约用水，形成了以南旺分水闸为最高点，全程水量节制的工程体系。

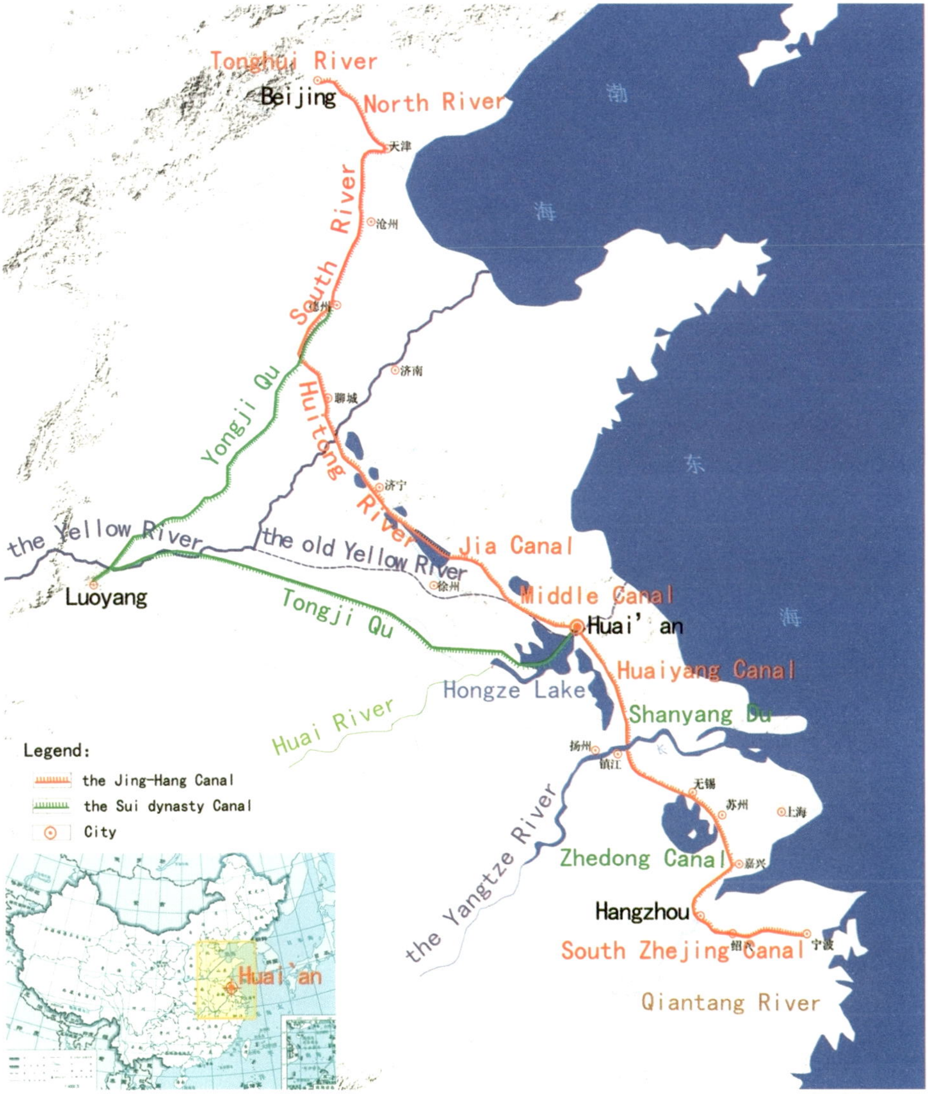

图4　大运河线路示意图

另一代表性工程是清口枢纽，也是唯一综合性枢纽的大运河世界遗产构成（见表1）。自12至19世纪的700多年间，黄河、淮河、运河清口地区交汇，不断面临着由于黄河泥沙淤积而产生的河床抬升问题，黄河洪水倒灌入运河与洪泽湖的防汛问题，保障运河水位的供水问题，以及克服运河、淮河、黄河之间的水位差进行通航的工程问题。因此，运河的正常通航完全依赖于与黄河和淮河的微妙平衡。

明清采用蓄清刷黄、引清刷黄的策略，在黄淮运交汇地建设清口枢纽工程，这一工程成为中国大运河的咽喉，清代康熙、乾隆皇帝数次亲临督导治黄保运。御黄措施包括：开凿中河将北运口南移至清口附近的杨庄，缩短借黄行运的距离；南移南运口、以南运口为核心建控制闸坝以减轻黄河水倒灌；在清口附近陆续修建堤防系统以固定黄河主河道；建设御黄坝防止黄河泛滥入洪泽湖。随着运口不断南移，清口枢纽的U形总体结构逐渐形成（图3）。为了减少清口以北借黄河行船所带来的危险，清政府于1686～1688年在宿迁与淮安间于黄河故道平行的东侧组织开凿了中河。中河的建成标志着大运河彻底脱离了借自然河道行运的状况，实现了完全的人工控制。

即使发展到当代，清口地区仍然保持着京杭大运河重要航运枢纽地位。现在，在约2平方公里范围内，形成了规模巨大的现代淮阴水利枢纽，9条水道汇聚于此，共有各类建筑物十余座，其中船闸六座，组成沟通洪泽湖、中、里运河、淮沭河、盐河的交通枢纽；以淮阴、盐河、杨庄、淮涟闸组成的节制网络，既可排泄淮河洪水，又可为千余万亩农田提供灌溉水源。加上淮阴闸、活动坝和盐河闸水力发电站，充分利用了水能资源，都是昔日清口无可比拟的。通过枢纽，通过将洪泽湖蓄水或由淮阴第一、二、三抽水站抽引的江水，按需分配到杨庄、盐河、淮涟、淮阴各闸，这是江苏省最早的“南水北调”思路。

（三）临水生活的社会文化大动脉

大运河千百年持续的建造、运营和管理，也给沿河广大地区的社会、经济、文化和生活带来了深远的影响，形成了众多派生、衍生文化遗产。一是因大运河工程而兴盛繁荣的城镇聚落、产业行业；二是因大运河工程而作的祭祀纪念性建筑物、构筑物或组群；三是与大运河工程相关的其它遗存；四是见证由大运河工程引发的各种文化现象的非物质文化遗产。

无数城市和乡镇因运河而生，因运河而衰。以隋唐时期的东都洛阳和元代大都（北京）为例，其大规模都市建设主要就是依赖运河在全国范围内调集建材和物资，才发展成为当时超百万人口的世界大城市。在运河地区，还形成许多鲜明的运河业态，如盐业、造船业和船帮等。

运河繁忙奔流的血脉，也滋养和孕育着不同地区和民族之间的文化和社会交流，形成独特的融合饮食、水祭祀仪式和民间艺术。运河两岸水乡生活独具特色（图 5），在 101 处运河衍生遗产中，有 20 处运河传统村镇（表 1，中国文化遗产研究院等，2011）。

（四）人与自然结合的伟大景观工程

中国东部地区的自然环境也因大运河而发生重大变迁。千百年不惜一切代价的保运工程，至清代后期致使黄河终成悬河而改道北流入海；淮河失去入海尾闾改道入江，淮河的支流沂沭泗河演变为独立水系；洪泽湖水库成为中国第五大湖泊，在洪泽湖大堤两侧人为形成近 10 米的高差，使东部里下河地区频受洪涝威胁。因此，在总结中国大运河珍贵遗产的工程成就时，不可忽视对工程致灾的遗存遗迹也应当留意辨识和保存，是借鉴现代方法进行工程后评价的绝好案例资料。千多年来历代朝廷坚守大运河漕运的核心目标，因而多次出现物的异化，其结果是某些地方工程性灾害不断。这个历史现象及其所形成的贡献和灾害同样值得珍视和总结。

三、认识大运河遗产工程价值的现实意义

如果说本文之初提到的中国运河遗产研究实现了第一个理论突破，即通过“水利工程体系”指导考古工作回归运河遗产本体，那么从工程哲学的视

图 5　杭州西兴运河水乡（拍摄：于冰，2016 年）

角认识运河遗产的工程价值实现了第二个突破，将原来对运河遗产水利水工技术价值的强调，提升到对运河遗产在解决自然和社会复杂问题的综合工程价值的认识，从而对运河遗产的调查、认定、保护和管理具有实践指导意义。

主要是加强对大运河枢纽地区的整体认知和保护，加强对枢纽中不同水利工程设施之间以及与自然环境相互作用关系的综合调查、记录和分析，加强对枢纽地区运河遗产的综合保护和整体保护。用现代水工建筑物的分类，运河属于渠系建筑物。渠系建筑物的特点是单个工程的规模一般不大，但数量众多，每一单体工程的作用均不可替代，工程总量及投资很大。根据渠系建筑物这一特点，在运河遗产调查中我们不能将众多的水工设施分别孤立看待，而必须从运河的枢纽工程总体功能来认识和评价运河遗产中诸多水工建筑物的价值和作用。

枢纽地区乃运河矛盾集中之处，主要为穿越自然河流、水源缺乏、地形不利等地区，往往需要综合布置排水、引水、分水、水源控制、交通控制等多组水运、水利设施。运河枢纽工程是解决复杂自然条件与工程条件的关键系统工程，往往由大量而集中的水利、水运设施组成，也是工程技术含量最高、价值最突出的所在，与之相关的自然环境与社会环境也十分复杂与丰富，从而构成了枢纽地区系统工程的宏大背景。

枢纽地区，是综合体现运河工程价值的典型区段，是反映运河连续性、综合系统性、延续性与变化，人与自然联合性、以及社会性的重要运河节点地区，是反映运河自然、社会、经济特色的代表性地区。

抓住运河枢纽地区，可以使运河遗产的保护和研究工作区分出主次，区分出轻重缓急，对运河遗产保护工作具有现实意义。就京杭运河而言，纵贯1800公里，其枢纽地区不过八、九耳。如解决平原泛洪问题的德州－临清漳卫运枢纽地区，解决“地脊”济运问题的戴村－南旺调水济运与分水枢纽地区，解决穿黄问题的徐州－宿迁堤坝系统枢纽地区，解决黄淮运交织的淮安枢纽地区、解决里下河防洪排涝的高宝枢纽地区、解决运河－长江运口的扬州镇江枢纽地区等。

大运河工程在中国乃至世界上都是一个独特的历史现象，它产生于一个对水有着极大需求的国度，它产生于一个对水有着独到理解的国度，它产生于一个有能力处理水资源复杂问题的国度，它是中国人对人类最伟大的贡献之一，它的历史影响至今还在发生着作用。要理解大运河工程，保护大运河工程遗产，需要人们站在哲学的高度，博采从学科之长，协同努力。

参考文献

［1］中国文化遗产研究院，大运河淮清口枢纽工程遗产调查与研究［M］，北京：文物出版社，2012年

［2］山东省文物考古研究所，中国文化遗产研究院等，汶上南旺－京杭大运河南旺分水枢纽工程及龙王庙古建筑群调查与发掘报告，文物出版社，2011年

［3］Kirby S. Richard (1990), Engineering in History（工程历史），纽约：Dover Publications

［4］中国文化遗产研究院，东南大学建筑设计研究院，河北省古代建筑保护研究所，陕西古迹遗址保护工程技术研究中心，天津大学，中国城市规划设计研究院，中国水利水电科学研究院水利史研究所，清华大学，大运河遗产保护与管理总体规划，2011 年

［5］国家文物局，大运河申报世界文化遗产文本，2013 年，http：//whc. unesco. org/en/list

［6］［法］李明著，郭强、龙云、李伟译，中国近事报告（1687 - 1692）［M］，郑州：大象出版社，2004

［7］于冰，工程遗产初探［J］，东南文化，2011 年第 2 期，pp. 14 - 18

作为系列遗产的海上丝绸之路史迹

燕海鸣　中国文化遗产研究院中国世界文化遗产中心

摘　要　海上丝绸之路是重要的贸易交流、文化往来、技术互通之路，曾经在四个主要历史时期、六大板块的勾连下串起了蒸汽动力来临前人类海洋文明的历史，是人类和平交往的象征。海上丝绸之路申遗进程刚刚开始，无论是遗产的认定和价值发掘，还是保护和管理展示，都面临诸多挑战，需要学者和遗产工作者共同努力，以达到世界遗产各项要求为目标，共同保护好属于全人类的海丝遗存。

关键词　海上丝绸之路　交流活跃区　系列遗产

一、海上丝绸之路的定义

“海上丝绸之路”是古代人们主要借助季风与洋流等自然条件，利用传统航海技术开展东西方交流的海路网络，也是东、西方不同文明板块之间经济、文化、科技、宗教和思想相互传输的纽带。

“海上丝绸之路”是以“丝绸之路”为词源，以“海上”界定其分布范围与交通形式的组合名词。德国地理学家李希·霍芬（Ferdinand von Richthofen）在其《中国——亲身旅行和据此所作研究的成果》第一卷（von Richthofen F. F. 1877）中赋予了古代东西世界的一条商贸之路，以“丝绸之路（Seidenstrasse）”之名。20 世纪初，法国学者沙畹（Emmanuel – èdouard Chavannes）将丝路概念进行了扩展，指出“丝路有陆、海两道。北道出康居，南道为印度诸港之海道”（Chavannes E. 1903）。进入 20 世纪 60 年代，日本学界对于以中国为产品输出地的海上陶瓷贸易的系列研究催生了“海上丝绸之路”名称的产生（三杉隆敏，1968；周长山，2012）。从这些研究所关注的主要贸易货品——瓷器来看，海上丝绸之路只是借用了“丝绸之路”的象征意义。至 1974 年，中国学者饶宗颐在其《蜀布与 Cinapatta——论早期中、印、缅之交通》的附论中以“海道之丝路”的名义论述了中国丝绸的外运的线路，陈炎则明确以“海上丝绸之路”为对象论述了不同时期中国丝制品通过海路外传的线路。

尽管古代海上交流的线路网路存在着“海上丝绸之路”、“陶瓷之路”、“茶叶之路”、“香料之路”、“季风贸易之路”、“朝贡之路”、“穆斯林商道”、“佛教之路”诸多名称，或泛指整体，或特指某个文明板块或若干个板块内的线路，但这些具有特定内涵的词汇并没有直接的冲突，且均指向人类海上交流的共同主题。这种交集为我们寻求一个更为宏观的整体概念创造了前提。从学术研究角度来看，“海上丝绸之路”的名实意义有着最为广泛的共识性，因而我们选择该名称以指代整体概念，即古代世界主要的海上交流网路。

二、时间跨度

海上丝绸之路的时间上限为公元前 2 世纪，下限为 19 世纪中后期。在时间轴上，海上丝绸之路可以分为四个主要时期。第一个时期（公元前 2 世纪到 6 世纪末）为海上丝绸之路的肇始期。随着对季风规律的掌握，此前地区性的贸易网络相互联系，初步形成全球的贸易体系，并在此体系之上带动了人员与宗教的交流。货物方面，西方的罗马金币和东方的丝绸，是这一交往体系中最具代表性的物品。文化方面，基督教从地中海传播至南亚，佛教则从南亚传播至东南亚和东亚。同时，东南亚的地理位置优势，使其成为维系这一全球网络的关键纽带。

第二个时期（公元 7 世纪初到 10 世纪末）为海上丝绸之路的成熟期。贸易与文化交流网络进一步体系化发展。货物交流种类愈发丰富，瓷器开始广泛出现在沿线各板块，香料的交易使得东南亚的地位进一步提升。文化方面，中华文明稳定发展，伊斯兰文明兴起，佛教从中国进一步传播至东亚其他地区。随着交往的深入，诞生了外国商人社区，穆斯林商人遍布世界。

第三个时期（公元 11 世纪初到 15 世纪中期）为海上丝绸之路的繁荣期。形成了文明间、人群间的多元和谐共处的繁荣景象。大量这一时期沉船遗迹见证着货物交流的繁荣景象。以宗教传播带动的文化交流进一步深入，东南亚、东非伊斯兰化，后者因海丝而形成了斯瓦希里族群；印度教的商人和水手在东印度洋地区留下了印度教的宗教与建筑遗迹；东亚的朝贡贸易体系成熟，中国政府大力支持海外贸易，郑和七次下西洋，中国商人活跃在东南亚。因海丝形成了以泉州、马六甲、加勒等为代表的多元文化共存的城市社区。

第四个时期（公元 15 世纪中期到 19 世纪中后期）为海上丝绸之路的继续发展时期。这一时期以地理大发现和大帆船贸易的开始为起点，以蒸汽轮船的广泛应用为终点。货物交流仍以瓷器、香料等为主，但贸易主体发生变化，欧洲人开始遍布海丝沿线，并开启了从美洲跨越太平洋的新航线。文化层面，天主教随着欧洲殖民者迅速传播，在重要交流活跃区中与已经扎根当地的佛教、伊斯兰教等共存。事实上，这一时期带有显著的过渡与转型特征，15 世纪中期以后，受益于“地理大发现”，西欧的航海家们开启“大帆船贸易”的序幕，海上丝绸之路不可避免地逐渐扩展为具有真正全球意义的海路网络。交流互动最为活跃、贸易往来最为频繁的传统区域逐渐被新兴的贸易中心及线路所取代，随着新航线的拓展和贸易规模的增长，贸易主体和贸易方式也发生了实质性的变化。

19 世纪中后期以后，蒸汽轮船取代木帆船成为海上贸易的主要交通工具。一些欧洲国家在海上贸易线路沿线的大部分地区建立了广泛的殖民统治。至此，传统的海上贸易线路完成了向近代海上贸易线路的过渡，曾经以互惠互利、和平交往为主要特质，活跃了 2000 年的传统海上丝绸之路也转化为人类共同创造海洋文明的集体记忆。

三、空间分布

作为一个复合的交通体系，海上丝绸之路东至东亚的日本列岛，西达地中海西岸，根据地理空间特质及历史发展进程，其所涉及的区域大致可分为六大板块：东亚、东南亚、南亚、西亚、东非、地中海，在形态上则具体呈现为一个以重要港口为基础（如地中海板块的亚历山大、贝鲁特和伊斯坦布尔，东非板块的摩加迪沙、蒙巴萨和基尔瓦，西亚板块的霍尔木兹、亚丁，南亚板块的卡里库特、科钦、坦贾武尔和加勒，东南亚板块的马六甲、巨港，以及东亚板块的广州和泉州等），由连接各港口的众多航线交织而形成的海路网络。

这些港口的形成与发展，受到地理及相关政治经济文化因素的影响，而在其地位形成之后的特定历史时期内，又会产生时间较长的延续性以及强烈的吸附作用，成为一定时期内的区域贸易集散中心和人文交流前沿。以港口为核心，包含了重要航海基础设施、海上贸易品的生产设施及贸易和人文交流活动相关产物在内的整个广阔区域，成为构成海上丝绸之路整体形态最重要的节点片区（nodes）。

而在海上丝绸之路的整个交流网络中，有一些节点片区，在物资、技术、人口、购买力等方面为跨板块的航行提供了尤其重要的支撑和保障，这些节点的地理分布也相对比较集中，其所连接的区域成为海上丝绸之路所承载的商贸、文化、技术交流的核心地区，同时它们也是这些交流的物化见证分布最密集的区域。在世界遗产的框架下，我们可以认为，这些“交流活跃区”（spheres of active interaction）是海上丝绸之路独特价值最重要、最典型的载体。

四、贸易交流

“如果没有贸易，人类交往的范围将受到很大限制，同样也难有促进许多辉煌文化繁荣的思想的相互交流”（肯尼斯·麦克弗森，2015）。海上丝绸之路之所以形成和发展，其根本动力是不同区域之间的货物交换。在此基础上，

图 1　海上丝绸之路板块分布及交流活跃区示意图

产生了人员、技术、文化、宗教等一系列的交流模式。这些区域之间通过海上丝绸之路构建了一套货物往来的网络。海上丝绸之路的货物与陆上丝绸之路有着较大区别，陆上丝绸之路的奢饰品主要是价值高、重量轻的商品，如丝绸、大黄、香料、麝香、茶，而海上丝绸之路的货物可以突破重量的限制，尤其是金属器皿、象牙、瓷器等重量大、价值高的物品。

海上丝绸之路的贸易品可分为三大类。一类是具有货币价值的贵金属，一类是独特的原材料加工品，比如胡椒、乳香、木材等，第三类是品质较高的手工艺产品，比如织锦、丝绸、瓷器等。这三类贸易品之间形成一套关联体系，推动了海上丝绸之路贸易的形成和维系，也造就了不同板块在整个体系中所扮演的不同角色。

我们在这里举胡椒、黄金和瓷器三个例子。胡椒原产于热带雨林，最主要的来源是在印度。欧洲人对香料的极大需求，是海上贸易线路的主要构成要素之一。胡椒曾被罗马人疯狂追捧。当时罗马的国库里堆满了没有用过的胡椒。历史学家提图斯·李维曾说：“罗马的衰落就是从厨师的职位提升开始的，用大量金银去购买东方的香料，是对国家的颠覆。”公元 408 年，西哥特人攻陷罗马城后，曾要求罗马人用 3000 磅胡椒和大量金银来赎城。可见，胡椒在当时真可谓价值连城。

东南亚的黄金在跨板块的海上贸易形成与发展过程中扮演了重要角色。地中海地区由于政治原因带来的黄金供应量的下降，使得拥有丰富金矿的东南亚吸引力陡增。将南亚商人引入东南亚的一个最重要的诱惑便是黄金。东南亚黄金的供应弥补了地中海供应的缺失，维系了东南亚在贸易体系中的地位，同时也保证整个体系的顺利运转。东非很早就纳入了波斯－阿拉伯以及地中海的贸易体系。13 世纪起，黄金成为重要的出口品，来自莫桑比克索法拉的黄金成为最重要的出口商品。直到葡萄牙人控制东非之后，黄金依旧是殖民者主要掠夺的资源。

海上丝绸之路沿线有诸多地区都生产陶瓷，其中最著名的要属中国的瓷器。浙江、福建沿海地区，由于特有的高岭土，适宜烧制高质量的瓷器，该地区今天仍可以见到大量的磁窑遗址（图 2），足见当年瓷器生产的繁荣景象。12 世纪后，由于对进口品需求的增加，特别是对白银需求的增加，瓷器生产与出口迅速增长，14 世纪时，中国商人活跃于东南亚，主要进行的便是瓷器的大宗贸易。元代时，根据伊本·白图泰的记录，中国瓷器销售远可至北非的摩洛哥。地理大发现之后，中国的瓷器更是远销欧洲，成为当地皇族争相购买的对象。

图 2　浙江龙泉市大窑枫洞岩窑址遗址（图片来源：龙泉文保所提供）

同时，海上丝绸之路沿线还有其他多种重要货物，比如西亚和东非的乳香、波斯的织锦、地中海的金银器皿、印度的棉织品、东南亚的香料等等。上述案例概括了整个沿线的一个货物交易网络。维系海上丝绸之路基础的，正是这些货物及其构成的网络。由此，还产生了以贸易为生的人群，诞生了多种类型的贸易组织、管理形式。

海上贸易交流主要有两类组织形成，一类是私人的商团贸易，一类是国家主导的贸易。国家和私人的商业活动之间是竞争与合作并存。在不同的政治和文化背景下，贸易机制也会不尽相同。中国在国家管控贸易一事上较为典型。在隋唐时期，政府便设有专门的机构管理沿海港口的贸易，隋朝不但在沿边设“交市监”，而且在隋炀帝时还“置四方馆于建国门外，以等四方使者……掌方国及互市事”（《隋书·百官志》）；唐代设立市舶使。到了宋代，贸易管理体系进一步成熟，宋代把市舶司制度发展为由完整的管理机构和系统的制度条文的贸易管理体系。宋先后在广南、两浙、福建、京东等路设立市舶司、市舶务及市舶场等机构。市舶机构中设有市舶使、市舶判官、及管库、杂事等官吏。市舶司的职责是“掌番货海舶征榷之事，以来远人，通远物”（《宋史》卷 167《职官志七》）。元朝政府消灭南宋政权，统一全国后，立即着手组织海外贸易。至元十四年（1277 年），元朝政府沿袭南宋制度，在泉州、庆元（宁波）、上海、澉浦设立市舶司；至元十五年（1278 年），忽必烈命福建行省向外国商船宣布“其往来互市，各从所欲”（《元史·世祖纪七》）。可见，尽管朝代更迭，名称和具体职责有所变化，但设立专门负责沿海贸易机构，是中国历朝历代的传统。

国家还确保安全，鼓励商业，为贸易发展提供和平的环境。商业行会一般都有一定的自治权，但通常都与国家保持一致，类似公元 10 到 13 世纪的泰米尔商团与朱罗王朝的关系。朱罗王朝在当时控制了印度南部、斯里兰卡以及东南亚部分地区，形成一个庞大的海上帝国。其统治者鼓励其海外贸易，并通过强大的朱罗海军为其提供护卫保障。这一时期也是南亚在海上丝绸之路贸易中最为鼎盛的时期（Indian Navy，2016）。王朝大力扶持商人社团的发展许多具有重要影响力的商团也因此产生。这些商团有时也有自己的武装力量，并且有着严密的管理体系。其中比较有影响力的一个商团名叫 Ainutruvar，在南亚—东南亚一线势力巨大。该商团由泰米尔人组成，信奉湿婆教。其一大特色是，在印度本土以及所开展商贸的东南亚甚至中国，都建有湿婆教的寺庙，保留了大量记载其活动的石刻（Narasiah，K. R. A.，2012）。比如建于 10 世纪中期的 Manavalesvara temple，是朱罗王朝首都坦贾武尔附近的一座婆罗门寺庙。他们的商业活动影响到了中国泉州，并在当地留下了大量婆罗门教风格的石柱（Lee，Risha，2012）。

在国际学界关于世界商贸体系的历史研究中已经进行了深刻的讨论。其中最具代表性的一个概念，是卡尔·波兰尼在讨论前资本主义时期全球体系的模式时所提出的“贸易港”（Polanyi，K.，1968）。波兰尼提出，在古代的跨文化贸易往来中，最为常见的一种交易空间是贸易港，这种贸易港是不同文化、不同国度之间为了进行交易而做出的一种制度性安排。这种安排的目的，是为了实现共同体对外交换的同时，保持共同体的内部均质性免遭他者的侵害。波兰尼指出，贸易港是一种特殊的被制度化的市场，这个市场是按照一些与邻近地区截然不同的自有规则在运行着，基于商业活动之达成所必需的“和平的性质”，也即为了保证交易和运输过程中的人身和财产安全，贸易港最重要的特征是经济活动处于国家严格的管理和保护之下，同时在政治上保持“准中立”的性质。参照波兰尼的分析，我们认为，在贸易形式上，海上丝绸之路的跨板块节点所表现出的特征，符合“贸易港”的性质。这也能够进一步说明，海上丝绸之路之所以能够形成并维系，并非是单纯的一个地区或一个板块的贸易推动，而是与整个古代世界的贸易体系密切相关。

海上丝绸之路的贸易交流之所以长期繁荣有序，与各地政府的鼓励和管理密不可分。依靠开放的态度和完善的制度，国家政权通过贸易交流得到了加强，商人团体通过贸易交流获得了利益，从而实现了资源的互通有无，造就了共生共荣的海洋贸易体系。

五、文化交流

贸易本身是物质世界的交往，而在其之上，也存在着一个精神世界的互动网络。不同文明圈的人们之间，相互传递着自己特有的信仰和道德理念，有的以宗教形式扩散，有的则以类似中国儒家文化一样的价值行为体系进行互动。

基督教非常早出现在了印度。公元 52 年，耶稣十二门徒之一的圣托马斯来到印度南部传教。在当地，圣托马斯建造了存在至今的世界上最早的两座教堂——Thiruvithamcode 的 St Mary's Oxthodox 教堂，以及克拉拉邦 Thiruvalla 的 Thoma Syrian 教堂。基督教世界不断发生变化，在公元 3、4 世纪起，叙利亚诞生了聂斯托利派。海上丝绸之路上，地中海的罗马贸易衰落后，萨珊波斯的船只、商人和水手控制了南亚、中东和东非之间的贸易，这些商人和水手大都是基督教聂斯托利派的教徒（Wink, A. , 1990）。聂斯托利派教徒的足迹远至中国。在中国，聂斯托利派被称为景教。地理大发现之后，以西班牙、葡萄牙殖民者为主的西方传教士遍布海上丝绸之路沿线，将天主教传播至沿线国家。这是海上丝绸之路进入到第四阶段以后出现的宗教传播（图 3）。

自公元 7 世纪以来到地理大发现之前，海上丝绸之路历史的最重要的组成要素之一，是伊斯兰宗教与文化的传播交流。伊斯兰教的政权，随着穆斯林世界的变化兴衰处于变动之中，但伊斯兰教的宗教和文化的世界却持续拓展，从大西洋一直延伸到印度洋。伊斯兰教的传播在今天的海丝沿线保留了大量见证。在阿拉伯地区之外，最早的清真寺可能是印度马拉巴尔海岸 Thalanagara 的 Cheraman Juma Masjid，这座清真寺建于 629 年，由穆罕穆德的第一位信徒 Malik Deenar 传教时建立。在索马里海岸 Zeila 的 Masjid al – Qiblatayn 建于 7 世纪，巴基斯坦信德海岸的 Jamia Masjid Banbhore 建于 727 年，广州的怀圣寺据信建于 7 世纪。15 世纪，在东南亚的爪哇岛，本地统治者、第一个穆斯林政权淡目苏丹（Demak Sultanate）建立了淡目大清真寺。

图 3　马来西亚马六甲的沙勿略像（拍摄：燕海鸣）

印度教和佛教诞生于南亚。公元之初，从缅甸到马六甲海峡已经活跃着不少印度教和佛教的商人。印度教的婆罗门僧侣、佛教僧侣、建筑师、工匠等出现在整个东南亚。这些人传播着宗教信仰与思想，受到当地统治者的尊敬。南亚的建筑、艺术和技术，影响了东南亚的风格（Heesterma，J. C.，1989）。佛教和印度教在保留了大量文化遗产。佛教在东南亚的最早见证物位于更早的见证物，是位于马来西亚的布央谷（Bujang Valley）考古遗迹。在这里，发现了距今 2000 年前的庙宇遗址。在出土石刻的文字中，记录着佛教信仰文字以及佛像。同时出土的还有铁器锻造的遗址和祭祀遗址。这些遗址也是迄今发现的东南亚最早的人造构筑物遗迹。根据研究，这里在公元 110 年时，已经是被印度文化影响的印度教 - 佛教政权。同样，佛教在东南亚的传播可以由印度尼西亚的穆哇拉占碑（Muara Jambi）佛塔区作为见证。在中国，佛教信仰至今仍是最主要的信仰之一，来自中国和东南亚的佛教僧众通过海上丝绸之路访问印度河斯里兰卡的圣地。佛教在中国与本土文化结合，对日本、韩国等地产生深远影响。

儒家文明在东亚文明圈中，以中国为发源地，在日本和朝鲜半岛广为传播，影响深远。不仅体现在儒家思想的传播上，也体现在其衍生出来的其他文化元素上。明清之际中日文化交流的主要途径是中国文人、僧侣的东渡。东渡日本的文人中最为著名的是陈元赟和朱舜水。陈元赟 1619 年渡海赴日，此后寓居日本。他的贡献主要表现在两个方面，一是文学方面，首传晚明公安文学，推动了日本文学的革新。二是传播中国武术，编创柔道。朱舜水于 1659 年赴日本长崎并定居下来。他在日本 20 余年，积极传播以中国儒家思想为代表的中华文化，被日本学者私谥文恭先生。

海上丝绸之路沿线以宗教为主要内容的文化传播引发了各方面的文化交流与融合。在沿线各地，尤其是交流活跃的节点区域，大量地域特色鲜明且反映交流历程的文化遗存，见证了人类海洋命运共同体的演进历程。例如，在马来西亚马六甲，有一条街汇聚了印度教、伊斯兰教和佛教三大宗教的建筑，因为三大宗教的和谐共处，该条街巷被当地人称为“和谐街”。这种文化和谐的景象，还体现在郑和“布施锡兰山碑”上。在斯里兰卡科伦坡国家博物馆藏有据信是郑和第三次下西洋之前在南京刻造的“布施锡兰山碑”，记录了郑和及其船队分别向佛祖释迦摩尼、印度教主神毗湿奴和伊斯兰教真主阿拉祈愿、布施的情况，一块石碑、三种宗教，反映出郑和本人及其航海团队宗教信仰的多元性，体现出外来宗教在中国的融合。在今天的中国，我们很容易能够找到基督教、伊斯兰教、佛教、印度教等各种元素及其与中国本土文化融合的产物。从这个意义上来说，中国浓缩了海上丝绸之路文化交融的历史，并呈现为一个多元文化交融的资源库。

六、航海知识与技术

海上丝绸之路的形成与变迁，在很大程度上源自人类航海知识和航海技术的发展与革新。这些知识、技术是人类在长期的航海实践中逐渐掌握，并决定着人类的航海水平和航海活动的范围。关键的知识、技术主要包括有关季风的知识和船舶、导航、海图等技术。在不同的板块内部，尽管各类人群有关的航海知识、技术的认知并不同步，但随着航海活动的拓展，一方面各自的知识及技术在实践中获得进步；另一方面，在贸易过程中，特别是人员的交流使得相关的知识和技术实现流动，并带来整体上的进化。

在主要依靠自然动力的航海时代，航海活动受制于风力和洋流，特别是风力。具有显著季节性规律的季风决定了特定区域的降雨总量和洋流模式，也规定了航海行为的基本节奏，即有规律的间歇性航行。印度和中国的先民最先获知了季风的奥秘，并开始有意识地利用季风。随着航海活动成为常态，季风区的航海者们对于季风的认识越来越丰富，相关的航海活动也越来越有规律性。比如对于从中国去往印度的人而言，唯一可以起航的时间是冬季，返程则必须等到夏季。对于往来于西亚和中国的阿拉伯商人而言，这种规律性的季风使得他们需要在海外建立社区停驻。因此，他们的行迹遍布于海丝沿线。

船舶是运载人员及商货通行海上的基本工具，也是海上丝绸之路动态特征最为重要的载体。船舶制造技术的发展取决于沿岸水深、风力强度、洋流方向以及一般的船货重量和体积等因素。随着各地航海活动的拓展，各板块内部人群依据航海经验逐渐发明了具有地域特色的船舶样式。当跨板块航线获得贯通，远距离的航线带来了更为广泛的技术交流，各地的造船传统也开始相互影响。在相当长的时段里，独桅三角帆船“代表了西印度洋造船技术的统治型式样”（肯尼斯·麦克弗森，2015）。东非板块至少在公元前就已应用缝制木板造船技术，可能是受到西亚地区的影响，并最终发展出独特的缝合船（Mtepe）。缝合船作为东非板块最具特色的船型一直到20世纪仍在被东非海岸本土社区的渔民使用。南亚板块内的造船技术相对复杂，印度西海岸和克拉沙群岛的造船技术明显地受到了来自西亚的影响，长期使用着独桅三角帆船（Dhow）。而印度东海岸、斯里兰卡、马尔代夫的造船技术则有着来自东南亚的因素。东亚板块内，正如科技史学者李约瑟所指出的，中国的水密舱壁实践是部分船舱进水之时，船体本身保持安全并持续航行（Needham, J.，1971）。

海上航行的对于导航技术的依赖度比之陆地行车或徒步要高。古人在海上定位、确定航路的方法主要有地文导航和天文导航两类。地文导航多以大陆岸线的山石地物或近岸岛礁作为参照，为了更易辨识地理位置，人们还在沿海地区或岛礁上建立起航标塔等高大的标记物作为引航参照。天文导航主要是以日、月及北极星等最易识别的天体作为参照，确定基本的航行方向。在印度洋地区，活跃于海上的人们在简单天文观测的基础上发明了牵星术。至迟12世纪初，中国人已将指南针应用到航海活动，作为天文导航的辅助手段。海上导航辅助工具还有阿拉伯人的“卡玛尔”，这项由阿拉伯人在9世纪晚期发明的仪器，被印度河中国的水手们广泛使用。

伴随着跨板块航线的活跃，海图往往能突破不同语言、文字的限制，以直观的图像和相对准确的地理标识为不同人群获知世界提供便捷的渠道。知名的航海图包括“托勒密地图”、伊德里斯的世界地图、郑和航海图（图4）、朝鲜李朝的《混一疆理历代国都之图》、《明东西洋航海图》（又称“塞尔登中国地图”）等。

七、作为系列遗产的海上丝绸之路史迹

根据世界遗产申报的要求，海上丝绸之路史迹的申报策略应采用系列遗产的策略，即汇总沿线不同地区能够体现不同类型交流的历史遗存体系，梳理出一个相对完整清晰的叙事链条，遗产构成之间，以及不同区域的遗产集合之间，都要从历史和考古的角度能够构建起符合逻辑的价值论述体系，为今天的人们

图 4　郑和下西洋线路示意图

展示出历史上海上丝绸之路的波澜壮阔和文明交流的绚丽多彩。同时，也要认识到海上丝绸之路申遗进程刚刚开始，无论是遗产的认定和价值发掘，还是保护和管理展示，都面临诸多挑战，需要学者和遗产工作者共同努力，以达到世界遗产各项要求为目标，共同保护好属于全人类的海丝遗存。

参考文献

中文：

［1］陈炎：略论海上“丝绸之路”［J］，历史研究 1982（3）

［2］肯尼斯·麦克弗森著，耿引曾等译，《印度洋史》［M］，北京，商务印书馆，2015：13

［3］周长山：日本学界的南方海上丝绸之路研究［J］，海交史研究，2012（2）

日文：

［1］三杉隆敏：《海のシルクロードを求めて——東西やきもの交渉史》［M］，创元社，1968

法文：

［1］Chavannes E.，Documents Sur les Tou－kiue Occidentaux，［M］Whitefish. 1903

德文：

[1] von Richthofen F. F. , China：Ergebnisseeigner Reisen und daraufgegründeter Studien, [M] Berlin. 1877

英文：

[1] Beaujard, P. and S. Fee, The Indian Ocean in Eurasian and African World – Systems before the Sixteenth Century," // [J] Journal of World History, 2005, Vol. 16, No. 4：421

[2] Heesterma, J. C. , The 'Hindu Frontier', [J] //Itinerario, XV, 1, 1989：37 –50

[3] Indian Navy, Maritime Heritage of India [R], 2016：22

[4] Karl, P. , Ports of Trade in Early Societies, [C] in George Dalton (ed.), Primitive, Archaic, and Modern Economies：Essays of Karl Polanyi, Garden City, New York：Anchor books, 1968

[5] Lee, R, Constructing Community：Tamil Merchant Temples in India and China, 850 – 1281, [D] Columbia University, 2012：87

[6] McPherson K. , History of the Indian Ocean, [M] Oxford. 1994

[7] Needham, J. Science and Civilisation in China, Volume 4. Physics and Physical Technology Part 3. Civil Engineering and Nautics. [M] Cambridge University Press, 1971：420

[8] Narasiah, K. R. A. , "Commerce and Taxation in South India – A Historical Perspective," [J] // AMET International Journal of Management, 2012：7 –9

[9] Ray H. P. , Beyond Trade：Cultural Roots of India' s Ocean, [M] New Delhi. 2015

[10] Williams T. , The Silk Roads：an ICOMOS Thematic Study, [R] Paris. 2014

[11] Wink, A. Al – Hind. The Making of the Indo – Islamic World, [M] Vol 1, Leiden, 1990：48

第五篇
中国文化线路遗产保护管理

大运河淮扬段（拍摄：于冰，2018年11月）

新时代背景下大运河遗产保护的机遇与挑战

冯　辽　魏兴乐

中国文化遗产研究院中国世界文化遗产中心

摘　要　本论文首先通过回顾大运河文化带概念的产生背景，阐述新时代背景下大运河文化带建设的内涵与外延，明确了大运河文化带在时空范围、遗产资源构成、保护利用工作及组织实施方式等方面的属性特征；随后依照当前大运河遗产保护管理工作的严峻现状，结合大运河文化带的特点，从管理体系、法律法规和规划体系、保护资源投入、基础研究、展示利用五大方面详细论述了新时代背景下大运河文化带建设对大运河遗产保护利用工作所带来的巨大机遇，同时鉴于文化带建设对域内开发建设需求的释放，本论文也前瞻性的阐明了文化带建设过程中不同形式的过度开发利用对各类大运河遗产资源的保护造成的潜在威胁。大运河遗产保护管理部门应紧抓大运河文化带建设为遗产保护利用带来的良好契机，注意防范各类潜在风险，切实将大运河“保护好、传承好、利用好”，此为本论文的核心意旨。

关键词　大运河　大型线性文化遗产　遗产保护

一、概述

2014 年，“中国大运河”遗产成功列入《世界遗产名录》，作为中国最重要的大型线性文化遗产，因其体量巨大、构成复杂、活态在用等特征使其保护管理工作面临巨大的困难。经过多年的持续投入和保护工作的不断开展，大运河遗产整体状况得到明显改善，但也仍面临着诸多问题。

2017 年 2 月，习近平总书记在视察大运河时强调，保护大运河是运河沿线所有地区共同的责任。同年 6 月，习近平总书记又做出“大运河是祖先留给我们的宝贵遗产，是流动的文化，要统筹保护好、传承好、利用好”的重要批示。2017 年 10 月 18 日，中国共产党第十九次全国代表大会在北京开幕，十九大报告提出中国特色社会主义进入了新时代，其时代特征与根本标志在于“我国社会主要矛盾已经转变为人民日益增长的美好生活需要和不平衡、不充分的发展之间的矛盾”（习近平，2017）。“大运河文化带”正是在此背景下提出的重要概念，是中国主动适应社会主要矛盾变化、实现中华民族伟大复兴中国梦所做的重大决策部署。深入挖掘大运河遗产资源，保护好、传承好、利用好大运河文化遗产已成为重要的时代命题。大运河文化带建设可为解决当前大运河遗产保护管理存在的若干问题提供新的机遇，但也面临着一定挑战。

二、新时代背景下的大运河文化带建设

大运河文化带建设是以大运河遗产为核心，对大运河流经区域进行的遗产资源整合和保护利用综合统筹，是新时代背景下，中国提出的国家战略。此项工作由国家发展改革委员会牵头，国务院各有关部委、大运河沿线各省（市）贯彻落实。受国家文物局委托，中国文化遗产研究院承担了大运河遗产保护状况调研工作和“大运河文化带文物保护利用专题研究报告”编写工作。根据资料整理分析与实地调研，本文对大运河文化带建设的时空范围、遗产资源构成、保护利用工作及组织实施方式进行初步的探析。

地理分布方面，大运河文化带跨越中国中东部包括北京、天津、河北、山东、江苏、浙江、河南、安徽在内的 6 个省、2 个直辖市，涉及运河流经的 34 个设区市，贯穿中国 5 大流域[1]、10 余个纬度、多个气候带，构架起空

〔1〕 即海河、黄河、淮河、长江、钱塘江五大水系。

间体量庞大、自然和文化多样性显著的带状地理区域。历史文化方面，大运河文化带处于中国古代农耕文明的核心地带，串联起中国八大古都中的六座[1]，蕴藏着极为广博厚重的历史文化资源，是中华五千年文明的精华荟萃之地。

遗产资源构成方面，依照与大运河关联程度的不同，大运河文化带遗产资源分为大运河遗产和大运河关联资源两大类[2]，共计约五千项左右。大运河遗产以大运河各级规划、申遗文本中确定的遗产要素为基础，补充经过后期研究、考古调查、发掘等工作确定的、与大运河遗产整体价值存在直接关联、并能够为深化大运河遗产价值内涵做出贡献的遗产点，共计一千余项，遗产类型包括运河水工遗存、运河附属遗存、运河相关遗产。大运河关联资源为运河流经省（直辖市）辖区范围内除大运河遗产外的其他相关文化遗产资源，这些文化遗产资源与大运河遗产同属一个地理文化区域。大运河关联资源共计三千余项，依照资源属性特征，分为全国重点文物保护单位资源，世界文化遗产及预备清单资源，博物馆资源，中国历史文化名城名镇名村资源，国家级风景名胜区资源，国家级自然保护区资源等类型。

保护利用方面，选择文化价值重大、文物资源相对集中、展示利用潜力较大或者战略区位重要的区段优先开展保护利用工作，然后以点带面，拉动区域整体发展。重点开展的工作包括：运河遗产本体保护、博物馆建设、工业遗产活化利用、运河文化展示等。

组织实施方面，大运河文化带建设以国家部委牵头，在国家层面制定总体规划，各地人民政府积极配合，制定配套的专项规划和实施方案。此外，国家到地方将从机构、人员、基金、法制建设、政策等方面给与全面保障和支持。

综上，大运河文化带集聚了丰厚的历史文化资源，是“中国精神的象征、中国文化的标志”（冬花，2017），是世界认知中国的靓丽名片，对民族文化

〔1〕 即北京、杭州、洛阳、郑州、开封、安阳

〔2〕 此处所说的大运河文化带遗产资源，仅指属于不可移动文物以及其他物质遗产资源，不包括非物质遗产资源。

身份认同的确立、文化自信的增强具有重要意义，并为旅游休闲等产业的发展提供了有利条件。它以点带线串联起运河沿线多个城市群，促进了沿线地区的多维度交流，对区域的协调发展发挥积极作用。它以历史河道、滨河景观构架起绵延不绝的生态廊道，以复杂多样的历史遗存和环境风貌汇聚成通览古今的景观长卷，具有显著的景观生态意义。

三、大运河遗产保护现状及存在的问题

大运河申遗成功后，伴随各项资源的持续投入和保护工作的不断开展，大运河遗产整体保护状况得到明显改善，但基于保护管理难度较大等诸多因素，仍面临着较多问题。

管理体制建设方面，目前浙江、山东、河北、天津等省市将文物保护纳入到“河长制”的管理中，由各级党政负责人负责辖区内河流的整治和管理。此项制度强化了大运河保护的责任主体，对大运河周边的生态环境保护和建设控制起到一定的管理实效。但整体来看，运河沿线大部分城市尚未成立专门的遗产保护管理机构，整体保护管理水平仍然较低。管理主体的缺位、沟通协调机制的不健全，导致遗产难以得到良好的保养维护。

法制建设与管控方面，国家层面的《大运河遗产保护管理办法》〔1〕等级过低，地方性保护管理法规体系尚不完善，使得现有法律法规文件对运河沿线开发建设项目的约束力不够，管控力度较弱，相关机构的执法力度亦相对不足。

保护资源投入方面，目前大运河沿线各地陆续开展了一系列大运河遗产的本体保护、环境整治、生态治理等工作，取得了较好的社会效益。但当前投入额度较之大运河遗产保护资源总量仍有较大缺口，致使大运河遗产的日常保养经费不足，人员专业水平和管理能力低下，部分点段保护级别过低，保护措施及监测预警工作推进缓慢。

〔1〕 此办法共15条，由中华人民共和国文化部于2012年8月14日公布，自2012年10月1日起施行。

展示利用与研究方面，目前运河沿线地区结合本辖区内大运河遗产的性质和特点，通过运河博物馆、遗址公园、运河遗产小道、大运河标识解说和多媒体等多种方式对大运河展开了初步的展示利用工作，初步实现了对大运河遗产的阐释展示和利用，并使得大运河及周边区域的生态景观环境得到一定提升。但从整体来看，以大运河遗产价值为核心的展示利用体系尚未构建，各地方的展示与宣传方式手段单一、渠道落后，所传播信息准确性、完整性及可读性较差，专题研究较为薄弱，难以指导保护管理实际工作，部分地处郊野的大运河遗产利用率低、交通不便，展示阐释设施尚不完善，不利于遗产价值的全面展示。

四、大运河遗产保护面临的机遇与挑战

（一）机遇

在推动大运河文化带建设的新时代背景下，大运河遗产保护面临的机遇主要体现在推进遗产管理体系建设、健全遗产保护利用的法律法规体系、加大各项保护资源的投入力度、促进各项基础研究、提升遗产资源的展示利用水平几个方面。

就遗产地管理而言，大运河文化带的建设将有利于健全大运河遗产保护管理体系，明确地方非文保部门在遗产管理方面的职责；有利于完善跨部门、跨地域协调机制，提升大运河遗产保护管理城市联盟及办公室等遗产保护管理协调机构的协调能力，并推进协调机制的长效落实。

依法保护和规划体系建设方面，大运河文化带的建设将有利于从整体上推动大运河遗产保护法规级别提升和地方层面遗产保护法律法规的补充完善，逐步健全以《中华人民共和国文物保护法》、《大运河保护条例》为上位法，各省、市地方法律、法规、部门规章为具体实施依据的多层次的大运河遗产保护管理法规体系，从而增强大运河遗产保护管理的法律效力，提升对运河沿线开发建设项目的管控力度，为实现大运河遗产保护的“有法可依，执法

必严”创造有利条件；有利于推动各项大运河遗产保护法规和规划的修编和完善，从而为大运河遗产的保护管理工作提供既全面又重点突出的指导。

保护资源的投入方面，大运河文化带的建设有利于加大对大运河遗产保护利用的扶持力度，扩大保护管理各项资源投入规模，拓宽保护利用资金的渠道来源，进而有利于弥补日常保养经费和专业管理人员的缺口、提升管理队伍的能力建设水平、提高各遗产点段的保护级别、促进日常巡查制度的全面实施，推进保护措施的长效落实及监测预警工作的有序开展。

基础研究方面，大运河文化带的建设将有利于加强大运河文化带遗产的整体研究，推动旨在探索各遗产点、段之间内在联系的关联性研究，促进以运河遗产价值挖掘、活化利用、技术标准规范等主题相关的各项专题研究，从而系统的丰富基础研究成果，并提升大运河文化带遗产资源保护利用的科学性和规范性。

展示利用方面，大运河文化带的建设将有利于运河沿线地区展示利用工作的综合统筹，推动以遗产价值为主题的大运河遗产展示利用体系的构建；有利于推广整体保护的保护利用理念，创新遗产宣传展示的手段与方式，拓展展示阐释渠道，并推动大运河遗产历史文化内涵的精准传播、完整传播和有效传播，提高所传播信息的可读性。

（二）挑战

以文化发展拉动地方经济社会全面发展是建设大运河文化带的重要目的。因此，在新的时代背景下，该文化带域内的各类开发建设需求将显著释放，而过度的开发利用将对大运河遗产资源的整体保护造成潜在威胁。

伴随文化带内各城市的快速城市化和集聚化，以及旨在改善村容村貌的美丽乡村建设，在运河沿线乡村的广泛开展，运河沿线城乡的基础设施和配套服务设施将进行大规模更新和完善，从而对运河遗产的本体保护带来挑战，对遗产周边景观风貌的保持构成风险。

伴随该文化带内经济社会的快速发展，至今在用的运河水道或将难以满足日益扩大的物资流通需要，从而释放出推动运河水利水工设施更新、促进运河航道升级改造的强烈需求，从而对运河水利水工遗产的保护造成严峻挑战。

文化带内遗产资源的展示和广泛传播将推动旅游产业的快速发展，导致遗产地游客量的激增和旅游服务设施的大规模兴建，过度的旅游开发和过量的游客将会对遗产的整体保护和可持续利用带来风险。然而，面对开发建设快速发展状况，地方政府管控体系尚不规范，现有规定约束力不够，执法力度亦相对不足，从而加剧了过度开发利用遗产资源对遗产保护所造成的威胁。

五、结语

大运河遗产是时空跨度巨大、历史层积深厚、功能延续性良好的巨型线性文化遗产，其所蕴含的突出普遍价值是全人类共有的精神财富。将大运河遗产保护好、利用好，对于促进民族文化身份认同、增强民族文化自信、推动中华优秀传统文化的国际传播具有十分重要的意义。大运河文化带建设是新的时代背景下提出的一项重要国家战略，它将遗产资源保护利用、生态环境治理、利益相关者保护发展整合为一体，有利于调和遗产保护与经济发展之间的关系、有利于推动区域遗产资源的整合。在运河流经区域经济社会快速发展、开发与保护的矛盾日益凸显的当下，推进以大运河遗产为核心，以遗产资源整合和保护利用为主要目标的大运河文化带建设，可为解决当前大运河遗产保护管理存在的问题提供有益借鉴。此外，在大运河文化带建设过程中，各有关部门应采取全面措施积极防范各类潜在风险。

参考文献

［1］习近平．决胜全面建成小康社会 夺取新时代中国特色社会主义伟大胜利——在中国共产党第十九次全国代表大会上的报告［EB/OL］．新华网，2017 年 10 月 18 日．

［2］冬花．文化自信视阈下中国大运河世界遗产的保护创新［J］．江南大学学报（人文社会科学版），2017，16（05）：92－96.

淮安大运河保护：从规划到行动

余建立

中国文化遗产研究院文物研究所

摘　要　大运河作为线性文化遗产具有形式和内容的多样性，包括航道、码头、水工和运河配套设施等物质遗存，以及由运河而衍生的文化生态。由于现代行政管理系统和运河沿线经济迅猛发展等原因，大运河保护管理的复杂度和难度都非常高。本文旨在通过选择大运河江苏淮安段作为实例开展对其申遗前后保护管理工作的跟踪观察，特别是对照该区段的专项保护规划内容对实施情况进行总结，分析当前淮安段运河遗产保护管理上存在的主要问题及其原因。

关键词　淮安　大运河　保护　规划　行动

引言

淮安是大运河的重要节点之一，不仅拥有大运河的最早航段（邗沟），后来历次的运河修凿都没有绕开过淮安，而且在历史上一直是重要的漕运枢纽，拥有被视为运河第一要枢的清口枢纽。到了明清时期，淮安不仅是全国漕运指挥中心，同时也是黄、淮、运河道治理中心、漕粮转输中心、漕船制造中心和淮北盐集散中心，是明清两朝政府在治理河运、漕运、盐运用力最多的地方（李倩，2012）。

悠久的运河修凿史和管理史为淮安留下了丰富的运河遗产，并且遗产构成较为全面。初步调查并确认的水利工程及相关文化遗产共 35 项 119 处，其中水道遗产 8 项，水源工程遗产 1 项，水利工程设施遗产 13 项，航运工程设施遗产 4 项，古代运河设施和管理机构遗产 5 项，与运河相关的古代祭祀文化遗产 4 项（淮安市政府等，2009）。列入申遗项目的有 2 处遗产区（清口枢纽、漕运总督遗址）、1 段河道（淮扬运河淮安段）、5 处遗产点（清口枢纽、双金闸、清江大闸、洪泽湖大堤、总督漕运公署遗址），在申遗各城市中无论是类型和数量都是最多的；遗产核心区面积约为 3979 公顷，缓冲区面积约为 6289 公顷，总计 10268 公顷，占全国大运河遗产区的七分之一（国家文物局，2013）。

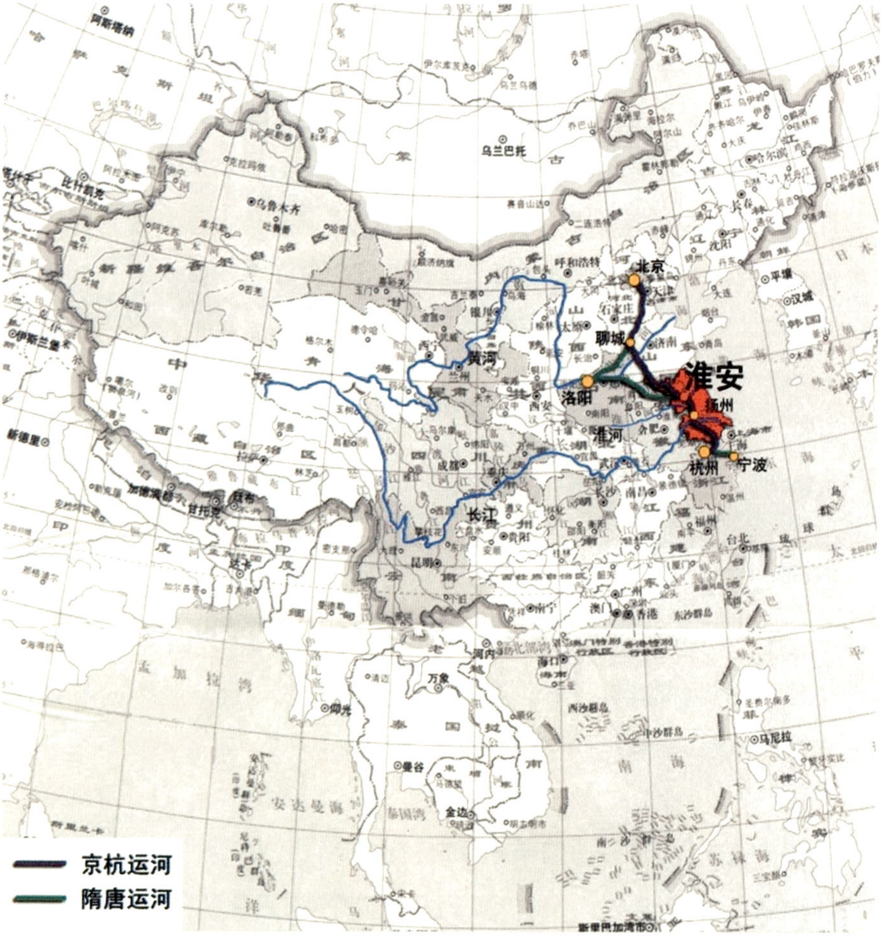

图 1　淮安在大运河中的位置（图片来源：《大运河（淮安段）遗产保护规划》）

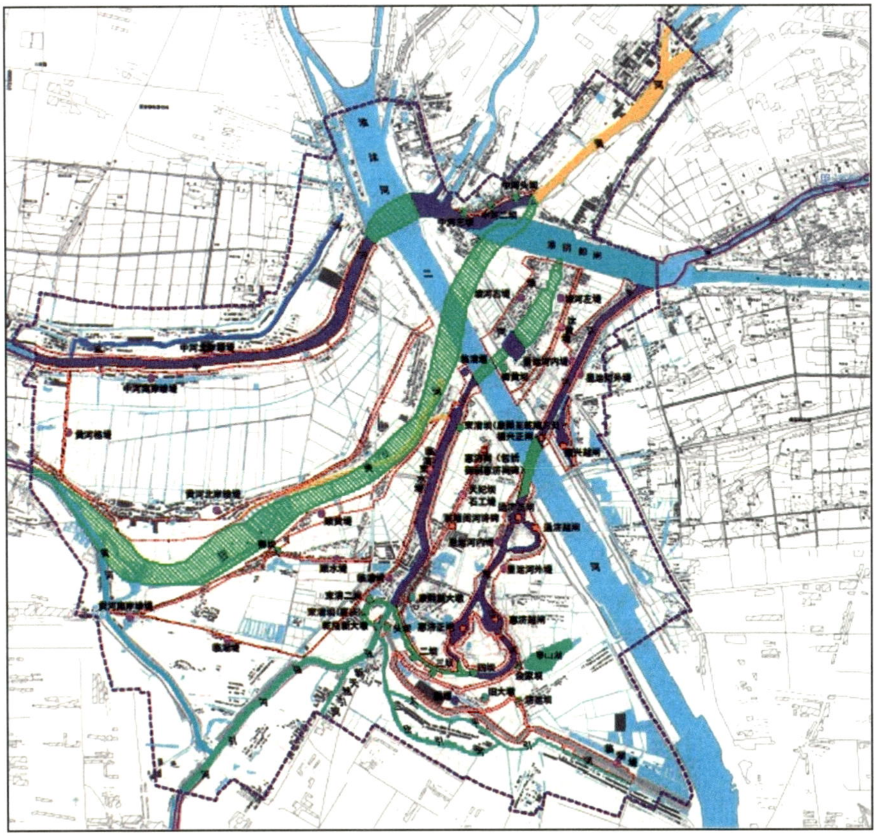

图 2　清口枢纽遗产范围和构成（图片来源：《大运河淮安段清口水利枢纽总体保护规划》）

基于上述原因，如果我们要讨论大运河的保护和管理，势必绕不开淮安这个大运河重要的节点。在本文中，我们将简要回顾大运河淮安段在申遗前后的主要工作，如调查、研究、保护、展示、利用、管理和监测等，重点关注规划的制定和实施情况以及成效和不足。

一、淮安运河遗产保护管理工作的回顾

我们以 2006 大运河申遗工作启动和 2014 年申遗成功作为时间点，将淮安段运河的保护管理工作分为申遗前、申遗时期和申遗后三个阶段来进行观察。

（一）申遗前

淮安段运河遗产的调查和研究工作直到上世纪八十年才开始。2006 年以前的主要工作是对运河遗产进行初步调查，并在配合工程建设中加强对运河地下文物的勘查与抢救性发掘工作。

这一时期的调查工作主要有三次：一是 1989 年配合《中国文物地图集·江苏分册》的编撰，对运河沿线地面古迹进行专题调查，共计收录遗产点 49 处，涉及遗产类别有城址、水利设施遗址、寺庙遗址、碑刻（包括摩崖题刻）、河道、堤坝、闸涵等，调查成果收录于《中国文物地图集·江苏分册》“淮安附近运河史迹图”；二是 1995 年至 1996 年淮安市文博界与史志界联合编撰《淮安金石录》，着重对与运河文化有关的碑刻（包括摩崖题刻）进行拓制，对其碑文加以点校考释，共计 90 余例；三是 2003 年 8 月至 2004 年 9 月，为配合南水北调东线工程建设，先后对工程沿线建设范围以及洪泽湖周边蓄水区进行文物勘查，共发现记录与运河文化遗产相关的文物点 25 处，包括城址、船闸、涵洞、码头、船坞、河堤、古建筑群、石刻等，调查资料收录于淮安市博物馆编写的《南水北调东线工程淮安段文物考古调查报告》。

这一时期最重要的考古发现是在 2002 年 8 月，楚州博物馆在南京博物院及淮安市博物馆的指导下，对旧城改造中发现的总督漕运部院遗址进行发掘，清理出大堂、二堂、大观楼、水井等重要遗迹。该遗址于同年 10 月公布为江苏省文物保护单位，随后建成遗址公园，并在遗址北侧建立中国漕运博物馆。

其他主要的考古工作还有：1991 年 4 至 5 月，在淮阴华能电厂一期工程建设疏浚淮河故道时，发现三艘清代木质沉船，抢救发掘各类陶瓷器 500 多件；2000 年 11 月，淮安市博物馆配合淮阴三线船闸工程建设，发现一处宋元遗址，面积约 5000 平方米，有木桩、砖基与瓦砾，还发现许多宋代钱币，地层中夹杂着大量的宋元时期瓷器残件；2005 年与 2007 年，淮安市博物馆先后两次对清浦区韩信城遗址进行考古勘探和布方发掘，确认该城池应与唐宋时期的运河建置相关，和镇江双井路遗址同属运河线上仓储转运基地。

（二）申遗时期

2006年京杭大运河被整体公布为第六批全国重点文物保护单位，并被列入《“十一五”期间大遗址保护总体规划》100处重要大遗址名单；同年，大运河被列入《中国世界文化遗产预备名单》，开始申遗之路。由此，运河遗产由单点、被动式的抢救性保护，转向全线的、主动的科学性保护，一系列配合申遗的工作全面铺开，淮安段的工作主要包括以下几个方面：

1. 遗产资源的系统调查与考古研究

运河遗产系统调查方面，2008年8月至2009年10月，中国文化遗产研究院组织7家协作单位，开展了“大运河淮安段遗产本体调查方法研究”。在清口枢纽48平方公里范围内，以淮阴区码头镇、杨庄镇为核心区域，分别调查定位300余处遗迹遗存点，其中登录数量为97处，且有文献、实物、访谈等各种依据可以确认的遗产数量57处，并初步建立了清口枢纽运河遗产的地理信息系统（中国文化遗产研究院，2012）。另外，2007年4月至2008年6月，淮安市在第三次全国文物普查第二阶段工作中，调查登录运河遗产文物点270余处。

考古方面，2008年10月至2009年1月，配合淮阴区码头镇境内的明远路建设，淮安市博物馆对项目范围内通济闸西堤、小里河驳岸堆、关帝庙、天妃坝石工、张福河东西大堤、顺黄坝、黄河故道、御坝等9处与大运河相关遗址进行勘探及抢救性发掘；2011年9月到2013年8月，为配合大运河申遗工作，再次对码头境内的运河故道（里河）、天妃坝石工、惠济祠遗址、文华寺遗址、天妃闸及码头遗址、顺黄坝遗址、木龙遗址、顺水堤遗址、御坝及七堡堤工遗址共10处遗产点进行科研性勘探与发掘。期间，还对明远路西延工程清河旧县遗址、里运河防洪控制工程唐子巷砖工堤与码头遗址、洪泽湖大堤信坝遗址、高堰关帝庙遗址及水志遗存共5处遗产点进行勘探和发掘。上述共计24处遗产点的考古活动历时5年之久，共完成勘探面积397600平方米，考古发掘揭露面积4565平方米（中国文化遗产研究院等，2016）。

其他的考古工作还有：2006 年 10 月至 2007 年 2 月，淮安市博物馆偕同南京博物院、楚州博物馆配合南水北调东线一期工程，对里运河淮安段夹河明清墓群、板闸清代粮仓遗址、运东元明清墓地等 7 处文物点进行了考古发掘；2008 年 9 月，南京博物院与楚州博物馆在河下古镇联合发掘一处元末明初的龙泉窑瓷片埋藏点，共收集瓷片标本约 11 万余片，见证了河下古镇曾是运河沿线繁盛的商贸集散地。

2. 申遗机构的设立

2008 年，淮安市政府成立了由分管副市长为组长的大运河遗产保护与申遗工作领导小组，文物、财政、水利、规划等部门与相关县（区）政府为成员单位，领导小组下设办公室，及时协调解决保护与申遗中的重大问题。同时设立大运河保护与整治项目指挥领导小组，专门负责运河遗产保护与整治项目的实施。

3. 保护管理规划的编制

申遗期间，淮安市主要编制完成了《大运河（淮安段）遗产保护规划》和《大运河淮安段清口水利枢纽保护总体规划》（中国文化遗产研究院，2012）。

《大运河（淮安段）遗产保护规划》2009 年 9 月由东南大学建筑设计研究院、中国文化遗产研究院编制完成，该规划分为总则、运河遗产构成、遗产评估、保护区划与保护措施、展示规划要求、保护管理要求、考古规划要求、规划分期、相关规划建议等九章，是总览和指导大运河淮安段保护管理工作的主要依据文件。同年该规划由淮安市政府公布实施。

《大运河淮安段清口水利枢纽保护总体规划》2011 年淮安市文物局委托中国文化遗产研究院按照大运河申报世界文化遗产的要求，以使遗产的真实性、完整性获得有效保护和延续为基础目标，编制《大运河淮安段清口水利枢纽保护总体规划（2012—2030）》。该规划于 2012 年编制完成，同年获得国家文物局批复。该规划是为数不多针对单项运河遗产制定的专项规划，为清口水利枢纽文化遗产的保护和利用奠定了基础。

4. 保护展示工程与环境整治工作

申遗期间，淮安市委托相关单位编制了《清口水利枢纽遗址展陈规划》、

《京杭大运河——御制重修惠济祠碑保护与环境整治方案》、《洪泽湖大堤——高堰段保护与展示方案》、《洪泽湖大堤高堰段环境整治与展示工程设计方案》、《清口水利枢纽遗址——天妃坝石工堤、顺黄坝及惠济祠遗址保护展示建筑设计方案》等相关遗产点的保护展示规划和设计方案，先后实施了天妃坝、惠济祠遗址、顺黄坝、洪泽湖大堤周桥大塘、信坝、高堰等遗产点的保护和展示工程，以及码头镇古运河河道疏浚、岸线整治与桥梁建设，组织维修了淮安钞关遗址、清江大闸、清江浦楼等10余处有关大运河的文物古迹。

（三）申遗后

运河申遗成功后，淮安市政府把主要工作放在运河遗产的开发利用上，启动了里运河文化长廊建设，因此，这一阶段运河遗产的保护管理工作主要是配合里运河文化长廊建设而展开：

1. 完成里运河沿线地下遗存初步调查工作。对里运河北门桥至河下古镇段16公里河道两侧100米范围内进行了初步调查，共发现臧家码头、云昙坝、清江督造船厂、下移风闸、古粮仓遗址、夹河明清墓葬群、永利闸、故沙河、湖心寺遗址等9大处文物点。

2. 完成里运河沿线部分遗址的考古勘探和发掘工作。对山阳湖地块与运河小镇一、二号地块进行考古试探，开展了双水城地块考古勘探，对新发现的板闸遗址进行了考古发掘。

3. 完成里运河沿线部分文保单位方案编制工作。先后编制完成了《清江文庙修缮及环境整治方案》、《清江浦城墙遗址保护展示方案》、《大运河（淮安段）板闸遗址保护与展示工程方案设计》等。另外，还完成了《淮安里运河文化长廊博物馆群展示系统概念设计》初稿，正做进一步的深化设计。

二、淮安运河遗产保护管理规划的实施状况

在本节中，将主要对已制定的两个规划——《大运河（淮安段）遗产保护规划》和《大运河淮安段清口枢纽保护总体规划》的各项规划内容的落实

情况进行考察，主要是近期和中期规划项目的进展状况（表 1－4）。

1.《大运河（淮安段）遗产保护规划》实施状况

表 1　规划考古项目及实施情况一览

<table>
<tr><th colspan="2">规划项目</th><th>实施状况</th></tr>
<tr><td rowspan="3">优先行动期
（2010－2011 年）</td><td>清口水利枢纽遗址的系统考古研究。</td><td>已对运河故道（里河）、天妃坝石工、惠济祠、文华寺、天妃闸、木龙遗址、顺水堤、御坝及七堡堤工等 20 余处遗址进行了考古调查和发掘。</td></tr>
<tr><td>高家堰水志的考古发掘工作。</td><td>2011 年已发掘。</td></tr>
<tr><td>泗州城及古泗口考古发掘工作。</td><td>从 2010 年开始进行了三年多的发掘。</td></tr>
<tr><td rowspan="3">近期
（2012－2014 年）</td><td>古清口考古。</td><td>先后 5 次对古清口（顺黄坝）水工设施进行发掘。</td></tr>
<tr><td>杨庄行宫、王营减水坝考古。</td><td>尚未发掘。</td></tr>
<tr><td>清江漕船厂考古。</td><td>尚未发掘。</td></tr>
<tr><td>中期
（2015－2020）</td><td>黄南北堤、西坝老船塘、大口子小口子遗址、竹络坝、水渡口、草湾渡口、烟墩埽工遗址、陶庄闸、木龙遗址等。</td><td>尚未发掘。</td></tr>
</table>

表 2　规划保护管理内容及实施情况一览

<table>
<tr><th>规划内容</th><th>实施状况</th></tr>
<tr><td colspan="2">优先行动计划（2010－2011 年）</td></tr>
<tr><td>建立健全淮安市大运河遗产保护和申遗的领导机构。</td><td>成立了大运河遗产保护与申遗工作领导小组和大运河保护与整治项目指挥领导小组。</td></tr>
<tr><td>河道、航道、规划和文物主管部门联合对占用堤防的建筑和设施，以及运河沿岸的环境卫生状况进行专项整治。</td><td>对古河道进行河道疏浚、岸线整治，对桥梁进行改造建设。</td></tr>
</table>

续表

规划内容	实施状况
尽快完成清口地区黄淮运水利枢纽的考古和研究工作。	已初步完成，见表1。
落实规划确定的各类运河遗产点的登录和抢救性保护工作。	已对每个遗产点采集了GPS位置信息，建立了系统的资料档案，实施了天妃坝、惠济祠遗址、顺黄坝、洪泽湖大堤周桥大塘、信坝、高堰等遗产点的保护和展示工程，组织维修了淮安钞关遗址、清江大闸、清江浦楼等10余处有关大运河的文物古迹。
对运河聚落的保护规划进行编制和修编。编制清江浦历史城区、河北街—光明街历史地段、板闸村、杨庄村、龟山村等运河聚落的专项保护规划。 对《淮安历史文化名城保护规划》、《淮安市码头镇总体规划》和《淮安市楚州区河下古镇保护与整治规划》进行基于运河遗产保护要求的检查和必要的修编。	新修编的《淮安市历史文化名城保护规划》已于2012年通过江苏省人民政府批复。《淮安市淮阴区码头镇总体规划（2014－2030）》已由市政府审议，正按专家意见进行修改。《河下古镇历史文化街区保护规划》已于2014年委托东南大学城市规划设计院进行修编。
世界遗产候选点的研究和资料整理工作，并采取及时措施防止其价值受到破坏。	基本完成。
近期（2012－2014年）	
制定《淮安大运河遗产保护管理办法》	未制定
编制清口地区黄淮运水利枢纽保护与展示规划。	《大运河淮安段清口水利枢纽总体保护规划》 《清口水利枢纽展示规划》
开展高家堰水志、古清口、杨庄行宫、王营减水坝、清江漕船厂等的考古工作，根据考古，划定其保护区划，制定保护措施，完善其“四有”工作。	高家堰水志考古工作已完成，其余未开展。

续表

规划内容	实施状况
根据优先计划中编制的运河聚落保护规划，实施聚落环境整治、市政设施改造、历史建筑修缮等工作。	《淮安市淮阴区码头镇总体规划（2014 - 2030）》已由市政府审议，正按专家意见进行修改。《河下古镇历史文化街区保护规划》已于2014年委托东南大学城市规划设计院进行修编。
对各类运河遗产点的本体进行修缮，并完善其历史文化展示设施。	实施了天妃坝、惠济祠遗址、顺黄坝、洪泽湖大堤周桥大塘、信坝、高堰等遗产点的保护和展示工程。
建立公众参与制度，提高市民的“运河之都”自豪感和运河文化遗产保护意识。	淮安民众在申遗期间举办了各类支持大运河申遗的活动，宣讲运河文化知识，举办“美丽运河”保洁行动、运河知识竞赛、运河文化讲座等。
配合完成大运河申遗的各项准备工作。	已完成。
中期（2015 - 2020）	
逐步搬迁运河沿线各占用单位，进一步改善水质，提高运河沿线景观的美观度。	仍在实施中。
落实运河世界遗产的旅游展示规划，开展形式多样的运河旅游活动。	已制定《码头古镇旅游发展总体规划》，正建设大运河漕运印象主题公园；正建设淮安——世界运河文化旅游区，计划将其打造成5A景区。

2.《大运河淮安段清口枢纽保护总体规划》实施状况

表3 规划主要考古项目及实施情况一览

时段	规划项目	实施状况
近期（2012 - 2013）	一年内完成天妃坝石工堤、天妃闸、顺黄堤、御坝等四项共3000平方米考古发掘工作。	上述四项考古工作已于2013年8月前完成。
中期（2014 - 2020）	继续进行有计划的考古发掘工作。	目前没有新的发掘项目进行。

表 4　规划主要保护管理内容及实施情况一览

规划内容	实施状况
近期（2012－2013）	
完成里运河故道堤防保护工程；通济闸、头坝、二坝、三坝、四坝、佘家坝、顺黄坝、天妃坝石工堤和惠济祠遗址本体保护工程。	均已在 2014 年以前完成。
规划建设完成由通济正闸、通济越闸、惠济月闸、惠济正闸及里运河故道组成的运河水利航运体系展示区；完成惠济祠遗址展示区规划建设；完成顺黄堤考古发掘展示区规划建设；完成规划认定的五十三项遗产点说明系统建设。	已完成惠济祠和顺黄坝两处展示区规划建设，已在主要遗产点进行了标识和说明牌的设立工作。
由江苏省人民政府公布《大运河淮安段清口枢纽保护规划（2012－2030）》；根据公布的保护区划设立界桩，设立文物保护标志碑、编制并由淮安市政府公布《清口枢纽保护管理规定》、完善保护区内规划认定的遗产点四有档案建设工作、完成重点展示区内安防监测设计实施工。	《大运河淮安段清口枢纽保护规划（2012－2030）已公布，尚未制定《清口枢纽保护管理规定》，“四有”档案和重点展示区安防监测建设工程已完成。
从技术、经济、社会、景观等方面对清口枢纽做出全面深入价值评估及研究、对规划认定的五十三项遗产点进行全面的遗存边界勘探，明确遗存范围、开展遗址范围内石工堤、夯土堤坝土遗址、碑刻等文物本体科技保护研究。	清口枢纽的价值评估和研究以及遗产点的遗存范围和边界勘探工作已在《大运河淮安段清口水利枢纽总体保护规划》中体现，石工堤、夯土堤坝和碑刻等的本体科技保护研究还未开展。
中期（2014－2020）	
完成世界文化遗产监测体系的建设。	清口枢纽已纳入大运河淮安段世界文化遗产监测预警平台，正在对相关人员进行培训，将进一步对预警平台进行升级。
现代运河及黄河田园风光带的规划建设。	尚未完成。
完成清口枢纽博物馆建设。	尚未建设。

三、淮安运河遗产保护管理的成效与不足

（一）考古工作基础性作用发挥较好，但主动性和延续性不够

从2008年到2014年历经6年之久大规模开展的运河考古工作，取得了多方面的学术成果，在保护管理工作特别是申遗过程中发挥了十分重要的基础性作用，海量的运河遗产考古资料为确定申遗点段提供了重要参考，为运河遗产保护与展示提供了科学依据，并进一步丰富了运河遗产内涵，提高了对运河遗产价值的认识。

图3　天妃坝石工和惠济祠遗址考古发掘现场（拍摄：王元林，2012年2月）

图4　顺黄坝遗址考古发掘现场（拍摄：王元林，2012年6月）

但是我们也应当看到，淮安段运河的考古工作大多是因申遗的需要开展起来的，部分也为配合基本建设而开展，如天妃坝与惠济祠、顺黄坝等遗址的发掘前期是为了配合明远路道路建设，后期才因为申遗工作的开展而再次进行发掘，考古工作的目的性和系统性不强，加上缺乏相应的支持力度，使得申遗后的考古调查、发掘和研究没有按照规划所制定的目标继续开展。而类似清口枢纽这样的重要工程遗产，历史悠久，变动频繁，运河及其相关工程遗产的数量庞大，分布范围大，结构也相当复杂，给学术研究带来了不少挑战，也为保护管理带来了不小的难度，因此仍然需要继续加强考古工作，在规划上提前进行设计，为保护管理工作提供必要的支撑。

（二）遗产本体保存状况和环境得到改善，后续规划有待落实

除部分回填外，一些重要考古遗迹加盖了保护性设施，征收土地，设置围栏或围墙，本体安全得到有效保护，如天妃坝石工、惠济祠御碑、顺黄坝等（图5）；对一些堤坝进行了修缮，如洪泽湖大堤高家堰、周塘大堤等。

2012年6月

2015年10月

2012年2月

2015年10月

2012年6月

2015年10月

图5　惠济祠御碑（上）、天妃坝石工（中）、顺黄坝遗址（下）等本体保护工程实施前后对比（左下图拍摄：王元林，其他拍摄：余建立）

对运河沿岸的环境进行了整治，特别是对清口枢纽“U”型河道进行了疏浚，改造了部分桥梁设施，沿岸增设了供游人行走的栈道，运河水质和沿岸环境得到了明显改善（图6）。

无论是位于城区（如清江大闸）还是农村（如清口枢纽、洪泽湖大堤高家堰等）的运河遗产点段，都设置了比较明显的界桩和说明牌，明确了遗产的边界和缓冲地带（图7）。

2012年6月

2015年10月

2015年10月

2016年6月

图 6　U 型河道环境整治前（上左）后（上右）、沿岸桥梁和栈道（拍摄：余建立）

图 7　清江大闸遗产界桩和说明牌设置情况（拍摄：余建立，2015 年 10 月）

通过上一节对淮安保护管理规划各项内容的落实情况的总结梳理，我们可以看到，虽然淮安市在运河遗产的实施方面做了不少工作，特别是优先行动计划和近期的规划内容基本得到落实，但是在中长期保护规划的落实方面无明显的进展，其中主要的原因是规划中对于中长期规划制定的目标和内容较为粗略，说明对于申遗后的保护管理工作重视程度还是不够。

（三）积极探运河遗产的展示利用，但整体效果不佳

在申遗前后，淮安段运河对主要遗产点进行了展示利用的探索，如在总督漕运公署遗址建设了遗址公园和中国漕运博物馆（图8）；在清口枢纽，主要实施了天妃坝、惠济祠、顺黄坝等几个遗址保护展示工程，采用了露天原状展示、玻璃罩展示、模型展示等方式进行展示，并增设说明牌和建设小型展示厅（图9）；在洪泽湖大堤，开始建设洪泽湖古堰景区，编制了《洪泽湖古堰景区旅游总体规划》，推进洪泽湖渔文化博物馆、城市立体公园等新建项目，洪泽湖碑、周桥大塘、信坝遗址等提升项目（图10）。

虽然积极进行了展示利用的探索，但由于各种原因，展示利用的效果并不十分理想，如总督漕运公署和中国漕运博物馆门票价格相对较高（门票100元，若加4D电影为160元），让不少游客望而却步；清口枢纽的展示点大多位于农村，交通不便，而且展示内容较为单一，大部分是考古发掘现场的原状，只有个别设立了十分简单的说明牌，使得普通民众无法看明白展示的是什么，另一方面因为缺少经费支持，无力雇人进行管理，大部分时间这些展示点大门紧闭，部分遗产本体得不到有效维护，出现坍塌、长苔藓，展示配套设施无法使用，遗产点杂草丛生，环境恶化等问题较为突出。

（四）带动区域经济发展，保护和开发的关系需要平衡

通过申遗期间大规模的保护管理工作，淮安运河沿岸的城市建设得到发展，运河水质和沿岸环境得到改善；在运河核心区进行的保护展示工程、环境整治和绿化提升工作，为市民提供了更多的休憩和教育场所；城市基础设

施的修缮，为里运河文化长廊开发建设而进行的拆迁安置工作，改善了部分民众的居住条件和生活质量。

图 8　总督漕运公署遗址和中国漕运博物馆（拍摄：余建立，2016 年 6 月）

图 9　清口枢纽遗产点展示情况（拍摄：余建立，2015 年 10 月）

图10　洪泽湖古堰景区平面图和古堰梅堤（拍摄：余建立，2016年6月）

申遗成功后，淮安开始打造里运河文化长廊。该长廊北起大闸口、南至堂子巷，总范围45平方公里，核心区总长度15.6公里，面积约10.8平方公里，大小项目数百个，总投资260亿元。按照里运河文化长廊的规划，该项目建成后将实现年接待游客600－800万人次，增加就业5万人，新增年税收约10亿元。但同时根据规划，其中相当一部分将建成大型旅游商业综合体，还包括商业办公、soho创意工坊、高端住宅、星级酒店等，实际上是一个以运河旅游为概念的综合性开发建设项目。

也正是在运河遗产资源开发的背景下，出现了一些保护中的不和谐问题，从几个例子可以反映两者关系的协调正在成为新的保护管理难点：一是板闸遗址（图11），该遗址正是2014年在淮安世界运河文化旅游区开发项目工地上发现，初步判断为明代里运河淮安段的“四闸之一”，与已列入世界文化遗产的清江大闸时代相同，是一处价值很高的遗产，但当时遗址所在的地块已卖给开发商，如果要进行保护展示，政府需要给开发商补偿，还要负担发掘、保护、展示的费用，政府面临保护责任和保护经费的双重压力，一度想放弃遗址的保护而继续进行开发，后通过专家呼吁和文物部门的不懈努力，才最终将板闸遗址保留下来，并启动板闸遗址保护规划和方案的设计工作；二是淮安里运河控制工程堂子巷明代砖工堤保存状况十分完好，国内少见，但最终被拆除，异地重建；三是清口枢纽地区的码头镇，想利用运河申遗成功的契机进行旅游开发，但是在事先未履行文保手续的情况下擅自在清口枢纽核心保护区内开始建设游客中心，涉嫌违反了文物保护法的相关规定。

（五）公众参与效应初显，认知度和满意度仍然不高

近年来，通过宣传普及文化遗产相关知识，尤其是文化遗产日的设立，以及公众考古的兴起和发展等一系列举措，公众参与文化遗产保护的热情日益高涨。这一点在大运河申遗阶段也有所反映，沿线居民对运河申遗十分关注，纷纷成立了各种运河志愿者队伍，宣传运河保护的重要性，公众对大运河申遗的支持成为申遗工作中的一大亮点，得到了世界遗产评估专家的肯定。

图 11　新发现的板闸遗址（拍摄：余建立，2015 年 3 月和 10 月）

但是，公众参与仍然是运河保护的一个薄弱环节。2015 年 10 月，我们委托专业机构在淮安开展了大运河保护管理效果公众调查问卷活动。在接受调查访问的 501 人中，尚还有 33.7% 的人不知道大运河是世界文化遗产；12% 的人没有去过任何一个运河遗产点，去过的人的有 75% 以休闲娱乐为目的，而以学习教育和缅怀历史为目的的还不到四分之一；虽然有高达 81.4% 的人认为保护运河对淮安城市发展而言非常重要，但对大运河淮安段的管理规划比较清楚的只占 6.8%，还有 42.1% 的人都没有听说过有这个规划；有

63.9%的人认为淮安在大运河保护管理方面的宣传力度不够，39.1%认为保护力度不够，还存在破坏现象，还有24.2%认为展示利用不够。

四、结语

从大运河淮安段的保护管理工作中，我们可以了解整个遗产保护的工作链，涉及从考古调查研究、价值评估、规划、政策制定到保护和干预、管理和监测、展示和利用，以及公众参与、社区服务、生态保护和社会可持续发展等诸多方面，其复杂程度和难度超出想象。应该说，淮安在整体经济发展水平不高，保护人员、机构和经费匮乏的情况下，通过努力，在运河遗产的保护管理方面做了不少工作，取得了一系列的积极成果，但也存在规划实施和其他方面的一些问题。造成这些问题的原因，一方面是由于大运河遗产构成的复杂性、保存状况的差异性、管理机构的交叉性、不同群体之间的不同利益诉求等所带来的，另一方面也是因为申遗后国家层面协调机制的弱化和支持力度的下降，保护管理面临从国家到地方、从项目到制度以及从保护到利用这三方面的转变，如果应对不当或者对于后续工作的储备不足，极易出现一个保护管理工作相对停滞的“空窗期”。因此，除了加大在人员、经费方面的支持力度之外，同时对于工作的体制机制的改革也势在必行。

（本文为中国文化遗产研究院基本科研业务费课题“大运河遗产保护管理效果跟踪评估研究——以江苏淮安段为例”研究成果，部分资料由淮安市博物馆提供，资料截止日期为2016年6月）

参考文献

[1] 李倩. 大运河淮安段文化遗产地位解读 [J]. 淮阴工学院学报. 2012 (4).

[2] 淮安市人民政府、东南大学建筑设计研究院、中国文化遗产研究院. 大运河（淮安段）遗产保护规划 [Z]. 2009.

[3] 国家文物局. 申报世界遗产文本——中国大运河 [Z]. 2013.

[4] 中国文化遗产研究院. 大运河清口枢纽工程遗产调查与研究 [M]. 北京：文物

出版社 .

［5］中国文化遗产研究院、南京博物院、淮安市博物馆 . 京杭大运河清口水利枢纽考古报告［M］. 2016.

［6］中国文化遗产研究院 . 大运河淮安段清口水利枢纽保护总体规划［Z］. 2012.

网页

中国・淮安里运河文化长廊 . http：//lyh. huaian. gov. cn/.

大运河（浙江段）文化遗产价值研究与保护体系构建

浙江省文物考古研究所　张书恒

摘　要　大运河遗产保护行动的开始阶段，与其申报世界遗产的过程密切相关。大运河这类水利遗产在中国不可移动文物类型中较为独特，价值研究基础薄弱；而且规模跨越八个省、直辖市，在中国还没有先例。大运河仅用短短8年时间即完成从2006年的几乎零起步到2014年申报世界遗产成功，完成了不可能的挑战。本文阐述了大运河浙江段在申报世界遗产过程中的遗产调查、价值评估和遗产点段的遴选过程，在全国大运河申遗工作中具体代表性意义。大运河浙江段遗产保护体系与清单呈宝塔层级，体现出既扩大保护类型与数量，全面保护见证大运河文化见证的各类遗产；又集中优势资源、专业力量，重点保护价值真实性、完整性更好、价值更高的大运河核心遗产，体现了国家、政府与各级文物行政管理部门保护大运河文化遗产的决心与力度。

关键词　大运河浙江段　价值研究　体系构建

一、大运河（浙江段）遗产调查

大运河保护工程“迄今为止最大的文化遗产保护行动”[1]，国家先后组

---

〔1〕国家文物局童明康副局长在2014年6月22日，在卡塔尔多哈举行的联合国教科文组织第38届世界遗产委员会会议上代表中国政府发言。

织了三次全线调查行动。

第一次从2006年—2008年，在国家科技支撑计划重点课题“空间信息技术在大遗址保护中的应用研究（以京杭大运河为例）”支持下，由清华大学联合中国文化遗产研究院、中国水科院水利史研究所、中国科学院遥感所及沿京杭大运河6省（市）文物考古研究机构开展运河遗产资源调查研究。在浙江省文物局高度重视和支持下，成立“大运河（浙江段）保护与申遗课题组”[1]。课题组编制《调查方案》，确定调查范围，设计登录表格，统一培训并现场指导各市调查人员，精心梳理研究，撰写《浙江省大运河调查报告》。

第一次调查以浙江省境内的京杭运河为重点，根据确定的调查方案，全面调查了1）运河河道分布情况；2）两岸各500米范围内的文物分布状况；3）价值评估。共登录沿线文化遗产点约1500处，第一次整体摸清了大运河（浙江段）沿岸文物分布情况。

第二次运河调查配合大运河保护规划的编制开展。从2008年—2012年，为编制浙江省五个市级规划（杭嘉湖宁绍）、浙江省段规划与全国大运河保护总体规划，浙江省对大运河第一次调查成果进行价值评估和复查筛选。第二次调查范围已经扩大到中国大运河，在浙江境内增加了浙东运河。在大运河申报世界遗产的35个城市中，涉及浙东运河的绍兴和宁波是最晚加入的2个城市。对于浙东运河，一直存在争议，有专家认为运河申遗重点在于人工痕迹，浙东运河作为一条自然河道，人工开凿痕迹不多。但丰富的研究成果证明，浙东运河开凿时间早于邗沟，历史以来形成了系统的航道水位控制工程、早期先进的木桩基础处理技术、举世闻名的石堤、石桥营建工艺（图1）和卓越的航船制作能力等工程技术特色（邱志荣，2013）。基于多方努力，浙东运河于2008年底正式列入申遗范围（耿晶，2012年）。

---

〔1〕“空间信息技术在大遗址保护中的应用研究（以京杭大运河为例）”课题分报告：《浙省大运河调查报告》。浙江省大运河保护与申遗课题组成员：黄斌、邵浦建、付峥嵘，组长张书恒。杭嘉湖各市文物主管部门均成立以文保所或博物馆专家组成的调查组，负责当地的调查登录与撰写分报告。

图 1　浙东运河绍兴段纤道（拍摄：于冰，2017 年）

第三次运河调查配合“第三次全国不可移动文物普查”开展。从 2007 年—2011 年，开展大运河专题调查，五市统一按“三普”要求登录大运河遗产，未做“大运河专题”统计，按“三普”国家要求和浙江省编制的普查方案纳入统计。本阶段扩大了调查范围，将前期大运河调查信息按“第三次全国文物普查实施方案”纳入复查、统计，将大运河文化遗产从临时抢救保护纳入国家不可移动文物管理体系，依法永久保护。

二、对大运河（浙江段）段文化遗产价值的认识与评估

（一）第一阶段价值评估结论[1]

经全面调查梳理，结合文献研究，吸收前人的研究成果，对浙江段大运

〔1〕根据课题调查研究总结，其中价值 4. 吸收宁波大运河课题组观点；价值 5. 吸收中国水科院水利史研究所所长谭徐明《浙江大运河培训班 PPT》资料；价值 7. 吸收中规院总规划师王景慧的 PPT 资料。

河价值进行较为全面的评估：

1. 运河开凿历史悠久，结合文献研究基本厘清了运河发展时序：春秋战国时期开山阴故水道，是我国最早的区间运河之一；

2. 秦始皇、隋炀帝到会稽（绍兴）祭禹，会稽成为大运河的重要目的地，直接影响大运河的线性规划，这两次朝廷组织的大规模疏凿江南河、浙东运河，大大提高了这一地区运河的重要地位与航道标准和设施建设，为运河的长期发展奠定了基础；

3. 浙江是大运河的起点（南宋为终端），漕运物资的供应地（目的地），经长期疏凿，运河河道形成主干道——次干道——支流——尾闾网状结构，发散形分布；

4. 通过杭州港、宁波港、乍浦港，经钱塘江、甬江、姚江连接海上丝绸之路，进而沟通世界；

5. 浙江段水源充沛，自然条件优越，主要是解决流沙淤积，调剂水量供给，工程规模较小，技术难度不大；

6. 充分利用自然河道、潮汐动力组织交通运输，通过自然河道的利用，与浦阳江、兰江、富春江等水道连接，覆盖面广，科学经济，作用巨大；

7. 2006 年京杭运河（浙江段）完成货运量 8150 万吨，根据数学模型预测值，推荐运量 2015 年 10770 万吨，仍发挥巨大的交通运输功能（图 2），极大的促进了长三角社会、经济、文化发展；

8. 千年运河带动沿线社会、经济、文化的发展，江南成为全国经济最富庶的地区之一，社会进步，人文渊薮，历史底蕴深厚，文化遗产丰富（图 3），是见证中华文明的重要组成部分。

（二）《大运河（浙江段）保护规划》阶段价值评估结论

在完成大运河五市保护规划的基础，对浙江段进行深入调查，补充研究：根据运河沿线遗存与文献结合研究，进一步厘清了运河发展时序、时代特征等；比较研究江南运河与浙东运河的特点、浙东运河河道结构：自然江河与

图 2　京杭运河杭州段，图片来源：浙江日报 2016 年 12 月 30 日

图 3　运河庙会 桐乡清河村　清明节

人工塘河并行结合[1]，按潮汐规律复线运行，分析浙东运河独特的航运设施与组织方式；宁波是漕粮河海联运的重要转口港，研究其在元代以后漕粮海运中的独特地位；浙东运河的开通延伸，“大运河不仅是沟通中国南北的水上通道，而且还是连接世界的大通道”。“宁波港和浙东运河，实际上为中国大运河提供了河海联运、接轨内外贸易的黄金水道与优良港埠”，分析其在“海上丝绸之路”的关系、作用等等，得出如下评估结论（中国城市规划设计研究院、浙江省文物考古研究所、浙江省文物局，2012 年）：

1. 大运河浙江段是中国最早人工修筑的运河段之一，历史悠久，历来是重要的国家工程；

2. 大运河浙江段沿线地区，保留有大量具有较高历史和科学价值的运河遗产；

3. 大运河对区域经济社会文化发展的影响广泛而且深远；

4. 大运河浙江段的水利水工设施对京杭大运河、浙东运河的航运贯通和杭嘉湖平原、宁绍平原地区的水利行洪起到重要作用；大运河浙江段的部分水利水工设施技术水平高，代表当时中国甚至世界的科学技术生产力水平。

（三）《中国大运河》（申遗文本）对（浙江段）遗产点段的价值评估（国家文物局，2013 年）

1. 江南运河价值评估

1）大运河江南运河段主线基本将江南地区主要的城市串联起来，对城市的发展繁荣起到了推动和支撑作用。大运河对城镇的形成发展的影响主要表现在对自然环境的改造和对社会形态的影响。

以江南运河为纽带，自北向南将常州、无锡、苏州、嘉兴、杭州等著名城市贯穿其中。最初城市乡镇因运河而起，其后城市沿运河扩张，与运河沟通，交换水量。运河为城市提供水路交通，形成了运河穿过城区并与城河水系相沟通的格局，城河也成为运河体系的重要组成。

---

[1] 中国网 china. com. cn2009 - 11 - 05 发表《大运河宁波段文化遗产的主要价值与构成体系》

江南地区一直是我国经济、文化比较发达的地区，江南运河串联的城市都是太湖地区乃至全国的重要城市，运河的沟通促进了城市的发展，城市的繁荣也对运河功能的发挥具有促进作用。

2）江南运河对20世纪初中国近现代工业发展的影响

江南地区是中国民族工商业较早发展的地区。依托运河带来的运输便利，20世纪上半叶在常州、无锡、苏州、杭州附近兴起和发展了一批民族资本的工厂和企业。运河与这批近现代民族工商业遗产关系是相互依存，相互促进的。近现代民族工商业依靠运河兴起和发展。

3）代表性价值：江南运河纵贯太湖流域，连接长江和钱塘江干流，是大运河中形成最早、自然条件最好、连续运用时间最长的河段。江南运河为国家政治稳定、经济发展做出了不可磨灭的贡献。

隋代对江南运河的全线整治及线路的确定标志着江南运河正式形成，而宋代塘路工程的建成则标志着江南运河全线从自然水系中脱离出来成为独立的工程体系。

江南运河的科技价值，集中体现在特定自然环境条件下线路规划的合理性和自然条件改变的情况下局部线路的调整改道和关键工程的科技价值上。

2. 浙东运河代表的价值

1）线路规划：特定的自然环境，赋予浙东运河独特的工程技术特点。浙东运河的线路充分利用了浙东地区自然条件，将河道开凿于山前平原上，基本沿等高线行走，人工河段的高程基本控制在4～6m之间，使运河水流平稳、水量充足不走泄、河道畅通，保障了航运的长期稳定运行。

2）繁荣与交流的纽带：浙东运河的形成，有效地把陆上主要贸易线路延伸到东海岸，这不仅使生产的南方与消费的北方相联系，而且还刺激了运河经过地区的生产专业化和经济发展，最为明显的是长江下游地区。

宁波港和浙东运河，实际上为中国大运河提供了河海联运、接轨内外贸易的优良水道与港埠，是中国大运河连接世界大通道的南端国门。浙东运河不仅是古代中外物质交流的通道，也是文明交流的重要通道。宋代以来，来自高丽、日本等到中国交流的僧人大多由这条水路进入中原。

三、大运河（浙江段）文物保护体系的建立

大运河文化遗产保护体系的构建是在国家文物局组织下，大量专业队伍与专家多学科合作设计的保护框架与路径，动员各级政府与社会力量，本着快速抢救，全面保护，分级管理的理念，1）通过分级制定大运河专项保护规划，快速确定各级“遗产清单”，划定保护范围与建控地带，实施对大运河全线管控；2）深化研究，公布各级文物保护单位，依法纳入长期保护管理体系；3）构筑宽基础、分级保护的宝塔型结构，实施全面保护；4）“片段申遗”[1]，重点保护具有“突出普遍价值的”遗产。确立了国家保护体系与中国大运河申遗保护体系。

（一）大运河文物保护单位体系

在全面深入调查和多学科价值研究基础上，全国大运河遗产的各级文物保护单位构成体系，共分三级。第一级由市级文保单位、文物点、《大运河（市段）保护规划》遗产清单组成；第二级由省级重点文物保护单位和《大运河（省段）保护规划》遗产清单构成；第三级由全国重点文物保护单位和《大运河遗产保护与管理总体规划》遗产清单组成。

就浙江段而言，用近五年时间构筑起三级宝塔状大运河文物保护体系：列入市级保护单位与市段遗产清单279处；提炼重要遗产公布省保单位与省段规划清单96处；精选代表性的公布全国重点文物保护单位（23处59个单体）[2]，纳入国家层面保护规划68处[3]。公布的省级文物保护单位中，包

〔1〕时任中国文化遗产院院长刘曙光《大运河申报世界遗产》主旨发言

〔2〕全国重点文物保护单位23处59个单体，部分同类型合并一处公布，23处包含：河道6段、水利航运设施4处、古桥梁4处、纤道1处、码头1处、古代运河设施与管理机构遗存4处、水利管理设施1处、运河相关文化遗存2处。

〔3〕《大运河遗产保护与管理总体规划》68项，其中河道6项，水源1处，水工设施32处，运河附属遗存11处，运河相关遗产18处。

括运河水利工程遗产39处，运河聚落遗产25处（图5），运河其他相关历史遗存16处，运河生态与景观环境3处，大运河相关非物质文化遗产13处。其遗产构成分类与《大运河遗产保护与管理总体规划》有所不同，内涵更广，数量更多。以河道为例：市级规划保护河道总长度860公里；省级规划保护的河道683公里；国家级规划保护的河道413.6公里，世界遗产《中国大运河》保护遗产河段327公里（图4）。

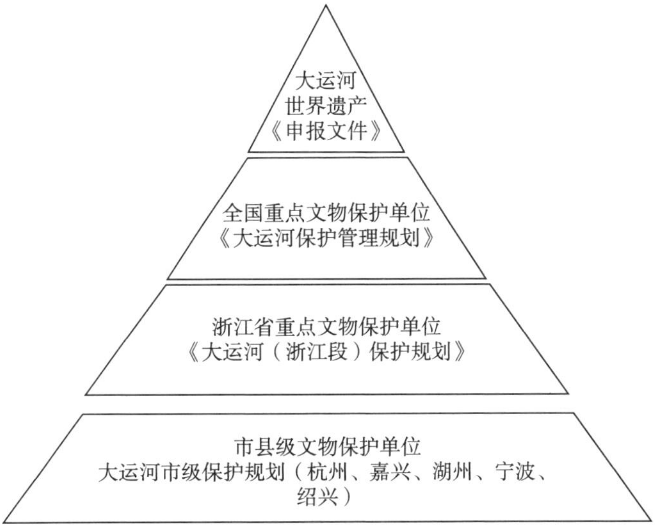

图4　大运河遗产体系（浙江段）

（二）世界遗产《中国大运河（浙江段）》体系

根据申遗文本确定的价值标准，选择大运河遗产中真实性、完整性最典型的遗产列入《中国大运河》申遗清单。

2014年6月22日，经卡塔尔多哈举行的联合国教科文组织第38届世界遗产委员会批准，列入世界遗产《中国大运河》共27段河道与58个遗产点，遗产河道1011公里，85个遗产要素[1]。其中浙江段列入“中国大运河”遗

〔1〕详见本论文集于冰论文《大运河遗产的工程思想和工程价值》

产点段有：9 段河道 13 个遗产点，共计遗产河道 327 公里，18 个遗产要素，分属江南运河与浙东运河两个遗产区；大运河（浙江段）遗产区面积 2658 公顷，缓冲区面积 10321 公顷，总面积为 12979 公顷。分别占全国大运河遗产区划面积的 12.76%、19.57% 和 17.74%（表 1）。

图 5　頔塘故道南浔镇（拍摄：于冰，2017 年）

表 1　大运河（浙江省）世界遗产点清单

序号	组成部分名称	遗产要素
1	江南运河嘉兴－杭州段	河道：江南运河嘉兴－杭州段
		长安闸
		杭州凤山水城门遗址
		杭州富义仓
		长虹桥
		拱宸桥
		广济桥
		杭州桥西历史文化街区

续表

序号	组成部分名称	遗产要素
2	江南运河南浔段	河道：江南运河南浔段（頔塘故道）
		南浔镇历史文化街区
3	浙东运河杭州萧山－绍兴段	河道：浙东运河杭州萧山－绍兴段
		西兴过塘行码头
		八字桥
		八字桥历史文化街区
		古纤道
4	浙东运河上虞－余姚段	河道：浙东运河上虞－余姚段（虞余运河）
5	浙东运河宁波段	河道：浙东运河宁波段
6	宁波三江口	宁波庆安会馆

四、浙江大运河遗产构成特点

在上述两个遗产体系的基础上，分析大运河（浙江段）保护清单构成的类型，其中江南运河河道及水源占7.16%、航运水利工程设施占11.24%、附属设施4.9%、运河聚落11.24、相关遗产占12.27%；浙东运河河道及水源占6.14%、航运水利设施14.31、附属设施6.13%、运河聚落14.31%、相关遗产5.11%。这些遗产体现出浙江运河遗产的特点：1. 遗产类型齐全，资源分布较为均衡；2. 河道水源充沛，分布均匀；3. 突出保护古代水利航运设施，构筑水利航运设施、生产方式、管理制度等历史演变的实物例证；4. 运河聚落是本段特色，反映出大运河对沿线社会、经济、文化发展的带动作用；5. 管理设施随着建筑功能的改变，大部分湮没，或无从考证，或已消失，保存较少。

大运河浙江段遗产保护体系与清单体现出既扩大保护类型与数量，全面保护见证大运河文化见证的各类遗产；又集中优势资源、专业力量，重点保护价值真实性、完整性更好、价值更高的大运河核心遗产，体现了国家、政府与各级文物行政管理部门保护大运河文化遗产的决心与力度。

“中国政府将恪守《世界遗产公约》及其操作指南的有关要求，继续为大运河、丝绸之路珍贵文化遗产提供最好的保护。让蕴含丰富精神内涵的大运河流淌向可持续发展的未来，让古老的丝绸之路再次绽放灿烂的光彩。”[1]

参考文献

［1］中国城市规划设计研究院、浙江省文物考古研究所、杭州市运河综合保护委员会,《大运河保护（杭州段）保护规划》，编制时间 2009 年 08 月；

［2］中国城市规划设计研究院、浙江省文物考古研究所、嘉兴市文化广播新闻出版局,《大运河（嘉兴段）保护规划》，编制时间 2009 年 06 月；

［3］中国城市规划设计研究院、浙江省文物考古研究所、湖州市文化广播新闻出版局,《大运河（湖州段）保护规划》，编制时间 2009 年 09 月；

［4］中国城市规划设计研究院、浙江省文物考古研究所、宁波市文化广播新闻出版局《大运河（宁波段）保护规划》，编制时间 2010 年 10 月；

［5］中国城市规划设计研究院、浙江省文物考古研究所、绍兴市文物局，《大运河（绍兴段）保护规划》，编制时间 2009 年 09 月；

［6］中国城市规划设计研究院、浙江省文物考古研究所、浙江省文物局，《大运河（浙江段）保护规划》，2012 年；

［7］中国文化遗产研究院，东南大学建筑设计研究院，河北省古代建筑保护研究所，陕西古迹遗址保护工程技术研究中心，天津大学，中国城市规划设计研究院，中国水利水电科学研究院水利史研究所，清华大学，大运河遗产保护与管理总体规划，《中国大运河遗产保护与管理总体规划》，2011 年

［8］国家文物局组织，中国文化遗产研究院编制，《中国大运河》（申遗文本）2013 年 09 月

［9］耿晶，宁波参与中国大运河申遗，现代金报，2012 年 7 月 7 日

［10］邱志荣，浙东运河概述，中国水利学会水利史研究会会议论文集，2013 年绍兴

[1] 国家文物局时任副局长童明康在联合国教科文组织第 38 届世界遗产委员会会议上发言（2014 年 6 月 22 日，卡塔尔多哈）

信息技术在长城监测中的应用研究

刘文艳　于　冰

中国文化遗产研究院文物研究所

摘　要　空间信息技术与数据库、多媒体和互联网等信息技术在长城资源调查、认定、保护管理等工作中的综合应用为探索管理超大型文化遗产进行了有益的实践，也为长城监测奠定了重要的基础。论文分析了长城遗产的复杂性，和长城遗产监测的特殊需求。以长城资源空间信息数据库、长城资源管理信息系统为支撑，在宏观层面可用于分析自然风险和人为风险因素的影响，在微观层面可以结合可移动终端手段开展的长城监测应用研究取得了阶段性成果，为我们展现了利用现代信息技术服务文化遗产保护的广阔前景。

关键词　信息技术　信息系统 监测　长城　风险因素　数据

“监测是认识文物古迹褪变过程及时发现文物古迹安全隐患的基本方法。对于无法通过保养维护消除的隐患，应实行连续监测，记录、整理、分析监测数据，作为采取进一步保护措施的依据”。(中国古迹遗址理事会，2015)

监测工作包括调查和评估影响遗产地价值的风险因素，确定监测内容和方法；定期和不定期采集、记录监测数据；分析和判断遗产突出普遍价值保持状况及动态变化趋势；提出应对措施和管理建议。

为提高长城的保护管理水平，自2016年起，国家文物局委托中国文化遗产研究院开展有关建立长城监测体系的研究工作。作为世界文化遗产，长城监测体系要满足中国世界文化遗产监测预警总平台（赵云，2017）对中国世界文化遗产监测在内容、指标等方面的要求符合，同时也要充分考虑长城遗产和管理现状的特殊性。因此，建立长城监测体系首先需要分析长城遗产的特性、管理现状和风险因素。

一、长城遗产与保护管理工作的特殊性

多年来国家文物局组织的长城综合保护工作，借助空间信息技术开展的全国长城资源调查与认定，基本摸清了长城现状。通过这些工作，为进一步了解这一巨型遗产的丰富遗存和复杂构成奠定了基础。

（一）长城保护管理的工作基础

2006－2011 年，国家文物局首次展开跨部门合作，与国家测绘局联合组织实施了全国长城资源调查。这是一次史无前例的覆盖中国境内所有时代长城资源的全面科学考察，全程采用空间信息技术，并通过长城资源管理信息系统对调查获取的考古和地理数据，文本和多媒体数据进行了收集、存储和分析。（于冰等 ，2015）

长城资源调查获取的大量文字、照片、录像以及测绘数据等第一手资料，第一次对长城长度、分布、时代、保护管理状况、自然与人文环境等有了系统、全面的记录。长城资源空间信息数据将长城资源田野调查获取的原始数据通过数字化处理与整合，形成了可直接应用于保护管理研究等工作的长城资源空间信息数据库，以此为基础根据长城保护管理的需求，采用 GIS、数据库、多媒体和互联网等技术设计与构建了由数据管理、数据应用和公众服务三个子系统构成的长城资源保护管理信息系统，分别实现了长城资源数据的存储与更新，长城保护管理业务的数据填报、审核、查询、统计，地图定位、地图制作，公众浏览、查询长城资源的功能。

借助长城资源管理信息系统的技术支持，2012 年国家文物局开展了长城资源认定。经认定，长城总长度 21196 千米，43721 个点段（包括墙体，界壕

/壕堑，敌台、烽火台等单体建筑，关堡、相关设施）。我国境内现存长城确定为春秋战国时期、秦汉、南北朝、隋、唐、五代、宋、西夏、辽、金、明（公元前5世纪至公元7世纪），分布于全国十五个省（自治区、直辖市）、97个市、404个区县。（中国文化遗产研究院，2017，47页）。

长城资源调查后，长城资源管理信息系统将通过日常管理、保护工程、科研项目、法律法规等与长城保护管理相关的数据维护更新不断完善升级。目前，长城管理信息系统已经建成为一个为长城的保护、利用、管理和研究提供记录、存储、修改、检索、统计等功能的综合平台（图1）。

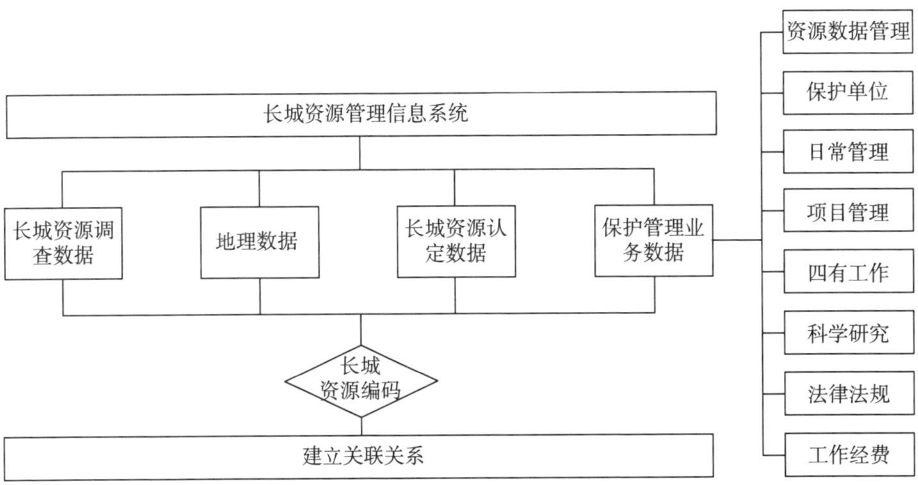

图1　长城资源管理信息系统数据结构图

长城资源管理信息系统与其他互联网信息技术相结合，为长城监测系统开发中的风险因素分析提供了有力的工具。

（二）长城监测的特殊性

长城超大的体量、复杂的遗产构成以及自然与人文环境，会产生海量的监测数据。然而，长城沿线直接参与长城保护的文物行政部门、专业机构、单位523个，涉及工作人员4573人，管理体系的分散性使得监测数据的集成与处理更加困难。长城遗产特性和管理现状都为建立有效的监测系统提出了挑战。

首先，长城监测风险因素分析需要在宏观和微观层面之间平衡。长城遗迹分布广泛，所处自然、社会、经济环境复杂，风险影响因素众多，风险评估、确定监测内容和方法的难度大，需要兼顾整体性、针对性和可行性。长城所依附的自然、社会、经济环境与长城紧密相依，这些宏观因素对长城的保存状况有着直接的影响，对其开展监测至关重要。然而为了管理的时效性，也必须关注不同修筑时代、材料、背景下的长城特性，以及不同地域、长城不同构成要素所存在的微观风险因素。因此，长城监测系统要兼顾宏观和微观风险因素，应以多维、综合、多样、可行的方式进行设计。

其次，长城监测方法需要符合长城管理体系现状，平衡技术手段与人工巡查在长城监测中的运用。长城的日常管理体系非常分散，涉及 600 多个管理机构和大量长城所依附土地的所有者、长城利用单位或个人（于冰，2018）。这些长城一线管理人员对监测系统的运行至关重要，选择采用宏观、终端或微观等不同维度的技术手段进行监测数据的采集与分析，以提高监测工作的效率、标准化，推动社会公众纳入监测体系，以提高促进社会参与长城保护。

另外，长城监测内容的确定需要将自上而下流程与自下而上流程相结合。除了长城资源调查获取的大量文本、照片、图纸、地图和其他多媒体数据，2 万多千米的长城沿线前端管理机构和社会公众将会不断更新、补充各类数据。在数据采集和处理中，监测系统不应固化而应具备自我学习和自我调节机制，根据监测需求确定监测内容。

鉴于长城监测的特殊性，信息技术应用在长城监测中必不可少。一是宏观层面的风险因素统计分析。风险因素评估需要进行分类、分地域综合分析，并形成具有针对性的评估结果；二是监测数据采集要求采集内容、数据格式等规范化；采集数据的汇总分析需要交叉、综合、对比，如此庞大的工作量和复杂的需求必须依靠信息技术才能完成。以长城资源保护管理信息系统平台为基础，基于空间信息信息技术开发的移动终端的应用程序，可用于长城日常巡查监测数据的上传和管理。

二、信息技术在长城监测中的应用

近年来信息技术在长城保护管理中的应用已经具备了基础，以长城实地调查数据、一线管理数据为基础的长城资源信息管理系统是开展长城保护、管理、研究的综合平台和重要工具。自2006年起，国家文物局通过组织长城资源调查工作建立了集长城基础地理数据、属性数据、历史文献记录、音频视频资料为一体的长城资源信息数据库。在此基础上，挂接长城资源认定和保护管理业务动态数据，采用GIS、数据库和多媒体等技术，扩展建立了集长城资源数据登录、存储、修改、查询、统计于一身的长城资源信息系统，从而为长城保护、利用、管理和研究提供信息支撑。长城资源管理信息系统内的每一处长城遗存都事先按照一定规则进行了编码，数据数字化的存储的方式非常便于对所有的数据进行分类、检索、统计分析，长城资源管理信息系统等信息技术为长城监测提供了风险因素分析的数据基础，监测数据采集的手段，监测数据统计、分析的工具。

（一）以长城资源信息数据库为基础初步分析长城风险因素

利用长城资源管理信息系统的长城资源调查一手数据进行长城风险因素的初步统计分析。在一个县域内，长城的材质、保存状况等本体特征及所处的自然和人文环境基本相同且中国文物保护管理体制施行的是以县级行政区划为基础的属地管理，因此对长城风险因素的分析也以县域为单元。

基于长城资源管理信息系统，长城面临的风险因素分为自然因素和人为因素两大类，分别设有14类和22类。在此分类基础上，对长城资源调查数据中的长城遗存损毁原因描述性信息进行关键字检索。例如，按照“雨”字检索统计，即可将损毁原因描述中“雨水冲刷”、“雨水渗透”、“雨水侵蚀”等面临雨水冲蚀类风险的长城遗存筛选出来。

自然因素按照其发生、演变过程的时间又分为自然侵蚀和自然灾害。自然侵蚀包括河流、雨水冲蚀、水土流失、沙漠化、风蚀、盐碱、冻融、植物生长、动物破坏、墙体霉菌等 10 种；自然灾害则包括地震、泥石流、雷击、地质灾害等 4 种。其中影响范围最大的是雨水冲蚀、风蚀、植物生长、动物破坏四类。（图 2）大尺度空间分布使得长城所分布区域的自然地理环境十分复杂多样，按照长城遗存所在地高程，长城分布地域的地形主要有平原、低山（丘陵）、山地、高山地等。长城线性遗存共分布于 317 个县域，其中平原地带 74 个县域、低山（丘陵）176 个县域、山地 230 个县域。不同地域条件下各类材质、构筑方式的长城遗存面遭受着不同自然力的破坏。通过统计分析，可以了解不同地理条件下长城的主要自然影响因素。（图 3）除此之外，长城分布地域地表覆盖物类型，即地类类型同样复杂。土地覆盖分类反映了人类对土地利用改造的形式，与长城面临的人为破坏存在着潜在的关系。根据（《土地利用现状分类》GB21010－2007）（国家质检总局、国家标准化管理委员会），长城线性遗存分布的主要地表覆盖物的类型（地类）包括耕地、草地、有林地、灌木林地、沙地、岩石等 18 类。耕地、草地、有林地、灌木地、其他林地和居住是最主要的 6 种用途。（图 4）人为因素分为旅游发展、保护性破坏、居民生产生活、大型基础设施建设、城镇建设等 6 类，各类人为因素还可细分为不当展示、过度开放、不当修缮、不当发掘等 22 种风险因素。其中影响范围最大的人为因素为生产生活、农业耕作、道路设施、放牧畜牧四类（图 5）。

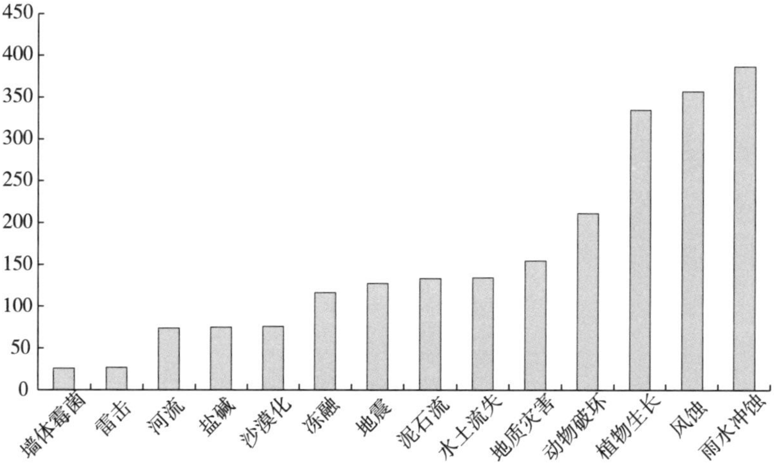

图 2　自然因素影响范围

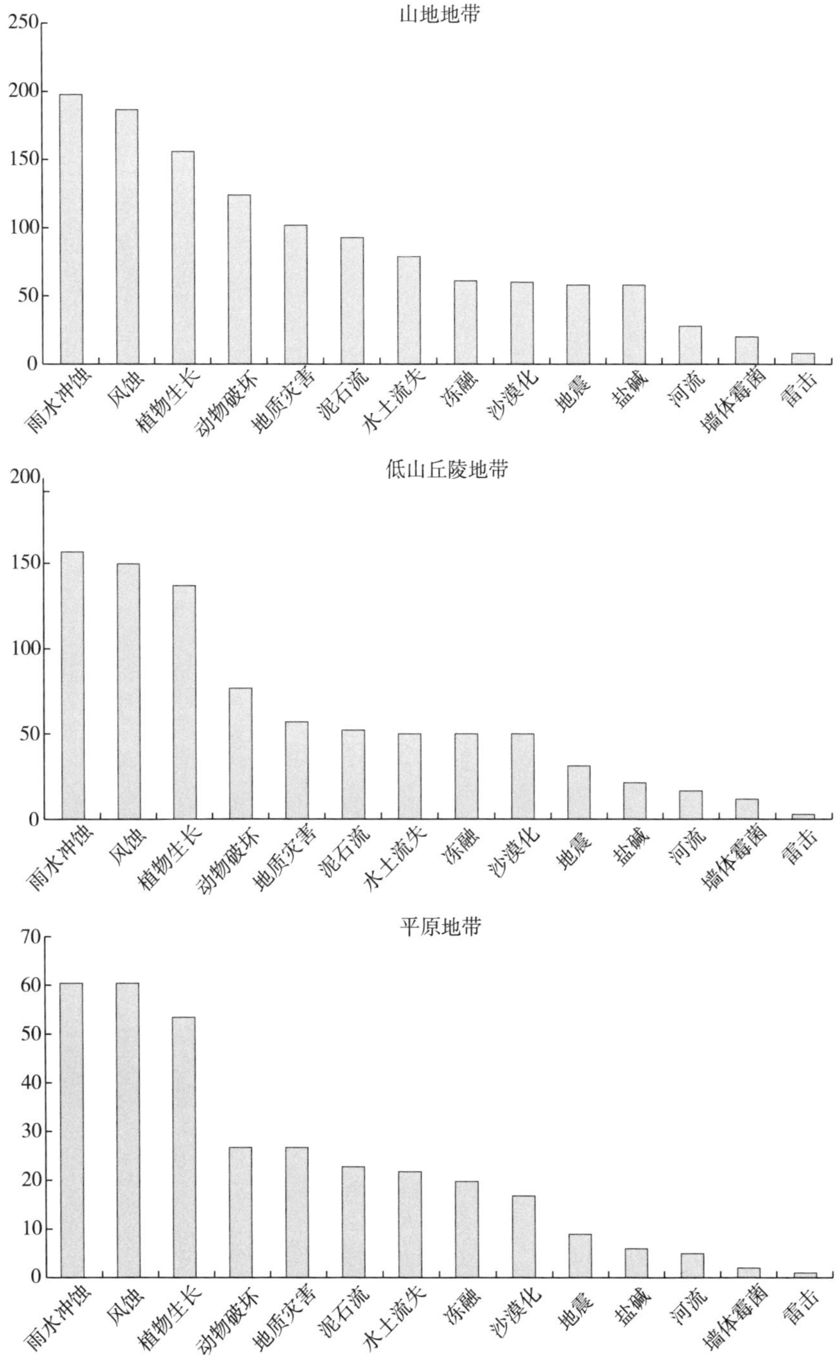

图 3　长城地形与自然因素分布县域数量

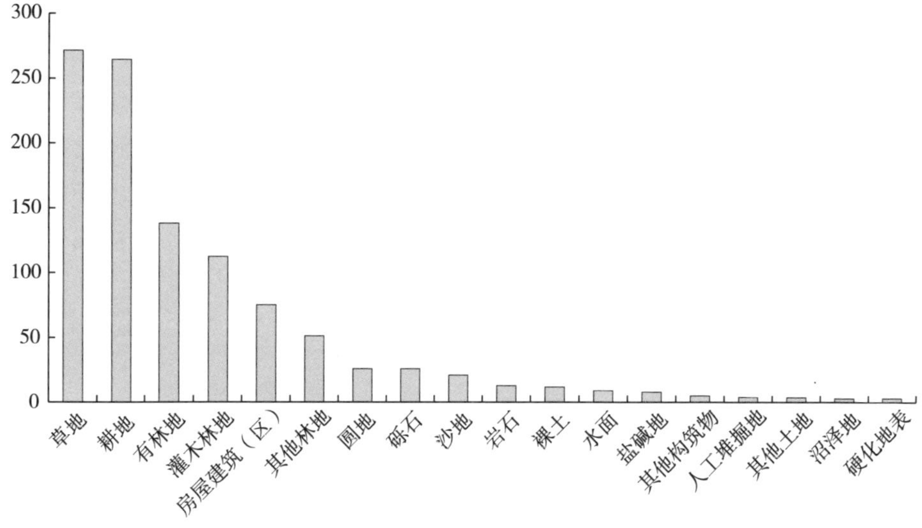

图 4　长城分布地域地类类型

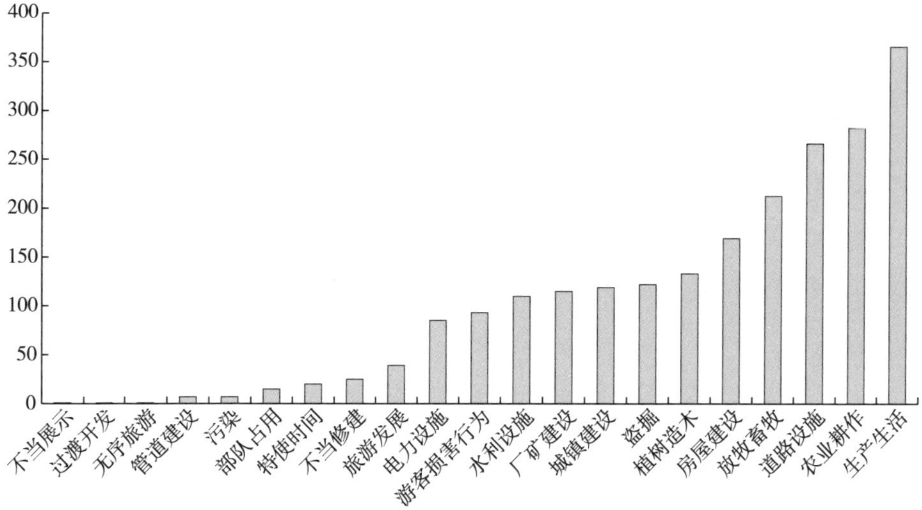

图 5　人为因素影响范围

在风险因素分析的基础上，利用长城资源管理信息系统中长城专题地图数据，将一个县域内长城遗存面临的风险因素数据与地图数据叠加就可制作出可供各级长城保护管理者使用的长城风险因素分布图。

（二）基于手机终端的数据采集技术应用

长城监测数据采集包括管理数据、本体及环境数据两部分。作为长城保护管理平台，长城资源管理信息系统可进行考古发掘、保护规划编制、保护工程实施、长城日常保护管理、展示利用等管理数据的定期在线报送、审核、数据更新维护。

鉴于长城的规模和成本控制，除了某些重要点段外，几乎不可能也没必要对长城沿线安装监控设备。长城本体及环境监测数据的采集大部分仍需要由基层长城保护管理机构、长城保护员、长城执法巡查人员完成。然而，长城的人工日常监测仅作为其承担的诸多文物保护单位日常巡查工作的一项，缺乏制度性约束，随机性较强。监测数据采集与记录多为纸质记录，受主观认识影响大，记录缺乏规范性，数据的后期整理、分析难度大，可利用价值不高。

自 2017 年以来，中国文化遗产研究院一直在开发用于长城日常巡查的基于移动终端的数据采集应用程序。该应用程序以长城资源保护管理信息系统平台为基础，基于空间信息信息技术，集成长城资源调查认定数据和电子地图等。应用程序向两种类型的用户开放：专业管理人员和社会公众。按照长城管理权限划分为不同的管理端，专业管理人员的数据收集可以由不同级别的管理端启动，由管理端下发巡查任务。这些任务可以分为应急事件、委托任务或例行巡查。社会公众类用户包括游客、长城周边居民等。社会公众可以通过注册账号，上传他们采集的长城图片或对长城保存状况的描述性信息。

专业人员包括长城所在地管理人员、执法巡查人员、长城保护员在内的所有参与长城巡查的人员通过使用手机 APP，可以对长城信息进行查询、拍照对比和记录，并将监测数据实时传输至长城保护管理信息系统对应的管理端。管理端通过共享轨迹的方式，对巡查人员进行监控，监督其完成日常巡查任务（图6）。

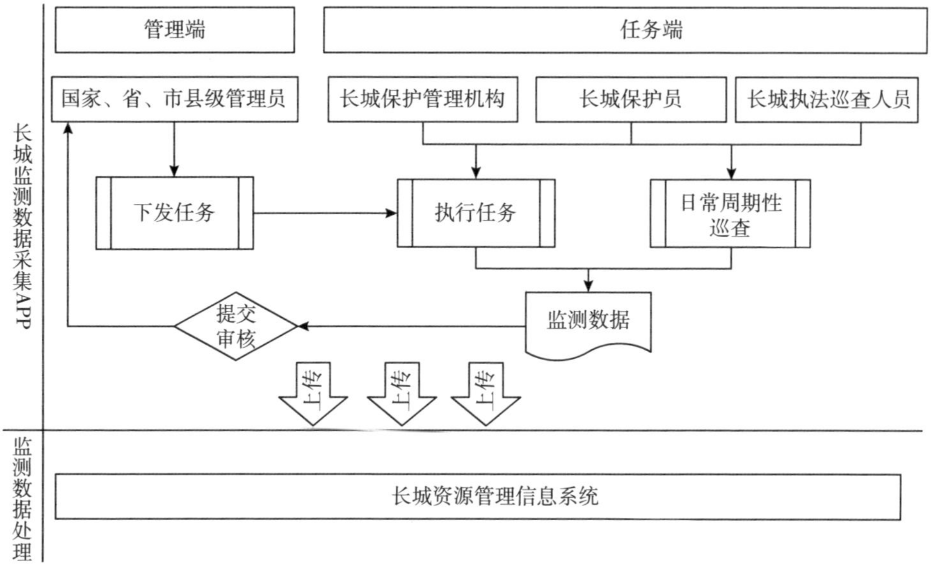

图6　长城监测数据采集工作流程

然而，使用移动终端应用程序的目的不仅仅在于数据采集。

第一，确保数据采集的标准化和规范化。长城日常巡查工作涉及数千名分布在广大地区的文物部门的工作人员，包括一线管理机构的专业人员、各级执法人员，以及各级保护管理机构聘用的长城保护员。传统的巡查，数据采集与记录多为纸质记录，受主观认识影响大，其内容和质量差异较大，甚至有的巡查并没有留下任何记录。纸质的监测数据收集记录非常零散，难以用于处理和分析。长城监测数据采集和记录工作涉及不同地区、不同层级、不同方法，日常工作参与人员素质不一，难以确保数据信息采集和记录的制度性、规范性、有效性。

利用手机APP监测数据采集应用程序，避免了手工填写记录缺乏规范性、数据难以分析、可利用价值不高等缺陷，从管理角度上规范和保证了专业人员、长城保护员开展的长城日常巡查制度化和规范化，并能够将零散的监测数据汇集到长城资源数据库。

第二，将社会公众纳入日常巡查。与长城巨大的体量相比，长城日常巡查的数千名巡查人员远远不够。可借助现代互联网和信息技术动员长城沿线居民，长城的使用单位、游客等广大社会公众参与长城监测。

第三，构建自我学习机制的智能监测系统建立数据库。因为建立长城监测系统极其复杂，设计一个自上而下、内容明确、指标准确的理想监测系统非常困难。使用基于手机的应用程序可以收集大量监测数据，并通过自下而上的路径，为数据分析提供强有力的工具，从而推进建立一个具备自我调整能力的长城监测系统，并实现更科学的风险预警机制。

（三）利用信息技术辅助管理决策

监测不仅是采用各种技术手段采集数据、分析评估数据的独立技术手段，也是提高管理水平的重要手段和方法，更是文化遗产管理的组成部分。长城资源管理信息系统已为各级长城保护管理工作提供了重要的技术支持。例如，2016 年国家文物局组织开展首次“长城执法专项督查”。以长城资源管理信息系统为基础，通过对长城沿线各地区十年来长城调查、认定、保护管理业务等各方面数据的综合评价，确定了督查的重点检查指标。（中国文化遗产研究院，2017，116 页）

三、小结

基于长城资源管理信息系统和其他移动技术的监测系统开发将进一步促进传统操作系统的重新设计，为长城保护管理和决策提供更好的帮助。大型文化遗产的保护管理是世界文化遗产保护领域的难题与挑战。信息化技术手段应用于长城资源调查、认定、监测，无疑是超大型文化遗产管理的有益探索，也为我们展现了利用现代信息技术服务文化遗产保护的广阔前景。

参考文献

[1] 中国文化遗产研究院. 爱我中华 护我长城 长城保护 2006－2016［M］. 北京：文物出版社，2017.

［2］国家质检总局、国家标准化管理委员会．土地利用现状分类［S］．北京：GB21010－2007，2007.

［3］中国国际古迹遗址理事会中国国家委员会．中国文物古迹保护准则［S］．北京：2015.

［4］于冰、许礼林等．空间信息技术在长城资源调查中的应用进展［J］．中国文物科学研究，2015（1）.

［5］于冰．中国长城整体保护管理：挑战与探索［J］．中国文化遗产，2018（3）.

［6］赵云，许礼林．中国世界文化遗产监测［M］．北京：中国建筑出版社，2017.

前　言

教师心目中的师生关系是学生加朋友，而学生却认为是主动与被动的关系。近日，东南大学就师生关系开展了一次问卷调查，共发放学生问卷300份，教师问卷60份。调查显示，当前的师生关系存在着尴尬的错位，有24%的学生认为目前的师生关系和理想中的有很大差距，11%的学生甚至认为不清楚，更有6%的学生甚至表示不在乎目前的师生关系。这表明目前的高校师生关系并不是很令人满意，而其最根本的原因是双方交流很少。

调查显示73%老师认为师生是学生加朋友的关系，而91%学生则认为是主动与被动的关系。专家认为，学生和老师应当是双方主动的，学生有问题有想法主动与老师交流，老师也应当主动关心学生的学习和生活。因此，如果想改善当前的师生关系，首先应当解决观念的问题。学生如果把老师视作“管自己的人”，见老师第一反应是能躲则躲，那师生交流就无从谈起。中国有句古话叫“良师益友”，好的老师也是好的朋友，如果每位同学都把老师当成自己的朋友.那师生关系必然会大大改善。

福建省仙游县教师进修学校林高明老师在《一次抚摸被误读的背后》文章中写下了这样一段文字——

在暑期的教育部新课程国家级远程培训中，湖北一位老师在研修余文森教授讲授的"教学关系"专题后，写了一篇这样的反思：

一次抚摸

有一句话说得好："态度决定一切。""教师以什么样的态度面对学生，决定着学生的成长；以什么样的态度对待工作，决定着工作的成败。"（余文森语）我对这句话丝毫也不怀疑，我也特别注意自己对学生的态度，我希望以自己的赞许与鼓励激发学生，我希望以自己的肢体语言感染学生，可由一次亲切的抚摸而引来的异样眼神引发了我的思索。

记得是刚接班不久，我班一位同学在做课堂作业时向巡视的我举起了手，我快步来到他身边，他小声说："这个句子我知道是什么意思，可就是说不好。"我与他一起再次分析了语句、组织了语言以后，他看着我笑笑，然后就开始写作业了。他的笑感染了我，我鼓励、赞许地摸了摸他的头，没想到他却斜过眼，投来一道异样的目光。当时我很不解，后来我在他的日记里看到这样一段话：

我不知道老师为什么要摸我的头，我很小心，怕又出错，那样同学们又会笑我的。

我愕然了。老师赞许、鼓励、期待的肢体语言促进学生的健康成长，是我们都懂的呀，可孩子们在成长的过程中是怎样感受老师的肢体语言的呢？

教师"亲切的抚摸"引来学生的"异样眼神"，为什么会产生这样"一厢情愿的不对称"呢？在这里，我们读出了课堂事件背后的宏大背景——教育教学机智的背后是教师倾其真心的关注与善意。任何缺乏信任与爱心的所谓的教育教学技能技巧，充其量，不过是驯兽式的招术与"非人"的机械操作。当然，这也涉及到师生双方的情感交流与沟通是否畅通无阻。课堂教学团队专家组核心成员陈燕香老师认为，在教育教学过程中，言语（信息）误解是课堂上师生沟通障碍的简单形式，是最容易被忽视而又是最经常发生的，是教师与学生之间由于立场不同或者知识背景不同而导致的沟通障碍。师生间唯有留存真诚的心灵交流，教育教学才能产生其意义与作用。否则，就可能弄巧成拙，适得其反。

日本的教育家小原国芳谈到教育教学时说，要拨动学生的心弦，要"心心相印"，教育的深刻意义由此才能油然而生。彼此的人格碰撞而迸发的火花不正是我们求之不得的光明吗？要是彼此之间没有这种关系，学生走学生的路，教师走教师的路，将是何等的冷清寂寥啊！前苏联著名的教育家赞科夫经过多年的研究得出了这样一个结论：就教育工作的效果来说，很重要的一点是看师生之间的关系如何！课堂教学质量的高低很大程度上取决于课堂之中及课堂之外师生关系的好坏。联合国教科文组织的报告《教育——财富蕴藏其中》也将师生关系视为整个教育教学大厦的基石。亲其师则信其道，亲其生则乐其教。课堂教学中爱与情感是一以贯之、须臾不可或离的；同时教育教学推其极致而言，其本旨就在于情感教育。所以，甚至这样说也毫不为过——课堂效果取决于师生关系！

教育教学就是建立在教师对学生心理感受与生命体验的敏感的基础之上。课堂教学意味着师生生命的相遇与共融，每一个眼神都潜藏着彼此的心意与情感；每一句话都包含着彼此的想法与态度；每一举止都透露出彼此的印象与认识……就是从这个意义上，朱永新先生感慨万端地指出：教育是一种危险的职业！因为，我们很难判断在哪时哪刻教师的哪一言哪一行正影响着学生的学习状态，影响着学生的生命姿态。这里便展示出了教育教学的困难所在，有时是求近之心反成疏远之意，有时是教师好心好意而学生毫不领情。周彬博士点评道，只有站在学生的立场，对学生的鼓励与批评才具有实际的效果，否则，就只是教师单方面的意识表示，这种表示也有可能对学生产生影响，但影响必然在立场转换过程中有所变化。在师生互动中，尽管教师往往乐意与学生达成"共情"，但由于彼此立场的不同，彼此知识背景的不同，彼此生活阅历的不同，善意的想法还需要更有效的沟通策略来表达。

余文森教授精辟地指出，真正的师生对话，指的是蕴含教育性的相互倾听和言说，它需要师生彼此敞开自己的精神世界，从而获得精神的交流和价值的分享。如果彼此间心融神洽，那么一颦一笑中所包含的教育的意趣师生都会心有灵犀；如果师生间能莫逆于心，那么一皱眉、一点头便有无穷的教育韵味——空气中弥漫着浸润身心、滋养生命的教育气息。学生能够读懂教师的鼓励，感受教师的善意，有时不是在课堂的一刹那间，他更多地是联系平时积累起来的细致入微的感受才作出心灵的反应。从这个意义上来说，教育教学确实是"慢"的艺术！教育教学关系是教师在日复一日的与学生朝夕相处的过程中建立的。

本书在编写中，尽力以轻松的笔调来"海阔天空"地谈论教育中的师生关系这一敏感问题，以求能让读者在阅读中有快乐、有启发、有思辨。

1. 以"问"引"思"

问题是思考的起点。本书每一篇章以一个大问题为主题，让读者能围绕这一中心议题展开思考。为了帮助读者更清楚、更方便地进行阅读，每一大问题又分解成若干相关的小问题，让读者根据这一线索"顺流而下"，对全文细加品读。

2. 以"事"说"理"

事例是思考的材料。本书每一篇章采用夹叙夹议的编写风格，叙述的是事例，议论的是道理。为了最终能让读者更广泛、更深刻地明白教育道理，本书一般通过"生活事例→生活道理→教育道理→教育案例"这种内外结合、纵横交错的行文方式，实现"顺理成章"的阅读品质。

严育洪

2006年8月编写于江苏无锡

目录
Contents

目录 Contents

目录 Contents

师生关系连连看 1

教师：无言的爱——学生：无言结局？

阅读思考：

◇爱都是让人受益的“滋补品”？

◇爱需要怎样的表达？

◇爱的通道有哪些？

◇怎样的爱才能爱到永远？

爱者有罪

[生活事例]

爱的"滋补品"

二战期间，一位法国老人住在偏僻的农村。一天，一位身着时尚的人在他家院子边徘徊。老人观察良久后，对那位男子说："先生，您愿意帮助我把栅栏里的这堆木头搬到那边角落去吗？我老了，搬不动了。"男子心里一乐，连声答应，立即干了起来，很卖力地将木头搬过去并摆放好。晚上，这位男子心情愉快地与主人共进晚餐。整个战争期间，城里逃难的人很多，老人家的那堆木头无数次地被从院子的两头来回搬运，而每搬一次，都会有客人与他共同进餐。其实，那堆木头根本不需要搬动。

读完这则故事，我们不能不有所触动：几十年前的老人尚懂得如何去尊重别人，实现助人人乐。

助人是中华民族的传统美德，但助人并不都是促进他人前进的力量。助人人乐则是他人进步的动力，如果助人人愁，则会成为阻碍他人前进的桎梏。助人可能给人带来希望、雨露、阳光，也可能给受助者带来伤害。下面的故事中，那只蛾就成了爱的牺牲品——

[生活事例]

爱的"牺牲品"

一个小姑娘看见一只蛾奋力要破茧而出，小姑娘为了帮它的忙，便拿出小刀来，小心地把茧划破，让蛾出来。蛾出来后，一直鼓翅，但始终飞不起来，最后翅膀终于垂下去了，那只蛾死了。小姑娘的父亲告诉她："蛾在茧中的奋斗可以使它的翅膀增加力气，但你把茧划破后，就剥夺了它锻炼的机会，它也就无法飞起来了。”

在现实生活中，当我们实践“爱的奉献”的时候，却很少注重它的负面效应。往往是只有当被爱者“呐喊”时，我们的心灵才会为之一振，才会感悟到“爱者有罪”的哲学道理。

在学校教育中，也不是所有爱的天空都是阳光灿烂的，教师不恰当的爱同样会让学生的心灵充满阴影。

[教育案例]

迁就的爱①

我的一个学生叫吕冰川，是一个单亲孩子，父母离异后，他随母亲一起生活。他母亲的单位经济效益不好，尽管加班加点地工作，每月工资仍不足 400 元。没有房子，他母亲单位的领导给了一间厂房，母子二人春夏秋冬就住在这里。夏热冬寒，日子过得很苦。这些情况是我在翻阅孩子们填写的《成长册》时了解到的。

小冰川在班上学习成绩属于上游。我从内心萌发了一个念头，一定要帮帮这个孩子，帮他摆脱困境。于是，我就给小冰川准备了学习用品和衣服。有时还叫小冰川和我一起吃饭，一起聊天，给他创造一个宽松的环境，并经常用温暖的话语感动他、激励他。小冰川也知道我在他身上投入的爱。我十分希望我的关爱和呵护，能使小冰川懂事，在班上活泼地、努力地学习和生活。有时，发现他的一些缺点，我也只是轻描淡写地说说而已，生怕哪句话伤了他的自尊。我对待小冰川唯恐爱之不深、护之有疏，唯恐伤着他的自尊心。可是，小冰川在这样的“关爱”和“呵护”下，在班上的表现却越来越不尽如人意，在他身上经常发生一些不该发生的事。例如：他与同学相处时显得有些“野蛮”，还顶撞老师，在校外结交了一些不三不四的朋友，学习成绩也下降了。面对小冰川的不良表现，我本该以严肃的态度对他晓之以理。但每次把他叫到面前，一想到他从小到大真不容易，便不忍心再说什么指责的话了。殊不知，这样一来，小冰川根本没有认识到自己的问题，也没有向好的方向转化。看来，这样的“爱”，对他没有好处可言。

---

① 山东省威海市古寨中学　李令清

特级教师于永正说过："当老师教育学生时，如果学生知道你在教育他，你的教育就失败了。"对小冰川，我的爱太过火了，以致于"热"得他晕头转向，我应该对他"冷"一些。于是，相当一段时间内，我不去找他，看到他，我也故意视而不见，只是通过别的同学了解他的近况。谁知我对他的态度一"冷"，他反而"热"了起来，主动跑来找我。我心想：好，你既然来了，就得听我说。我要触摸你的心，要走进你的内心与你对话，要揭开你对同学"野蛮"、结交社会上不三不四的朋友之谜。几经攻坚，小冰川终于自道谜底。他因为自己是单亲家庭，怕受到别人的歧视，所以结交一些社会朋友，让别人知道他也有"哥们儿"，就不敢欺负他了。听了小冰川的内心自白，我觉得时机已成熟了，于是告诉他："一个人在学校、在社会能否站住脚，能否顶天立地，关键是要靠自己的德行、自己的能力、自己为人处世的态度，而不是'哥们儿'义气。这正如卡耐基所说：'自信是事业成功的基本保证，自信生智慧，智慧生勇气。'"我越说越动情："孩子，你已经长大了，应该懂事了。看看你妈，想想你妈，你也就知道自己该怎么做了。"听了我的话，小冰川流下了眼泪，望着我说："老师，谢谢您，我已读懂了您的心。"这次触及心灵的谈话真的起了作用，之后，小冰川变了，在各方面都有了很大的进步。

教师在教育教学的过程中，要科学施爱、艺术施爱，要严中有爱、宽严有度。教师的爱心固然重要，但是无原则的"爱"只会伤害学生。没有批评，学生很难明辨是非；宠爱只会使学生对错误认识不足，不能及时改正，最终结果是适得其反。

没有原则的爱让人心迷，没有沟通的爱同样让人心酸，对一些弱势学生更应该注意爱的分寸与度量。

[教育案例]

苦涩的爱[1]

下面是我校一位高三同学给校领导及全体老师的一封信的摘录：

"近两周以来，我食而无味，寝而不安，常常一个人面对着书本发呆，无心听课、读书和做作业，害怕与同学们交流，甚至害怕与他们目光接触。我总觉得同学们的眼光里都带着炽热的锋芒（也许不都是，但我感觉如此），时刻在刺痛我的心灵。我这个号称品学兼优、活泼开朗、性格刚强的人，如

① 江苏盱眙县中学　芮敏

今好像变得非常渺小、孤独、怯懦。令我改变的不是别的，正是你们及全校同学给我的那份‘爱’，即给我的也是我不愿意接受的那份贫困学生资助款。你们在没有征得我同意的情况下，就把我列为资助对象，并在全校大会上，让我接受师生们给我的那份捐款。为了尊重你们的选择，我不情愿地接受了这份‘爱’。可是，你们知道吗？这份‘爱’太苦涩了。我确实需要钱，但我更需要尊重。多年的家境拮据使我养成了刚毅的性格，而你们这份‘爱’的奉献却使我变得脆弱许多……”

读到这里，我们相信这位同学不会被这份“爱心”所打倒，这份倾诉必使他重新找回自我，这是这位同学对尊重的呼唤。

在追求平等、尊重人格、崇尚人权的今天，在教育中有时会发生用自己的爱去伤害学生心灵的事情，而这种“伤心事”却已经司空见惯。

据报道，在新学期到来之际，长沙市义务教育阶段近10万贫困生将享受中央和地方提供的免费教材。与其他学生领到的课本不同的是，他们的课本上将盖有一个“本书由国家免费提供”的印章。

国家为贫困生提供免费教材，为的是减轻贫困家庭的负担，让孩子们站在一个公平的教育起跑线上。遗憾的是，这项意在抚平社会差别的政策在实施过程中却被人为地贴上了贫富差别的标签。“本书由国家免费提供”如同一个身份印章，虽然印章盖在课本上，但潜移默化的影响却盖在了贫困生的心灵上。

有人认为，有了这个标签可以让这些受助的学生牢记，自己受了国家以及很多热心人的帮助，懂得应该更努力学习以回报社会。言下之意是政府提供免费课本，是对贫困生的一项恩赐，这显然有悖责任政府的理念。

济贫扶弱，为贫困学生提供教育保障，并不是政府的恩赐，而是政府应尽的职责。免费课本的经费从根本上说来源于纳税人的贡献。政府不过是取之于民，用之于民，又怎能以印章的形式，要贫困生感恩戴德呢？何况，督促贫困生努力学习，不需要也不应该以“贫困身份”示众为代价。

在课堂教学中，这种有“毒”的爱也常常夹杂着、依附着、潜伏着，让人难以防备、难以预测、难以应对。

[教学案例]

带刺的表扬[①]

某教研活动，教师呈现一简单问题，并指定一个叫伍安的学困生回答。回答正确，教师当即表扬："今天伍安不错！"原以为，学生会因受表扬而倍感喜悦或鼓舞，孰知该学生面无表情地坐下，继续听他的课，如同什么事情都没有发生一般。

众所周知，每一个人都有渴望受到他人表扬与肯定的心理倾向。为何此案例中"今天伍安不错"这一表扬，却没有收到应有的效果？原因不难发现，"今天伍安不错"，言下之意是什么？"以前一定不好！"这不明摆着吗？在这里，教师看似表扬的背后，给学生带来的却是一种潜在的压力与挫败感。事实上，我们从学困生的角度出发，这样的评价激励不要也罢。一旦话中有话、话中带刺，哪怕是无意的，也可能造成对学生更深的伤害，折射出的也恰是教师对这些学生一贯的态度。

"善歌者使人继其声，善教者使人继其志。"但愿我们每位教育者都能从德国老人"搬木头"的事例中得到一些感悟，不断地去探究爱的艺术，追求爱的效益。

大爱无言

天无言，载星载月，载云载雨载雪，载虹载日，默观红尘情结；云无言，云卷云舒，变马变龙变色，姿态万千，预示阴晴季节；日无言，温暖万物，送光送热送黎明，照山照水照泽；月无言，潮盈汐亏，缺后呈圆，光轮毕现。星无言，北斗光耀，方向不迷，行路方便。

---

① 江苏溧水县和凤中心小学　吴存明

山无言，出百草，开百花，藏万兽；水无言，养百鱼，除百污，润万物，溉百田；火无言，知冷暖，熟百食，育百姓；土无言，生万禾，垒万仞，成万砖，砌万屋。

道无言，伸远方，由你选，柳暗花明，入死胡同，无声唤你路重选；花无言，美容颜，孕万籽，飘馨香；树无言，遮百阴，好乘凉，栖万鸟，雕栋梁。

千事万物，千言万语，一切尽在无言中，真可谓，此地无声胜有声。

[生活事例]

"我得拿走我花钱买的东西"

多年以前，在纽约地铁站，一个衣衫褴褛的中年人在乞讨。他面前放着一盒铅笔，很多人往地上的罐子里施舍些钱，就匆匆离去。一位作家走过，也像其他人一样，丢进一些钱。但他并没有马上走开，而是弯下腰，从盒子里抓起几支铅笔，说："对不起，我得拿走我花钱买的东西。"

两年后，这位作家参加一个晚会。席间，一个衣着体面、精神焕发的中年人走过来，彬彬有礼而又很激动地向他打招呼："尊敬的先生，您还记得我吗？两年前在地铁站，您买过我的铅笔。是您第一次让我意识到，我是一名商人，而不是一个乞丐。现在我结了婚，在做生意。是您给了我尊严和勇气，您是我一生中最值得尊敬的第一位客户。"

这个中年人遇上了一位作家，是作家给予并维护了他做人的尊严，他的命运才得以改变。如果不是这位作家，也许这个中年人将继续乞讨，哪里还谈得上结婚成家做生意呢？其他人遇上乞丐，或厌恶，或嘲笑，或蔑视，或视而不见，至多是怜悯。这位作家的高尚、高明在于真心诚意地把这个乞丐看作是商人，自己只是一个普通的顾客而已。他尊重别人，也赢得了别人的尊重。这种爱，尽在无言中，需要用心体会。

爱的无言除了潜移默化，还表现在不索取回报，爱是发自内心的。

[生活事例]

爱，不是回报

我一直无法忘记当年大哥对我的爱。

当年，我从家乡的盐碱窝里考上了大学，震动了全村的父老乡亲，全家人更是高兴得合不上嘴儿。由于我们村庄90%的土地都是盐碱地，播上种子不长苗，靠刮盐土熬盐卖维持生存，家里很穷。我上学时，是父母到处借了一堆碎钱，共计35元，让我带着上路的。

我记得在我离开家的那天晚上，全家人都不愿意去睡，大哥也不愿意睡，他先是把自己结婚时的一床新被子让我带着，又把他舍不得穿的一条秋裤和衬衣也让我带上，然后，大哥还塞进我兜里一把零钱。他说，路上用。大哥的话不多，但很温暖，我差点儿掉泪。

后来大学毕业，我参加了工作，直到20年后的今天，我才拿出工资里的一部分，回报大哥，帮助大哥贷款在家搞养殖业。

我记得那天晚上，我下班回家，和大哥一边喝酒，我说：大哥，你对弟的爱，我一定要回报。

大哥一听，愣了，他想了一会儿说，爱，不需要回报，爱是发自内心的。

大哥的话虽然简短，但却使我豁然开朗，是啊，爱，不是回报，爱就是爱本身。

在教育中，有人在教师中随机抽取100名教师，问："你热爱学生吗？"90%以上的教师回答"是"。再随机问这100名教师所教的学生："你体会到老师对你的爱了吗？"结果却让人吃惊，90%的学生回答"否"。这一"是"一"否"虽有太多的因素，但可能主要是许多教师追求着爱的代价、爱的回报，这种赤裸裸的爱，可能会让学生感到吃紧，甚至吃惊，获得的不再是爱的滋润。

[教育案例]

大爱无言

多年前，我在民族学院读书。班上除了少数几个汉族学生外，大部分同学是少数民族，分别来自全国各地的山区。也许是家乡偏僻之故，几乎所有少数民族同学都很少与家人通电话，倒是信函往来极为常见。

作为班长，我的工作之一，是每天午休前站在讲台上发信。念一个名字，上来一个同学取回自己的信。我留意过，"王强"这个名字从我口中吐出的次数最多，每周必有。王强是布依族，来自贵州黔南自治州。

那一日，我又发信，王强听到名字后喜滋滋上讲台来取信。大约是信封边沿破损了，我的手刚抬起，里面飘出来一片树叶，在空中翻转几个来回，落到了地面。大家惊异地看着王强，他的脸刷地一下红了。他对着大家喃喃地说："……我父亲不在了，只有娘，但她是个瞎子。我家就我一个儿子，娘老想我，我也想娘。我用勤工俭学的钱准备了好几百个写好地址的空白信封对娘说，如果她平安，就寄一片桉树叶给我。我收到信后，又将桉树叶寄回去，但不是一片，而是两片。干枯的桉树叶在水中浸泡，湿润后两片合在一起，我娘能吹出很清脆的声音。我娘说，那样的话，她知道我平安了。还有，桉树叶发出的声音像我呼喊她的声音……"

一时，满教室寂静无声。那天，我第一次深切理解了一个词语：大爱无言。

爱，不需要千言万语，甚至没有言语。爱就一个字，却有着丰富的外延，能演绎出各种各样的情感故事。"大爱"可能就是这种意思吧。

母爱可以说是一种大爱，师爱也应该是一种大爱。

在生活中，我们不难发现这样一种人的心理现象：当你难以看到它时，你愈企盼拥有，例如写着"儿童不宜"的电影愈能勾起儿童观看的欲望，这是人的一种好奇心理；然而，当你经常看到它时，你又熟视无睹，例如常年驻立着的标语牌改动了一些字词后却未引起人的注意，这是人的一种麻木心理。

联想到我们对学生的思想教育，存在着相同的情形：当一个学生难得受老师当众表扬时，老师的表扬是他渴望得到的，对他而言就是可贵的，特别是第一次表扬可谓"价值千金"，触动很大。然而，当一个学生受老师的当众表扬成"家常便饭"时，老师的当众表扬对他而言可能已"习以为常"，"价值"很低；反之，当一个学生难得受老师当众批评时，老师的批评对他的心灵的震撼无疑是很大的，也可能造成心理逆反。当一个学生受老师的当众批评已"不足为奇"时，老师的批评对他而言或许只是"一杯淡水"、无济于事。

表扬与批评多了未必好、少了又不行，表扬与批评是教师难以"挥洒自如"的一门教育艺术。以怎样的方式处理好表扬与批评之间的辩证关系，值得我们思考。

[教育案例]

"信"与"心"的呼唤①

新接班级中有个"金刚"式的"知名"学生,经常拖拉作业甚至不做作业,稍被老师当面或当众批评就"大眼瞪小眼"甚至逃学。升入五年级后,开学几天还行。或许换了老师,新鲜着。开学几周,有旧"病"复发的迹象:迟交、少题……。教师已知其"病根",开始实施已经制定的方案。

第一步:教师抓住他智力不坏、在课上回答出了一个较难问题的机会,当众宣布:"请你课后到我办公室来,我要送你一份礼物。"他在同学的簇拥下得意地来领取礼物,教师交给他一封信,"请你到外面再打开"。他纳闷地走到室外,在同学的叫嚷声中,信封中的纸条很快真相大白——"你回答得真棒!"他兴奋不已。继之,教师用同样方法表扬了其他学生。

这一步旨在:让学生从"密信"内所藏的"无声语言"中体验了被表扬的滋味,并逐步形成了"信内所写是表扬之词"的思维定势。

第二步:过了一段时间,学生拿到信奔走相告的热潮慢慢回落后,教师要求学生拿到表扬信后不必公开张扬,便于老师加写一些悄悄话。几轮下来,学生慢慢学会了自我欣赏、自我享受、自我激励、自我调节。

这一步旨在:学生渴望拿到信的同时,关注着信的内容,关注着其他同学,在内容的保密中生发了对自己的信和对别人的信的神秘感,从而使"礼物"增添了前所未有的魅力,学生又开始乐此不疲。

第三步:当学生已习惯于表扬信时,教师开始对他懒惰所造成的"毛病"及时写了一些告诫话语,晓之以理、导之以行,藏入信封作为"礼物"与往常一样送给他。这次,他没有再"反抗",而是默默地改正自己的行为。教师趁热打铁,又送给他一封表扬他敢于改正错误的信。几次下来,他终于能自我控制,改掉了坏毛病。

这一步旨在:学生虽然从密信中看到的不再是表扬,但没有当面或当众挨批,再加上别的同学仍以为是"表扬信",而给了他宽松的外部氛围,他有了心理安全,自尊心不被伤害而乐于接受批评。

第四步:当他思想上的"肿瘤"治好以后,教师开始有意识地尽可能补上他"拉"下的功课,但又不露"声色"。教师把他需要补充的"营养品"(如

① 江苏省锡山高级中学分部　蒋红娟

针对性练习题、解题指导、注意事项等）也用信的形式送给他，然后鼓励他还用信的形式回送给教师"礼物"（如练习题或问题的答案、学习中的困惑以及其他想对老师说的话等），"鸿雁"频飞于师生之间。

这一步旨在：通过信的内容扩大化及传递方式双向化，给学生以知情意行诸方面的催化作用。

第五步：是上述四步的延伸。教师对他每次考试成绩的分析材料亦用此法，教师不但指出其成功之处、失败原因，还特别把不当众公布的他在每次考试中所处的地位也告之，让他自己心中有数。

这一步旨在：让学生对每次考试结果都能深刻地知己和大体地知彼，如果考得不理想也不会受到别的同学的"歧视"，因为对别人而言他在考试中的位置是个"秘密"，从而以健康的心态继续努力。

两年后，他升入初中，当选为数学课代表，由"差"生转变为"优"生。

学生都有被尊重的需要，同时学生的心理承受能力有时又是"娇嫩"的，特别是在公开场合中。当面或当众的过度表扬易造成"过滥"后的"过烂"，当面或当众的过度批评易造成"过敏"后的"过挫"。另外，学生都有好奇心理。"信"的交流恰恰符合学生的上述心理特征。它的"暗箱"式操作和"柔和"式交流方式避免了师与生、生与生之间面对面的伤害或冲突，并带给学生一种"新"的感觉和"好"的感觉。于是，我们想说，"信"的交流是"心"的交流的最佳选择。

其实，这种做法还可以由师与生之间的"信"的交流扩展到师与生与家长之间的"信"的交流。

教师的大爱不是唠叨，不是较量，不是夸张，不是广告，不是推销，而是一种能点化人的"简爱"和"潜爱"。这样的"爱情"价更高。

教师的大爱不需要大张旗鼓，有时，还可以表现为师生之间彼此的小秘密。

[教育案例]

一份铅笔做的作业

在同学聚会的酒桌上，一位当老师的同学讲了一个小女孩的故事——

小女孩上小学二年级，是一个可怜的孩子，因为她的父母离婚后都各自有了家，她跟着年迈的爷爷一起生活。爷爷只有微薄的退休金，祖孙两人相依为命。

小学生的作业本用得很快，过不了多久就要买新的。有一次，在课间休息的时候，所有的同学都到外面玩去了，只有她嗫嚅着走到讲台旁，仰着小脸伸出小手，递给我一支铅笔，对我说："老师，我想请您以后用铅笔给我改作业。这样，用完的作业本，我用橡皮擦一擦，就像新的一样可以用了。"

当时我注视着这个孩子的眼睛，忍不住就要掉眼泪。我接过了那支铅笔，说："这是我们两个人之间的秘密，我一定用只有我们俩才能看清楚的符号来批改你的作业。"

小女孩特别开心，冲出教室，冲进同学们当中。此后，有好几个星期的时间我真的用铅笔给她批改作业，而且悄悄地告诉她："如果你都做对了，老师就只写上优秀两个字，这样容易擦。"为此，这孩子一直保持优秀的成绩。

后来小女孩的生日到了，我买了整整50本练习本给她。我对她说，这是对她作业一直优秀的奖励，也是因为老师和她共有一个秘密的默契，并且我将一直和她保守这个秘密……

酒桌上一片寂静。临别时，在座的每个人都拿出200元钱递给这位老师请她转交小女孩，并告诉她：这是一群大人们对她——一个小女孩的礼赞。

爱不是一种技术，爱是一种艺术。艺术的力量在于它的默默无闻，在于它的潜移默化，这种无言的爱更是爱。

爱无定式

教育家夏丏尊先生说得很形象："教育之没有情感，没有爱，如同池塘里没有水一样；没有水就不能成为池塘，没有情感，没有爱，也就没有教育。"情感是教学的催化剂，教师要注重用各种方式与学生联络感情，只有在情感交融、和谐美好的师生关系中，学生的身心才能得到健康和谐的发展。

爱的语言无穷无尽，爱的方式各种各样；爱的过程千变万化，爱的结果千姿百态……但它们有一个共同的名字，那就是“爱”。

在课堂上，老师一张真诚的笑脸，一个信任的眼神，一句鼓动的话语，都是一次真诚的交流，都会从心灵深处感染学生。

[教学案例]

一次情不自禁的拥抱①

在一次作文活动课上，我带学生做了一个串句子游戏。我将全班学生分成三大组，发下纸条，分别在纸条上写上“谁”、“在什么地方”、“干什么”，然后指名在三大组中分别抽取一张纸条组句子。

同学们兴趣盎然，热情高涨，就连一向胆怯的滢滢同学都举起了小手。于是我给了她一次机会，让她上台抽纸条串句子。

“恐龙在月球上跳舞。”看到自己串的句子，滢滢“扑哧”一声笑了起来。看到她如花的笑脸，我情不自禁地将她拥到我的怀里……

没想到这一次的拥抱却让滢滢感动不已，她在作文中写道：“……没想到魏老师竟然拥抱了我。对老师来说，也许是一件很平常的事，可对胆小的我来说，这是一件多么令人感动的事！”

从这以后，周滢滢真的变了一个人，变得活泼开朗了，上课发言也积极了。

爱，有时表现为看得见、摸得着的一种物件。物件可以传递爱，它可以成为爱的见证。

[教育案例]

做一个“开心女孩”②

产假结束后，又接了一个新的班级，班内有一名学生语文考试从未及格，据说她基础很差，学习态度也不够认真。

雪，一个很好听的名字，却生长在一个贫困的单亲家庭。父亲坐过牢，母亲在这期间离开了这个家，她从小就跟着爷爷奶奶生活。两位七十多岁

① 安徽省桐城市东关小学　魏文琴

② 江苏省无锡市雪浪中心小学　朱韶蕾

的老人仅靠着几百块的微薄收入来支撑这个家，供她上学，日子过得十分清苦。这孩子长得瘦瘦的、小小的，还戴了一副眼镜，听说是先天性近视，目光里透着自卑和忧郁。当她站在我面前时，一股怜悯之情油然而生。我暗暗地对自己说：无论如何，我都要让她重新"站"起来。

也许是换了一位老师，想给我留下一个好印象吧，我居然从她身上发现了好些优点：作业书写十分工整，上课发言很积极，家庭作业也能及时上交……我想，这样的孩子总是有希望的，我总是借机会表扬她。看得出来，她很激动，也很开心，但成绩并没有多大起色。

就这样，不知不觉两个月过去了，期中考试将近，著名儿童文学作家秦文君女士也在这个时候来我校做讲座，并带来了很多书籍供学生选购。看着同学们争先恐后地购买，雪羡慕极了。我知道她也想买，只是家里条件不允许。我看着这些书，其中有一本名为《开心女孩》，引起了我的注意。我心里一动，自己掏钱买下了它。

放学后，我把雪叫到身边，神秘地对她说："雪，你这段时间的表现很好，老师除了要表扬你，还要送给你一个惊喜呢！你猜是什么？"她犹豫了一会儿，摇了摇头。当我把《开心女孩》塞到她手里时，她惊讶极了，完全不敢相信自己的眼睛，好长时间才轻轻地对我说："谢谢朱老师！""不用谢，喜欢吗？""我很喜欢。"我看着她的眼睛，话锋一转："期中考试快到了，希望你也能给老师一个惊喜，争取及格。只要对自己有信心，你也能做一个开心女孩。"她用力地点了点头。

有了这样的鼓励，整个复习阶段她表现得更加认真了。考试前夕，我一再叮嘱她："雪，你复习得这么认真，肯定能考好，要相信自己。那个'开心女孩'也在为你加油呢！"

期中调研考试结束了，我把成绩一一报给大家听。当我报到"雪，64.5分"时，全班响起了一阵热烈的掌声。分数虽然不高，但是大家都明白，这对雪来说已经是一个质的飞跃。我激动地对她说："雪，这掌声是大家送给你的，因为你实在是太棒了！你想对大家说些什么吗？"只见她慢慢地站起身来，脸上红扑扑的，有些羞涩地说："谢谢大家，我答应朱老师要给她一个惊喜的，我现在做到了。相信以后我会越考越好……"

爱，有时还可以表现为看不见、闻得着的一种气味。气味也可以传递爱，它可以成为爱的熏陶。

[教育案例]

永远的雪花膏

初二的时候，教我们的是一个刚刚毕业的女老师，抿起嘴角微笑的样子很可爱。

当时，我们几个小子很贪玩，但特别爱向老师请教问题，一下课就小跑过去围住老师，不停地问这问那，直到上课时才恋恋不舍地回到座位上。同学们都感到很奇怪，平时不爱学习，怎么一到下课他们就往老师身边跑。只有我们知道这里面的秘密——喜欢老师身上甜甜的雪花膏的香气。那时正是70年代末，人们的生活水平很低，我们几个家里都穷，雪花膏对我们来说是可望而不可及的奢侈品。

有一次课间，我们几个禁不住香气的诱惑，趁老师不在，偷偷地拉开了老师的抽屉，拿出了那个神秘的小盒子……我们像得到了什么宝贝似的跑到很远的树林里，然后围坐成一圈儿，小心翼翼地打开盖子，扑鼻的香气醉倒了我们几个"男子汉"。一只只颤抖的手带着好奇，带着激动，用香喷喷的雪花膏在脸上和脖子上抹了个遍，满满的一盒雪花膏转眼间就见了底。看着空空的小盒，恐惧才涌上心头："发现雪花膏没了老师会赶我们回家吗？"

这天终于过去了，我以为没事了。可第二天老师突然说要单独抽查几个学生的作业，令我吃惊的是这几个人都是昨天的"案犯"，更糟糕的是为了留住那迷人的香味，我没有洗脸。第一个经受"考验"的就是我，我惴惴不安地走到老师跟前。她看看我的作业，很快抬起头来："你是不是没洗脸呀？"我满脸通红地站在那儿，尴尬极了。

老师则不紧不慢地往前凑了凑，深深地闻了一下："不过很香呀！"我羞愧地低着头，没有一句话。抽查总算结束了，老师对全体同学说："他们作业完成得很好，不过个人卫生搞得不太好，现在就罚他们到河边去洗洗吧。"在同学们的哄笑声中我们几个人满脸疑惑地向河边跑去。

当我们满脸湿漉漉地回到教室时，老师手里正拿着一盒雪花膏。我们不知所措地站在那儿，心想：昨天的事一定被老师发现了，老师肯定要实施惩罚措施了。出人意料的是老师微笑着说："为了表扬他们下课经常问问题，努力学习，今天我要奖励他们，为他们搽上雪花膏。"

整个教室经过片刻的沉寂，突然爆发出掌声和欢呼声。站在最前面的我对这瞬间的变化一时没有反应过来，只是呆呆地站着，直到老师的手伸过来，拉住我仍然湿湿的手，我才傻傻地笑起来。奇怪的是那一次我没有闻到老师身上散发的香味，却看到了老师的眼睛，那是一双多么美丽而深邃的眼睛呀，仿佛融尽了世间所有的慈爱。我再也不想隐瞒了："老师，你的雪花膏……""是不是很香？"老师善意地对我笑着，那一刻，我深深地体会到了老师的良苦用心。老师轻柔的手指带着沁人的清香，抚过我的脸，那香气顿时弥漫开来，熏香了一段苦涩的岁月，也熏香了一个贫瘠的生命……

爱，它的传递有时却在无意中、一瞬间，这种爱可遇而不可求。丁立梅写的《一朵栀子花》中讲述了一个动人的故事——

[教育案例]

一朵栀子花

有个女孩子，相貌"太过平常，甚至有些丑陋——皮肤黝黑，脸庞宽大，一双小眼睛老像睁不开似的"；学习成绩也平常，"字迹写得东扭西歪，像被狂风吹过的小草"；她的座位，在教室最后一桌靠近角落的地方。

就是这样一个小女孩，任何同学、老师也不会过多注意。然而，当"我"发现了一朵凝脂样的小白花，白蝶似的正落在她的头发里面时，就忍不住地向她低下头，笑着说道，"好香的花！"此时，"她的脸色迅速潮红，不好意思地把嘴一抿，笑得美极了。"接下来，"我"的教科书中就有了一朵她送的芬芳的栀子花。以后，她发生了巨大的变化：活泼多了，爱唱爱跳，还时不时向老师请教问题，成绩大幅提高。几年后，出人意料地考上了一所名牌大学。

这是一朵栀子花的故事，也是一个教育奇迹。教师低头闻香，微微一笑是一个不经意的动作，但给小女孩的心灵触动犹如石破天惊。教师的一个动作、一抹微笑，其实是尊重，是欣赏，更是鼓励。它似雨露滋润女孩心灵的土壤，它似春风吹醒了女孩心中的禾苗。它增强了女孩的自信心，激发了她向上的潜质，焕发了她生命的活力。

可在现实的教育中，我们不少老师只青睐于成绩拔尖的学生，钟情于听话守纪的学生，偏爱于自觉勤奋的学生，而对一些相貌平平、成绩表现差的"丑小鸭"则不屑一顾。有的老师即使觉得应面向全体，也只有三分钟热度，便发出"扶不起的刘阿斗"的感叹。于是，有的学生常被老师罚站办公室，有的回答不了问题常被讽刺挖苦，有的常被冷落甚至遗忘。有些教师的语言词典里，更增加了“笨蛋”、“蠢驴”等词汇。据媒体透露，在一个小学的某个班里，80%的学生被老师打过手心。这种做法伤害了学生的自尊心，影响了学生的发展。

爱，有时竟然还可以表现为让人不可思议的一种谎言。美丽的谎言也可以传递爱，它可以成为爱的载体。

[教育案例]

美丽的谎言

2000 年高考前夕，我到教室检查晚自习情况，发现学生马霞趴在桌子上偷偷擦眼泪。我立即把她带到外面询问，她说她爸爸说好高考前来看她却一直没来，她担心家里会有什么事情。我知道马霞性格内向，心理较脆弱，现在距离高考还有 3 天，必须先稳定她的情绪。

我就欺骗她说：“你爸爸下午来过，正好碰到我，来不及等你下课，就急匆匆地回家干活去了，临走时留下 100 元钱，让你多买些好吃的，安心高考，我今晚找你就为这事。”说完，我就掏出 100 元钱递给她，一席话说得她情绪振奋了。接着我又到办公室，好不容易才跟她家里取得联系（她家里没有电话），原来她父亲下午猝死在稻田里，家里准备第二天派人来接她回家奔丧。我赶紧在电话里跟她家人商量，我说马霞能考上大学是她父亲生前最大的愿望，这也是真正的尽孝，至于出殡还有她兄弟，最好不要惊动她。家里人最终同意了我的意见，直到高考结束才把她接走。

“苍天不负苦心人”，马霞终以优异成绩考入重庆大学。

爱是世界的“通行证”，爱没有国别，爱没有边界。爱是最让人难以琢磨的，因为它没有可以套用的模式，也没有可以代入的公式，相同的事情可能就有爱的分别，不同的方面可能就有爱的统一。但是，不管爱如何“变形”，但真正的爱一定是发自内心的，这，是不变的。

爱在深秋

[生活事例]

三位天使

“智慧”、“成功”和“爱”这三位天使来到人间。

一位母亲请她们到家里做客，天使对那位母亲说：“我们三位只能去一位，你回家商量一下，看选中我们中间的哪一位？”

母亲和家人商量后决定把“爱”请回家：“哪一位是‘爱’？请进屋吧。”“爱”起身向屋里走去，奇怪的是另外两位也跟了进去。母亲很惊讶地问：“你们两位怎么也进来了？”答曰：“我们历来都是跟着爱的，哪里有爱，哪里就有我们‘智慧’和‘成功’。”

有爱就有了一切，在童话中如此，在生活中也是如此。

如果一个人既勤锻炼，又睡眠充足，还戒烟酒吃健康食品，只是缺少爱；另一个人生活不健康但有充分的社会支持，哪一个人的健康状况会更差？是第一个！

美国西北大学临床心理医师黄雏仁博士指出，“人类目前认识到所有健康生活方式的总和对身心的保护能力，还比不上与别人之间产生有意义的爱的关系”，有爱没爱免疫力相差4倍。

这一结论近年来被欧美多项科学研究证实。根据瑞典、美国对万余人次的大调查，有高度压力、内心孤独的人，比没有很大压力、身边有爱的人，死亡率相差4倍。

有爱就有了一切，在生活中如此，在教育中更是如此。

教育的最高境界，是征服一个人的灵魂。

许多教师一直以为只要有了爱，就会在学生的心头播下种子，收获果实；爱过了才知道根本不是那回事。人的心灵世界自有它一套运作的规律，而要能真正征服一个人的灵魂，不仅需要爱的力量，更需要爱的清醒。

1. 爱到痛处才是爱——让爱成为需要

教育是一杯水，丝丝暖人心。可是太多的时候，苦口婆心的教育却换不来学生心海一丝的涟漪，平时的爱心似乎很难有用武之地。究其原因，爱心价值的有无和价值的多少在于学生内心需求的有无和需求的程度。雨当旱时方为贵，爱到痛处才是爱，雪中送炭炭才更有价值。每个人的一生，都会有脆弱的时候，在生活、学习及成长过程中，也都会产生强烈的心理需求。这时，一个微笑，一个眼神，一句鼓励或安慰的话，都会震动他的心灵，一点点的爱心也许会产生非常强大的作用，使其受益终生。这时，师爱的价值才体现得淋漓尽致，其征服的力量也是无坚不摧。

师爱不是泛滥，应该是抓住痛处利用机会，用最少的投入换取最大的价值。

2. 爱到深处才是爱——让爱深入人心

语言是打开心灵的钥匙，关键是一把钥匙不能打开所有的门，每个人那里都需要一把特制的钥匙。走近他，即使是最可恶的孩子，你也会发现那隐藏在心灵深处的多彩的世界。不了解他的时候，他很可恶；当你真的了解以后才发现，他竟然有那么多可爱的东西。教育的过程中最有价值的东西应该是了解和发现。一切教育的实现都应该从研究情况开始，这样才能不走弯路。每个学生都会有不同的生活经历，会产生独具特色的心理需求。每个人都是某一方面的千里马，只是没能遇到发现的人而已。

关注他，知道他最想要的，帮助他获得成功。把爱化作细流渗进他的心，在细处下功夫。

3. 爱到正处才是爱——让爱生发力量

“春蚕到死丝方尽，蜡炬成灰泪始干。”一直以为爱就是奉献。在爱的哲学里，有时却恰恰相反。父母想得到子女的孝心，不能一味的疼爱，而要从小培养孩子为大人做事的习惯，并以此为乐。要想培养学生成才，教师不能一味的感情投资，而更重要的是作理性的思考，把握爱的内涵。爱，就是给予他正确的信念、精神的鼓励、技术上的指导，让他用其一生做一件件有意义的事情。

爱，不仅仅是问寒问暖，更是教导他如何自立，学会安排生活，知道整理房间，自己准备雨伞。爱，不仅仅是满头大汗地讲题，而更是方法的点拨、思路的引导。

最深刻的爱不是给他什么，而是指导他亲自去做并得到什么；最珍贵的爱不是感情上的关怀，而是人生路上理性的指引。

师爱是美丽的，然而会因为激情而短暂；师爱是伟大的，然而会因为情感往往对一些学生有失公正。愿每一位教师将师爱化作一种责任，既得以公正，又实现永恒。

综上，大爱的含义是否可以这样表述：爱着所有的孩子，爱在所有的地方，爱用所有的方式。

最后，用一句歌词“心会跟爱一起走”作结，这爱包括教师的爱，这心包括学生的心。

师生关系连连看 2

阅读思考：

◇学生从教师身上可以看到自己吗？

◇教师的微笑，能打动学生几许？

◇教师的欣赏，学生"领情"几分？

◇教师的"高帽"，能换来学生的"爱戴"吗？

◇教师的宽容，能容下多少学生的"心烦"和自己的"心苦"？

教师是一面镜子

[生活事例]

“请你对她微笑”

美丽的女孩是幼儿园阿姨，一次意外失火，她为了救两个小朋友，被烧成重伤。当医生慢慢揭开她脸上的纱布后，她被镜子里那张丑陋的脸吓哭了。她把自己锁在病房里，不愿见人。失去了美丽，她感到失去了一切。甚至，她想轻生。

医生和她谈了好久，最后说：“你没有让别人看到你的脸，怎么能断定别人会给你厌恶的眼光，还是善意的微笑呢？”

看到一张丑陋的脸，人们怎么会给你一个微笑？她痛苦地想。可是，第二天，她忍不住把脸悄悄从窗口前露了出来。

从那头走过来一个长得很帅的男人，她的心猛地一紧。男人放缓了脚步，眼光紧紧地盯着她，她感到羞愧，正要将脸藏起来，却看见男人对她笑了笑，然后走了。那一刻，她心中充满了感激。一个抱着孩子的女人走了过来，也对她微微一笑，她也笑了。又过来一对年轻的夫妇，他们也对她露出了笑脸……

她在窗前趴了一天，几乎所有看见她的人，都对她露出了微笑，她感动了。有一张丑陋的脸并不完全如她想象的那样，至少人们还会接受她。

第二天，女孩终于走出了病房，经过病房的窗户下时，她情不自禁地向那扇窗户望去。啊，她被深深地感动了——

原来，在窗户旁边的墙上贴着一行字：请对这个勇敢的女孩露出微笑。

微笑是喜欢的标志，也是心境的标志。别人的微笑表示对你的好感，微笑可以让你容易走近他的身边，微笑是彼此之间沟通的“名片”。难怪，人人都很在乎对方的微笑指数。

[生活事例]

世界是一面镜子

联合国亲善大使乔伊·亚当斯去过法国几次后，宣称巴黎人是全世界最差劲的主人。海关人员臭着一张脸，计程车司机态度恶劣，餐厅侍者傲慢无礼，人民不耐烦又有敌意。后来，他看到一段话："世界是一面镜子，每个人都在其中看到自己的影像。"于是下次去巴黎时，他决定一路挂着笑容。结果竟看不到任何不高兴的计程车司机、侍者或警察，人人都是神情愉快，亲切随和。他这才发现纠正别人态度最快的方法是纠正自己的态度。

这个事例告诉我们，要让人对你微笑，首先你要对人微笑。微笑是相互的、互通的。或者说，别人是你的镜子，从别人的身上可以看到你的影子。

其实，对学生来说，教师也是一面镜子，他们很希望都在其中看到自己的影像，看到自己被尊重的影像。

教师应是一面对学生"常常地笑"的镜子。教师的音容笑貌可能给学生创造的是一种愉悦和谐、自由宽松的教育环境，映在学生心灵深处的或许是一片灿烂。

有一对年轻夫妇总埋怨自己的孩子笨，学习成绩不理想，以为心理不正常，便去请教一位心理专家，没想到专家开了这么一副处方："一张笑脸，两句鼓励，三分野餐，需在草地、河边、阳光下全家一起食用，'用药'不分剂数……"。

高尔基说过："谁不爱孩子，孩子就不爱他，只有爱孩子的人，才能教育孩子。"教师尊重了每一个学生，学生也就会尊重教师；教师了解了每一个学生，学生也就会了解教师；教师蹲下身来向学生学习，学生就会加倍向教师学习。教师只有以自身形象、学识和人格魅力才能赢得学生的高"视"率。教师再不要给学生排名次、罚学生抄书、抄作业，再不要让学生从你眼中"照"到自己分属什么等级。

现代教育应当是"爱心"教育、情感教育。教师要努力营造一种热情洋溢的教育环境，给学生以积极的情感体验。教师要善于以和蔼可亲的教态、关切关怀的语言、温柔亲和的目光组织教育活动，由只提要求到多给关怀，由强调刻苦地学到强调愉快地学，由单向知识传授到双向情感交流，由一味指责到千方百计让学生品尝成功，这种适宜的“环境温度”就很容易激发学生对学习的向往与追求。

微笑是一种态度

[生活事例]

微笑训练操

上海有家百货公司，常常在开店前五分钟，组织员工做微笑训练操；重庆一家医院要求医生对病人微笑服务，其微笑的标准是要露出八颗牙。这虽然是一种形象化说法，但可从中反映出对微笑服务的重视程度。

[生活事例]

笑容投资

美国俄亥俄州有家蒸馏工厂，连续两年亏损。新厂长丹尼尔上任后，随即就在工厂的醒目处贴出大幅标语：“如果你看到一个人没有笑容，请你把笑容分些给他”；他还把厂徽改成一张笑脸；他自己总是春风满面地和人打招呼。在他的“笑容”感染下，工厂三年未增任何投资，生产效率却提高了80%，在全美声名大噪。

笑容“传染”给了工人好心情，才会诱发出工人的工作热情。

有人说，教育也是生活。生活意义的教育可看作一个由活动与情感交织共生的生活世界。我们的学校要让教育生活的“感觉像春天”，那就需要为教育生活营造一片绿色环境。微笑就是一种最简单最有效的“绿色素”。

微笑是一个最具“风景”的表情，可以提升人气、融洽关系。有人说，笑容是支点，能力是杠杆，有了这两样，能撬起整个地球。

[生活事例]

十二次微笑

飞机起飞前，一位乘客请求空姐给他倒一杯水吃药。空姐很有礼貌地说："先生，为了您的安全，请稍等片刻，等飞机进入平稳飞行后再送过来，好吗？"

15分钟后，飞机早已进入了平稳飞行状态。突然，乘客服务铃急促地响了起来，空姐猛然意识到：糟了，忘记给那位乘客倒水了！空姐连忙把水送到那位乘客跟前，面带微笑地说："先生，由于我的疏忽，延误了您吃药的时间，我感到非常抱歉。"乘客指着手表说道："有你这样服务的吗？你看看，都过了多久了？"

无论空姐怎么解释，这位挑剔的乘客都不肯原谅。

飞行途中，空姐每次去客舱服务时，都会特意走到那位乘客面前，面带微笑地询问他是否需要什么帮助。然而，那位乘客余怒未消。

临到目的地前，那位乘客要求空姐把留言本给他送过去。很显然，他要投诉这名空姐。此时，空姐心里虽然很委屈，但是仍然面带微笑地说道："先生，请允许我再次向您表示真诚的歉意。无论你提出什么意见，我都将欣然接受您的批评！"那位乘客脸色一紧，接过留言本，在上面写了起来。

飞机安全降落。所有的乘客陆续离开后，空姐打开留言本，惊奇地发现，那位乘客在本子上写下的并不是投诉信，而是热情洋溢的表扬信。信中有一段："在整个过程中，你表现出的真诚的歉意，特别是你的十二次微笑，深深打动了我，使我最终决定将投诉信写成表扬信！"

教育也是一种服务，为学生的健康成长服务。如果一个教师每天都是春光满面、笑容可掬，那你的微笑一定会牵动、牵引许多学生，成为学生提问、倾诉、聊天、交流、求助的"亲人"，成为一个受学生欢迎的人，成为一个有魅力的人。

其实，微笑不应该仅仅是教师一种脸部表情的符号，它应该是教师内心感情的自然流露。那种虚情假意、皮笑肉不笑的"包装"式微笑，只能一时迷惑学生。只有当你由衷地热爱学生、尊重学生，尽管你的脸上并没笑意盎然、笑口常开，但学生那颗敏感的心依然可以"读"出你潜在的微笑，这种微笑才真正具有穿透力、激动人心。

至此，想起谢东的歌曲《笑脸》，我们教师要让学生"常常地想，现在的你，就在我身边露出笑脸"，而不要让学生"可是可是我却搞不清，你离我是近还是远”，教师要给学生实实在在、真真切切、明明白白的微笑服务。

一句“你今天对顾客微笑了没有？”成为了著名企业家希尔顿经营的名言。在此，“老师啊，你今天对学生微笑了没有”，让它也成为教师教育的名言吧。

欣赏是一种力量

[生活事例]

屠格涅夫与列夫·托尔斯泰

1852年，屠格涅夫无意间被一个初出茅庐的无名小辈写的小说《童年》所吸引。他几经周折，找到了作者的姑母，表达了他对作者的欣赏与肯定。姑母很快写信给侄儿：“你的第一篇小说引起了很大的轰动，大名鼎鼎的作家屠格涅夫逢人便称赞你‘这位青年人如果能继续写下去，前途一定不可限量！’”作者惊喜若狂，他本是因生活苦闷而信笔涂鸦打发心中寂寥的。名家屠格涅夫的欣赏，竟一下子点燃了他心中的火焰，找回了自信和人生的价值，一发不可收地写了下去，最终成为著名的艺术家和思想家。他就是列夫·托尔斯泰。

上述事例中，我们可以发现，欣赏可以是一种“有心的感触”，它的作用是显而易见的。

[生活事例]

林清玄与小偷

台湾作家林清玄做记者时，曾报道过一个小偷作案手法非常细腻，犯案上千起，文章的最后，他情不自禁地感叹：“像心思如此细密、手法那么灵巧、风格这样独特的小偷，做任何一行都会有成就的吧！”林清玄不曾想到，他20年前无心写下的这几句话，竟影响了一个青年的一生。如今，当年的小偷已经脱胎换骨，成了几家羊肉炉的大老板了！在一次邂逅中，他诚挚地对林清玄说：“您的那篇特稿，打破了我生活的盲点，使我想，除了做小偷，我怎么没有想到过做正当事也行呢。”

上述事例中，我们又可以发现，欣赏又可以是一种“无意的感叹”，它的作用是潜移默化的。

[生活事例]

他感动别人与别人感动他

2004年感动镇江十大人物之一的66岁老人怀民，从2000年5月下岗以后，就从未间断志愿为社区居民提供义务巡逻服务。这些年来，老人先后协助民警抓获犯罪嫌疑人10多个。正由于他的存在，小区内车辆失窃案明显下降。为了孩子们的安全，只要到了放学的时候，老人还会出现在学校门口，维持交通秩序，让每一个孩子安全离校，天天如此。老人的行动不仅感动了3个小区的居民，而且也感动了整个镇江城。

可是，起初老人的出发点并非如此高尚。2000年5月下岗后，老人一时不能适应生活的转轨，晚上经常失眠。由于烦闷，他晚上经常在小区周围溜达，有时还吆喝两声出出胸中的闷气。小区里晚上下班的居民以为老人在“巡逻”，就都主动地跟他打招呼。一传十，十传百，小区的居民都知道有个叫怀民的老大爷晚上在义务为大家守夜，原本名不见经传、谁也没在意的老人一下子成了大家心目中的英雄，大家都争着跟他打招呼，说：辛苦了，谢谢您。冬天有人还专门送来棉衣、棉帽等防寒衣物，有时晚上还给他送宵夜。小区居民丁浩北还特地送了一只电喇叭给老人，说是怕老人巡逻时喊破嗓子。

原本是解闷之举，却让自己得到大家的尊重，老人“巡逻”的积极性更高了。老人说：“特别是听到从自己眼前走过的一个个小学生一声接一声地喊‘怀爷爷好’的时候，自己的心里总是十分激动。”当记者采访他时，老人哽咽着说：“虽说我感动了镇江，但更多的是镇江以及镇江人民深深地感动了我。”

上述事例中，我们还可以发现，欣赏也可能是一种“误解的感动”，但一切都在情理之中。

渴望被欣赏是人的一种基本精神需求。社会生活中，每一个人都渴望

得到别人的欣赏，同样，每一个人也应该学会去欣赏别人。欣赏与被欣赏是一种互动的力量之源，欣赏者必抱有愉悦之心，仁爱之怀，成人之美；被欣赏者必产生自尊之心，奋进之力，向上之志。因此，学会欣赏应该是一种做人的美德。

对人的教育，尤须重视这“欣赏效应”。美国一位心理学家做过这样一个试验：他将学生分成 3 组，他经常对第一组学生表示赞赏和鼓励，对第二组采取不管不问、放任自流的态度，对第三组则不断给予批评。试验结果表明，被经常赞赏和鼓励的第一组学生进步最快。

21 世纪提倡素质教育，学生掌握知识的多少已不再是教学的重点，重要的是激发学生的学习兴趣和积极性，培养学生学会学习的方法、养成良好的学习习惯。

赏识教育的态度模式是“爱”字，使被教育者在学习中得到赏识，积累成功；赏识教育的行为模式是“导”字，使被教育者在赏识中获得成功。学生之间能力存在差异，作为教师要特别爱护差生，要善于发现，及时抓住，分析引导，给予肯定评价与热情鼓励，使一个小小的进步逐渐扩大发展，让这些星星之火，燃烧成燎原之势。我们常说“失败是成功之母”，但对这些后进生来说，“成功更是成功之母”，而对老师来说，教育的本质就是帮助学生成功，教师能力的转化也在成功的过程中实现了。

赏识教育的语言是：太好了，你真棒，你能行。赏识教育的形象标志是拟人化的大拇指，让每一面对大拇指的学生心灵舒展，发出会心一笑。

著名的皮格马利翁效应：来自他人和自我的积极评价是一种巨大的激励力量。适当地激励有助于学生获得自我价值感，从而促进成功。“人人有才，人无全才，扬长避短，人人成才”，这是人才成长的一般规律。我们所说的成功并不是人生的终点成功，它可以是一次习惯的培养，一次思想的升华和人格的完善。

欣赏可以使学生的缺点变成优点——

[教育案例]

不再是缺点

我在小学曾教过这样一名学生，他好“懒”，讨厌做数学作业，拖拉、潦草、“短斤缺两”、错误百出是经常的事情。更糟的是，他好“管”，“对己自由主义，对人马列主义”，总喜欢对别人指手画脚，不是检举同学作业不认真，就是嘲笑同学作业错误多。但是,他在课上回答问题或考试时却是常胜将军。典型的学习态度差,且屡教不改!咋办?

我尝试改用欣赏的眼光审视他、引导他、教育他。首先允许他自愿做作业,可以全做,也可以选做,还可以不做,然后赋予他管教的权力,让他批改和辅导学生作业,最后由我检查他批改作业和辅导学生的情况,据此替代他的作业成绩和评定他的学习成绩。在我的欣赏下,他的缺点变成了他的优点,"检举别人"变成了"督促别人","嘲笑别人"变成了"帮助别人",并且他还体会到了以身作则和"下水作"的必要性和重要性,开始主动又认真地做起了作业。后来的他就不再是原来的他。

欣赏更可以使学生的优点变得更优——

[教育案例]

永远的优点

想起有位教师曾布置学生这样的作业:"每个人写出你熟悉的本班的10位同学的优点,并且每人的优点不少于50个字。"然后,教师在班中高声朗读这些学生的"作业"。看得出,凡是被读到的学生低着头,心里都美滋滋的,教室里特别静。持续一段时间后,班级的学生发生着悄悄的变化,同学的关系更融洽了,相互之间更有礼貌了,值日卫生更主动了,教室的布置更整洁了……

鉴此,我也曾在小学做过类似的试验:首先也让学生给每一个同学写至少一个优点,然后公布于众;接着,每个月末,我让学生在原来所写优点的基础上再挖掘同学新的优点,同样公布于众;最后,开展"看看谁的优点最多"和"看看谁的进步最大"的活动。结果,群情活跃,人人为能被人欣赏而奋斗着、进步着。

另外,教师还应该指导学生学会自我欣赏,培养自信心。

[教育案例]

白纸黑点[①]

受到一篇文章的启发,于是我拿着一张白纸走进了教室。在这张白纸

① 江苏省常州市新北区吕墅小学　芮建民

的中心我故意涂了一个绿豆大小的黑点，很醒目。

我高举白纸问学生："你们看，我手中有什么？""这不是明摆着吗？""这太容易了。"学生们在下面窃窃私语，不知我的葫芦里卖的是什么药。

我又提高嗓门问了一遍。有学生回答："我看到在白纸上有一个黑点。"估计这个回答代表了大多数学生的意见，教室里顿时安静了下来。"还有不同意见吗？"稍候，后排有一个学生发言："老师，我看到了一张白纸。"我看了一下白纸，继续问："你为什么和别人看到的不一样呢？""我离得远，看不清楚。"他如实说。教室里顿时哄堂大笑。

我接着说："看到黑点的请举手。"绝大多数学生把手举得老高，好像在等待我的表扬。

我环视了一下说："太令人遗憾了。这么大一张白纸你们没有看到，却偏偏注意到了一个不起眼的黑点。这不是你的眼睛欺骗了你，而是你的思维迷失了方向。"顿了一顿，我又说："这多么像我们每个人身上存在的优点和缺点呀！优点其实就像这张白纸一样大，而你的缺点原本只有黑点那么小。只是，我们在与别人交往时，往往只在意别人的那个小小黑点，有时也看不到自己身上的那一张大白纸，而缺少自信，这是多么可悲的事情啊！"学生们个个沉默不语，若有所思。

对我们教师而言，许多时候何尝不是如此呢？我们面对学生，往往只注意他们的"黑点"：调皮捣蛋，不守纪律等等，经常会引来我们对他们的大声训斥。可是我们却没有发现：他们的调皮捣蛋中充满着许多纯真、活泼、可爱……

如果我们试着把"白纸"上"黑点"不断缩小，把"白纸"不断放大，那么你会发现在我们眼中的学生，原来真的就是那一张张洁白无瑕的"白纸"，就是有那么一丁点儿"黑点"存在，但相对于整张"白纸"而言，也是微不足道的，又何必在意呢？再如果，你在那"黑点"上作一些简单的"装饰"，那"白纸"上就赫然呈现出一幅美丽动人的图画。

[教育案例]

家长的等级

"如果你能说出孩子 10 个优点，你是个优秀的家长；如果你能说出孩子 5 个优点，你是个合格的家长；如果你连孩子一个优点都说不出来，那你该是个'下岗'的家长！"

国家一级作家、著名儿童文学作家陈庆祥提出等级家长的概念。他说："通常有三等家长：一等家长用眼睛管教孩子；二等家长用嘴巴管教孩子；三等家长用拳头管教孩子。你们应该争取做一个一等家长。"

"作为家长，你还有义务去'发现'自己孩子的优点！"陈庆祥向所有家长发出"通告"。

培根说："欣赏者心中有朝霞、露珠和常年盛开的花朵，漠视者冰结心城，四海枯竭，丛山荒芜。"欣赏是一种给予，一种馨香，一种沟通与理解，一种信赖与祝福。当他人感受到你在欣赏他时，他会很容易被打动，使他更具价值感，更具成功感。"成功"可以作为一种"自我奖励"来强化他的自信心和自尊心，使他逐渐步入"成功——自励——自信"的良性循环。

欣赏可以起到点石成金或锦上添花的效果。让我们在教育中多一些欣赏吧！

作为教师，还可以采用以下做法达到欣赏学生，或让学生相互欣赏，或让学生自我欣赏的目的。

1. **优点挖掘**

每天花五分钟时间让孩子说出自己一天中最成功的事。让孩子自己说出自己的优点，就是对自己能力的肯定。日复一日，年复一年，孩子们不仅信任自己，更重要的是得到了伙伴的认可。

2. **自我推荐**

毛遂自荐就是自信的表现，是肯定自己，相信自己。俗话说"天生我材必有用"，要"自以为是"，要敢于拿"己之长"比"人之短"，这样比就会比出自信，比出精神，比出干劲。

3. **成果展示**

孩子们最开心的莫过于自己的成果被同伴认同。我们改变以往挑选优秀作品展示的方法，让每个孩子把自己认为最满意的作品展示在学习园地上。展示的作品可以随时更换，只要自己认为好的、值得同学们欣赏的都可以展出。

赞扬是一种支持

[生活事例]

99 顶"高帽子"

从前,有一个在朝廷里做官的人,要到外地任职。临行前,他向老师告别,老师嘱咐他说:"地方上的官吏不好当,你一定要小心谨慎。"那个人胸有成竹地对老师说:"我已经备下了100顶'高帽子',逢人便给他一顶,总不致于出什么问题。"

老师一听勃然大怒,正颜厉色地训斥他说:"我们为人处事光明正大,为什么非要这样呢?"那个人见老师脸色不对,连忙说:"普天之下,像老师这'高帽子'的人又能有几个啊!"老师听了频频点头,说:"你这话说得也不是没有一点道理。"

那个人从老师家出来,无限惋惜地对别人说:"我备下的这100顶高帽子,如今只剩下99顶了。"

喜欢戴"高帽子"是人的一大弱点。大人如此,小孩也不例外。只要送得巧妙,没有人不欣然接受的。教师,也可尝试一下带着"高帽子"去上课。

不过,教师给学生戴"高帽子"是一种赏识教育,一种激励教育。即教师大力肯定学生的优点,细心发掘学生的闪光点,哪怕是一些十分微小的闪光点,真心实意地表扬鼓励学生,让优生心理获得极大的满足,体验成就感,继续发愤努力;让差生获得一份意外的惊喜,体验自尊感,由此看到希望,明白努力的方向。无数的教育案例表明,给学生戴"高帽子",激励效果非常显著。

[教育案例]

放大美好

一位德高望重的老校长，当他发现有一位老师总是在抱怨自己的学生这也不是那也不行之时，只是悄悄地将那位老师请进校长办公室，当面展开一张洁白无瑕的宣纸，用水笔在其中加了一点，在侧旁写下了“放大美好”四个遒劲有力的大字。

老校长抬起头，充满期待的目光注视着远方，在那个时刻，这位老师终于明白了老校长的含意：孩子是一张刚刚展开的崭新的宣纸，其中的小黑点是如此的微不足道啊！

每个孩子都是有着独特个性的人，每个孩子之间总是有差异的，每个孩子都处在发展变化之中。放大美好，需要擦亮赏识的慧眼，需要一颗宽容之心，需要走进孩子的心灵，努力寻找每个孩子的优点、特长，寻找每个孩子身上的闪光点。

然而，由于多方面的原因，很多教师不愿、或不会给学生戴“高帽子”。

有个实验统计资料表明：一般学校中，老师对学生使用消极语言和鼓励启迪性语言的比例是3∶1。在教学过程中，教师不尊重学生人格，不尊重学生差异，歧视、侮辱、恐吓、体罚学生，强求、压制、扭曲学生劳动成果的现象比较普遍，比较严重，有的甚至触目惊心。这些现象，一方面造成了学生(特别是小学生)神情恍惚、精神紧张、胆小怕事、缺乏自信，课内不参与或少参与，课外怕见教师，学业不佳或下滑的后果；另一方面教师对学生身体和心灵“施暴”的同时，也损害了教师形象，教师自己因大动肝火，而脸红脖粗、嗓子嘶哑、身心疲惫、痛苦不堪。这种师生身心共同伤害的状况令人揪心，应该反省。

美国心理学家威廉·詹姆斯说：“人类本性上最深的企图之一是期望得到称赞，渴望赞美是深藏于人们心中的一种基本需要。”

一位诗人说：“如果一朵花不美，就请欣赏它的叶子；如果叶子不美，就请赞美它的枝干；如果枝干不美，就请赞叹它的根茎；如果根基也不能使你产生情感的冲动，那么你总该为它是一株蓬勃的生命而讴歌。”

许多名师在这方面取得了可喜的成就，为我们作出了榜样，实现了学生学得愉快、教师教得轻松的“双赢”。真可谓“贻人玫瑰，手有余香”。

[教学案例]

“高帽子”满堂飞

我多次听过于永正、支玉恒等特级教师的课，他们的课堂上更是“高帽子”满天飞，而且教师送得巧、送得新，无不给观摩教师留下深刻印象。特级教师孙双金干脆说：“我上课时，口袋里总是装满了‘高帽子’。”因而，他的课常常上得学生“小脸发红，小眼发光，小手常举，小嘴常开”，达到学生敢参与、会参与、动真情、长智慧的理想教育境界，令我们这些同行羡慕不已。

作为学生，特别是小学生，他们不可能有成人的那份成熟与自信。在其成长过程中，他们需要的是关怀、激励和必不可少的赞美，还有那说起来不好听、而人人爱戴的“高帽子”。虽然“高帽子”也不一定都是灵丹妙药，一送便受，一戴就灵，但很多时候，“高帽子”的威力的确是不容置疑的。

分忧是一种帮助

[生活事例]

烦恼树

一位运气特糟的水管工到雇主家去干活。头一天，先是因为车子轮胎爆裂，耽误了一个小时，再就是电钻坏了，最后呢，开来的那辆老爷车趴了窝。他收工后，雇主开车把他送回去。

到了家门前，水管工邀请雇主去坐坐。在门口，满脸晦气的水管工没有马上进去，沉默了一会儿，他伸出双手，抚摸门旁一棵小树的树丫。待到门打开，水管工笑逐颜开，和两个孩子紧紧拥抱，再给迎上来的妻子一个响亮的吻。在家里，水管工喜气洋洋地招待这位新朋友。

雇主离开时按捺不住好奇心，问："刚才你在门口的动作，有什么用意吗？"水管工爽快地回答："有，这是我的'烦恼树'。我到外面工作，磕磕碰碰，总是有的。可烦恼不能带进家门，这里有太太和孩子嘛。我就把它们挂在了树上，让这棵树替我保管着。奇怪的是，第二天我到树前去时，'烦恼'大半都不见了。"

烦恼，谁没有呢？别看现在学生的年纪小，可烦恼却不少。带着满腹烦恼来学习，或是参加各项活动，他们能全身心投入吗？但如果他们都能像那位水管工一样，不时地把"烦恼"挂在树上，那开心的时候不就多了吗？我们的孩子该有一棵"烦恼树"！

它，不一定在家门口，可以是无形的，栽在心田一角，更应该是有形的，有着某种宣泄的对象。教师不就是孩子们最好的"烦恼树"吗？给身处于困境中的学生排忧解难，保证他们无忧无虑、自由自在地享受校园的学习生活。当学生把各自的烦恼放心地交给教师时，教师也许会感到教育工作的繁杂，但身涉其中，便会体会到它的神圣与重要。其实，"烦恼树"解决问题的方式是极其丰富的：它可以是耐心的倾听，是温情的叮咛，是鼓励的手势，是关切的眼神，是宽容的微笑……

[教育案例]

烦恼调解员[①]

近来，发现班里的一名学生变化很大：原本，他是那样活泼上进且口才极棒，如今却变得十分沉默消极，不愿与人交往。从一年级到四年级一直品学兼优的他一下子便失去了对学习的热情：课堂中不再出现他踊跃发言的身影；遇到难题，他也不再跃跃欲试；就连他最为之骄傲的数学考试也没能拿到满分。总之，此时的他与从前判若两人。看到他变化如此之大，我不禁暗暗着急。我隐约感觉到：某件事正困扰着孩子，使他无比烦恼。

通过多方面打听，我终于了解到孩子父母的关系一直不好，这阵子，矛盾升级了，夫妻俩正闹离婚。

我决定先找他谈一谈。望着那闪烁的目光，我对他说："每个家庭都有不同的矛盾，只是谁也不愿将它暴露出来。也许，你父母的问题并没有你

① 江苏省南通市鹤涛小学　陆春虹

想象的那样严重。如果你相信老师，我愿意和你的父母去谈一谈，说不定事情还有回旋的余地呢！你说，怎么样？”我的话音刚落，他的目光一下子从手指移到我的脸庞，嘴张了张，却没有发出声音而后轻轻地点了点头。于是，我继续说道：“同意了？老师向你保证，会尽力去完成这件事情。但我想向你提个要求：既然你把问题交给了我，就请你完全信任老师，自己不要再沉溺于此，我特别希望你能尽快恢复到原来的自己。这也算是我帮你的条件吧！如果同意，那我们就握个手。”我听到自己的心“怦怦”地跳着，心想：如果手没有伸过来，我该怎么说，怎么做呢？然而就在这时，那只手伸在了我的面前，我立刻用力地握住了它。

那次谈话之后，我开始了调解工作，先是分别找他的父母单独谈话，帮助他们消除一些与对方的隔阂。然后又把他们一起请到学校，让他们看看自己儿子在学校里的优异表现，请他们为了自己，更为了他们共同拥有的如此优秀的儿子，一定要珍惜这段婚姻，珍惜他们共有的家庭。

功夫不负有心人，通过我不厌其烦的劝解，这对夫妇的态度有了明显的转变，危机警报也开始消除……

对学生而言，教师要敢于担当学生的“烦恼树”，帮助学生减少或消除生活中的烦恼和学习中的烦恼，这样的教师是学生的知心人和贴心人。

然而，教师自己也是凡人，有时也不可避免地有烦恼，但我们教师在走进教室时，千万不能把烦恼带进教室，甚至带进学生的心田，这就需要教师具有超越凡人的心胸。当然，教师也可以向学校申请调课或代课，来避开自己烦恼的“发作期”。

[教育案例]

老师的“情绪假”①

身体不舒服导致心情烦躁、家中有事带来情绪焦虑……当老师在上课前有这样那样的情绪问题时，可以申请调课，也可以请半天假，由学校的领导为其代课。沈阳市皇姑区岐山三校日前在教师中推行的“情绪假”引起社会关注。

“‘情绪假’就是教师消极情绪回避制度。”校长赵美君说。故事得从去年下学期开学时说起。2005 年 9 月，赵美君出任岐山三校校长。新校长

① 2006 年 5 月 11 日《人民日报》

对学校的情况不熟悉,就在学校里作了两次调查。10月的一天,200多名高年级的同学被"秘密"请到一间大教室里,每个人都拿到了一张"征询意见卡",要他们回答,"你喜欢什么样的老师?"调查结果给学校领导们上了一课:那些最受学生欢迎的老师,不是所教班级学生成绩最好的,而是和蔼可亲、幽默风趣的"大朋友"。另外一份给老师的问卷结果却让人皱眉头:多数老师感到工作压力大,"放松不下来"。

做了10多年班主任,又当了10年校长的赵美君对老师的感受特别理解:新课改对教师的要求提高、家长的高期望值、过长的工作时间和不能与之成比例的工资待遇等,都容易使教师出现心情烦躁、情绪低落等心理问题。以前老师情绪恶劣时,除了上课前做深呼吸自我调整,别无他法。要想课堂气氛活跃,要想学生的心理健康,老师的心里首先要充满阳光。

之后发生的一件事让赵美君拿定了主意。一次,一位姓韩的老师和学生家长发生争执,家长带几名亲戚和同事前来"兴师问罪"。校长室里,韩老师委屈得哭了一个中午,下午有课,她只好抹两把眼泪上课去了。"这课能上好吗?"赵美君心里直打鼓,这让她受到启发——何不给老师放个"情绪假"?

曾经请过"情绪假"的刘老师告诉记者,那天家里有难事,自己心里特别乱,上课也是"赶鸭子上架",索性请了假。"老师脸上的表情是孩子心情的指针,现在讲究互动教学,就更需要老师情绪饱满、心情舒畅。这个制度特别好,虽然不一定非得请假,但让老师觉得心里热乎乎的。"刘老师说起这事来夸个不停。一位班主任老师说,过去比如和家人闹矛盾时,自己心情不好还要硬撑着上课,自己都不知道讲的是什么,现在有了"情绪假"制度,调整好了心情再重新上课,对自己和学生都有利。

家长们对此反应如何?岐山三校向家长发出800张问卷征集对"情绪假"的意见,收回来的690张问卷中,赞成的占92%,家长们觉得"情绪假"有利于孩子们的愉快学习。

另外8%的家长表达了他们的担忧:老师放假了,孩子们的课不就落下了吗?为了不耽误课程,"回避制度"里立下规矩:在教师"回避"期间,由学校的中层以上领导负责代课。记者看到,"回避制度"里明明白白地写着:"凡代课领导日常要通读教材,尤其要侧重备好分管学科的课,随时随地准备进入课堂。"这下领导的担子重了,平时既要做好"替补队员",还要做好"队医"——"代课领导要经常深入年级组,与所分管学科的教师谈话、沟通,帮助教师及时调节心态,解决其在生活和工作上遇到的难题。"赵校长说。

“其实叫‘情绪假’也不太准确。”赵美君解释说。原来，老师提出不能上课时，一般选择调课，即使“放假”半天，老师也通常呆在学校里干干别的事：可以到“健身放松活动室”打打乒乓球，也可以到“温馨之家”里听听音乐、看看报纸，还可以到“悄悄话室”直接找校长唠唠嗑，学校还请来了专业的心理咨询师呢！当然，如果老师提出回家调整状态，也是允许的。赵校长说，他们平时就注意从多方面做好老师们的心理健康工作，好的课堂效果“功夫在课外”，“情绪假”属于应急制度。

四年级一班的孙佳琦同学对老师“情绪假”有自己的看法：“老师又不是机器人，肯定有闹情绪的时候。以前看老师脸色难看，课堂上就死气沉沉的，同学们主动举手的少了，回答问题的声音也小了。自从老师有了‘情绪假’，我们看到老师的笑脸比以前多了！”记者在一份家长问卷中看到，一名学生家长还呼吁自己的单位也放放“情绪假”，她是一名医生。

宽容是一种胸怀

[生活事例]

祈祷

世界冠军的拳击手杰克，每次比赛前必先安静地祈祷一会儿。一个朋友问他：“你在祈祷打赢吗？”杰克摇摇头说：“如果我祈祷自己打赢，而我的对手也祈祷自己打赢，那上帝会很难办的。”朋友很奇怪：“那你到底在祈祷什么？”杰克说：“我只是在祈祷上帝让我打得漂漂亮亮的！最好让我们谁都别受伤！”

教师是太阳底下最特殊的职业，这个职业要求从业者学会宽容。有了宽容，教育往往会收到意想不到的效果。

首先要容人。

长期以来，老师受学生尊敬惯了，容易养成高高在上、唯我独尊的潜意识心态。如今社会进入了张扬个性的时代，老师如果没有一点“容纳异己”的肚量，难免缺少教育的耐心。

[教育案例]

“没有规定上课不准喝水”

有一次，一位学生边听课边喝水，授课的老师叫他站起来。谁知这位学生站起来后却说：“老师，《中学生日常行为规范》没有规定上课不准喝水。”说完后，竟坦然坐下。

我得知这事后，对喝水的学生说：“我今天要表扬你。”他一愣，似乎以为我在说反话。我接着说：“你处处以《规范》来约束自己，说明你的心里有一把尺子，明白什么该做什么不该做。能用理性来控制自己的行为，这是一个人走向成熟的标志；另外，你能站起来回答老师，说明你懂礼貌，这也印证了你对《规范》的遵守。”听到我的表扬，他反而露出了羞愧的神色，连连说：“老师，我错了。”我顺势反问道：“你错在哪儿了？”“我不该在课堂上喝水。”“很好，下去想一想为什么课堂上不能喝水？并把这个观点阐述清楚，写一篇议论文。”我认真地对他说。

后来，他真的交来一篇作文。文章分析得很透彻：我们的行为除了法律法规必须遵守外，还要符合道德规范，不能以《规范》没有规定为理由钻空子。《规范》没有规定上课不准喝酒，你能喝吗？也没有规定不准把宠物带到学校，你能带吗？这些都是约定俗成的道德规范，毋须规定。

其次要容言。

“师者，传道授业解惑也。”多少年来，在人们的心目中老师总是知识和智慧的化身，久而久之，老师自己也犯了迷糊，听不进不同的意见。其实，人如同一个圆点，自己的面积大了，与外界的接触面就大，就越发知道自己的无知。端正心态，正是察纳雅言的前提。

[教育案例]

我的三大罪状

一次早读，拿起一位学生的书安排早读内容。当翻到《孔雀东南飞》一文时,“我看金乾波”五个字赫然出现在眼前,在我的名字“金乾波”下面,列有三大罪状:“自命不凡,喜欢自吹自擂;好为人师,患人之不己知;教学经验寡陋,有误人子弟之嫌。”

初看时我血往上涌,再看时我心平静,看第三遍时我心坦然。虽然她写得不够客观,但毕竟有些道理。下课了,这位学生跑到办公室向我道歉,发现我把她写在书上的这段话抄录下来,贴到了办公室显眼的位置。

后来,这位学生在日记中专门写了一篇检讨,说自己是一个好卖弄的人,当时有所感触,便一挥而就,请我原谅。我在这篇检讨下面批道:“我应该感谢你才对,认识自己是很难的,你帮助我更清醒地看清了自己。从这方面讲,你是我的老师。”元旦到了,这位学生送给我一个书签,上面写道:“老师,每次看到您,我都想起了‘落红不是无情物,化作春泥更护花’这句诗。”

再次要容事。

有的事发生得很突然,倘若老师能以宽容之心冷静对待,或许不好的事也会变成好事。

[教学案例]

别让学生成为惊弓之鸟

一次上英语课,突然飞来一只美丽的小鸟,教室里顿时哗然。一位学生一边喊着“老师,我给您逮回来”,一边离开座位扑向小鸟。结果,好端端的一节英语课泡汤了,逮鸟的学生被停课三天,受到学校的警告处分。

无独有偶,没过几天,仍然是这个班在上课。天空乌云翻滚,突然降下了很大的冰雹。这可是很稀奇的事,但学生们学了一次乖,只是伸长脖子向外望,而不敢轻举妄动。此时,老师大手一挥道:“到教室外去看吧!”三五分钟后,学生们自觉地回到教室。可是,老师并未继续讲《荷塘月色》,而是引导学生围绕冰雹展开联想,并让大家当堂写篇作文。想不到这次作文出奇得好,学生写出了自己的惊喜,更写出了自己的心疼,因为冰雹毁了田地里的庄稼,父老乡亲又要吃苦了。《荷塘月色》今天上不成了可以明天上,冰雹却可遇而不可求。

宽容,真是一种智慧,能使人处理问题游刃有余。

“世界上最宽阔的是海洋,比海洋宽阔的是天空,比天空宽阔的是人的胸怀。”做个宽容的老师,是一件多么美妙的事情。

师生关系连连看3

教师：平心而论——学生：同声相应？

阅读思考：

◇“蹲下身子”与“举起孩子”，教师怎样与学生平视？

◇在名人、伟人、长者面前，学生该如何站立？

◇教师该怎样对待学生的“自说自话”？

◇当师生角色置换后，教学会出现怎样的反应？

◇教师聆听“花开”的声音，能听到些什么？

“蹲下身子”的风景

我们的温家宝总理有“平民总理”的美称，就因为他能深入群众，看到高高在上所看不到的世间美丑善恶、人间喜怒哀乐，由此能呼吸着群众的空气，感应着群众的呼声。的确，生活中，一些人的成功，就在于他们“能屈能伸”，看到“蹲下身子”才能看到的“风景”，这正是其他人所忽视或不屑一顾的视域。

[生活事例]

《陪妈妈逛街》

一位培养出三位博士生女儿的妈妈向记者讲述了这样一个故事——

十多年以前，她的女儿正在上幼儿园。有一天，她看到了女儿的一张绘画作品。当时，她一下子就怔住了。孩子总是充满了想象，孩子的世界也应该是一个充满了想象的世界。可是，在她女儿的一幅名为《陪妈妈逛街》的画中，既没有高楼大厦，也没有车水马龙，更没有琳琅满目的商品，有的只是数不清的大人们的腿……

奇怪！她拿着女儿的画深思了很久，终于解开了疑惑。原来，幼小的孩子还只有几岁，身高也几乎只能达到大人的腰部。走在大街上，川流不息的人群将孩子遮掩着，孩子除了能看到大人们的腿，还能看到什么呢？

女教师如梦初醒。是啊，孩子们上街看到的不是高楼大厦和车水马龙，而是大人们的腿，这是他们的身高决定的；学生对很多问题疑惑不解，这是由他们的年龄、智力和见识决定的；并不是每个孩子都能用和大人相同的视角来看待社会……

上述事例中，女教师正是“蹲下身子”后才会有如此深刻的感悟，获得了对教育的一些启发。

联想到我们的教育，有时正是教师的身高挡住了学生的视线，挡住了知识的“风景”，此时，就需要教师能蹲下身来，让学生能看得清清楚楚、明明白白。

[教学案例]

假范写？真范写？

一位教师在教学一年级的课文《一去二三里》时，课前作了充分的准备，均将田字格画在黑板中间偏上一点的部位(这是最利于教师把字写漂亮的位置)。上课时，教师转过身子要范写“一”，身子正好挡住了学生的视线。教师边写边提醒学生：“小朋友，写好‘一’字并不是很容易，要落笔重，行笔快，收笔往下顿一顿，还要注意稍稍往上斜。下面，小朋友在书上的田字格里写一个。”因为后面坐着听课的教师，学生虽然很想目睹教师所说的如何起笔、行笔、收笔，但为了遵守纪律，只好呆坐在位子上不动。“只闻得教师说，未见到教师写。”这样的范写不是真正的范写。

北京的许老师在教学《识字 4　日月明》时，她的范写给人留下了深刻的印象。在课件演示了“手”的书写顺序后，许老师要当堂进行范写。只见她把田字格画在黑板的最高处，在范写前说：“为了让小朋友看得清楚，老师把田字格画大点儿，蹲下身子写，如果还有小朋友看不清，可以站起来，也可以离开座位看。”一个小小的举动，几句短短的话语，将范写落到了实处。这才是真正意义上的范写。

在我们的课堂，在讲台上高高站着的老师，以成人的思维方式和已有的生活经历滔滔不绝地给学生一味地讲授时，可曾想过“蹲下来拾起童心”？站在和学生一样的高度去思考他们的问题，解答他们的疑惑，感受他们的感受，快乐他们的快乐，帮助学生走进自己的课堂。

[教学案例]

“老师，您坐下来看”①

教学苏教版课程标准数学教材三年级上册的“观察物体”。课前，我给

① 江苏高邮市天山中心小学　朱宇

每组的学生准备了三个同样大小的正方体，以便他们在上课时拼摆、观察。

上课后，我先投影出示右图，并引导学生先摆一摆，再画出从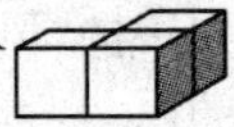侧面看到的图形。

经过一番操作、观察，绝大多数学生画出了下边的图形，大大出乎我的预料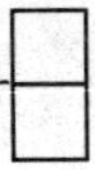。没道理呀！从侧面看到的图形应该是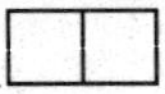。不行，得让学生再观察观察。然而，不少学生第二次观察后仍然坚持自己的意见。

我刚准备说些什么，这时，小红同学大声地对我说："不信，老师，您坐下来看！"

坐下来看？我边琢磨着，边来到小红旁边。小红站起身，把她的座位让给了我。

位置太小，很不舒服！真难为他们了！更难为的是，与我们视线的水平线相比，小正方体位置太低。我只得和他们一样，把头向右侧过去——

我愣住了：眼前看到的分明是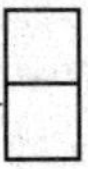，和他们说的完全一样。原先水平的两个正方形竟然"立"了起来！

我一下子全明白了：从侧面看，不等于侧过头看。侧面与正面的区别不等于视角的"侧"与"正"，而在于观察者是否以身体正对物体的侧面，视线是否垂直于物体的侧面。

怨不得孩子们！在我们成人的"想当然"中，侧面、正面的内涵十分浅显、简单。然而，孩子们究竟如何看待这两个问题，他们的想法和我们一样吗？说实话，这些问题我们关注得太少。现在看来，这当中的细节因素，如视角的调节、位置的移动等，就很值得我们仔细琢磨。

不需要再解释什么了。我真诚地邀请孩子们把身体移到小正方体的侧面来，并再一次进行观察。"噢，原来是这样！"问题迎刃而解。

我们时常挂在嘴边的一句话是：站在孩子们的角度看问题。然而，我们却常常不自觉地以自己的思维替代孩子们的思考，以自己的主观臆断推测孩子们的认识。看来，是到"坐下来看看"的时候了！

另一方面，教师还可以把孩子"抱举"起来，让他们能看得更高远，观赏原来在下面无法看到的"美丽风景"。

教师能"坐下来"、"蹲下来"、"抱起来"，不仅是教育观念的转变——教师要尊重欣赏和宽容学生，也是教学理念的转变——课堂是师生间对话的课堂。

教师要尊重和欣赏学生的独特感受和多元见解，不排斥学生在学习过程中的“节外生枝”，在课堂上学生不再是唯唯诺诺、亦步亦趋、小心翼翼的。在宽松和谐的学习环境中，没有了学生对“师道与讲台”的敬畏，有的是老师拾起童心后的“绵绵磁力”，吸引着每一个学生进行智慧的碰撞、情感的融合、心灵的交互。在这样的磁场中，学生的思绪得以飞扬，灵感得以激发，学习更具挑战，更有智慧。

[教学案例]

《四个太阳》

一个教师在教学《四个太阳》时，让学生画一画自己最喜欢的一个太阳。一个学生在黑板上画了一个很大很大的绿太阳，不仅画出了太阳的光芒，而且画出了太阳的笑脸，非常有趣。可惜教师嫌画得太大，担心其他的高山、田野等景物画不下，就擦去了。后来再画的都没有第一个画得好，教师只好自己画了一个不大不小的太阳，可惜的是再也看不到原先那个太阳所特有的神采了，学生们也都喜欢被擦掉的那一个太阳。

要知道，儿童眼中的太阳就是这么大，就是那么露着笑脸，这是儿童的世界。如果我们不懂他们独特的语言和情感，那么教学必定难以激发儿童鲜活的生命力。我们不应把儿童看作未完成的作品，然后按照成人自己的人生预设去塑造他们；也不应该从成人的精神需要出发去利用儿童，而应该从儿童自己的原始生命欲求去解放和发展儿童。可以说，有什么样的儿童观就有什么样的教学。

如果你的眼中真正有学生，不论何时何地，你都会设身处地地对学生“多看一眼”、“多问一下”、“多想一层”，不管是“平坐”还是“蹲身”，这都是教师重视学生、信任学生、理解并尊重学生的一种自觉表现。特别对于一些看来不合乎规矩的学生，不妨试试“多看一眼”、“多问一下”、“多想一层”。

[生活事例]

《狼来了》故事的再思考

艳阳天，山坡上，一群羊儿在安静地吃草。除了放羊的孩子，山坡上没有第二个人。明晃晃的阳光，努力撞击着沉闷的空气。

突然，冒出一声叫喊。小男孩朝着山下喊道："狼来了！"

于是，故事开始了。山下的大人跑上山坡，他们看不到狼，这只是小男孩的一个玩笑。于是，斥责声充满了整个山坡……

很久，声音渐渐小了，没了，山坡上除了草、羊，就是小男孩。小男孩好寂寞。"狼来了！狼来了！"他再一次发出叫喊声。

纷纷涌来的人群再次爬上山坡，依旧没狼，等待男孩的，依旧是劈头盖脸的叱骂。

后来，狼来了，真的来了。小男孩朝着山坡下声嘶力竭地叫喊，"狼来了！狼来了！……"没有人再理他，羊被狼吃掉了。

故事到此似乎可以结束了。但是，善良的人们，小男孩呢？他在哪里？他后来怎么样了？他为什么要一而再地说谎呢？这些，有人关心过吗？

当时，跑上山坡的大人，有谁愿意俯下身与男孩平视？有谁会收住斥责，温柔地询问男孩？没有，一个人也没有，大家都忙，没有时间，没有心思去理会。

一直以来，我们如跑上山的大人一样，乐于谴责小男孩的说谎行为。我们习惯了居高临下，习惯了用批判的眼神来打量孩子们的行为，审度着他们的思维。

而事实上，世界上没有无缘无故的说谎。放羊的小孩是那么孤单，那么寂寞。他只是一个小孩子，他只是那么强烈地渴求着与人的交流。"狼来了"是他到达他所向往的热闹和他所渴求的交流的最直接的途径。

然而，小男孩的这种行为能赢得我们多少真正的理解和同情？又能获得我们多少温情的疏通与引导呢？我们没有花费精力去追究"说谎"到底是一种什么样的经过，我们忽略了小男孩的交往和心理需求。客观上，是因为大人粗糙的情感，没有"多想一想"，而使说谎变成了小男孩一种追求热闹的途径，他无法找到排除寂寞的方法，他只能不断说谎，为自己的心灵呐喊。

在学校教育中，教师应该站在学生的角度"多看一看，多问一问，多想一想"，结果可能就多了一份沟通与理解，一些不可思议的事情就变得心领神会了。

[教学案例]

"多看了一眼"①

在学期中，学校领导安排我临时代五(2)班数学。面对一个即将接手的新班级，我提前来到教室。

随着清脆的上课铃声，班长喊"起立"。我微笑着看了看全班同学并鞠躬向学生们答礼，蓦地发现最前排的一个同学坐在那里没有"起立"，和其他同学一样还微笑地看着我。"师道尊严"使我暗暗地吃了一惊，他竟然在老师的眼皮底下和老师作对，肯定是一个调皮捣乱、爱耍小聪明的学生。我扫了一眼座次表，迅速记住他叫王××。我装作没有看见一样，继续微笑着与学生们进行了授课前的谈话交流，但目光不时地投向这位对我失礼的学生。王××不但没有暗自悔改的意思，而且还若无其事地看着我，时而心领神会地向我点点头，他的表现却使我非常的意外。

在进行数学反馈练习时，我有意识地让王××到黑板上作示范练习。我惊奇地发现，他站起来的时候竟然和坐着一般高，个头儿出奇的矮，几乎够不到黑板。我快速搬来凳子让他踩着去完成黑板上练习题，他字迹工整，书写规范，答案正确。我思忖：这完全是一个学习极为认真的好学生啊。当他回到座位落座时，双脚悬在那儿还够不着教室的地面，但脸上仍然带着自信和微笑。直觉告诉我，这名学生对我没有失礼。我暗自庆幸多看了他一眼才没有批评他，否则将伤害了无辜，更重要的是伤害了学生的自尊。

课后，我从侧面了解到他患有先天性心脏病，初次到班级上课的教师常会因他个头矮(站着和坐着一样高)闹出对老师不尊敬的笑话，这使我对教师盲目自尊而感到愧疚不安。

"多看一眼"，有时不是多余的，多看一眼的眼光里充满了冷静，能去除虚泛的表象，接近事物的内在本质，能启发我们思考，从而使我们看得广，看得深，看得透。

① 江苏省赣榆县班庄镇第二中心小学　高家顿

“挺直腰杆”的风姿

[教学案例]

“跪下学”①

在分析《为中华之崛起而读书》这篇课文的后半部分时，老师先要学生朗读周恩来回答魏校长的那一句话：为中华之崛起而读书！要求读出铿锵有力的语气，一遍又一遍，当读得颇有一些激情时，老师问大家：“周恩来这时几岁？”

同学们齐声回答：“十二三岁。”

老师接过话儿：“是啊，他这个时候还只有十二三岁呐！同学们，你们现在几岁？”

几乎又是齐声回答：“十二岁。”有几个说：“十三岁。”

老师睁大眼睛，逼视着大家：“你们的年纪和当年的周恩来差不多，你们有他这样伟大的志气吗？”

学生们不假思索：“没有。”

“是的，我们谁也没有他这样的伟大志气！可是，周恩来从小就有，多么了不起啊！让我们再来好好朗读一遍。”

《为中华之崛起而读书》，是小学四年级所学的一篇课文。周恩来是伟大的，从小就胸有大志，但他的这种志气，并不是生下来就有的，也不是无缘无故产生的，而是在耳闻目睹各种事实之后才渐渐形成的，特别是在外国租界地看到的那一幕，才使他对“中华不振”有了更深的理解；如今的学生也许确实没有周恩来小时候这样的志气，但这不是他们的错，因为志气

---

① 浙江杭州市萧山区教育局教研室　朱华贤

是在特定的时代和条件下形成的，志气不是空穴来风。

我们的教育并不是让学生在对比中，跪倒在伟人脚下，然后察出自己的渺小和卑微，也不是为了使学生生发一种自卑感，让他们在忏悔中醒悟。假如这样，我们的教育就是失败的。可是，我们有些教师在教育中，总是有意无意地在让学生一次又一次地“跪下”，特别是在教那些赞扬伟大人物或英雄人物的内容时，有的故意拉大学生与文本人物的距离，用贬抑孩子的方法来抬高伟人，有的要学生在自己的忏悔声中“趴下”，然后用教徒般虔诚的眼神去仰望文中的人物。这无疑是可悲的，是一种可怜虫式的教育。

我们的教育应该让学生挺直腰杆站起来，让他们感到有自信，感到有尊严，让他们可以理直气壮地与文本中的伟人直接对话，产生共鸣，沟通感情，让他们感觉到我们也可以成为伟人。因为我们的教育是培养人，塑造人，让教育对象成为一个大写的人。

同样是教这篇课文，同样是分析这一部分，另一位教师是这样启发的——

[教学案例]

“挺直学”

“同学们，周恩来回答校长的这一句‘为中华之崛起而读书’是在1910年，距今将近100年了。沧海桑田，如今，我们中华大地早已发生了天翻地覆的变化，外国租界没有了，中国人自己当家作主了，香港澳门回归了，我们的神五、神六相继飞上了天，特别是改革开放后，我们的经济实力大大增强了。但是，我们在世界上的国际地位还很低，我国人均收入在196个国家中排名还在100位以外，就是说，还处在中等偏下的水平。前几天，我在看电视时了解到：我们生产一台彩电，卖到国外，只有二三斤苹果的利润，为什么呢？因为彩电中的核心技术是从国外引进的，我们必须支付知识产权费。许多高科技产品，我们只是制造，而不能自主创造。因此，中华民族仍然面临着重新崛起的重大现实。同学们，我们现在还是学生，再过十年、二十年，就是我们大显身手的时候了，我们有没有像当年周恩来那样‘为中华之崛起而读书’的志气呢？”

面对这番有理有据、充满激情的话，全班同学群情振奋，齐声回答：“有！”

“好！让我们充满激情地朗读一遍。”朗读中，流淌着强烈的自豪和坚定的信念之情。

教育的最终目的是什么？就是让人活得有自信，有尊严，不管面对的是谁。让人“趴”着学，只会让人越学越矮，越学越没自信；让人“挺直腰杆”学，必然会振奋精神，鼓舞志气，然后表现在实际行动上。

[教育案例]

让孩子结识校长

德国的一所公立小学，对1990年本校毕业的300名学生，进行了长达15年的“成长追踪”。

最近，他们整理出了追踪结果，并发现了一个非常有趣的现象。300名毕业生，分别上完初中、高中和大学，并陆续走上工作岗位以后，已经得到提拔重用的有68人。而令人难以置信的是，在这68人中，当初在小学时，有33人给校长写过信，有20人与校长共进过午餐，有12人参加过学校组织的演讲活动。也就是说，68个最先得到社会认可也最先找到用武之地的学生中，有65个在小学时都结识校长，占95.6%。

经过反复的分析和研究，他们得出一个结论，凡是上小学时就能结识校长的人，一般都具备三个特征：一是不怵权威，二是善于与人沟通，三是乐于在“大人物”面前自我表现。

于是，在威尔逊校长和老师们的倡导下，这所小学开始开展了一系列的“勇敢者活动”，引导孩子们通过写信、发邮件、打电话等不同的形式，关心时事，关心环境，关心他人，并进而结识校长和各种各样的“大人物”。

联想到我们中国的许多校长，他们经常忙于公务，曾经有人说中国的校长大多是“外交校长”。但愿我们的校长能多花些时间与学生“打交道”，做一个“业务校长”、“平民校长”。

"花言巧语"的美丽

在教学中，对话应该针对学生的特点确定对话难度、组织对话活动。教学中，学生是利用自己特有的知识经验、价值立场和生活经历对知识进行着个人化的意义建构。"成人的世界"与"儿童的世界"是完全不同的两个世界，我们就应该走进去拥抱"儿童的世界"，以"儿童的方式"去观照、去解读，因此教师应力戒用成人的标准要求学生。

[教学案例]

"花儿为什么会有很多种颜色?"

一位老师问小学生："花儿为什么会有很多种颜色?"有的说要是花儿只有一种颜色，太阳公公就不喜欢了；有的说要是花儿只有一种颜色，蜜蜂就不想吃了……结果这些回答都被老师判断是错误的。老师一本正经地说——错了！花儿之所以会有很多种颜色是因为花中有胡萝卜素等等。

尽管学生的回答与标准答案相去甚远，不符合逻辑和理性，但从中我们可以看到孩子的童真、童趣中包含着多么美丽的想象力，这恰恰是文学美的表达。老师应该在保护学生童真童趣的基础上告诉他们科学家的研究成果，而不是简单地否定。

[教学案例]

何必赤裸裸地拷问①

在三位教师执教过《云房子》后，有位教研室领导与学生展开了这样一番"对话"——

---

① 江苏省邳州市八义集镇中心小学　娄玉梅

师：同学们，今天听了这些老师上的课，你们开心吗？

生（齐）：开心。

师：那么你们想想今天老师的课（借班上课）与你们自己的老师上的这一课（原先老师已经上过了）一样吗？

生1：原来我们老师是把“云房子”画在纸上贴出来的，今天老师是让我们在座位上画的。

生2：我们老师没有让我们画书上没有的“云房子”，今天老师让我们随便画，我们还画了一些不是书上的“云房子”。

师：好，小朋友真会听课，下面老师要考考大家，“云房子”到底是什么东西呢？

生1：是云盖的房子。

生2：是小鸟造出来的房子。

生3：是白云。（听课老师向这位学生投去赞许的目光）

师：那么白云怎么变成房子呢？

生（齐）：是小鸟造的。

师：你看见小鸟造房子啦？

生1：不是我看到的，是风儿看到了。

生2：是蓝天看到了。

生3：太阳也看到了。

生4：是河流看到了，小草也看到了。（听课老师笑、沉思）

师：是谁告诉你是它们看到的？（生默不作声）

师：同学们，是课文告诉我们的，是书上的小朋友告诉我们的。是写课文的作者看到天上的云，就把它想象成了是小鸟造的各种各样的“云房子”。这是作者的想象……

紧接着这位教研室领导饶有兴致地指导学生读“有很高的大楼房，有很宽的大礼堂。有的像大冬瓜那样傻傻地横着，有的像花儿那样美美地开着，也有一点点小的，小得只可以住进一只小麻雀”这个段落。

尽管老师指导读时的表情很丰富，还不时地做着各种相应的动作，但孩子却似乎丝毫没有感应。那种“傻傻地”、“美美的”感觉似乎一下子难以找回来了。

这不得不让我们深思：语文课，尤其这种低年级的大多以童话体裁来成文的教材我们更多的是遵循这种童话的情趣来教学呢，还是偏重于以那种理性注解的方式来进行呢？

我们钻研教材的时候容易走进这样一个误区，就是“编者编这篇教材的目的是什么”？也就是我们更多地是站在“编写者”的角度去“了解和欣赏”，而不是站在儿童的角度、站在语文的角度，或者是站在文本教材所体现的特点这一角度去解读教材，所以我们思考的东西或许太理性化，或许太拘泥于一种方式、一种框框。

“文章是多方面的东西，一篇文章可以从种种视角去看，也可以用在种种的目标上”（叶圣陶语），但其解读又是有定数的，一切应从尊重学生的发展出发，从文本的基本价值、结构特点出发，所以我们不妨以“儿童的方式”解读教材。

儿童就是儿童，孩子的思维就是那么直观、视野就是那么狭窄、经验就是那么单薄、语言就是那么率真（“云房子”就是云做的房子），但孩子的想象是无穷的、是丰富的，“风儿看见小鸟造房子了”、“太阳看见小鸟造房子了”等等，多么奇妙的想象呀！然而话题一转，老师最后一个“理性的阐述”似乎把学生这种“美丽的想象”驱赶得一干二净，从孩子的表情看，他们完全没有豁然开朗的激动与喜悦（哟，这原来是作者的想象呀），尽管教师激动得很。他们仿佛很失望，他们心中或许都知道这一点，或者语言不能表达但都能意识到这一点，可我们为什么却步步紧逼呢，为何这般赤裸裸地拷问呢？

另外，在儿童作文中，由于成人过多的“指手画脚”，作文的“儿童”味正在越来越淡，主要表现在以下几方面：

1. **童情的缺失——虚假化**

小学生虚假作文的现象非常严重，胡编乱造现象十分普遍，动辄就搞“五子登科”——推车子、抱孩子、领瞎子、捡票子、让位子。为了得到一个高分，甚至编造父母双亡、离异、残疾的谎话，不惜拿父母的命运作假设。

2. **童真的流失——成人化**

儿童的面庞是最有生气的面庞，儿童的情感是最朴素的情感，儿童的思想是最灵动的思想。教师制定的成人化作文评价标准起了误导作用，使我们教出来的小学生一拿起笔来，就似乎成了成年人，想成人所想，说成人之话，表成人之情。

3. **童话的散失——僵硬化**

平时，与学生们随意交谈的时候，他们的语言富于幻想，富有朝气。然而，一到作文时，取而代之的是冠冕堂皇的公共语言，基本按照成人的喜好在说话，虽然四平八稳，甚至无懈可击，但说的不一定是他们自己想说的话。

4. 童意的丧失——机械化

教师对学生作文的指导也可谓细之又细，如何开头，如何承接，如何结尾，都有规矩；如何写事，如何写人，如何写景，都有格式。再推荐大量的“优秀作文”作为仿写范例。学生很多时候是为了作文而作文，他们经常按照老师的要求，把一些材料按一定的格式组装起来，形成立意相似、构思类同、表达接近的“孪生”作文。

余秋雨先生说过，作文是“生命与生命之间的表达与沟通”，而每一个生命都是独一无二、不能复制的个体，他们有着全然不同的先天禀赋和生命体验。因此，个性化是作文的“精神”，是用自由之笔，写自我之境，抒自得之情，表自觉之意。

那么，儿童的作文应该是怎样的呢？

1. 童心无忌——作文立意的个性化

在作文的时候，我们常能听到学生无奈的叹息或无力的反抗：老师，我没事可写！学生们真的无事可写吗？其实不然。现代儿童的生活接触面比起他们的前辈不知扩大了多少倍，他们缺乏的只是大人们需要的所谓的“有意义的事”。正是为了这类“有意义的事”，我们顺手把孩子们的思想清理干净了，然后“越俎代庖”，塞进去一些“好东西”。

[教学案例]

写“牛”[①]

一位小学生在一篇有关“牛”的文章中写道，牛不爱干净，身上脏兮兮的，还写牛身上的毛病多，结果遭到了家长的反对。然后在家长的指导下重新立意构思，定位为赞美老黄牛的奉献精神、吃苦精神，最终得到了老师的表扬。

2. 童趣盎然——作文思维的个性化

作文是一种创造性的思维过程。在文章的生成过程中，思维活动一直贯穿始终，并处于核心地位。没有个性化的思维，也就不可能有个性化的立意、布局、语言，也就没有个性化的作文。

---

① 浙江绍兴县孙端镇中心小学 徐初苗

[教学案例]

写“雨”

一位小学生在文章中这样写“雨”:“听着雨欢快地唱,便伸手抓雨,却什么也没有,扑了个空,我那只手可能是个特别的漏斗,过滤了心急的雨滴,留下了略带冰凉的小水渍和攀在手背上摇摇欲坠的小水滴。”这段文字可谓写得清新别致,富有鲜明的个性。

3. 童笔生花——作文形式的个性化

每一部具有独创性的艺术作品,如同它的内容是具体的独特的“这一个”一样,它的形式也是具体的独特的“这一个”,这是美学的基本原理。

什么是“有创意地表达”?学生的作文不同于作家的创作,教师不要以任何定规去捆绑孩子,不要让学生有“作文该不该这样写”的顾虑。我们应该鼓励学生在打好写作基础的前提下,大胆地发挥自己的创造力,给自己的文章寻找一个最有利于表达而又最符合自己个性的外部形式,更好地展示自己独特的写作个性。

4. 童言灿烂——作文语言的个性化

童年是充满幻想的岁月,儿童并不像成年人那样现实,他们更多地生活在物我一体、精神现实不分的状态。因此,他们是天生的“语言学家”和“浪漫主义作家”。

[教学案例]

“花儿为什么会开?”

一堂语文公开课,教师问学生:“花儿为什么会开?”第一个学生说:“她睡醒了,想看看太阳。”第二个学生说:“她一伸懒腰,就把花骨朵顶开了。”第三个学生说:“她想和小朋友比比,看谁穿得漂亮。”突然,有个学生问:“老师,您说呢?”老师想了想,说:“花儿特别懂事,她知道小朋友都喜欢她,就仰起脸,笑了。”其实,教师课前准备的答案是“花儿开了,因为春天来了。”

著名作家王旭峰说:“儿童写的东西,可以说是天使在说话。”我们要尊重他们的表达习惯,肯定、欣赏他们的“童话”,鼓励儿童把原汁原味的儿童话语写到作文中去。

语言是对话的中介，教学离不开师生之间的对话。教学中的对话是师与生、生与生之间在彼此平等、彼此倾听、彼此接纳、彼此敞开的基础上达成的双方视野的交融，是一种致力于相互理解、相互合作、相互激发、共同创造的精神或意识。教学中对话的形式和内容更多地应由对话的一方——学生的年龄特征而定，语言相应松动、生动一点，就有可能因“氧离子”的活化而换来课堂教学的活泼与美丽。数学教学亦不例外——

[教学案例]

“有趣的拼搭”

师：通过活动，你发现哪一种物体比较难堆？

生1：圆柱比较难堆。

师：为什么呢？

生1：因为它容易摔跤。

生2：球最难堆。它总是坐不住，的溜溜地滚。

……

[教学案例]

“分数的意义和写法”

师：我们已经知道了分数的意义，那么怎样书写分数呢？

教师刚要转身示范，发现有一名学生举手。

生：我想应该先写分母，再写分子。

师：对啊。你怎么知道的？

生：因为分母是母亲，分子是儿子。

……

[教学案例]

“轴对称图形”

师：学了新知识，你会举一些轴对称图形的例子吗？

生1：……

生4：人的屁股是对称的。

生 5(受生 4 影响):我妈妈的乳房是对称的。

……

与成人不同,数学在孩子眼中是五颜六色的。枯燥、生硬的数学"经典"知识,"播"在孩子那里,"扎根"的是孩子的实际生活,"浇灌"的是孩子的天真浪漫,这就可能"开"出了一些成人意想不到的"奇花异草"。有些孩子的语言似乎是"非数学化"的,例如"摔跤"、"坐不住"、"母亲"、"儿子"等,有些孩子的语言似乎是"荒诞不经"的,例如"屁股"、"乳房"等。如果我们转换视角,细细品味,就可以透视出孩子思维的真实性和广阔性,他们身在数学的小课堂,心却连着生活的大世界,跳出数学学数学,赋学习材料以生活意义和生命意义,使数学知识与现实生活及人的经验融合。在此意义上,小学数学更多的是生活化的数学、儿童化的数学。

言为心声,童言无忌。教师要善于听出学生"漂亮"语言的弦外之音、言外之意,发现他们谬误中蕴含的新奇、琐碎中寄托的真切、荒诞中包裹的合理,引导他们的思想抽穗、情感聚变、知识拔节。

哲学家马丁·布伯强调真正的对话是"从一个开放心灵者看到另一个开放心灵者之话语"。教师作为与学生对话的另一方,在教学中,"投其所好"地借机"美"言几句,同样能让课堂教学增色添彩。

[教学案例]

"最大公约数"

学习了互质数的意义后。

师:互质数没有公约数,这种说法对吗?

生:错。互质数有公约数 1。

师:那么,有公约数 1 的两个数是互质数吗?

生:不一定。公约数只有 1 的两个数是互质数。

师:你说得真好。互质数的公约数只有 1,它是独生子女啊。

……

[教学案例]

"真分数和假分数"

全课总结后。

师：你们认为，假分数是假的分数吗？

学生争辩。

正方：我们认为，假分数不是假的分数。因为它也有分数线、分母、分子，并且符合分数的意义。

反方：我们认为，假分数是假的分数。因为一些假分数实际上就是整数，还有一些假分数可以写成带分数，而带分数是由整数和真分数合成的数。

师：同学们说得都有道理。其实，真分数和假分数只是数学中对分数的一种分类方法，为了便于研究。在这里，你们可千万不要"打假"哦！

……

法国诗人布瓦洛说得好："一句漂亮的话之所以漂亮，就在于所说的东西是每个人都想过的，所说的方式是生动的、精妙的、新颖的。"

"漂亮"的语言，在教学中，至少可以有以下效用：一是活跃气氛。美丽的语言，学生百听不厌，带给学生一种美的享受，可以松弛学生紧张心理，激发学生学习兴趣；二是帮助理解。限于小学生的认知水平，有些抽象、空洞的知识难以用科学、规范的语言来解释清楚，而借用生活中的一些"土话"、事例或比喻、比拟等手法，就很容易帮助学生理解知识；三是加深印象。愉悦的语境、幽默的语调、形象的语言，可以促使知识转化为学生自己的语言背景，并进入潜意识，留在学生心中的不再是纯粹的知识，而是浸透着感情的"复合反应物"，带有很强的个性色彩，其在学生脑中的穿透力是深刻的、附着力是长久的。

"角色置换"的温暖

[生活事例]

"山过不来，我就过去"

有个年轻人，他要练移山的本领，30 年后他对朋友们说："我可以把山移到我的脚下。”于是好朋友都去看他是怎样移山的。时间慢慢过去了，他问大家：“山过去了吗？”朋友说：“没有啊！”于是在期待中很多人失望而归。过了许久，他又问：“山过去了吗？”回答的人依旧很失望，又有一部分人不等了。年轻人说：“和我一起来看看究竟是怎么回事。”于是大家跟着他一直走到山脚下，这时，他回过头来问大家：“山过来了吗？”大家都觉得上了当。年轻人却说：“我练了30年，才悟出了这个道理：山过不来，我就过去。”

“山过不来，我就过去”这是多么深刻的哲理啊！在我们的教育教学中不妨也来个“山过不来，我就过去”效应，有些事情不要强求，适当地换个位置，有时就会给你一个惊喜。

[教育案例]

“教老师怎样考试”①

上午最后一节是思品课，教完课文《学会关心别人》，想到下午要乘车去苏州参加考试，我就对孩子们说：“老师明天要当一回学生，去参加本科自学考试，现在你们是小老师，请你们每个人对老师说一句话，教老师怎样考试，行吗？”不一会，孩子们议论开了，一只只小手高高地举了起来。

“老师，考试的时候，你细心点儿，要认真审题，因为我每次考试都很粗心，所以没有好的成绩。”平时胆大的徐伟第一个抢着说。“谢谢你的提醒。”我朝他微笑着。

“老师，你乘车的时候要服一粒晕车药，靠窗口坐。到了住的地方要先休息一下，免得晕车影响明天的考试。”女孩游优细声细气地说着。“呀，你想得真周到。”想不到这些孩子平时观察挺仔细。

这时，我看到班内最令我操心的丁阳同学居然也举起了手。心想，听听他会说些什么：“老师，你不是最担心英语吗？只要你拥有一颗平常心，就一定能考好。”看着他一字一句地说着，同学们都笑了，我也忍不住地笑了起来。“你们笑什么，我说的是真话，我们考不好的时候，老师不也经常鼓励我们，让我们下次用功点吗？”这个机灵鬼，还挺有道理呢。

“老师，你一定要尽自己的本领考好。要不然，你回来我们不放过你！”

孩子们你一句，我一句，教室里好不热闹。我再也按捺不住内心的感

① 江苏省张家港市沙洲小学　陈惠芳

动，放下书本，大声说：“同学们，谢谢你们的爱，老师听了你们的建议，增添了许多信心。我一定会努力的，等着我的好消息吧！”

教育中，适当地进行“换位”，教师可以站在学生的位置想一想，给学生多一些宽容，也可以让学生站在教师的位置想一想，给一个空间让学生感受到教师的辛苦，对老师多一分理解。

以往的课堂教学总是教师在讲台上面传授知识，学生在下面接受知识，教师在不知不觉中沦为具有“知识传递功能”的人，而学生也在不知不觉中成为知识的接受容器，这样的师生关系纯粹是教学关系。曾有一位老师对他的学生说过这样的话：“我在上面‘卖命’，你们在下面‘养病’。”可见，始终单一的灌输式教学必将导致学生“昏昏欲睡”。

“卖命”与“养病”是由单一的教学方式造成的，教师如果在师生位置上适当变化，把原本枯燥的知识换一张脸来讲述会有意想不到的惊喜。

[教学案例]

老师“下台”①

我每节数学课结束前，都会给喜爱数学的孩子们“加餐”——结合本课内容的一道挑战题。刚开始，学生觉得新鲜，下课铃声刚响，就有学生到我这儿来对答案。做对的同学欢呼着离开教室，做错的则继续思考。

可时间一长，学生对挑战题的兴趣越来越淡，最后甚至没人做了。怎么办？我灵机一动，在题目下方写上了“挑战者：××”，并且宣称：谁第一个做出来，就可以做小老师，把你的想法写在小黑板上，讲给大家听。这样一来，同学们的兴趣大增。

可时间不长，我又发现许多数学后进生参与热情不高，原来，小老师就那么几个熟面孔——数学尖子生。面对这种状况，我又改变了策略：“同学们，今天的挑战题，不是谁先对了，谁就做老师，而是谁想做老师就直接写上你的名字，现在不必讲解。你若现在还不会做，可以课后思考；如果自己还想不起来，也可以与别人讨论；如果确实不会，也可以向老师请教。”这样一来，每到下课前，我班讲台前总会挤满争做挑战题的“勇士”，其中一个会很自豪地把自己的名字写在“挑战者”后面的横线上。

数学课外活动时间，同学们翘首期盼，盼什么？原来盼老师“下台”，他

① 江苏省仪征市都会小学　孙应秀

们“上台”。

“下面，有请小吴老师上场，大家欢迎！”在一片掌声中，活泼可爱的小吴迈着轻盈的步伐来到讲台前，她扶了扶眼镜，笑眯眯地对大家说：“首先，我们来审题。张明，你来说说，这道题已知什么，要求什么？”嗨！风格跟我蛮像的嘛！

再看刚到讲台前脸就红的小张，对着黑板自己把题目读一遍，接着“刷刷刷”几笔就写出了解题过程，然后对着黑板说：“3×5＝15（个）表示……，15－8 表示……”等他全说完了，这才回过头来问：“大家还有问题吗？大家、你们都听懂了吧？”“哈哈哈”见他语无伦次的样子，同学们都善意地大笑起来，我也不例外。

泼辣的小李可不想让他这个老师做得这么顺利，她高高地举起左手：“小张老师，我还有一种想法，不知对不对？用 8－2＝……。”小张脸虽然是红红的，但却很入神地听着，等小李说完，他用手挠了挠头说：“你能说出每一步的意思吗？能说出，那就是对的。”小李大大方方说着每一步的含义，小张却把求救的目光投向了我。“小张老师一直在看我，是不是想让我来回答问题啊？小李刚才已经讲了每一步的意思，我认为她这种想法是合理的，不知小张老师和同学们有什么意见？”“没意见！”同学们一齐大声说道，小张终于在大家的掌声中和我交换了位置。

小老师们只要问“大家还有什么问题吗？”肯定会有几个举手的，都想将他们一军，把他们“挂”在讲台前，不像我平时问，很少有人举手。即使没学生问，那至少还有一个，就是我这个学生。

老师走下讲台，学生走上讲台，带来的不仅是乐趣，更多的是兴趣，原本枯燥的练习变得有意思了。孩子们走上讲台，讲授的不仅是知识，还有胆量和勇气；老师走下了讲台，却走进了学生的心灵，和谐、融洽的师生关系，使老师不仅是教学的组织者、指导者，更是孩子们的好朋友。

今天的课堂已是学生生活的一部分，教师关注的已不仅是知识，而是人，是他们的情感、态度、能力、交往的发展等等。师生“换位”的意义在于，只有当教师和学生之间处于一种平等交往的“生活关系”时，彼此双方才能心灵相通，才能更好地改善师生关系，学生才能获得积极乐学的生活态度，课堂也就成了培养学生多种能力的生活场所。

课堂的平等对话，还可以体现在一些教学硬件上。黑板，曾经一直是被教师占领用来讲课的阵地，学生通常只有认真看的份。在教学中，教师可以改变这样的做法，告诉学生“黑板是我们大家的”，鼓励学生为了讲明白自己的想法，可以主动到黑板前写写、画画。

[教学案例]

“小弟弟”与“大哥哥”①

在教学“20 以内的退位减法 13－9”时，在三四个学生上黑板边移动教具边介绍自己的算法之后，又一个学生兴奋地跑上来，边写边说：“我有个办法教大家记住为什么这么算。13－9 小弟弟‘3’不够减，大哥哥‘10’来帮忙，10－9＝1，1＋3＝4。”并板书如下：

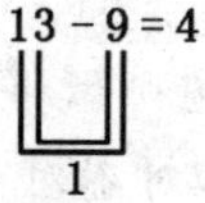

用“小弟弟不够减，大哥哥来帮忙”来诠释退位减法，真是令人叫绝的巧妙比喻，更何况还配上了如此简洁的板书。可见，把黑板还给学生，把一切可利用的空间、时间还给学生，能使学生真正拥有课堂的主体地位，每个学生的思维潜能都可以被激活，智慧就是这样在平等的课堂对话中不断孕育和增长的。

课堂的平等对话，还可以体现在一些教学制度上。教学中，教师除了可以把讲课权下放给学生，还可以把评价权下放给学生，让学生在评价自己、评价同学的同时，也可以评价教师，甚至可以监督教师。

[教育案例]

老师拖堂班长有权喊下课

老师拖堂，在很多学生眼里，是再普通不过的事了，且大多学生对此默默接受。上海市卢湾区某中学将打破“旧俗”，试行新规——对于老师拖堂，班长有权喊下课。学校推出此举希望老师提高自觉性，还课间时间给学生。

① 江苏省无锡市五爱小学　顾晓华

[教学案例]

最后得分

学校规定，五六年级的音乐课由班主任兼带。我翻了翻音乐课本，歌曲老化，于是与学生商量。“老师，您看着办吧！您教什么歌曲，我们学什么歌曲。”面对这信任，我双休日在家边听碟子，边寻找既好听又有教育意义的歌曲。

肖川博士曾说过，歌唱是心灵的阳光，好歌可以激励学生，影响学生的一生。一学期下来，音乐课代表递与我一张问卷反馈情况综合表，上面写着：“这半年，您教我们学会了很多好歌。其中，《步步高》、《真心英雄》要我们知道“说到不如做到，要做就做最好”的含义；《众人划桨开大船》教会我们团结向上；《共同的家园》让我们懂得了环保与和平的意义……其中，有两首歌您没抄歌词，扣 5 分；有一节课您没上，后来也没补教，扣 5 分。您的最后得分：90 分。”

我简直不相信自己的眼睛！这是他们对我的评价吗？我第一次发现，我的学生们身上蕴含着一种力量，令我震惊。同时，也有一种无法言说的快乐。

“聆听世界”的收获

[生活事例]

聆听世界

一个周末下午，我在公司里与一群同事就新项目的实施问题，进行了一场激烈的辩论。我当时情绪激昂，口若悬河，舌战群儒，表现十分精彩。

又一个周末，我去档案室调出那次辩论的录像资料，观看时，我真的羞愧了——我清晰地看见，当我口若悬河时，有一个人静静地坐在长桌的尽头，他是我们的老总，自始至终，他几乎就没有发言，只是不时转脸看着发言者，偶尔微笑或点头，最“激烈”的动作不过是随着大家鼓掌——他完全是个“聆听”者，但是，谁也无法否认，他是场面中真正的核心人物。

我终于发现：一个善于聆听的人，往往比滔滔不绝的“语言斗士”更有影响力——他可能是通过聆听这个世界，而最终获得了通盘的把握。

了解是教育的第一环节，而倾听则是了解的重要途径和方式。一旦教师转向学生开始倾听，就意味着把学生作为一个鲜活的生命来接纳，这种接纳也表明了一种真诚的平等和尊重。

李政涛先生在《倾听着的教育——论教师对学生的倾听》一文中写道：“教育的过程是教育者与受教育者相互倾听与应答的过程……”。

所谓倾听，更多的是指一种情感的活动，它不仅是耳朵能听到相应的声音，而且要求通过面部表情、肢体语言和言语来回应对方，是对对方的充分尊重，这是一种人际交往的能力和素质。

倾听是一种教育行为和教育方式。从某种意义上说，教学的过程就是倾听和探究的过程，而这个过程折射出我们的教育品质。

倾听的核心是思考。教师倾听时，总是伴随着观察、辨别、判断、选择。我们经常在强调教师的教学机智，其实，倾听本身就是处理教育事件的艺术和智慧的源泉。

1. 倾听学生的妙想

课堂教学，有交流才有价值。有时学生在阐述其见解时，会不经意带出一些很有探讨价值的“副产品”，这时，学生可能是“无心”的，但作为听者的教师一定要“有意”，要认真倾听学生的发言，从错中见对，从无中见有。

[教学案例]

数学“角的认识”

在教学“角的认识”时候，教师引导学生在本子上画一个角。一位学生画好后，突然冒出一句：要是再画一条线，就变成了一个有三个角的图形了！这位同学的发现引起了同学们的兴趣。老师见到这个情形，改变了原来的教学预案，引导学生试一试，并让学生把画出的三个角的图形展示出来，结果学生一下开拓了思路，依次展示了各种各样不同的图形。

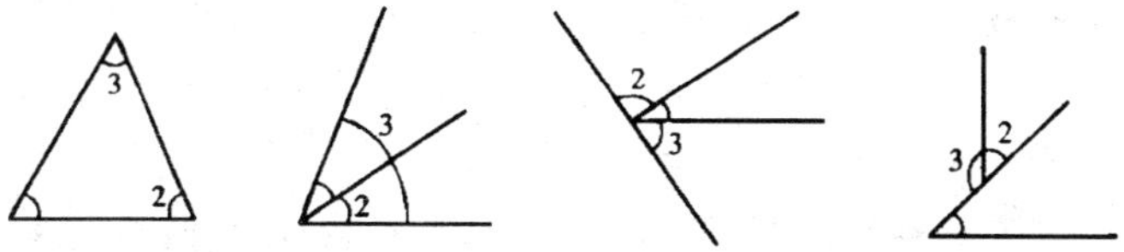

2. **倾听学生的童心**

课堂倾听的根本目的是倾听生命和呼应生命。教师只有蹲下来看儿童世界，以自己未泯的童心相待，发自内心地欣赏学生的成长，学生的个性才能得到充分的宣泄和释放。

[教学案例]

数学“百分数的意义”

在教学“百分数的意义”的时候，老师鼓励学生自己设计千分号。

一个同学说：“我想百分号有两个圈，千分号应该有三个圈。第三个圈没地方放，就放在斜线上了。”教师欣赏地点了点头：“有意思！”

一个学生接着回答：“我画第一个圈比第二个小些，第三个比第二个大些，颜色也不一样，串起来像个糖葫芦，记忆很方便。”

另一个学生又说：“我画千分号，斜线方向和其他同学不一样，三个圈在斜线的右边，记忆起来也很方便。三个圈就好像从山坡上滚下来一样，我想从山坡上滚下来一定很爽。”

老师又一次鼓励大家：“刚才同学们都说出了设计意图，很有道理，非常棒！如果这些作品都采用就不统一了，不统一肯定不方便。人们设计千分号的确是在百分号的基础上增加一个圈，这个圈增加在哪里呢？请注意看……”

3. **倾听学生的错误**

我们除了要倾听那些准确无误的回答，更要耐心倾听孩子的错误。如果我们机智地从伴随着教学过程中出现的错误的想法出发，进行引导点拨，抓住错误延伸，诱发思维，开启心智，得出的结论反而印象深刻。

[教学案例]

数学“平行四边形的面积计算”

教学“平行四边形的面积计算”时，教师首先出示一个长方形，要求学生说出面积计算的方法；接着教师在图旁出示一个平行四边形，让学生思考这个平行四边形的面积怎样算。学生有两种答案，一种是用数小方格的方法来计算面积，另一种是和长方形面积计算的方式一样（相邻两边相乘）。很显然，第二种想法是错误的。教师没有评判对错，而是肯定了这位同学运用“类推”的数学思考方法。

然后，从这位同学的错误想法出发，教师巧妙地将平行四边形移到长方形的图上，引导学生比较，学生发现图中两个图形的面积并不是一样大，说明刚才那位同学的想法是错误的。教师继续引导：“那么平行四边形的面积应该怎样计算呢？”多数学生都能说出将长方形外的小直角三角形平移进来，然后计算长方形面积的道理，师生共同推导出了平行四边形面积的计算公式。

4. 倾听“弱势”学生的声音

我们的孩子由于知识背景、思维方式、智力水平等的差异，往往会出现一些“弱势群体”。这就要求教师将目光关注在这些孩子身上，去倾听他们哪怕是微乎其微的声音。

[教学案例]

“只是还没有做完”

一次公开课上，教师出示这样一道应用题让学生解答：一个车间要装配288台洗衣机，工人们每小时装配36台，经过5小时，还剩多少台没有装？

一位“后进生”把算式错误地说成“288÷36”。坐在下面的学生沉不住气了，纷纷举手要求发言。老师先示意大家安静，然后对那位发言的“后进生”说：“这道题你没有做错，只是没有做完。”全班的学生都愣住了，一个个瞪大了眼睛。在老师的启发下，这位“后进生”明白了：288÷36＝8（小时），这一步求的是这个车间完成装配任务所需的时间，现在装配了5小时，还要装配8－5＝3（小时）才能完成任务，还剩下没有装的是36×3＝108（台）。这个同学高兴地坐了下去。

老师们，去主动地倾听孩子们的心声吧！你一定可以在与孩子们的心灵之约中拥有过去所不能体验到的无比快乐和巨大的收获。

师生关系连连看 4

阅读思考：

◇有些学生不相信自己的老师，这是为了什么？

◇有些学生敢于弄虚作假，这是为了什么？

◇有些教师讨好自己的学生，这是为了什么？

老师，你对学生诚信了吗？

[生活事例]

我愿意为你拆一座亭子

一次，福克斯受邀参加某大学的演讲，大学生问他："你在从政的道路上有没有撒过谎？"福克斯说："从来没有。"

大学生在下面窃窃私语，有的还轻笑出声来，因为每一个政客都会这样表白，他们总是发誓说自己从来没有撒过谎。

福克斯并不恼，他对大学生说，孩子们，在这个社会上，也许我很难证明自己是个诚实的人，但是你们应该相信这个世界上还有诚实，它永远都在我们的周围。我想讲一个故事，也许你们听过了就忘了，但是这个故事对我很有意义。

有一位父亲是位绅士，有一天，他觉得园中的那座旧亭子应该拆了，他的孩子对拆亭子很感兴趣："爸爸，我想看看怎么拆掉这座旧亭子，等我从寄宿学校放假回来再拆好吗？"父亲答应了。孩子上学后，工人却很快把旧亭子拆了。孩子放假回来后，发现旧亭子已经拆除了，他闷闷不乐说"爸爸，你对我撒谎了。"父亲惊异地看着孩子。孩子说："你说过的，那座旧亭子要等我回来再拆。"父亲说："孩子，爸爸错了，我应该实现自己的诺言。"

父亲很快召集来了工人，让他们按照旧亭子的模样重新在原地造一座亭子。亭子造好后，他叫来了孩子，对工人们说："现在，你们开始拆这座旧亭子。"

福克斯说："我认识这位父亲和孩子，这位父亲并不富有，但是他却为孩子实现了自己的诺言。"

大学生们问："请问这位父亲叫什么名字，我们希望认识他。"

福克斯说："他已经过世了，但是他的儿子还活着。"

"那么，他的孩子在哪里？他应该是一位诚实的人。"大学生们问。

福克斯平静地说："他的孩子现在就站在这里，就是我。"福克斯接着说，"我想说的是，我愿意像父亲一样，为自己的诺言为你们拆一座亭子。"

言罢，台下掌声雷动。

如今的中国正在建设诚信社会，在一般情况下，不管做什么事情，不管后果如何，一个人都应该讲诚信。《中庸》中有关"诚"的价值认识就是这个思想，所谓"自诚明，谓之性；自明诚，谓之教。诚则明矣，明则诚矣"，"唯天下至诚为能尽其性"。"诚"的目的就是为了尽心知性，率性"成人"。这就是从"成人"而不是"成事"的角度来阐述诚信的价值，凸现了中国传统诚信教育的人文主义底蕴，对于今天的诚信教育颇有启发。

[教育案例]

吻猪

美国堪萨斯州的小学老师盖瑞尔曾许诺，如果学生们的数学评估测验通过率在80%以上，他就与猪亲吻。结果，学生们达到了要求，盖瑞尔老师便信守诺言，于2006年4月18日这天，当着学生们的面，和一头猪接了吻，让学生们在成功的喜悦中着着实实开心了一回。

盖瑞尔老师虽然在打赌中输给了自己的学生，面子上似乎有一点过不去，但他甘愿"以身试罚"，以令人敬佩的守信精神、献身精神和敬业精神，通过最具直观效果的"身教"，给学生们上了一堂胜过任何空洞说教的品德课，这就是做人要兑现承诺。

"诚信"作为一种被提倡和宣扬的道德准则，其基本含义是实事求是，恪守信用。这一道德准则有着漫长的历史，可以追溯到每一个伟大文明的源头。我国自古就崇尚"人而无信，不知其可"、"民无信不立，政无信不威"等道德标准，不仅视"诚信"为人人都应遵循的处世准则，还将其作为政府行为或国家行为的准则通过，颁布了《中共中央国务院关于进一步加强和改进未成年人思想道德建设的若干意见》，诚信教育在各级各类学校蓬勃开展。

2003年11月，江西师范大学在省内首先拉开"大学生诚信教育活动"序幕，积极倡导诚实守信、重诺践行的时代新风尚。

徐州师范大学工学院同2000多名在校学生签订了守信承诺书，并公开发表了大学生诚信守则。

浙江林学院使出这么一招来测评学生的诚信度：一天，学生和往常一样来到学校食堂吃早饭，当他们打好饭菜后却遇到了一件从来没有遭遇过的事情——停电了，食堂金龙卡服务器全部瘫痪。为不影响上课，学校允许学生先“白吃”，后补打卡。

教育者分明认识到，学生是我国现代化建设的主力军，其诚信道德的培养事关祖国的未来和民族的复兴，必须积极行动起来，理清影响学生诚信意识培养的因素，寻找到恰当的教育方法和教育途径，强化诚信教育，培养其良好的诚信意识和诚信行为。

诚信教育的当务之急是将其价值取向从功利主义转移到人文主义，从利益考量转移到人文诉求。通俗一点说，就是教导青少年讲诚信，并不是为了维护与增加自己的利益，而是要尽到做人的本分。

随着对诚信教育价值的重新审视和表述，诚信教育的方法也应当更新。以往的诚信教育方法主要是“道德劝告”加“纪律规训”，这两方面的教育是有点效果的，但这并不能使他们从根本上远离谎言。诚信教育从方法上要改弦易辙，具体办法可以探索，总的方向是通过一些具体的手段或途径去除诚信教育中的功利主义，彰显诚信教育中的人文主义。

在学校教育中，教师的诚信程度直接影响着学生对社会价值的认识。先让我们来听听下面案例中学生心中的教师诚信形象——

[教育案例]

心目中的诚信老师形象

上周五下午周队课，我在所任教班级精心策划了一场主题中队活动，目的是让学生敞开心扉，说说各自心目中的诚信老师形象。

整个活动由中队长韩笑主持，我坐后排当“听众”。学生开始有些拘束，在我的开导下才纷纷上台——副中队长陈洁学习认真，做事利落，她首先发言：“我心中的诚信老师：幽默、风趣、不包庇，与学生亲密无间……我衷心希望老师能真正读懂我们这本书——童心。”

有班级“小作家”称号的王鹏程说话慢条斯理：“我心中的老师是一位和蔼可亲、知识渊博的人，他给予我许多关怀，让我感受到学校这个集体的温暖；他给予我许多知识，使我在知识的海洋中快乐地遨游；他给予我许多鼓励，让我在前进的道路上碰到困难时心情得以平静。”

主持人韩笑示意即将上台的同学稍等，她似乎有些急不可耐："在我的心目中，老师并不个个都是诚信的。真正诚信的老师对待同学要像园丁呵护花草一样，精心照料。工作当中遇到什么不称心的事情不要放在脸上，更不能将无名的火气撒在我们身上。我还想提醒老师，与同学们说话要和声细语，同学们做了错事要与他们谈心，不可大声吼叫。"

吉磊同学不善言辞，这回却落落大方："我心中最诚信的老师就是您了。您做什么事都是说到做到，不像有些老师那样丢三拉四。但您也有缺点，比如下课时不能跟我们一起游戏，除了上课就是备课、改作业，要么找同学谈话。要知道，跟老师一起不单是学习知识，也包括做一些让我们开心愉悦的游戏。"

蒋鹏是个心直口快的男孩，瞧他说的："老师，如果您换一种眼光看我，我会觉得自在些，好像我上辈子欠您什么似的……您说话不要太刻薄，会让同学很没面子。还有，您做事要有记性，您说过到××同学家去家访，但到学期结束也没有去，这不说明您缺少诚信吗？"……

伴随着下课铃声，我走上讲台，向全班同学深情地鞠躬："感谢孩子们的真情道白，让我们携手并肩，与诚信同行！"同时在黑板上庄严地写下了我的宣言："打造诚信，从老师做起！"掌声响起，我从孩子们的掌声中体味到一种信任与期盼……

以上案例中，教师特意安排专门的时间，围绕诚信的话题，怀着倾听的心态，让学生能倾吐衷肠，从而让教师感受到应该怎样做一个诚信的教师。但是，在很多情况下，教师的诚信失落却在遗忘或忽视中被学生悄悄地"拣起"，然后在某一个特定的时机显露出来，请看下面的案例——

[教育案例]

不容忽视的承诺

暑假即将开始，这是一个学期的最后一天，也是学生期盼已久的发成绩报告单的日子。但对班主任来说，却是一个忙碌的日子，打扫卫生，发暑假作业、成绩报告单……。好不容易忙完了，在让学生整队放学的时候，我发现有几个同学一副欲言又止的样子。

我把一个同学叫了过来："什么东西忘了吗？还是有什么话想和老师说？"

他抬起头，有些委屈地指控我："老师，您说话不算数！"

我茫然，不解地问："老师什么时候说话不算数？提醒老师一下好吗？"

旁边的几位同学见状靠过来七嘴八舌地说："老师，您说期末考试考到100分，您就请我们吃冷饮的！"

学生的话让我恍然大悟。那是期末考试前几天的一次展会课上，学生你一言我一语地说起了家长对期末考试的各种奖励。一个调皮的学生突然冒出了一句："老师，我们考100分，您奖励我们什么呀？""那你们想要什么样的奖励呢？""这些天挺热的，老师就请我们吃冷饮吧！""没问题！"我满口答应。

那几句话对我而言，只是为了激发学生复习的积极性而随口说说的，而对学生而言，我的随口应允就是一个承诺。

我一直教育学生要诚实守信，言出必行，可是我自己的行为……我把学生重新带回教室，诚恳地说："对不起，同学们！老师今天竟然忘了自己说过的话，差点成为一个不守信用的人，请同学们给老师一个改正错误的机会，让老师履行自己的承诺，做一个诚信的人，好吗？"

我的话音刚落，教室里爆发出一阵热烈的掌声和欢呼声。在同事的帮助下，冷饮很快发到了同学们的手上。他们小心翼翼地拿在手里，舍不得吃，满脸骄傲。

当我再次把学生带出校门时，家长已等候多时了。孩子们飞快地扑向家长，拿了奖品的学生把手里的冷饮举得高高的，一边跑一边说："看，我得了100分，这是老师奖给我的冷饮！"

陀思妥耶夫斯基说："我要求别人诚实守信，我自己就得诚实守信。"教师为人师表，在学生看来，教师不仅是知识和智慧的化身，而且教师的形象和为人也会感染学生。也就是说，教师的言行在学生眼中都是"真"的。因此，在课堂教学中，教师的"说话"必须注意真实性，不应该含有"泡沫"、逢场作戏，虚情假意、言行不一，让学生有受骗的感觉。

[教学案例]

空头支票

一位教师教学四年级下册"游戏规则的公平性"时，创设了丰富的教学情境，引导学生初步了解游戏规则的公平性。教师在每组信封里准备了8张牌：红桃A、红桃4、红桃6、红桃8、黑桃2、黑桃3、黑桃5、黑桃7，要求学生设计公平的游戏规则。

教师鼓励道:“我们来比一比,看看哪个小组设计的游戏规则最公平?我将给大家颁发‘金点子奖’和‘创新设计奖’。”结果学生使出浑身解数,设计了多种游戏规则,本指望教师兑现自己的诺言,结果教师只顾答案的呈现,而忘记了自己的“承诺”。

还有一些公开课中,由于学生精彩的表现,教师适时地把奖品“奖励”给学生,结果到下课时,教师却向这些学生要回这些奖品。这种虚假交往,在一定程度上挫伤了学生学习的积极性,容易造成学生对教师的不信任感。

[教学案例]

学生的投诉

市课堂教学评优活动中,一位老师为缓解借班上课的难度,达到调动学生积极性的目的,在课前与学生见面时承诺:如果课上跟老师好好配合、积极发言,那么就将一只可爱的布熊送给他们。当时还把布熊在学生面前晃动了几下。

第二天,学生不知是否因为老师的物质刺激,还是老师的课的确激发了他们的学习兴趣,实现了老师所期望的“好好配合”。精彩的课上完了,可学生并没有获得那只可爱的布熊,因为老师带着布熊走了。

这班孩子也不一般呐,他们告诉自己的老师“上当”的事儿,要求在老师的帮助下得到他们该得的奖品。学生的强烈呼声让老师不好推脱。于是,又把这事向学校领导作了汇报,学校领导还真当回事,与对方单位取得联系,第二天对方就专程把布熊给送来了。

这位老师给孩子上了一堂数学课,而学生也给老师上了一堂关于诚信的道德课。

另外,有的教师为了发挥学生学习的主体性,常会故作姿态地向学生“讨教”:“这个老师也不会(或不明白、不知道、不理解……),谁来教教老师?”但接下来的表现却让学生看出教师并不糊涂,教师在说谎!对此,教师没必要装腔作势,完全可以直截了当地让已知的学生交流他们的思想。

但是,教师有时为了学生为了诚信可以“守口如瓶”,这种沉默是“金”,它是师生之间心灵的彼此“守护”。

[教育案例]

收藏好孩子的秘密[①]

有一次，我班的一个孩子在教室里捡到了同学掉的饭钱，悄悄地塞进自己的口袋里。事后，为了让他说出事实的真相，我一再向他保证：只要他肯说出实话，不仅可原谅他，而且绝不把事情的真相告诉他人。孩子相信了我的话，把事情的经过告诉了我，并向我承认了错误。

一件很棘手的事情就被我这样轻而易举地解决了。说实话，我的心里非常得意，这似乎成了我炫耀的资本。我把"破案"的经过告诉同事，让"小年轻"班主任知道"姜还是老的辣"。说来也巧，那孩子正好来办公室找数学老师交作业。听了我们的议论，看到老师们看他的眼神，他的小脸霎时间煞白。他用满含愤怒的目光看了我一眼，随即迅速地跑出了办公室。

从这以后，他像变了个人似的。上课再也看不到他举手了，学习成绩也下降了。事后，我也意识到了自己的错误，也主动地诚恳地向他赔礼道歉，可他和我疏远了。见到我，他就远远地躲开了。

看着孩子的变化，我很后悔，也使我懂得了：言而有信对孩子来说是多么重要。他们能说出心里话，是他们认识错误的起点。作为班主任，要教育好孩子，不仅要做他们的知心朋友，更重要的是收藏好孩子的秘密。

无独有偶，我又遇上了类似的事件。我班的一个男孩子在上课时，撕开了净水桶盖上的塑料纸，又把桶上的一个小塞儿掉到了瓶子里。为弥补自己的过错，他想用铅笔挑出那个小盖儿，但不仅没成功，连铅笔也掉进了桶。当我知道这件事情后，我找到了那个小男孩，可他不承认，怎么办呢？我又采用了同样的办法——只要他肯说出实话，我不仅原谅他，而且绝不把事情的真相告诉其他人。想了半天，他终于承认了错误，说出了实情。我也长长地舒了一口气。

搭班的老师想了解事实的真相一个劲地问我，我也很想告诉他，但一想起上次的事件，我忍住了。孩子用感激的目光看着我，我也友好地朝他笑笑，一切都在无语中。

教师的诚信换取的将会是学生的诚信。学生首先看在眼里，看一看教师的诚信是否真心实意，是否真价实货，然后他们会记在心上，想一想自己

---

① 江苏省无锡市沁园小学　韦宇芳

应该怎样做才不辜负老师的诚意与信任，体现自己的诚信。下面案例中一位班主任将会告诉我们应该怎样做好教师的“诚信作业”——

[教学案例]

班主任的家庭作业①

刚接手六(2)班，我就知道张建华——一位因从不做家庭作业而闻名的学生。一周下来，果然名不虚传，只字未动，我打算找他谈谈。可我转念一想，他什么样的老师没见过，夸奖型：挖掘成绩，鼓励表扬；温柔型：和风细雨，晓之以理；严厉型：宣布纪律，写下保证；吓唬型：必须完成，否则回家。这些对身经百战的张建华有用吗？

某日，听到他与同学闲聊：“……做老师真好，自己不要做作业还可以给别人布置作业……”于是，我与他达成了一份君子协定：张建华每天认真完成老师布置的作业，言老师每天认真完成张建华同学布置的作业。

放学时，我布置了大约 20 分钟的作业量，他由于没经验布置了一个多小时的作业。我认真完成了，虽然累。第二天，张建华看了我满满的作业，认真写了个“优”，张建华也完成了，虽然字不够端正，我也批了大大的一个“优”。他有些难为情，我却很激动。

第二天放学，我布置近半小时的作业量，他可能看到我昨天做得太多了，只布置 20 分钟作业量。我们都认真完成了，值得一提是张建华的字明显端正了，估计是受我的影响。我依然激动。

好现象一直坚持了 4 天，周末到了，凭经验我知道他可能因为贪玩会反复，我特意少布置些作业，半鼓励半开玩笑说：“可不能违反协定！”到了下周一，我满怀希望看他的作业，结果却令人失望。但我依然拿出自己的作业给他批，他红着脸批了个“优”。下午，他把补好的作业给我批，我很吃惊，因为我没有叫他补作业。我很欣慰。

20 多天过去了，我特别高兴，张建华每天都完成作业。可我也苦恼，自己总不能把家庭作业一直做到他毕业呀，可这是协定，我应该遵守。

有一天，我去外省参加一个活动，要 5 天，临走前，我们分别给对方布置了 5 天的作业。5 天后，当我们互相批作业时，张建华先是红着脸，因为他一字未做，当我把满满的作业给他批时，从来不哭的张建华哭了，哭得很

---

① 江苏省常州市武进区九里小学　言志国

伤心，他流着泪对我说："言老师，以后我一定按时完成作业，请老师放心，我不再给您布置作业了，请老师别做家庭作业了。"此时，不知何物模糊了我的视线。

快一年过去了，张建华马上要毕业了，他实现了他的诺言。

诚信是一个永恒的话题，围绕它能撰写许多故事、抒发许多情感。下面是一个教师因自己的遗忘失误而引发的教育教学契机，我们不妨看看她是如何点评"诚信作文"的——

[教学案例]

诚信作文

在《给×××的一封信》这一命题作文中，有位学生在文中写道："怀着激动的心情……，我一直守在大门口……""六点，七点，七点十五分，七点半，八点，……，老师怎么还不来？""一晚上没有一个人到我家。""老师，您说今天一定要来我家访问呀！为什么不来？您说的话，难道不算数吗？难道老师也会骗人？"

原来这位学生从小学到初三，从来没有一位老师家访过。那天放学时，我对他说要去他家（因为他初三以来各方面进步特别快），想与家长联系一下，给他一些鼓励。当时我说了，但由于临时有事忘了，又没有给他打招呼，结果在作文里反映出来了。

在作文讲评时，我一方面向他表示歉意；另一方面抓住这一契机，围绕"如何用'心'思考生活"这个话题，对他的作文加以点评，引导学生向他学习：这位同学通过对老师不守信用使他感到非常失望的事例的叙述，融入了"做人做事要讲诚信"的深切感受，不仅做到了"身入"事物（记叙完整），而且"心入"事物（有了自己真实的情感体验），所以这次作文他获得了极大的成功。

老师，你教学生说谎了吗？

[教育案例]

“有没有想老师？”

一个幼儿园的女教师，因为身体原因，请假了一个星期。她回到园后，非常亲切地走进教室，孩子顿时一片欢呼，此教师的自豪感油然而生。

接下来，她问：“最近几天，小朋友们有没有想老师？想老师的请举手！”话音刚落，马上有几只小手举了起来。老师兴奋地说：“很好，我奖励你们每人一个苹果。”她继续启发：“其他小朋友难道没有想老师吗？哪怕在吃饭时、午睡时，脑子里出现过老师的也算，想过的请举手！”刚才没有举手的小朋友在苹果的诱惑和老师目光的期待下，都举起了小手。

全教室只有小明没有举手。“喂！小明，难道你没有想老师吗？”这个教师继续追问。小明迟疑良久，然后慢慢站起来说：“这两天，我外公、外婆回老家了，我光想他们，没有空想老师！”

傍晚，小明的妈妈从学校中接走了泪水涟涟的他。因为不想老师，他被罚站在教室后面很长时间。

陶行知先生告诫我们：千教万教，教人求真；千学万学，学做真人。难道我们所教的学生，他们讲出来的话，必须完全符合老师（或长辈）的想法吗？他们就不能有自己真实的想法吗？小明不受老师的“启发”，不受“苹果”的诱惑，不说违心话，毅然讲出了真话，这本该受到老师的肯定，但却受到了老师的惩罚，这公平吗？

有一位读者在看到关于加强青少年道德素质的报道后，给报社记者写去信件，严厉地质问：“整个社会都不诚信，你让孩子们在校园里怎么学诚信？”下面“餐具的变迁”的漫画描绘出了诚信正在被逐渐“掏空”的不良倾向——

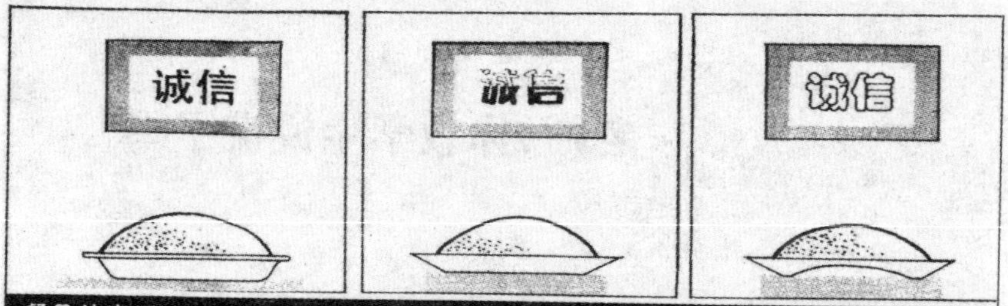

餐具的变迁　　图/周志千　新华社发

一位德育老师给记者叹苦经，“孩子们不是不懂，但是出了校门他们显然更容易接受成人世界能为自己开脱的‘潜规则’。特别是家长都不讲诚信，我们学校教育就显得苍白无力。”

不管是埋怨，还是无奈，都昭示着环境育人的重要性。众所周知，老师是学生榜样，“身教重于言教”，但事实上老师不讲诚信的教学行为还存在，恐怕在公开教学时更甚。

新课程倡导开放的课堂，老师布置的作业题不再是单一的抄写、读背，显得丰富多彩了。尤其是公开课上，下课前，老师按惯例布置课外作业，如：下次开以“××”为主题的交流活动；办一个专题展出……事后呢，听课老师一走，早就将这样的事抛在脑后。几次之后，学生不再为此激动不已，因为明白这是做给听课老师看的幌子。

还有，教师为了所谓的课堂精彩，事先作一些“铺垫”，把该读的文章让学生先读读熟，甚至安排好学生发言的内容，让学生按部就班地进行。课上得自然很顺畅，学生的发言兴许还会博得听课老师的赞许呢。

除了以上这些显而易见的作假，其实还有一些比较隐蔽的深层的不诚信行为。

平时，学生难得看到老师亲切的笑容，稍有不慎就会挨训，可只要有人听课或上级领导来校检查，老师满面笑容，即便犯点错老师也会放你一马，和颜悦色地谈话交流一番就行。阴晴不定的脸色分明告诉孩子，什么是人前背后。

以上种种，不是在教会孩子作假吗？但与此同时老师又要求学生讲诚信，鲜明的对照，极大的讽刺！

我们经常听到一些老师指责学生喜欢说谎，缺乏诚信。殊不知，孩子生来是天真，不会说谎的。他们之所以会不说真话，就是因为有一些教师和家长在误导孩子：孩子说了真话，老师和家长听了不高兴，甚至给予惩罚；孩子在作文中胡编“父母病危”、“见义勇为”，老师给予廉价的高分；孩子说了谎，老师和家长不作调查，信以为真。如此教育，我们怎能培养出敢讲真话的孩子呢？

[教学案例]

语文《妈妈的爱》

二年级课堂上，老师先引导学生有滋有味地朗读课文，让学生用自己的话表达对妈妈的感激之情。学生举手发言十分热烈——

生1：妈妈，你为我的成长付出了很多，我永远爱你！

生2：妈妈，你不但关心我的生活，还关心我的学习，谢谢你！

生3：老师，我的妈妈不爱我。

师：你怎么这样啊？妈妈生你养你，难道还有错？

生4：妈妈是世界上最伟大的人，我们永远爱妈妈！

师：你们看，这位同学说得多好！

生5：老师，我的妈妈也不爱我，有时打我，有时骂我……

师：又是一个，太不懂礼貌了！

这本是一个学生坦诚交流内心的教学片断，如果教师抓住这个片断相机引导，能使学生受到更为深刻、更为全面的亲情教育。可这位老师却把部分学生的真情流露处理为“错误表现”，进而加以阻止和批评。表面看来这没什么，但它一方面在滋长部分学生说假话、说空话的习气，一方面又在压抑部分学生的个性心理和阅读思维的发展。学语文，更要学做人，这是语文教学的根本目标。

真实是作文的生命。《课标》明确提出，作文“要求学生说真话、实话、心里话，不说假话、空话、套话”。然而，学生作文中大量存在的弄虚作假却成为难以根除的通病，一般表现为胡编滥造，或者抄袭、改头换面“借鉴”他人的文章。学生作文的虚假，首先归因于他们的大脑空空，没有素材可写，而作为一项学习任务，对老师又必须有所交代，所以只好拼凑捏造，敷衍了事。

作文的虚假更重要的是表现在心理上。学生之所以不如实地作文，说明他们并没有意识到作文真实性有多重要，他们觉得作文如同完成一道练习题，只需围绕着一个题目、一个中心，编造出一定字数的情节就行了。这种不以为然的作文观是有害的，必然会助长他们以后弄虚作假的文风的形成，甚至会延伸到他们的生活、与人交际上。

当然，学生从心理上也不愿意作假，在很多情况下是不得已而为之，教师应给予适度的宽容和理解，同时，还应该从精神上为他们“松绑”，积极创设有利的情境，使写作教学贴近学生实际，真正体现课标所倡导的“让学生易于动笔，乐于表达，应引导学生关注现实，热爱生活，表达真情实感”这一目标。

[教学案例]

作文《寒假趣事》与《寒假烦恼事》①

新学期伊始，为了让刚度过春节的同学们记录下自己的欢乐与幸福，一位教师布置了一篇题为《寒假趣事》的练笔，几乎所有的同学都很快兴致勃勃地提笔写起来，唯有一名男生却无动于衷，问及原因，才知他因考试不及格，差不多整个寒假都被爸妈关在家里做作业，好不容易到亲戚同学家串串门，大人们又喜欢拿各自小孩的考试分数作比较，令他十分难堪。因此，对他来说这个寒假过得一点也不开心。

女老师感觉到，像这样的情况还让他写有趣的事，显然是强人所难，弄不好还会激起反感。于是她温和地告诉他，既然没有趣事可写，就把自己的烦恼或愿望写出来也行。结果，这个同学顿时有了一吐为快的欲望，一篇情真意切的作文便如泉水般地汩汩涌出。

宁愿让学生改写一次作文甚至少写一次作文，也不能逼着他们去造假，因为巧妇难为无米之炊，这便是这个案例给我们的有益启示。

接着我们再来看数学教学。数学学科属于理科而不属于文科，从知识的角度来看，这种分类是合理的。然而长期以来，我们却在一定程度上被这种知识性的学科分类所迷惑，似乎理科教学应偏重于科学而文科教学应偏重于人文。并且，随着“应试教育”的不断深入，人文价值有正在从我们的数学教学中逐渐流失乃至消亡的趋势。新一轮课程改革重新唤起了数学教学的育人意识。从育人的角度来看，所有学科的教学过程应该是“文理相通”甚至是没有“文”“理”之分的，学科知识仅仅是育人的载体。

长期以来，专家们一直呼吁：要充分发挥教学的教育功能。但时至今日，在数学教学中，依然存在着大量的“反教育”现象。

---

① 湖北枣阳市第二实验小学　王海军

[教学案例]

数学“圆的周长”[①]

在“圆的周长”教学中,有这样一个教学环节:教师要求每一个学生用课前准备好的、用硬纸板剪成的大小不等的圆(直径不一定是10厘米),按教材图示的方法在直尺上滚动一周,先测量出圆的周长,再测量出直径,最后计算出该圆周长与直径的比值(保留两位小数)。

我仔细观察着离我较近的4个学生的“实践”活动。学生1并不在认真操作,而是在玩着他的圆纸板;学生2连玩都不玩,而是在翻看着数学书;学生3在认认真真地测量和计算着;学生4一边观看着学生3的操作,一边不时地碰碰他的尺、拉拉他的衣袖,进行着“破坏”……

教师要大家汇报自己的圆周长与直径的比值,四个学生都加入了踊跃举手的行列。学生2有幸成为第一个发言者,他说:“比值是3.13。”教师高兴地表扬了他:“很好,你很认真。”并把3.13写在了黑板上。我忽然发现,这是一个非常聪明的学生,其实,他早就知道了,“老师不就是要一个3.14吗?”为了不引起老师的怀疑,他选择了离标准答案很近的3.13,妙极了。其他学生也分别汇报了3.15、3.12、3.16……教师非常高兴,把这些数据一一写在了黑板上,还分别表扬了这些学生。

学生4也成了被教师点名的发言者。他站起来,支支吾吾不知回答什么为好。显然,他的举手是假冒的。学生2轻轻在背后提示他:“3.14。”学生4毫无底气地轻声照说了。没想到,教师喜出望外,并给了他最高级别的赞扬:“非常正确,你是做得最认真的!”并用红粉笔把“3.14”重重地写在黑板的正中。

教师微笑着问:“还有不同的意见吗?”(这是这一教学环节中最有价值的一句问话)学生3站起来说:“老师,我计算的比值是2.98……”教师挥手打断了他的回答,非常不高兴地说:“怎么会是2.98呢?看来,你做得很不认真。”在一片哄笑声中,学生3不知所措地慢慢坐了下来。当然,“2.98”是绝对没有资格被写上黑板的。

望着憨厚的学生3涨红的小脸,望着许多学生嘲笑他的眼神,望着学生2和学生4得意的微笑,我感到一阵悲哀。

---

① 江苏省常州市教研室　汪履平

其实，用不着呼吁“要充分发挥教学的教育功能”，因为无教育的“纯教学”是不存在的。所有的学科教学，无一不在充分发挥着它们的教育功能，只是这种教育功能却有着正效应与负效应之分。通过学科教学，学生在获取知识的同时，他们的思想意识和情感态度，在正确的轨道上又有所发展，我们当然就可以说，这样的教学所发挥的教育功能是正效应的；反之，通过教学，学生在获取知识的同时，他们的思想意识和情感态度却误入歧途，我们就只能说，这样的教学所发挥的教育功能是负效应的，我们不妨将其定名为“反教育”，并将上述案例所描述的现象称为“反教育”现象。

教学中的“反教育”现象所产生的危害是非常巨大的，上述案例中，学生2、学生4非常清楚，他们的回答并没有依托自己的实践和探究，却得到了教师的赞赏，而学生3的回答，是经过自己认认真真的操作和计算得出的结论，却遭到了教师的批评和同学们的嘲笑。于是，学生产生了这样一种观念：投机取巧有利可图，老实人是要吃亏的。

而且，随着以后不断经历类似的过程，反复的经验必定会将这种观念逐渐上升为一种价值观甚至人生观。多么可怕！难怪常州市教科所朱川彬所长在一次研讨会上作过这样的自嘲：“为什么现在假冒伪劣的产品和现象这么多？难道这些假冒伪劣的产品和现象都是天上掉下来的吗？不。它们都是由弄虚作假的人制造出来的。而弄虚作假的人又是从什么地方来的？在一定程度上，不都是我们培养出来的吗？”

产生教学中“反教育”现象的原因是综合性的，是很复杂的。上述案例中，教师按教材的要求，让学生通过实践探究活动，了解圆周率产生的过程与方法，是应大力提倡的。但教师却违背了这一过程的价值取向——“培养学生的科学精神和创新思维的习惯”，追求的依然是知识结论，并用结果是否接近标准答案作为衡量学生实践探究是否“认真”的唯一标准，这就完全消解了“让学生感受、理解知识产生和发展的过程”与“直接将知识结论告诉学生”这两种教学方式的本质区别，使这类“探究”活动徒具形式而缺失内在价值。这种现象在当今的所有学科教学中几乎都存在。学生经历得多了，“经验”也就丰富了，也就把这种形式主义的探究活动“看穿”了。

因此，在教学中，克服“反教育”现象的对策之一是，真正扭转“知识为本”的教学观念，真正以学生的素质发展为本，在学生获取知识的过程中，把学生的思想意识和情感态度的健康发展放在首位。

在教学中，教师应该坚持实事求是的态度，不再不懂装懂，不再糊弄学生，不再蒙混过关，不再不了了之，给学生一个符合科学的回复，那怕事后研究并告知，亡羊补牢，为时不晚，自己不说谎，学生才会不说谎。

[教学案例]

数学“千克和克”①

教学“千克和克”时，教材安排学生观察、思考：一袋盐重500克，两袋盐重多少克？然后再引导学生动手把这两袋盐称一称，看看能发现什么。

教学过程中，我引导学生亲自动手，用台秤称了称，台秤的显示结果是两袋盐的重量正好等于1千克，自然得出：1千克=1000克。至此，本节课的这一教学重点顺利完成。但是，一个学生提出了反对意见：“老师，我不同意，因为您讲过‘净含量’是指去掉包装袋后里面物品的实际重量，图上标明一袋盐的净含量是500克，那么两袋盐不可能称完之后正好等于1000克，而应该是比1000克多一点。”望着这个学生写满疑惑的脸，再回过头去看了一眼讲台上正好指向1千克的指针，我竟一时语塞，不知如何处理为好，只能在简单地表扬他爱思考之后，把这个悬而未决的问题留到了课后。

走出课堂，我首先找来天平，称了一下一袋标注“净含量”为500克的碘盐的重量，通过反复几次实验，我记录下了结果：盐的外包装重量在6～6.5克左右，袋内的盐重量为500克稍微多一些；我紧接着又来到超市，用电子秤称了两袋盐的重量，显示结果为：1.01千克。

数学是一门很严谨的科学。虽然，由于台秤的计量单位是千克，学生的操作结果也“正好”显示出两袋盐的重量为1千克，但是从数学学科自身的特点出发，我们究竟能不能把那在台秤上无法显示的十几克重量忽略不计？这样能让我们的学生信服吗？作为一名数学教师，我们更应该本着关注每一个学生健康发展的宗旨，对每一个学生负责，对自己的工作负责，当面对教材中出现的上述问题时，以科学的态度去对待，只有这样，才能让学生的学习过程更加真实，也更有利于学生的发展！

① 江苏省赣榆县沙河镇中心小学　张明明

老师，你给学生贿赂了吗？

[教育案例]

“贿赂”学生

教师甲：小张，你买这么多的笔袋干什么？

教师乙：送给学生的。

教师甲：你又要“贿赂”学生了。

以上两位教师的对话，教师甲的那句玩笑话——“你又要‘贿赂’学生了”，让人深思。

在学校情境里，教师作为社会的代表，相对于学生来说无疑是权威者。克利夫顿与罗伯兹认为教师有四个层面的权威，即法定的权威（法律赋予的权威）、传统的权威（在长期传统因素影响下形成的权威）、感召的权威（由个人魅力所形成的权威）和专业的权威（由教师专业因素而获得权威）。既然教师拥有如此多的权威，教师还有必要去“贿赂”学生吗？

有人曾经作过这样的调查：在所有被调查的教师中近70%的人有过向学生赠送小礼物或封官许愿的行为，一半以上的人有过对难以管理的学生迁就和降低要求的经历。并且发现，学校办学声誉越好这种现象越普遍，在少数名校里，几乎所有的青年教师都进行过这种“贿赂”行为。虽然许多教师认为这些做法都是出于正当的目的，事实可能如其所言。但也不可否认，其间并非皆如他们所言。绝大多数教师都承认，学校中确实存在着主观谋求教师利益而客观兼顾学生利益，或直接谋求教师利益而间接损害学生利益的教师“贿赂”学生的现象。

教师主要通过以下五种方式对学生进行“贿赂”——

1. **虚假表扬**

实事求是的表扬不但可以使学生看到自己的长处和优点，激励其进取和自信，而且还会对其他学生的思想行为起导向作用。但现在教师们仿佛走上了一个极端，滥施表扬、虚假表扬满天飞，过誉之词比比皆是。

2. **过度奖励**

适度的奖励有利于激发学生的学习积极性，能起到正面的促进作用。但过度地进行奖励，则奖励行为蜕变为一种“贿赂”。“贿赂”物主要是物品、奖励符号（如小红花、五角星、奖状）、分数等。

3. **不当许愿**

有些教师为了使即将到来的考查、评比、听课等获得“最佳”的效果，往往会在此之前对学生许愿，以此先“稳住”学生。比如，有些教师会说：“如果大家表现好，我就带大家去春（秋）游”、“如果你听话，我就带你去吃麦当劳（肯德基）”等。

4. **招安式封官**

有些教师为了稳住班级里某个破坏力较大的学生，或有一定影响力的非正式小团体的“小头目”，不让他们闹事，往往采用封官的办法进行安抚。

5. **无原则迁就**

对于一些调皮学生教师有时会不得不牺牲制度和规则以讨得暂时的安宁。比如，有些教师明知少数学生在考试时作弊，却不敢按章处理。因为怕学生对处理难以接受，作出过激的反应，于是睁一只服，闭一只眼，大事化小，小事化了，于是乎减少了矛盾，规避了风险。

从总体上说，教师“贿赂”学生的现象对教师和学生的发展有许多不良的影响，甚至是危害。

就学生而言，首先，它会导致班级不公平现象的出现，会诱使学生产生通过增加不良行为的方式获取教师重视的意识和行为，会降低学生自觉遵守纪律的积极性，破坏学生自觉遵守纪律品质的形成，甚至使学生丧失按道德规范做人处事的信念。

其次，它会导致学生产生奖励依赖的心理。不管是不当奖励，还是过度许愿，实质都是一种交换，所遵循的都是行为主义心理学刺激——反应的强化原则。过度的使用会使学生产生奖励依赖，形成不给好处不出力的不良品质。

再次，它不利于学生潜能的发掘。“贿赂”行为满足的是学生低层次的需要，缺乏发展性需要的满足。且这种满足不是学生自己通过正当方式和途径主动、自觉、艰苦地努力而获得的，而是来自于教师无原则地给予。

就教师而言，这种行为不利于教师优良职业道德的形成，因为这种行为本身就是某种自私，是以获取自己的利益为第一追求的，与一切为学生的教师职业道德相背离。同时，它也会降低教师钻研业务的积极性，制约教育智慧的生长。既然小恩小惠就能收买学生，收到较好的效益，那又何必费力去提高业务呢？而教育智慧恰恰是在教师与学生的相处之中，尤其是在处理复杂事件的过程中生长起来的，收买决不是教育智慧，而是一种自私而又无能的表现。

教师要提高自己的职业道德水准，秉持操守，不跪着教书。学者吴非说："要想学生成为站直了的人，教师就不能跪着教书。如果教师没有独立思考的精神，他的学生会是什么样的人……一想到中国人千百年的下跪历史……想到下一代人还可能以各种各样的形式下跪，就觉得我们中国首先得有铁骨铮铮的教师，教育的辞书中才能有'铸造'这样的词条。"

教育是一种阳光事业、一种阳光工程，教师应该公开、公正、公平地对待学生、评价学生，从而让学生的心灵充满阳光。下面列举的21条是学生最爱听的《阳光语录》——

1. 对自己要有信心哦。2. 这几天你进步了。3. 大胆去做吧，做错了可以改。4. 加油，赶上某某某。5. 你很聪明的。6. 做得太好了，你真能干。7. 这事交给你，我很放心。8. 能帮老师这个忙吗？9. 我们班是最棒的。10. 老师喜欢你。11. 爸爸妈妈为你而自豪！12. 我很能体谅你现在的心情。13. 不舒服的话随时和我说。14. 有什么困难找我。15. 要注意休息啊。16. 办法总比困难多的。17. 我喜欢你的笑容。18. 我对你很有信心。19. 我相信你一定能赶上来，加油啊！20. 孩子，只要你努力，不灰心，就一定行！21. 做错了没关系，重要的是认真！

师生关系连连看 5

教师：独具慧眼——学生：独具风采？

阅读思考：

◇看待学生，你患过“近视眼”吗？你知道被“小看”的痛苦吗？

◇怎样配上“伯乐”的慧眼，挑选出具有潜力的“千里马”？

◇你会为学生而甘愿等一等吗？这样可能会等出什么名堂？

标签："深深烙在心底的痛苦"

[生活事例]

无病的病人

1973年，美国一所大学的心理研究所进行过这样一个实验：8位心理学教授与学者，分头去了美国东海岸与西海岸的医院，全部声称自己"幻听"严重，结果无一例外地被当作精神病人关进了医院。住进去之后，他们立即表现得像正常人，而恰恰因此被医生看成是更危险的行为。比如那位领衔这个实验项目的教授，就被认为是"最危险"的"病人"，因为他不仅不吵不闹，甚至还不停地写笔记、作记录！这个让医生们感到"病得厉害"了。实验结果是令人震惊的。

医生护士一旦认为某病人患有精神分裂症，就把他的一切举动一律视为反常行为：写作被视为"写作行为"，与人交谈被视为"交谈行为"，按时作息被视为"嗜睡行为"，发脾气被视为"癫狂行为"，要求出院被视为"妄想行为"！倒是不少病友私底下认为他们没病。这就是著名的"假病人真医生"实验，"病人"其实没有问题，有问题的是"医生"。

实验者结合社会普遍现象，综合分析后得出的结论认为：在社会生活中，一旦某人被认定具有某种行为特征，那么，在相关者的眼里，他的一切行为都具有这种特征。

在教育领域，在对待孩子方面，这样的情形则更为普遍和严重。一个孩子一旦被老师或家长贴上"坏"、"笨"、"差"之类的特征"标签"，那么人人几乎都认为其"坏"、"笨"、"差"，结果让孩子趋向"预期自动实现"，朝着"标签"所指示的方向发展。而回过头来看，孩子其实没有什么问题，恰恰是老师、家长出了问题，就像实验中的"病人"其实是正常的，倒是医生乱套了一样。

[教育案例]

不差的差生①

乌鲁木齐市诞生了一个“坏孩子妈妈联盟”，20 多位“坏孩子”的妈妈“入盟”，教育这些被学校认为是“不可教也”的孩子。

组织的正式名称是“心康少儿兴趣研究开发中心”，还办理了登记手续。“联盟”的妈妈们和孩子们一起游戏玩耍，言传身教，教孩子善良地做人，培养、锻炼他们的生活能力，她们还编写了一套“坏孩子妈妈联盟”教材。通过不同角度接触孩子、理解孩子，慢慢地，她们惊喜地发现，孩子们变好了，自己的生活也改变了。“联盟”的一位妈妈说：“以前孩子是断线的风筝，现在，我抓到线了。”

“一切教育都是从我们对儿童天性的理解开始的。”这是泰戈尔的睿智之言。“妈妈联盟”就是抛开了以往的教育方法，代之以尊重孩子天性为前提的教育。

英国哲人查尔斯·里德有一句名言：“播下一种思想，收获一种行为；播下一种行为，收获一种习惯；播下一种习惯，收获一种性格；播下一种性格，收获一种命运。”在这个“循环链”中，思想意识是事物发展的源头，它是第一颗种子，老师、家长早早地就在孩子们身上播下“跳蚤”，你怎么能指望收获“龙种”？

世上本没有坏孩子，坏的是成人的世界，特别坏掉的是教育孩子的成人。美国哲人霍姆斯所说的“一个孩子的教育，应当在他出生前一百年就开始”，说的就是成熟的成人世界之重要。

[教育案例]

一个让大人哑然的问题

那是在一个节假日里，女儿从爷爷奶奶家回来，一边按自然课老师讲的程序，一边按书中讲的方法、步骤，种了一盘蒜，放在自家的朝阳的窗台上。换水、添水就不用说了，大约过了七八天时间，长出一指多高的蒜叶，

① 2006年5月23日光明网

女儿站在窗前像模像样地欣赏着她的杰作，发现有两三棵蒜苗长歪了、长散了。

于是，我对女儿说："把这几株剪掉吧，它影响了整体的美观。"女儿回过头来望着我："爸爸，这两株如果是你残疾的孩子，你会怎样待它呢？如果它是我们班上的同学，老师能教它知识吗？我们能歧视疏远吗？"我和妻子都哑然了，惊讶地望着女儿说不出话来，心头升腾起一种别样的感觉。

伤痕往往是上帝的亲吻，如果你能够正视；但往你的伤痕上撒盐的人，则是魔鬼。

[教育案例]

选择题外的选择

在参加校长任职资格培训的一个中午，培训老师笑眯眯地说："给大家一次学习的机会，我们来做一个有趣的选择题。"同时他还给大家明确了要求：只看题，不交流，独自写。

接着他就拿出了选择题"从下列几人中选出你认为会造福世界的一个人"：

A. 笃信巫医和占卜；嗜烟如命；非常喜欢喝酒。

B. 每天到中午才肯起床；曾经吸食毒品；每晚喝白兰地。

C. 曾经是国家战斗英雄；不吸烟；偶尔喝酒；年轻时没做过违法的事。

D. 学校给他的评价很差，化学、物理、代数、几何期末考试为3分；五年级起与女生接吻；在大学时差点被开除。

学员们没有进行交流，也许是这个问题太简单了。5分钟不到，从他们自信的表情来看，都已经胸有成竹地锁定了各自的标准答案。

结果，我们拿到一起，发现大家比较钟情于C，有些学员显得比较性急，催老师出示"标准答案"。他却卖起了关子——先让我们说说为什么这样认为。我们列举了其余3人的种种不是：最引起大家公愤的是那个各科成绩只有3分、还不务正业谈恋爱的人，显然这人激发起学员们几年来的"工作经验"。他们理所当然地认为：学习不行，还能干什么？何况还有各种恶习。

正当大家热烈而又自信地交谈时，陈老师出示了答案是A：罗斯福，B：丘吉尔，C：希特勒，D：普京。

看到答案，大家非常意外，让我们不满的A、B、D竟然是一些著名总统，而那个“甚好”的居然是万恶的纳粹头子希特勒，我们甚至怀疑自己听错了，但答案确实如此。

这次有趣的选择，为什么答案会引起那么大的反差呢？带给我们的不仅仅是意外，更多的应该是思考。我们在选择时，都很认真地在寻找ABCD中存在的缺点，一有缺点就毫不犹豫地说：“哎呀，这人不行。”但我们都忽略了一个问题：就是现在提供的部分资料能否反映一个人的全部个性，看到的缺点是否代表人的全部，不能，完全不能。但是我们却总喜欢凭借自己的“经验”去下结论。

仔细联想平时的学校教育，同样存在这个现象，当教师看到学生的一个缺点时，总是时刻惦记那个缺点，有些时候虽然学生的表现很好，但仍然不忘提醒学生注意缺点，甚至警告学生不要旧病重犯。我们在选择中发生了意外，其实患了个致命的错误——关注“缺点”。

[生活事例]

圆满中的不圆满

一位渔夫在深海里打捞到一颗硕大的珍珠，他无比兴奋，因为珍珠实在很大，但美中不足的是这颗黑珍珠上有一个白点。渔夫不满意，拿到家后小心地剥掉白点，就在渔夫细心而谨慎的剥离下，珍珠越来越小，到最后渔夫泪流满面——珍珠没有了。

其实，渔夫的心态和我们的选择思路有着相同之处，就是错误地钟情于缺点。更可悲的是总跟在缺点后面，只看到学生存在的缺点，无法以全面的、发展的眼光去看待我们的学生，无论进步、落后，我们的学生经常生活在否定中。

一个学生如果很少得到表扬和激励，总是受到负面的评价，就会产生自我的“负驱动”，进而自暴自弃。特别是一些正在成长中的学生就像是一杯没有倒满的水，有的教师总是看到“还有一半空的”，有的教师总是看到“已经一半满了”，哪个更能让我们的学生有发展动力呢？当然是后者。关注缺点，只会让学生在你充满挑剔的眼神下，变得越来越不自信、甚至绝望；关注优点，能让学生感受教师殷切的期望，体验成功的愉悦，获取前进的动力，奔向成功的彼岸。

[教育案例]

胜利的手势

收到鲍勃照片的时候，我很难把相片上这个搂着州年度最佳射手奖杯、一脸阳光的年轻人，同12年前那个瘦弱畏缩的男孩子联系起来。但是，他高高举起的右手是划破我记忆的闪电，那是一个孩子对生命的坚强诠释。

12年前，我受蒙特利歌学校邀请，担任该校足球队春季集训的教练。第一次和队员们见面是在一个阳光明媚的下午，十多个男孩穿着整洁的球服坐在草地上听我讲话。从孩子们清澈的眼睛里可以看出，他们是崇拜我的。训话结束后，我对孩子们说："现在轮到我认识你们了。大家站成一排，在我和你们握手的时候告诉我你们的名字。"

我从一个个孩子面前走过，夸奖着那些自信地喊出自己名字的孩子，最后走到队尾那个瘦小的男孩面前。他很紧张地看着我，小声说："我叫鲍勃。"然后，他缓缓地把左手伸到我面前。

"哦，这可不行，"我说，"你应该知道用哪只手握手吧？而且你的声音还可以再大一点。怎么样，小家伙，我们再来一次？"鲍勃低下头一声不吭地站在那里。这时，他身旁的狄恩说："教练，鲍勃的右手生来只有两根手指。"鲍勃猛地抬起眼睛看着我："我能踢得很好的，做替补我也愿意。"

我平静地把右手伸到鲍勃的面前，温和地说："你愿意跟我握一下手吗？"

鲍勃迟疑地将他残缺不全的手放到我的手心里。

我双手握住他微微颤抖的小手："鲍勃，你记住，没有必要遮掩什么。恰恰相反，你有一双幸运的手。上帝如此安排，为的是能让你比别人更快地打出'胜利'的手势（用手指打出英文单词"victory"第一个字母"v"）。"鲍勃苍白的脸上渐渐浮起灿烂的笑容。

集训结束的时候有一场和邻校的汇报比赛。最后一次训练结束后，孩子们举着手争先恐后拥到我面前，希望自己能首发出场。鲍勃的左手几乎要举到我眼前，我装作没有看见。剩下最后一个名额时，我沉默地看着鲍勃。鲍勃涨红的脸上突然有了凝重的神情，他坚定地举起右手，微微张开两指："教练，请给我一次机会。"

我记得那回鲍勃进了两个球。

教练在孩子身上播下了信任，然后孩子就滋生了信心。

慧眼："透过开满鲜花的月亮"

成语"黔驴技穷"出自唐代文学家柳宗元笔下的"黔之驴"，它比喻有限的一点本领已经用完，没有别的办法了。说到这则寓言，人们大都会嘲笑黔驴虚有其表，是只不堪一击的"纸老虎"。但如果我们能运用逆向思维去稍作分析，你会不禁发问：黔驴技穷，谁之过呢？

众所周知，驴本非生于黔，它原本就没有与虎争高下、斗强弱的本领和野心，它只想勤勤恳恳、任劳任怨地帮人们拉车、推磨，常年做着老虎所不能为的力气活。是"好事者""船载以人，放之山下"，使之失其所长，才落得个"断喉"、"尽肉"的悲惨下场。倘若当初没有好事者的"好事"，那驴岂不是个拉车的"勇夫"、推磨的"功臣"吗？

非驴独然，天下事皆然，教育更是如此。无数实例证明，作为兴趣爱好千差万别、智力能力多元的学生，顺应其个性、欲求和生命节律，就能够主动自然地发展。否则，"技穷"的"差生"也就自然产生了。

诺贝尔化学奖获得者奥托·瓦拉赫读书时，父母为其选择了文学之路。在难以造就文学之才后，改学绘画，不料又得了个全班倒数第一。就在许多人认为他成才无望时，化学老师发现他做事一丝不苟，具有做好化学实验的素质，便建议他学化学。结果，瓦拉赫的智慧火花一下子被点燃，并一发不可收，终于在化学天地里成就了大业。试想一下，倘若当时瓦拉赫不遇化学老师，那他不肯定是位"技穷"的"笨蛋"？

在我国享誉诗坛的臧克家先生，大学入学考试时数学为零分，作文也只写了三句杂感，因而未被录取。是闻一多先生从这三句具有诗意的杂感中发现了他身上潜在的才气而破格录取了他，使他在诗歌领域里一举成名。可想而知，假使当初没有闻一多这位"伯乐"，臧克家至今还不是位"技穷"的"凡夫"？

出生在武汉的舟舟是一个连自己出生年月都不知道的"智残儿"，可他偏偏喜欢在音乐声响起时跟着旋律比划。当人们好奇地试探着将他送上台时，他的一举一动竟达到了职业指挥者的水平。但如果没有试探者的“好奇”，舟舟岂不是位“技穷”的“废人”？

由此我们不难看出，“黔驴技穷”责任应在“好事者”，所谓的“差生”原来还是教师制造出来的。

记得有位哲人曾说过：“一个人所成就的事业，必然是这个人的特长，弃长取短是天下最愚蠢的人才干的事。”可是长期以来，学生一进学校的大门，就必须得按照统一的课程设置，统一的教学计划、教学内容、教学形式和考试方法同吃“大锅饭”，分数成了他们的命根子，因为多一分就可能改变一生的命运，少一分就会失去一辈子的机会。

殊不知，人的性格、爱好有差异，素质、智能有区别。生活的圈子里，我们每个人都有自己的长项，也有自己的弱项，有适合自己耕耘的土壤、发挥自己优势的“用武之地”，也都有自己不喜欢做、不会做或不擅长做的事情，各方面都优秀的“完人”根本没有。避己之短，扬己之长，才会有成功的机会。同时，学校开设的课程具有一定的局限性，很难囊括所有的知识体系，更不可能全面反映学生素质的所有方面，当学生面对自己弱项的学科，其强项就会因学科设置的缺位而无从考察，因而“差生”也就自然产生了。

我们知道，教育的根本目的是为社会培养各类合格的人才。什么是人才？中国人民大学校长纪宝成先生认为：“能让卫星上天的是人才，能让马桶不漏水的也是人才。”要使每一个学生都能成才，我们必须彻底摒弃“掠夺式”的智力开发模式，主动去适应学生，致力于每一个学生被遮蔽的天赋和潜能的开发与发扬光大，引导他们在属于自己的领域里顺其自然地成长、发展，做百年大计的“成事者”。

[生活事例]

被上帝咬过的苹果

有一个人从小双目失明，懂事之后他深深地烦恼，认定这是老天在惩罚他，感到这辈子完了。亲友、社会都来关怀他，照顾他，但他不愿在怜悯中度过一生。

后来一位老师对他说：“世上每个人都是被上帝咬过一口的苹果。有的人缺陷比较大，因为上帝特别喜爱他的芬芳。”他很受鼓舞，从此把失明看做是上帝的特殊钟爱，开始振作起来。若干年后，当地传颂着一位德艺双馨的盲人推拿师的故事。

上帝知道了这件事，笑道："我很喜欢这个美丽而睿智的比喻。但要声明一点：所谓缺陷是指生理上的。那些道德缺陷的人是烂苹果，可不是我咬的，是虫蛀的。"

每一位学生又何尝不是一群被上帝咬过一口的苹果？而且是最稚嫩、最脆弱的苹果。他们有的生动活泼，有的聪明机智，有的纯朴憨厚，也有的忧郁寡欢，有的迟钝木讷。虽然差异很大，但他们都是那么天真，那么可爱，每个孩子都闪耀着童年的光彩。身体的缺陷、知识的欠缺、能力的差异，也许都是上帝惹的祸，是上帝"偏爱"的结果。

也许教师是成人世界派住儿童世界的精神使者，我们守护的是一群性格迥异、个性独特的儿童，如同守候的一排排满树晶莹透亮的苹果，我们得小心翼翼地为他们拔草、施肥、捉虫、浇水，等待成熟，收获喜悦。

[生活事例]

今天的巴尔扎克"看扁"昨天的巴尔扎克

一天，一位老太婆拿一本小学生的作文簿让大作家巴尔扎克预测这位小学生的将来，巴尔扎克认真地看了一看，说："这个孩子将来不会有多大出息，单凭字迹上来看，他的反应非常迟钝。"

然而，当老太婆告诉巴尔扎克这就是他本人小学五年级时的作业本时，这位伟大的作家羞愧地低下了头。

巴尔扎克犯了一个大错误！他错就错在单凭一个小孩写作文的字迹和当时的作文水平来对孩子的前途妄加推断。我们知道，世上万事万物都是在不断地运动、变化和发展着的。更何况是一位正在上小学的学生呢？小学生年龄尚小，正处在发育、成长时期，也许他目前思维比较迟钝，也许他脑袋还未"开窍"，也许他看问题比较片面，也许他成绩暂时较差……然而，目前这一切绝不能代表他"将来不会有多大出息"。

俗话说："士别三日，当刮目相看。"正如看上去令人恶心的毛毛虫能变成美丽翩翩的彩蝶一样，今天的"后进生"经过后天的努力将来也同样能在各行各业上取得令老师骄傲的辉煌业绩。老师们，警惕啊！凭学生的一时之长短而对他的将来妄下断语是非常错误的。

加德纳教授认为，每个学生都在不同程度上拥有自己的智能强项，智能之间的不同组合表现出个体间的智力差异。因此，我们可以得出一个基本结论:没有差生,只有差异。

新一轮课程改革要求教师应对每个学生的成长与发展负起责任,促进每一个学生发展,要注重发展的全体性、全面性、主动性。当前的国民教育应是“水涨船高”式的大众教育,而不应是“水落石出”式的精英教育。基础教育更是如此。我们的学生年龄小,心理承受能力差,但发展的潜力却很大。

坚信没有差生,就需要我们的教师要及时掌握学生的情况,密切关注学习“掉队”的学生,及时帮助学有“障碍”的学生,因为这些学生学习不是强项,他们的强项也许在音乐、身体运动等方面,教师应该及时发现这些学生的强项,因材施教,同时在这些学生最需要关心的时候关心他,在他最需要理解的时候理解他,在他最需要鼓励的时候鼓励他,在他最需要表扬的时候表扬他……不能因为他们在学习上暂时是弱项,就说明永远是弱项,也不能因为学习上的弱项,就证明他们是毫无所长的差生。教师不能因为偏爱一部分而冷落另一部分。教育实践中,教师的一举一动、一颦一笑,学生观察得很仔细,而感受最深的就是那部分所谓的“差生”。同在一片蓝天下,让我们的教师把师爱的阳光洒遍每一个角落吧!

[教育案例]

做一只优秀的兔子

台湾漫画家朱德庸凭借《双响炮》《涩女郎》等作品红遍了亚洲。少有人知的是,他并没有受过正规系统的美术训练,也不是什么高才生,相反,未成名前的朱德庸还是许多人眼里注定要失败的人。

从读幼儿园起,朱德庸就不是老师眼中的好学生。课堂上老师让他默写生字,他永远写不对笔画;老师让他背乘法口诀,他背了一遍又一遍就是背不出……为此,老师经常将他撵出教室罚站。在上学的十多年里,朱德庸不断地转学、插班、留校察看,甚至连上补习班都惨遭劝退。朱德庸的父母为他伤透了脑筋。

有段时间,朱德庸认为自己非常笨。后来才懂得,那不是笨,而是学习障碍。人的学习能力是分多种类型的,他天生就对图形敏感,而对数字迟钝。因此,他只有在画画时才能找到属于自己的快乐。朱德庸开始观察生活和各种各样的人,并试着将不同的人物脸谱画下来。一次偶然的机会,他的漫画公开发表了,这更鼓舞了他。当《双响炮》红遍台湾时,朱德庸已声名斐然。

朱德庸说："我相信，人和动物是一样的。每个人都有自己的天赋，比如老虎有锋利的牙齿，兔子有高超的奔跑、弹跳能力，所以它们能在大自然中生存下来。人们都希望成为老虎，但其中有很多人只能是兔子。我们为什么放着很优秀的兔子不当，而一定要当很烂的老虎呢？"

教育的起点不在于一个人有多么聪明，而在于怎样变得聪明，在哪些方面变得聪明。

多元智能观的核心在于认真地对待个别差异。从理论上讲，个人必须承认，所有的个人不可能在单一的智能方面得到有效的表现。从实践上讲，个人必须承认，任何一种相同的教育方法最多只能让某一小部分学生受益。

那么，我们如何实现新课程理念下的"大众教育"，使每一个学生都可以得到最大程度的发展呢？我们可以从以下几方面考虑：

一是教材的多样化。由于学生的个性差异，学校就必须实施个性化教学。在教学中使用不同的教材，这样就会使每一个学生都有学会教学内容的机会。

二是教法的多样化。教师承认学生间的差异，就是个性化教学的表现。在可能的范围内，教师的教法应根据不同的学生智能特点来进行，根据教育对象的不同创设各种适宜的、能够促进学生全面充分发展的教学手段、方法和策略，使学生能以向他人展现他们所学的、所理解的内容的方式去了解和掌握教学材料，并给予他们每个人最大限度的发展机会。

等待："花蕾含苞待放的守望"

[生活事例]

空心菜的命运

台湾林清玄写的一篇短文，文中有这样的片段：

当我看到水田边一片纯白的花，形似百合，却开得比百合花还要繁盛，姿态非常优美。我当场就被那雄浑的美震慑了。

"这是什么花？"我拉着田边的农夫问道。

"这是空心菜花呀！"农夫说。

原来空心菜可以开出这么美丽明亮的花，真是做梦也想不到。我问农夫说："可是我也种过空心菜，怎么没有开过花呢？"

他说："一般人种空心菜，都是还没有开花就摘来吃，怎么会看到花呢？我这些是为了做种，才留到开花呀！"

在生活中，空心菜是"菜"未成"花"，主要取决于外部条件。在教育中，一些儿童处在"花的基因、菜的命运"的尴尬境地，难以正常"开花"，其主要原因也不过如此啊！

首先，这些"花朵"缺乏足够的自然成熟时间。

花有成长周期，人也如此。然而，在我们的教育中，等不到"开花"就包办代替或任意缩短"花期"的现象随时可见。

例如课堂教学中，学生缺少充分探索研究的时间、缺少自由发表见解的时间、缺少多向讨论交流的时间、缺少自主比较选择的时间……教师考虑更多的是一节课的"完美无缺"、"一帆风顺"，教学环节一应俱全且给予时间分配。组织学生自主活动时，教师就开始倒计时，到点及时向方兴未艾的学生活动亮起"红灯"，未成之事就由教师代劳；或者教师为把学生的自主活动压缩在规定的时间内，就减少坡度、增加铺垫，使学生较快地顺利“探”出结果。

这种过早“采摘”和过早“催熟”的做法无疑有伤“花心”。

其次，这些“花朵”缺乏足够的自然成熟空间。

花有成长环境，人也如此。然而，在我们的教育中，等不到“开花”就加贴标签或任意改变“花容”的现象随处可见。

例如一些学困生的学习“速度”要比一般学生慢几个节拍，有些教师认为“花”开无期，就轻率地冠名“差生”；而一些学优生烦恼也很多，他们或被教师“选”进并无兴趣的兴趣小组，或被家长“圈”进并非特长的特长学校，他们只能“梦着自己的梦、爱着师长的爱”。

这种过早“定调”和过早“造型”的做法同样有伤“花心”。

儿童是花朵，师长是园丁。在功利主义的心态下，我们极容易把“种花”之长久近视成“种菜”之短暂，操之过急，迫不及待，这样就很难真正欣赏到“花开别样红”的灿烂。

多留些时间吧，“菜”亦可成“花”。让“花”娇艳于她的成熟，不做“温室之花”；

多留些空间吧，“花”才会成“花”。让“花”植根于她的土壤，不做“盆景之花”！

[生活事例]

丁香花的等待

哈尔滨的丁香有个特点：它们往往是在人们不经意的瞬间，忽然全部绽放的。这让人们感觉春天在一夜之间降临到了这座城市。在北方，有许多花儿都是这样，花蕾往往会在枝头上挂很长时间，然后在某一天，或某一瞬间，便“忽如一夜春风来，千树万树梨花开”了。

花儿为什么要选择在一个瞬间不约而同地绽放呢？一位生物学家解开了这个谜。

北方地处高纬度地区，这里冬季漫长，春季短暂。有时，春天即使来了，天气也往往会有很多反复，白天可能艳阳高照，而晚上则有寒流侵入，这样即使在一天之间，温差也极大。在这种气候中，花儿如果贸然开放，必会被无情的寒风“零落成泥碾作尘”。所以，聪明的花儿一直处于含苞待放的状态，寻找最佳的开放时机。它们可能会等一个星期，甚至一个月的时间。直到四月中旬或者更晚的某一个清晨，人们上街时会突然嗅到四溢的花香，看到花开满城。北方的花儿，因为善于等待而避开被冻僵夭折的灾难，带来了生机勃勃的春天，完成了繁衍生息的任务。

我们应该向那些花儿学习。有些时候，我们只能做一件事，那就是等待，就像含苞的花蕾。这种等待不是消极懈怠，而是积攒力量；不是徘徊犹豫，而是韬光养晦。一旦时机成熟，便把积蓄的力量全部释放出来，此时的人生，定会如花儿般绚烂夺目，芳香四溢。

[教育案例]

迟来的进步

艾米是个热情而乐观的一年级老师。感恩节来临的时候，学生们的进步超出了她的预期，然而，唯有乔纳森除外。

乔纳森是个沉默寡言的孩子，艾米想在班上为他做些什么，使这个内向的孩子获得更多的快乐。也许可以调整他的座位，把他调到那些愿意鼓励他的孩子旁边，也许可以给他一些奖励，或者指派一位帮助他的人。

一天，艾米心中偶然产生了疑问，自己是否在强硬地改造着乔纳森？或许这个孩子更需要的是时间与耐心。艾米决定按照乔纳森所能接受的进度，给他一个自由发展的空间。

几个星期后的一天，乔纳森趁课间休息之际塞给艾米一本书："这是我最喜爱的一本书，您愿意为大家朗读一下书中的精彩片断吗？"

奇迹在悄然间来临，这是乔纳森的第一步，是迟来的进步，但终究还是发生了。在学年结束的时候，乔纳森被大家推举为进步最大的学生。

总有一些学生需要花更长的时间去调整与适应环境，他们所需要的是时间与耐心，在需要之际能得到教师的帮助。

有些孩子需要花更长的时间去等待机遇，记住给他们时间，不要急于把那些本来可以自行调整的事情看作问题。

在不少的课堂上，由于教师过分追求教学的"完美"、"圆满"，担心时间被耽搁而完不成教学任务，总是把学生的提问、思考、解答，当做"例行公事"，置学生于课堂以外，教学就成了演绎、完成教案的过程。课堂上，教师应该为学生，特别为一些"慢"的学生，提供充分从事活动的机会，这就要求教师学会耐心地等待，等待他们"开花"的时刻。

1. 等一等，给学生一个交流的机会

课堂上经常会出现这样的现象，当一个学生的想法正符合教师所需要的想法，教师马上“鸣锣收兵”，开始下一环节的教学。

[教学案例]

“相信你有一个精彩的故事”①

这是一堂“想象说话课”。我事先在黑板上画了一片草地、一条河流和一棵树，准备好了可以粘贴的纸鸭子、小白兔和小猴子。上课时，我让学生发挥想象，把动物贴到合适的位置上，再连起来说话。

一位男同学抢先走上讲台，他把小鸭子贴在河里，把小白兔贴在草地上，把小猴子贴在树上，很连贯地说道：“小鸭在河里游泳，小白兔在草地上吃草，小猴子在树上摘桃子。”

“说得不错。”我表扬了他，“还有谁想说?”

一位女同学大胆地走上讲台，她把小白兔放在河里，把小鸭子放在草地上，把小猴子放在半空中。“轰”的一声，教室里立刻爆发出一片哄笑声：“摆错了，摆错了!”小女孩显然有点紧张，竟一时不知所措起来。我向她微笑着说：“别紧张，慢慢说，老师相信你有一个精彩的故事。”

女孩来了劲，眼神里充满了自信：“我是根据一个故事摆放的。一个夏日的午后，天气闷热，小白兔在草地上玩得浑身是汗，它热得受不了，就跑到河边，看到小鸭子在水里舒舒服服地游泳，就‘扑通’一声跳到河里，没想到一个劲地往下沉。小鸭子见小白兔被淹，就爬到岸边的草地上喊‘救命’。小猴子正在树上睡觉，突然被‘救命’声惊醒，就一下子从树上跳了下来，所以它在半空中。”小女孩的话音刚落，教室里响起了一片热烈的掌声。

课堂上，当学生出现差异时，教师就应该耐心地等一等，允许学生暂且保留这种差异，给他们交流的机会。

2. 等一等，给学生一些思考的时间

教学时，为避免学生出错，教师常会亲自上阵，尽可能地扫清路障，确保学生解决问题的畅通无阻。

---

① 浙江省义乌市合作小学　马小琴

[教学案例]

数学“两位数的不进位加法”

有一次，听一位教师上“两位数的不进位加法”，内容包括两位数加一位数、一位数加两位数、两位数加两位数，教师很习惯每写一个数字都问学生，“这里该写什么”，“那么，3＋5 就等于几?”，教师将课堂组织得“热闹非凡”，将学生调动得“兴趣盎然”，但检测学生实际掌握知识和形成能力的情况却并不理想。当学生自己去列式计算一位数加两位数“6＋12”时，许多学生却写成了这样的形式：

$$\begin{array}{r} 6 \\ +12 \\ \hline \end{array}$$

课堂提问的目的是想通过设计一系列精心组织的问题，使学生不断地处于积极思考的学习氛围之中，同时也有助于教师了解学生是否明确了你希望他们达到的预期的学习目标。但是当前的现状是大多数教师课堂教学的目标要求和问题是低水平的，大多数的问题是简单重复的、几乎不加思考就可以张口答出来的，或者是一问一答地提问方式，学生的思维完全被老师牵着走。

提供学生充足的时间去思考教师提问的问题是课堂提问中又一个重要的方面。在课堂上教师的提问行为这一领域居于领先的研究者之一是玛丽布蒂若(Mary Budd Rowe)。她通过几年的研究发现大多数教师，等待学生回答的时间不到 1 秒钟，但也有一些教师等待回答的时间平均 3 秒钟。玛丽布蒂若比较了这两种情况对学生反应的影响，发现在等待时间较长(3 秒或以上)的情况下，将产生出更富有思考的回答，更多的课堂讨论以及对问题情境更具批判性的分析。学会等待的另外的一些好处还包括：

(1)学生回答问题的长度增加了 400％—800％；

(2)学生主动且正确回答的数量增加了；

(3)学生回答错误或失败的数量减少了；

(4)学生的自信心增加了；

(5)学生更主动地、自发地提出问题；

(6)较差的学生也比以前贡献得更多(增加的范围在 1.5％到 37％)；

(7)产生了各种各样的回答——创造性的思维增加了；

(8)纪律问题减少了。

3. **等一等，给孩子一个展示的舞台**

课堂上，教师经常担心孩子偏离自己预设的轨道，打乱自己的教学思路。于是，当孩子突然冒出新想法时，教师便想方设法遏止他。

[教学案例]

"这个等下再说"

教学"圆的认识"时，教师甩小球形成一个圆的轨迹，让学生说说现在还能量出这个圆的周长吗？当许多学生都认为不能用测量的方法时，有一个学生嚷着说："可以量出半径。"教师马上说："这个等下再说，现在先说，你能量出这个圆的周长吗？"学生无言以对，只好默默地坐下。接着教师让学生猜猜这个圆的周长可能与什么有关？这个学生的想法才有了出头之日。

由此可见，教师受着教案的限制，毫无防备学生会先行一步，只得委屈孩子重新回到起点，与老师齐步走。其实，教师若能在此处顺坡下驴，等一等，给学生一个展示的机会，相信课堂会更精彩，师生会有更大的收获。

4. **等一等，给学生一个反思的过程**

课堂上，当学生的回答出现差错时，教师经常会发出权威性的话语，一言而改之。

[教学案例]

"为什么不看清楚呢？"

教学"认识时分"中，有学生将8∶55看成9∶55，教师急忙纠正说："看清楚了，时针走过9了吗？应该是几时几分？"在教师的帮助下，孩子知道了这是8∶55。但是第二次他又将11∶55看成12∶55，教师生气得再次纠正："为什么不看清楚呢？时针走过12了吗？应该是几时几分？"学生再次改正了错误，可是他真正理解了吗？

其实，错误已经出现，教师应该耐心地等待，给孩子一个反思的过程。例如可以让学生把8∶55的分针再往前拨一大格，看看现在是几时，再想想刚才是几时几分？学生很清晰地看到现在的时针刚到9时，刚才当然不可能是9∶55。这样，给孩子一个反思的过程，让他自己去否定、修正原先那个错误，远比教师直接告诉有效得多。

课堂上，当学生出现差错时，教师不要急于修改、更正他们的错误，不要急着把正确的答案告诉学生，把完整的结论灌输给学生。学生在没有经历实践、探究体验的无意识状态下，其所得的知识是模糊不清，不够透彻的，是很容易淡忘，不够可靠的。停一停、等一等，给学生一个反思的过程，让学生在反思中不断地去调整自己的认识，同化、重构新的知识。

课堂上，我们多一些等待，学生就多一些自主探索的经历和体会，多一些对问题的深思和熟虑；多一些等待，学生就多一些与他人交流合作的机会和体验，多一些对知识的理解和提升……学会等待，你的心中就装下了班上的每一个学生；学会等待，课堂才能充满了灵动与活力。

师生关系连连看 6

教师：大写名字——学生：大振名声？

阅读思考：

◇名字，是一个人区别于别人的符号。其内涵只是如此吗？

◇名字是一种学问，它的学问在哪里？

◇别名，能否创造出让人欣喜鼓舞的“别样红”景象？

生“名”远播

[生活事例]

被人记住是一种无法言说的幸福

幸福有万千姿态,你是否品味过这一种:被人记住。

大街上,你突然被久未联系的儿时伙伴在嘈杂的人群中大声地叫出名字,惊疑过后,感觉喜从天降,那是一种无法言说的幸福。电话里,一个陌生的朋友亲切地要你猜猜他是谁,你猜了半天没猜出来,一经提醒,立马顿悟,原来是你啊!那感觉就是一种无法言说的幸福,一种被人记住的幸福。

一对外地来的夫妇在我家楼下开了一家小餐馆,每天早上供应南昌特色拌粉,食者如云,生意出奇的好。记得搬来这里后,第一次去他们那儿吃早点,我给她提了个小小的要求:作料只放葱、蒜、虾仁、花生米和鲜辣椒,绝对不要给大家都喜欢而独我厌恶的豆酱、鸡精、辣椒粉和萝卜干。此后每次去,她总能在那么多顾客当中,清楚地记得我的喜恶。

在这家油渍遍地的小餐馆里,我不经意地凿开了一眼泉源,幸福的清泉在心里汩汩地往上冒。所以,每当妻子没时间做早餐的时候,我都会到楼下那对中年夫妇那里找寻被人记住的感觉。我甚至想,这对夫妇能把这家小早点摊摆上五年,而且越开越大,其中定有他们能记住顾客习惯这一因素起作用。也许,这正是他们制胜的法宝。这不正是被记住人的回报吗?

如果你爱他,如果你对他好,或者,如果你想对他表达自己的感激之情,不需要别的,只要你在若干年后,仍然能够记住他,于万千人名中,准确无误地说出属于他的那一个。记住一个人，是对他最高的敬重，是对他最好的回报。

记住他的一颦一笑，记住他的一言一行，记住他的好与不好，记住他的圆熟或稚嫩，记住他的风光或落魄，每一粒记忆因子都会因为你的不忘而飘散迷人的芬芳，那是感情经岁月尘封之后，提炼出来的人生佳酿。喝一杯，足以让那个被你记住的人，醉倒在幸福之中。

[教育案例]

遗忘了的名字

一个小女生其貌不扬，成绩也不出众，几乎所有任课老师都不点她的名，她感觉自己成了被老师们“遗忘了的角落”。她很灰心，觉得十分没趣，学习成绩怎么也搞不上去。

一次，她忘了把作业本交给课代表，一个人战战兢兢地来到老师办公室，把本子一放，扭头就走。在那一刹那，老师准确无误地叫出了她的名字，表扬她按时完成作业，并鼓励她好好学习。她立在原处，感动得不知所措。

那一声叫唤，让小女孩感觉到了那种被老师记得的幸福，心里的阴云一扫而光，阳光照亮心窗，她快乐得像一只可爱的小鸟。

名字，特别是一个被人忽视甚至遗忘的名字，某一天突然被人提起或唤起，那它就会有一种穿透力，直达人的心灵深处。这一种行为方式，在给人幸福感的同时，也能让人产生自信，甚至由此走向自强。

成为一名好教师需要我们在诸多方面作出努力，如个人修养、表达能力、业务水平等等。《美国优秀教师行为守则 26 条》的第一条可能会让你感到惊讶：记住学生的姓名。

[教育案例]

“老师，您居然不认识我！”

由于我几乎年年教毕业班和高考复习班，每年都要遇到两百多个新面孔，我与学生交流的机会不多。记得当时上课时总是以串讲为主，完全没有如今提倡的对话交流，所以一年下来能记得的学生名字很少，能记住的主要是成绩十分拔尖的和表现极差的学生。在上课时，学生的座位表从不离手，以此来弥补自己的“先天不足”，但下课后就没有办法了。记得有一天在操场上，一位男同学主动和我打招呼。我觉得他很眼熟，出于礼貌，我问他是哪个班的。他吃惊地说道：“老师，你给我们上了近两年的英语课，居然不认识我！”当时我愧得满脸通红，至今想来都很窘迫。

数年以后我参加了一次英语骨干教师培训班。我发现外籍教师 Jefferson 有着极强的记忆力，班上那么多学员，他都能随口叫出名字，让人感觉十分亲切。当我问他有什么办法才能熟记学生的名字时，他笑道：“这不需要任何办法。在我的心中，你们每个人都是我的朋友。如果连名字都不知道，算什么朋友呢？”我突然想起在某篇文章里读到的：在每个人心中，自己的名字是世界上最动听的符号。如果数次见面后，彼此还不能叫出名字，就会产生陌生感。所以西方人常会在第一次见面时就主动告诉别人自己的名字，即使大家也许永远都不可能再相逢。

也许，在倡导新课程改革、高扬“人本教育”大旗、呼唤师生平等的今天，我们每个教师都应当轻问自己：你能记住学生的名字吗？

[教育案例]

“名”刻人心

一位师范生在某校实习一月，在欢送会上，他只是含着泪花一口气背出全班 48 名同学的名字！同学们既惊讶又激动，使劲鼓掌；后来，班上一位学生也当了教师，接班的第一事，就是记住学生的名字，不出一周就与学生打成了一片。

名字“=”人。记住名字，宣传名字，是重视人的最简单的表示。

有一首歌曲中唱出了情人之间的一段对白：(男)你悄悄地蒙上我的眼睛，让我猜猜你是谁？从……到……，就是不喊你的名字；(女)我悄悄地蒙上你的眼睛，让你猜猜我是谁？从……到……，始终没有我的名字；(合)为什么你的双手在颤抖，笑容凝结在你眼中……

[教育案例]

名字的悲剧

一位刚踏上工作岗位的中学教师在点名时，不认识学生张海昶名字中的“昶”字，就自作聪明地漏报，最后装模作样地问：“有谁的名字没有点到吗？”继而反问：“那你叫什么名字呢？”这名男生答道：“我叫张海永”。在一节公开课上，他提问该男生，连叫几次“张海永”，均无应答。他上前：“张海永同学，上课可不能走神，老师叫你呢”。男生忽地站起来：“老师，我叫张海昶，地球人都知道。”全堂哄笑。

以后的日子，男生好像进入了“冷宫”(教师的冷淡加自我的冷落)，中考就他落榜。最后，他才知，原来是其他同学教张海昶开的玩笑。因为好多老师也读错，所以想让他出丑。这是一场由“名字”导演的闹剧后引发的悲剧。

情人的对白，教师的自白，让我们不难想象：名字已不再是一个简单的代号，它所代表的是人复杂的情感。

[教育案例]

珍贵的礼物①

开学的第一天，我到新接的班级点名。

“张若愚。”

“到！”

“李晨曦。”

“到！”

“杨玲。”

这时教室里响起两个声音，一个男孩的，一个女孩的，有几个孩子还在偷偷地笑，我有点诧异。此时两个孩子都不约而同地站了起来，男孩是个小个子，坐在第二排，黑黑的头发，亮亮的眼睛，一副机灵的样子；女孩明显

① 江苏省无锡市南洋国际学校 蒯崴

高出同龄人一头,有点胖,坐在最后一排,她默默地低着头,下垂的头发几乎让我看不清她的脸庞。

“老师,他们俩同名同姓,五年级的时候老师让我们叫她‘大杨玲’。”一个孩子指着女孩说。

“大杨玲”,这哪里像个名字啊!想到这里,我走到女孩身边对她说:“这样吧,以后大家都叫你‘杨玲玲’,好吗?”女孩抬起头,惊讶地看了我好一会儿才点了点头。

几天后,女孩递给我一张纸条,上面写道:“老师,谢谢您送给我这份特殊的礼物。有段时间,我听到自己的名字就反感。名字是一个人的象征,名字蕴含着美好的希望和祝福,每个人都很珍爱自己的名字。然而,自从老师叫我‘大杨玲’后,同学们都这样叫了。‘大杨玲’是表示我长得高呢,还是在暗示我胖?从那时候起,我慢慢变得封闭起来。现在,您重新给了我一个响亮、美好的名字,更给了我自信和勇气,难道还有什么比这份礼物更珍贵的吗?”

教育给学生的影响除了正面的、积极的,往往还存在负面的、消极的,而学生对这种影响只有接受。在教育过程中,教师首先应该了解学生,给他们需要的、喜欢的,这样才能最大限度地提高教育的效果。有时,一个人的名字就能起到牵一发而动全身的作用。

[生活事例]

名字的喜剧

少年的卡耐基(钢铁大王),捉到一只野兔,生下一窝小兔,造成草料困难。他就召集孩子们,告诉他们谁拔草喂兔子,就用谁的名字为兔子命名。孩子们热烈响应;成年的卡耐基,在宾夕法尼亚铁路公司旁建造了炼铁厂,并以该铁路公司董事长的名字作厂名。自然,铁轨又多了条销路。

名字,它不仅仅只是名字!它的每一笔画无不“勾连”着、“牵挂”着人的“心情”。在我们的教育教学中,它就是一笔颇具价值的“名产”,成为新的教育教学资源。

[教育案例]

不该是笑话的笑话

班会课上,老师让学生先各自默写出全班同学的名字,然后小组里交换批改,看看谁将同学的名字写错了。默写时,班上叽叽喳喳,热闹极了。大家有的喜形于色,有的愁眉苦脸。10 分钟后开始批改,班上就更热闹了。看到别人的名字被写错了,便捧腹大笑;看到自己的名字被写错了,便撅起了小嘴……

老师见火候到了,便请学生上讲台说说默写的情况,并说说父母为什么给自己取这样的名字。于是,教室里一下子像“冷豆腐掉进了热油锅中”,大家都抢着发言,真是听得人啼笑皆非——

有把“袁芳”写成“哀芳”“蓑芳”,有把“汪”写成“狂”,有把“魏”写成“鬼”,还有把“朱”写成“猪”……

有位叫张磊的学生说:“我爸给我取名‘磊’是盼我做一个光明磊落的人,有个同学却写成了‘雷’,这不是要炸死人嘛!”

一位叫徐凡瞳的学生火气更大了,他说:“我爸给我取名‘凡瞳’,是希望我像初升的太阳,给凡间带来光明。而有几个同学写成了凡同,还有个同学竟写成了饭童,真气死人了!”

此时,老师顺水推舟,让大家进一步谈谈体会。

一个班上的学生,天天在一起,互相很了解,照理说默写平日里喊惯了的同学名字,本该是小菜儿一碟,可就是有那么一些学生对此傻眼了,把耳熟能详的同学名字写成了白字。这次绝妙的自我教育活动,使学生知道真正记住同学的名字的含义和意义。

[教育案例]

“名”振人心

我也曾在教育教学中巧用名字,产生了良好的“名字效应”。

在相互称呼上,“简称”、“昵称”是我对学生“心的呼唤”。我一般都省略学生的姓,只叫学生的名。有时还只用名字中的一个字加“儿”合成亲切、动听的“和弦音”，有时诙谐地用“娃娃们”、“宝宝们”、“哥们”、“××朋友”、“××同志”等“暖色语”来激起学生的注意和共鸣。反之，我允许学生直呼我的名字，也宽容学生对我起并无恶意的绰号，例如“眼镜”、“大头”、“书虫”(因为我喜欢看书)、“书(输)记”(因为我与学生打乒乓球输多于赢)……。

在数学教学中，“××发现”、“××猜想”、××实验“、××方法”等是我对学生学习成果的最高奖励。曾一本正经地发给学生“专利”证书，期终还打印一览表发给学生和家长。这样，学生的“创造发明”越来越多。我试把一些上课经常走神的学生和学习有困难的学生的名字有意编入相关题目作为例题或习题，发现他们特动心、特欢心、特用心，学习效果特好。于是，我就让他们自己去寻题，到参考书中去找，到生活中去编。然后我加以修改，并在题尾注明作者名字，作为练习题或测试题。这下可热闹了，作业或测试前，其他学生纷纷向他们索题、交流，他们也主动向其他学生讨教、交流。他们似乎成了班级中的“名人”，学习成绩“名”显见好。

我因此受到学生的拥护，名字随之增值。接着，我迎合学生的需求而爱人以“名”，时不时地给表现好的学生签名、留言。他们哪一节课上受表扬，我就在那一节课学生教材的空白处重重地、美美地签上大名。对优秀作业，我也同样潇洒“签”一回。有时还送上一句祝愿、勉励、诗词或名言。

[教学案例]

巧用姓名，提高识字量

为了让学生互相认识，知道姓名，能快速有效地识字。开学初，先让学生自我介绍，并将其学生证投影到屏幕上，使学生形象直观地认识了同学的姓名。

同时为了解决一年级学生识字时学得快、忘得也快的难题，印发了全班同学的座位表，让家长辅导孩子尽快地熟悉全班同学的名字，并且还让每个学生制作了一张精致的名字卡片粘贴在课桌左角上方，便于学生随时认读。并经常让学生在发作业本的过程中认识同学的姓名。除此之外，动员学生利用课余时间与同学交流，甚至可以与其他班级、年段的同学认识交流，在互动中巩固识字，提高口语交际能力，增进友情。这样一来，学生在很短的时间里都可以认识全班同学的名字，识字量大增。

[教学案例]

语文《燕子》[①]

师：同学们，春天来了，活泼可爱的小燕子从南方飞来了，你们喜欢燕子吗？

生（齐）：喜欢！

师：老师的名字叫“凌云燕”，是我爸爸为我取的。爸爸说希望我从小要有远大的志向，要有超凡脱俗的胆量和勇气，要像那空中飞翔的燕子，敢于搏击蓝天，与白云竞飞，进而在人生的旅途中展翅翱翔。我们班也有几个同学的名字里含有“燕”字，谁能像老师那样，说说你的家长为什么用“燕”给你取名字吗？

生1：我的名字叫“李春燕”，是我妈妈为我起的。妈妈说我从小就活泼可爱、逗人喜欢，像春天的燕子一样，所以就为我取了这么一个好听的名字。

生2：我的名字叫“王归燕”，是远在台湾的爷爷给我起的。爷爷在新中国成立之前，被迫跟随蒋介石去了台湾，丢下我奶奶和我当时年幼的父亲。一晃几十年过去了，爷爷在台湾又有了妻室和儿女，有了自己的事业。如今爷爷已76岁高龄，然而他无时无刻不在思念家乡的亲人。13年前爷爷回到了阔别多年的故乡，恰逢我刚刚出生，爷爷便给我取了个名字叫“归燕”。他说他也要像燕子那样，眷念故土，每年回家乡来看一次，同时教育我将来无论走到哪里，都不要忘记生我养我的这块土地。

师：说得太动情了，太感人了！真是一个名字一首歌，一个名字一段情，一个名字一个故事啊。今天我们也要来学习我国著名作家郑振铎写的《燕子》，看一看，郑振铎笔下的燕子会给你留下什么样的印象呢？请同学们打开课本，轻轻地把课文读一读……

教师紧扣名字这一特殊的载体进行语文资源的有机发掘，可谓是匠心独运。每个人都有一个寓意深刻的名字。利用名字导入新课，不仅缩短了

---

① 江苏省泰兴市第二实验小学　张爱民

师生间的心理距离，让学生觉得十分亲切，而且为学生大胆参与课堂教学、寻求新知，创造了条件，营造了气氛。

除此之外，教师也可以让学生自己去探究自己名字的来源，作为一个研究性学习的内容，从中沟通与家庭之间的亲情，感受长辈对他的期望，深刻理解自己名字的意味深长。

[教学案例]

学生习作《关于姓名的采访》①

每个人都有姓名。星期三那天，我就我的名字的由来及含义，采访了我的妈妈。

儿子：妈妈，你们为什么给我取“云柯”这个名字？

母亲：这个说来话长了。因为我们家的老祖宗是山里人，你爷爷、奶奶思想很传统，希望方家能添一个男孩，继承香火，好让方家一代接一代。所以，当你呱呱坠地，发现是个男孩时，全家都无比喜悦。这时，为给你取名，一家人都忙开了。奶奶找瞎子排五行，说你缺“木”，取名字时必须有个“木”字。爷爷说，男孩的名字叫起来要响亮。而你爸爸却不声不响，一个劲地在辞海里“淘宝”。在你爷爷选择的几个精妙的名字中，我选了一个笔画较少、又符合你奶奶意思的，所以就叫你“云柯”了。

儿子：哦，原来我的名字是这样来的。那它有没有更深的含义呢？

母亲：有啊！“云柯”在辞海中解释为“高耸入云的大树”。我们希望自己的孩子是大森林中出众的一棵树，一棵根基扎实、高耸入云的大树。

儿子：你们有没有想过给我改名呢？

母亲：没有。

儿子：现在我长得比较高，是不是应了“高耸入云”这个意思？

母亲：这只是巧合。我们不仅想让你外表长得高大英俊，更重要的是希望你成为一棵有用的大树。

那次采访以后，我就更加喜欢自己的名字了。只要同学叫我一声，我就感到他们似乎在鼓励我。我要像妈妈所说的那样，打好扎实的基础，茁

---

① 浙江余姚市实验小学四年级学生　方云柯

壮成长,长成一棵真正的、对社会有用的大树。

名字代表着学生的个体,也代表着学生的荣誉。学生的名字不仅记录着学生的过去,也反映着学生的现在,还影响着学生的将来。所以,教师在处理学生名字的时候应该谨慎,或许艺术化的处理会成就一名学生。

[教育案例]

一张最重要的纸条

我教的年级里,有一个叫李晨的性格有些内向的女生。她是个挺漂亮的小姑娘,只是左边脸颊上有一块圆形的疤痕。

开学初,政治课本第一课的内容便是《增强自尊自信》。那一天,恰好讲完"培养正确的自尊心和充分的自信心"这一课。我抱着教案走出教室,李晨小跑着追了出来。她拉了一下我的衣襟,轻声说:"老师,要是一个人总是自信不起来该怎么办呢?"我想了一下,对她说:"这样吧,你回去做一项特殊的作业,把你认识到的自己的优点总结出来,明天交给我,好吗?"她点了点头,若有所思地回去了。

第二天,我的办公桌上出现了一张小纸条,上面没有署名,只写着:遵守纪律、爱劳动。看着这几个字,我心底泛起一种酸酸的感觉:这个孩子活得太沉重了。我拿出纸笔,开始写一份"李晨优点录"。除了她自己总结的两条以外,我又添加了"善良、温柔、乐于助人、坦诚、虚心、渴望成才、言行一致、细致、有爱心"等十余条。放学后,我找来几位他们班的学生继续了解李晨的情况,在他们的提醒下又添上了几条。最后,我写了自己认为最重要的一条:你有一双非常美丽的大眼睛。

第二天,李晨看到了这张写满她的优点的纸。她把目光从纸上移开时眼里有些湿润,她问我:"老师,我真的有这么好吗?"我拍了拍她的肩膀,没有说话,只是用力点了点头。后来,在结束整节课的内容时,我让学生们每人写出一个自己认为是班里最出色的学生的名字。我把大家写好的纸条收上来,一张张地打开来读。很多学生都"入围"了,因为我并没有限定是哪方面最出色。当我念到"李晨"的名字时,班里一下子安静下来,显然大家都觉得有些意外。李晨抬起一直低着的头,用有点怀疑的目光迎着我。

我带头鼓起掌来,接着全班响起了热烈而持久的掌声。

如今的李晨已经完全自信起来了,脸上总是洋溢着阳光般灿烂的笑容,课堂上也经常举手回答问题。但是始终没有人知道:我读的那张纸条上,其实一个字都没有……

[教育案例]

"校长,您又记错了我的名字!"

威尔逊校长本人也被一个男孩抱怨过:"校长,您又记错了我的名字!"威尔逊蹲下来,笑着对他说:"对不起,记错你的名字是我的错,但你有没有想过,如何让我把你与其他477名学生区分开来?"第二天,男孩送威尔逊一朵手工纸玫瑰,玫瑰花瓣上印有他自己的照片。男孩还自我介绍说:我的亚麻色头发有点自来卷,我是波兰移民,我的姓名与其他德国孩子明显不一样。还有一个男孩张开嘴巴给校长看,说我缺了两颗尖侧牙,正换牙呢。

名字是一件艺术品,需要人用欣赏的态度来称呼,这样的称呼可以传递温暖。在教育中,教师还经常用"孩子们"、"同学们"来称呼学生群体,但不是所有的教师用这种称呼都能温暖学生的心灵。赞科夫在其著作《和教师的谈话》中提到的这样一个案例——

[教育案例]

学生的告状

有一次,莫斯科第29学校的一批中年级的女学生,跑来找校长叶·瓦·玛尔季扬诺娃,她们来告一位女教师的状,原因是这位女教师总把她们喊作"小姑娘"。"她这样称呼,对我们是一种侮辱。"女学生对校长说。

叶卡杰琳娜·瓦西里耶芙娜(对女校长的尊称)感到惊奇:这些女孩子,怎么会为了这一点点小事就生起气来了?这有什么大不了的呢?她说,"你们的老师年纪也很大了,你们在她面前还真的是小姑娘呢。我有时候不也是这样称呼你们吗?"

"噢,您这完全是另一回事,"女学生们说,"您可以这样称呼我们,我们对您绝不生气，可是她，她没有这种权利。”

“可这究竟是为了什么呢？”这位女校长追问道，“是不是你们认为，我担任了学校领导职务，我就可以比一个普通教师对你们的态度差一些呢？”

“不，问题并不在于您是校长，”女孩子们说。“而在于您可以像母亲那样，您就是再凶一些骂我们，我们也不会生气。可是她，根本不像母亲。所以我们不高兴她这样称呼我们。”

师出有“名”

[教育案例]

“老师，您是谁？”[①]

学校开展“常态下的课堂教学评价活动”，即人们习惯上所说的“推门听课”，所不同的是在上课结束的时候，由学生对老师的课堂教学情况从自我感受的角度进行评价。

在填写评价表的时候我意外地发现了这样一个奇怪的现象：无论评价者是初一或者高三的学生，也无论评价对象是“主科”还是“副科”的教师，都程度不同地存在着学生不知老师姓名的现象，最典型的是曾有一位学生在填写老师姓名时提出一个奇怪的问题：“老师，您是谁？”很显然，这位学生所问的是这位老师的姓名。这引起了我的兴趣，于是对回收上来的评价表进行统计，结果发现：能完整写出老师姓名者仅占10％左右，仅仅能写出老师姓氏者也不足30％。

高万祥校长所著的《我的教育苦旅》中，曾就这一问题进行过小型调

---

① 北京市二十一世纪实验学校　邱广欣

查，结果表明：能写出老师姓名者只占16%，能写出老师姓什么者也仅有31%。这使高校长深感吃惊："因为在开学初，我们就要求新学期第一堂课上老师要自报家门、自我介绍。"

在平常的学校生活中，学生常常是以"语文老师"、"数学老师"、"历史老师"、"生物老师"等来称呼自己的老师。学生以"某某老师"称呼老师，是因其确实不知老师的尊姓大名而不得不采取的一种变通的办法。且在正常的情况下，学生又不可能去询问老师"姓什名谁，何方高人"，于是他对老师的全部了解便是老师的性别、年龄（大致的）和任教学科，而其又不能以男老师或者女老师、老老师或者小老师来区分称呼，于是"数学老师"或者"生物老师"之类的称呼便别无选择地出现了。

在"老师，您是谁"的询问中，所折射出的是师生关系的隔膜，我们从中也解读不出和谐融洽民主平等的师生关系。新课程改革的核心理念是促进人的发展，构建民主平等和谐融洽的师生关系是践行这一理念的基本要求，而师生间的相互了解又是构建良好师生关系的前提性条件，因此如果师生间彼此互不了解或者仅仅是老师了解学生，而学生对老师全然不知或者知之甚少，都不利于构建新型的师生关系，因为"真教育是心心相印的活动，只有从心里流出来的才能达到心灵的深处"。（陶行知）

作为教师，我们首先要让学生在第一时间内知道自己姓什么，更进一步，我们也可以大方地把自己的名字也告诉学生，不要怕学生直呼你的大名，更不要为此而生气，而应该感到欣慰，学生敢喊你的名字，说明他们不惧怕你，这有利于建立平等和谐的师生关系。另一方面，作为教师，自己在学生面前该怎样称呼自己呢？

[教育案例]

教师该怎样自称

在上海市实验小学，新教师来校数周后，校领导必听一节随堂课，往往都会听到这些教师称自己"老师"，谓"张老师"或"王老师"等。课后，他们都会被问："你和同事说话，会不会称自己为'老师'？"在得到否定的答复后，他们会获赠这样一段话："你和同事在一起，你认为你们是平等的，因而你会不假思索地称自己'我'，而与学生在一起时，你为什么会脱口而出以

‘老师’自称呢?”

“老师”,是一个神圣的称谓,蕴含着巨大的力量。只有当对方在内心呼唤时,才会有别样的情感。而教师自己称“老师”,充其量只是对自己职业的重复“默写”而已,老是这样称呼自己,可能会磨蚀原本的平等意识和健康的师生关系。因为,教育上的平等,不只表现在理念的追逐上,更在不经意中反映出来。教师称“我”,更有亲切感,更有人情味,更有感染力。

老师啊,请你记住学生的名字,让学生也记住你的名字——“名”刻人心!

老师啊,请你用好学生的名字,也同样用好自己的名字——“名”振人心!

愿你能用好“名片”,打响“名牌”,张扬“名声”。

机智灵“名”

别名,是指正式名字以外的名称。例如昵称、绰号……。

别名,让人欢喜让人忧。

在学校教育中,教师对学生称呼别名未尝不可。说得好,则可以起到促进教育的积极作用,反之则会对教育产生消极影响。

[教育案例]

“胡蛋蛋”

我在批改学生数学课上默写的平面图形的周长和面积计算公式时,见到了一张多处涂改、多处错误的作业纸,与其他清晰、正确的学生作品格格不入。

“已经默写了这么多次,还错这么多!真是笨蛋。”我暗暗骂道。恨铁不成钢啊。

是谁呢？在规定写名字的地方，我没有找到主人的名字。一番细寻，才在纸的最下方，找到一行字符：一个“胡”字与两个圆圈——“胡○○”。

“简直胡闹！真是混蛋”。我气急败坏。

在评讲时，我特意展示这张特别的作业：“这是哪位同学的大作呀?!”他歪歪扭扭地站起。果然是他。我气恼地戏言：“胡××同学，你以后就别叫胡××了，就叫你自己起的胡蛋蛋吧。”他在同学的嬉笑声中低下了头。

“哼，是该低头认错了。看来舆论的力量是无穷的”。我暗自得意。

以后的日子，他的表现与成绩仍不见改观，似乎还在每况愈下。典型的屡教不改，对此我也漠然了。

那天家访，他母亲在担忧中困惑地咨询我：“我有一次放学接他的时候，听到有同学喊他‘胡蛋蛋’。我回家问他这个绰号是怎么回事，他却否认。我不知这是怎么一回事?”

“胡蛋蛋!”我一听傻了眼，这不是我那次精彩的幽默吗?！学生一定把“胡蛋蛋”想象成了“胡笨蛋”，对他就成了一种刻意的讽刺。我懊悔不已，想当初，我不也有这种含意吗？这能怪学生吗?

在这个案例中，教师的愤而一说——“胡蛋蛋”，这个贬义词无形中演变成了嘲讽学生的消极的别名——绰号，挫伤了学生的自尊心，导致学生行为的“病变”或“恶化”。

当然，别名并非只会给人不舒服的情感，造成学生心理“污染”，成为学校教育的忌讳，让教师避而远之。下面这个案例带给学生的就是一种暖色情调——

[教育案例]

“可爱的小精灵”

我们班的学生中要数小森最调皮了。到五年级了，老师对他的批评不知有过多少次了，他都“岿然不动”，让老师都感到头疼。接手这个班后，对这个“老大难”问题，我也一筹莫展。

到了六月一日儿童节，我们班买了蛋糕庆祝节日。在我为他们拍的照片中，有一张抓拍了小森用餐巾纸擦脸上蛋糕的滑稽情景。我就触景生情地取名为《可爱的小精灵》，想不到他害羞地笑了。

第二天课上，他的"多动症"又犯了。我俯在他耳边悄悄地说："可爱的小精灵，让我们定个约定，你上课时也做一个可爱的小精灵，好吗？"他害羞地点点头。过后的时间里，只要他"熬"不住蠢蠢欲动时，我就对着他亲切地呼唤一声"小精灵"，他就会明白其中的寓意，然后自觉控制或矫正自己的行为。

在这个案例中，教师的乐而一说——"小精灵"，这个褒义词无形中进化成了赞赏学生的积极的别名——昵称，增强了学生的自豪感，引发了学生行为的"进步"与"升华"。

别名，是人的名字的特别表现形式，它完全有可能带给人别样的心情。

"别名，别样的心情。"其意义在于：别名，因其不同于学生原来的名字，所以对学生有一种新鲜感，容易引起学生特别的注意；别名，因其倾注着教师特殊的情感，所以对学生有一种感染力，容易引发学生特别的感受。

"别名，别样的心情"。其意义还在于：适当的别名，可以起正面效应，激发学生学习积极性，学生的心情是"晴朗"的；不适当的别名，则会起负面效应，降低学生学习积极性，学生的心情是"阴沉"的。

别名，无疑可以成为教师又一种新的教育技巧。然而，"别名教育"是一把双刃剑，使用得好，会激励学生，使用不好，则会伤害学生。所以，在教育中我们一定要注意它的适用性：用的对象，用的时机，用的方法，用的频率……，这些都需要教师好好"盘算"与"琢磨"。

假如有一天，教师被学生起了一个外号，情形又会如何？

[教学案例]

"小燕子格格"①

新学期，我调入自由路小学教音乐。在给四(1)班上第一节课时，我做了这样的开场白："同学们，我姓张，名叫晓艳。"

我正准备转身板书"晓艳"两字时，突然从学生中发出一声："小燕子格格驾到！"于是班里一阵哄堂大笑。面对调皮学生这个不大不小的玩笑，我

---

① 河南安阳市自由路小学　张晓艳

先是愣了一下，接着面带微笑地说："同学们先别忙着笑我，我是春晓的'晓'，鲜艳的'艳'，不过既然大家说我是小燕子格格，那我今天不妨就扮演一次小燕子格格，带领大家一起到我们的'音乐王宫'里去学习，同学们有兴趣吗？"大家异口同声地说："一定完成任务！"学生们安静了，担心"暴风雨将要来临"的惊恐也消失了。自然，我这场开场白成功了。第一节课就这样在亲切、平和的气氛中顺利进行着。

以后，我在学生中就多了一个别名——"小燕子格格"。

师生关系连连看 7

教师：因势利导——学生：因人成事？

阅读思考：

◇当学生情绪低落时，教师该怎样为他“摇旗呐喊”？

◇当学生行为错误时，教师该怎样让他“拨乱反正”？

◇当学生思维困惑时，教师该怎样让他“茅塞顿开”？

◇“该出手时就出手”与“该出手时才出手”，教师何去何从？

点燃热情

[生活事例]

什么阻止了我们

一个年轻人，因为贫穷没有读多少书，他来到城里，想找一份工作。可是发现城里没有一个人看得起他。就在年轻人决定离开城市时，忽然想到给当时有名的银行家罗斯写一封信。他在信中抱怨了命运的不公，希望能借一些钱给他，他会先去上学，然后找一份好的工作。

很多天过去了，就在他把行李打好包，准备无望地离开时，收到了罗斯的回信。然而信中银行家并没有表示对他的同情，而是给他讲了一个故事——

在浩瀚的海洋里生活着很多鱼，它们都有鱼鳔，唯独鲨鱼没有。没有鱼鳔的鲨鱼按照常理来说是不可能活下去的，因为它行动极为不便，很容易沉入水底，在海洋里只要一停下来就有可能丧生。为了生存，鲨鱼只能不停地游动，很多年后，鲨鱼拥有了强健的体魄，成了同类中最凶猛的鱼。

最后，罗斯说，这个城市就是一个浩瀚的海洋，拥有文凭的人很多，但成功的人很少。你现在就是一条没有鱼鳔的鱼……

那晚，他躺在床上久久不能入睡，一直在想着罗斯的信。突然，他改变了决定。第二天，他跟旅馆的老板说，只要给一碗饭，他可以留下来当服务生，一分钱工资都不要。旅馆老板不相信世界上有这么便宜的劳动力，很高兴地留下了他。10年后，他拥有了令全美国羡慕的财富，并且娶了银行家罗斯的女儿，他就是石油大王哈特。

有时阻止我们前进的不是贫穷，而是自怨自艾的心。

在生活中，我们常常能见到遇到挫折和困难而垂头丧气的人，他们很

需要别人的帮助，这种帮助除了物质上的支持，可能精神上的鼓励更是雪中送炭，激发人的热情，敞亮人的心堂，树立人的自信。

在你帮助别人之前，首先要让人有接纳你建议的心情。

跟人们谈话时，别开始就谈你们意见相左的事，不妨谈些彼此间赞同的事情。如果可能的话，你更应该提出你的见解，告诉对方，你们所追求的是同一个目标，所差异的只是方法而已。奥弗斯德教授在《影响人类行为》中说过："一个'不'字的反应，是最不容易克服的障碍，当一个人说出'不'字后，为了自己人格的尊严，他就不得不坚持到底。"

[生活事例]

让别人开口说"是"

西屋公司推销员爱力逊负责的推销区域，住着一位有钱的大企业家史密斯先生。公司极想卖给他一批货物，前任推销员几乎花了10年时间，却始终没有谈成一笔交易。爱力逊接管这一地区后，花了3年时间，对方才买了几台发动机。他想如果这次买卖做成，发动机没有毛病，以后就可以向他推销几百台发动机。

可是，这份高兴似乎太早了，史密斯先生见到他就说："爱力逊，我们不能再多买你的发动机了。"

他心头一震，就问："什么原因？"

史密斯先生说："你们的发动机太热，我不能将手放在上面。"

爱力逊知道如果跟他争辩，不会有任何好处的，过去就有这样的情形。现在，他想运用如何让他说出"是"的办法。

他向史密斯先生说："你所说的我完全同意。如果那发动机过热，我希望你就别买了。你当然不希望它的温度超出电工协会所定的标准，是不是？"

爱力逊获得了第一个"是"字。爱力逊又说："电工协会规定，一台标准的发动机可以较室内温度高出华氏72度，是不是？"

史密斯先生说："是的，可是，你的发动机却比高。"

爱力逊没和他争辩，只问："工厂温度是多少？"

史密斯先生想了想，说："大约华氏75度。"

爱力逊说："这就是了——工厂温度75度，再加上应有的72度，一共是147度。如果你把手放进147度的热水里，是不是会把手烫伤？"

史密斯先生还是说“是”。

爱力逊接着说：“史密斯先生，你别用手碰那台发动机，那不就行了！”

史密斯先生接受了这个建议。谈了一阵后，史密斯先生把秘书叫来，为下个月订了差不多30000元的货物。

争辩并不是一个聪明的办法，要从对方的观点去看事，设法让别人回答“是”，那才是一套成功的办法。

[教学案例]

一封约稿信①

深夜，我批改起孩子们当天的习作练笔。忽然一篇《今天，我赚钱了！》让我的眼前一亮，这篇习作介绍的是在学校跳蚤市场上，他如何以低价购物高价出售的事情。选材可以说是非常新颖，但是描述时却未能抓住重点，叙述也未能做到生动、具体。

原来是我班王磊的习作，他是我班作文的“贫民”，作文水平总是停滞不前。直觉告诉我，必须抓住这次契机，让王磊享受成功的喜悦，而且这次成功也必将带来激励的隐形效应。

我想起了前几天收到的杂志社约稿信，有了！于是，我立刻打开电脑，精心制作了一封《约稿信》：

王磊同学，你好：

首先恭喜你，你的习作《今天，我赚钱了！》已经被校刊《小荷苑》初步录用了。同时，为了使你的习作更生动、具体，更加符合《小荷苑》的录用标准，请你接到本约稿信后，能够认真修改。修改稿请在一周后与《小荷苑》编辑部联系。

《小荷苑》编辑部

×月×日

打印完毕以后，我将《约稿信》夹在了王磊的作文本中。第二天早晨，我将作文本发了下去。我偷偷地瞧了一下王磊，只见他涨红了脸兴奋地将《约稿信》看了又看。下课后，我偷偷地找来了《小荷苑》编辑部的同学，嘱咐他们一定要和王磊同学多研究一下他的修改稿。

两个星期以后，《今天，我赚钱了！》正式在《小荷苑》上发表了。自此以

① 江苏省溧阳市昆仑小学　朱连清

后，我发现王磊的写作兴趣更浓了，作文水平也在出乎我意料地提高着。而我们班，收到习作约稿信的同学也越来越多了……

引导，还在于你能把不快乐变得快乐，把没有希望变得充满希望。

[生活事例]

心中绽放的荷花

父亲值夜班回家，看到女儿一大早就伏在桌上做功课，很高兴，就说："认真做，下午我带你去公园看荷花。""可是爸爸，天气预报说下午有雨啊！""那正好啊！"父亲说，"雨过天晴，荷叶绿油油的更好看，而且空气中到处都是荷花的香味。""可雨要是不停呢？"女儿还不放心。

父亲笑着说："那也没关系啊，我们就在细雨中看着雨滴在荷叶上滚来滚去，不也很有意思吗？""可万一要是下很大的雨呢？"女儿刨根问底。父亲更乐了："我们就找个凉亭，你可以在凉亭里仔细地看青蛙是怎样躲在像小伞一样的荷叶下自得其乐的，你还可以看着那些美丽的荷花能不能扛得住大风的袭击。"女儿问道，"那要是不下雨，就像现在这样阴天呢？"父亲抚着女儿的小脑袋说："那我们就在湖边散步，好好放松放松。明天你就可以更加精神饱满地去上学呀！"女儿的脸顿时笑成了一朵花，在美好的期待中，她继续全神贯注地做功课了。

生活中的很多事情，其实只是你如何看待的问题。相信这个小女孩还没有去公园，她心里的那朵荷花就已经悄悄地绽放开了！

生活有着诸多变数，有着诸多让人感到不快乐的烦恼，我们是让这烦恼"感染"更多的人，让每一个人闷闷不乐，还是尽力把烦恼消解或者转化成一件快乐的事情，让每一个人都有一个好心情，这何尝不也是一种助人为"乐"。

教育工作者尤其需要练就这种"点石成金"的本领。

[教育案例]

龙飞凤舞的"书法"

少年宫每周一次的作文辅导课就要开始了，老远就听到教室里闹哄哄乱成一团，当A老师匆匆站到教室门口，各种欢笑声时戛然而止，同学们表情丰富，有的显出惊讶，有的抑制不住捂着嘴巴笑，还有的露出恐惧，黑板上“A老师是大坏蛋”的醒目字样明明白白地诉说着原因。

怎么办？拿出师道尊严先将全班学生教训一番，还是先行排查找出这位目中无我的胆大不恭者？A老师的脑海中迅速找寻着最佳对策。孩子们的眼神提醒她那就失策上当了，同学们想看的就是这笑话。

望着那龙飞凤舞的书法，有了，得感谢这位作者提供了一篇习作的好素材。于是从书法的历史、历代书法名家、书法小故事、书法常识，直到这龙飞凤舞的书法，同学们兴致盎然，十分投入，随后第一个习作片断《龙飞凤舞的书法》大部分同学只花了十分钟时间就完成了，且都在四五百字以上，从古至今，洋洋洒洒，颇显文采——他们没有把它当作作业，当成负担，而是水到渠成，自然流露。

评讲后的第二个片断练习则侧重具体环境下人的心理描写：“我看××的心态”，简直是妙趣横生，妙语连珠，入木三分，他们设身处地，想老师之所想，急同学之所急，可以说今天的课堂就是一场作文片断大比武。

其实此刻这板书究竟是谁所为已不再重要，重要的是这位充满智慧的教师点石成金，顺利地化解了一场一触即发的师生矛盾，润物无声地教育了那位胆大学生；更可贵的是这位智者化不利为生成，巧妙利用这一课堂生成资源，学生连写两个片断，却学得轻松，写得快乐。

由此我们不能不感叹：教育是要按一定的规律办事的，它不是牺牲，而是一种享受，如此才能有智慧的火花；教育本身就是一种生活，而生活就应该是五彩缤纷的；表面看来，教育的智慧在刹那间形成，但智慧不在书本中获得，也不可能由谁来“告诉”，因为它包容着博大的胸怀、精明的头脑、得当的引导和机智的应变能力。一句话，教育的智慧是一种境界，它要求教师充满爱。

点亮心灯

假如你有病去看医生，医生会采取两种疗法，一种是逆势疗法，一种是顺势疗法。什么是逆势疗法呢？比如说，你发烧了，医生给你吃退烧药使你的体温降下来，这就是一种逆势疗法，这种逆势疗法对某种病因很简单的病可能是有效的。但是，假如病因很复杂，是多种因素造成的，那么医生就不能采取逆势疗法。而是采取顺势疗法，即不先给你退烧，而先针对其他症状进行治疗，一旦其他症状痊愈，烧也就自然而然地退了。

[生活事例]

温柔的力量

女人在妈妈家住到第三天的时候男人找来了。

“你闹够了没有？到底还回不回家？”男人阴着脸说。

女人不理男人。当初生气跑回妈妈家时她就说了，从此再也不回那个家了。

“好了，我们走吧！”他过来拉她的手。女人猛地甩开。

“还真逞强了你！”男人说着又一次拉住女人的手，并紧紧抓住。女人挣扎，却只是徒劳。他拉着她，向门外走去。

走到门口时女人突然用另一只手扒住了门框，死死的。男人真的生气了，说：“别以为我舍不得打你啊！”然后，又用力拉扯着女人。

只感到手臂一阵酸痛，女人“哇！”一声大哭起来。同时，只听到“啪”的一声响，女人的发卡掉了，辫子散落了，头发披散开来。但是她不管那么多，只呜呜地哭。

“不要哭，头发都散了。”男人说。接着，他用五指开始为女人梳理散开的头发。女人本来是拒绝的，伸手挡了两次，也把头不听话地晃了两下。可是，男人不理会这些，只专注于梳理，女人就安静下来了。安静下来的女人想起了以前，想起男人曾经的温存，想自己的长发握在男人手里的许多个往昔的日子，也想起和男人一起走过的琐琐碎碎欢喜烦忧的日子。想着想着，女人的泪就又下来了。

男人为女人扎好头发，扳过女人，伸出双手，轻轻地，一只用来拨开粘在女人脸上的发丝，一只用来擦女人奔流不止的泪水。女人抓着门框的手早就松开了，她找到纸笔给妈妈留言道：妈妈，战争结束了，我回去了。

男人终于明白，在婚姻中，温柔才是最强大的力量。

我们都知道，“强扭的瓜不甜”，强行与逆行只会让人产生反感甚至反抗。

而在教育中，有些教师教育学生却只习惯用“逆势疗法”，告诫学生这样不可、那样不准，认为此法简单易行，产生的效力快。然而由于有时造成学生行为错误的因素一般并不单一。采用“逆势疗法”往往仅能治标而难以治本，甚至会造成学生逆反心理的产生。

逆反心理是指人们彼此之间为了维护自尊，而对对方的要求采取相反的态度和言行的一种心理状态。逆反心理的形成是一系列的心理活动过程的结果，其心理机制的过程，一是教育的内容及相关的信息在特定的教育情境中，引起受教育者的注意；二是受教育者接触并理解教育的内容（信息），并将所理解的信息及所形成的观点和态度与自己原有的认知结构（包括思维方式、价值观念、知识修养）和态度观念加以比较；三是经过比较、分析，作出接受或抵制的态度反应。如果受教育者经过比较分析之后，确认与原有的认知相悖就产生抵制，进而产生逆反心理。可见，逆反心理的实质是一种特殊的反对态度，是青少年在社会化过程中逐渐形成的一种稳定的逆向心理倾向。

逆反心理作为一种特殊的反对态度，主要是由认知、情感和行为意向三大要素构成的。其中，认知是受教育者态度的基础，在对态度的作用中，认知主要是对逆反心理起准备和导向作用。情感是人们在心理上对认知信息内容的一种情绪体验，如喜悦、愉快、烦恼、反感等，在逆反心理中是直接的动力或起决定的作用。当人对新观念、信息的情绪感受与原有的认知结构中所存储的知识内容、态度加以比较，当原有的不良情绪不能有效地克服和剔除时，不良情绪就会愈加强烈，就会导致产生去抵制有关教育的内容和信息的行为意向。当这种意向倾向越来越多时，逆反心理就会逐渐转化为一种逆反行为。

如何对待有逆反心理的学生，历来是教师感到头痛的事，但教师如果能见机巧妙反用逆反心理，可能会产生意想不到的效果。

[教育案例]

“以毒攻毒”

有一留级的男同学，他经常违反纪律，甚至逃学，学习成绩急剧下降。在原来班主任的不断训斥下，他滋生了自暴自弃的逆反心理，认为老师看不起他、讨厌他，由此只要老师找他谈话，明天他就无故旷课。留级后，恶习难改，我多次上门做思想工作，可他屡改屡犯，最后只得试用“以毒攻毒”之法，孤注一掷了。

这天，我找他谈心，他充耳不闻，见此情景，我故意气呼呼地说："看来你最大的本领是逃学。如果我没猜错，明天你肯定又要旷课了。"我话刚说完，他昂着头迸出一句："谁说我要旷课！"次日，他果然没有逃学，我高兴地表扬了他，趁势和他促膝交谈，晓之以理，动之以情。在我的循循善诱下，他不再逃学，行为也有了约束，学习不断进步。一着"反将"棋竟赢得了师生沟通的机会。

[教育案例]

"冷处理"

有一性格暴躁的男同学，经常拖拉作业，竟发展成不做作业。我三番四次讨作业，有次难抑胸中怒火地训斥了他几句，不料他竟暴叫："我的作业不要你管！"事情出现了僵局，后来几次作业他都没有交。

我想如果硬要他补做作业，事情会更糟，不妨让他冷静几日。我故意上课提问不叫他，学习忽视他。四天的冷落使他反而觉得缺少了什么。第五天我发现他做了作业，第六天他不仅做了作业并且交了上来，但我没有急于批他的作业。第七天他一手拿着作业本，一手拿着红笔，畏畏缩缩地候在走廊拦住我，我明白他的用意。时机已到，我趁机给他摆事实讲道理，他态度特别虔诚。他后来逐步改掉了老毛病。此中适当的"冷处理"使他从"不要你管"向"要你管'转化。

以上逆反心理的巧用，当然只能根据学生个体特征及所处环境而见机行事。

逆反心理在一定程度上是学生思维活跃、自立自主意识增强的表现，但如不注意疏导，就会成为一种不健康的反常心理。如果一个人说话办事常常由逆反心理支配着，时间久了就会导致病态，最终将会丧失对事业的热爱和对理想的追求，严重妨碍自己的成长发展，会给学校、家庭、社会带来危害。

相比较而言，因势利导，显山露水的"顺势疗法"更为有效一些。例如：中学生由于生理、心理发展日趋成熟，早恋已是个现实的无法回避的问题。对此，简单粗暴的干涉和限制，不但不会产生好的作用，稍有不慎可能还会产生严重的后果。下面几位班主任的做法值得我们借鉴——

[教育案例]

疏导早恋的艺术[①]

1. 失时的花果会烂掉

一位教师在发现他的学生出现“早恋”现象时，巧妙地向学生讲起家乡果园的事情。他说：“我们村子周围有大片的果树园。有一年秋末冬初，我突然惊奇地发现，有些就要落叶的果树枝上竟然开出了一簇簇小小的花。不久，花谢了，居然也结出了山楂般大小的果子。可惜没过几天，霜冻就来了，叶落尽了，小果实也烂掉了。小时候我每每捧着这些可怜的小果子发呆。

后来，我才明白：不该开花的时候开花，不该结果的时候结果，是会受到自然规律惩罚的。今天，同学们中的一些事又引起了我的思索。你们是否能从中得到一些启迪呢？”同学们深有感触，早恋现象逐渐消失了。

引譬设喻，使学生愿意听，听得进，从而产生出一种内在动力。这才是教育的高招妙法。

2. 我也有过“早恋”

一班主任发现学生中有早恋倾向时，既没有把学生找来单独训斥，也没有向家长“告状”，而是利用一个班会时间，讲他自己上初中时的情感经历。他说：“我在上初中时，有一个女生的形象经常在我脑海中闪现，有事没事我总找她聊聊，也考虑过给她写信，只是没敢付出行动罢了。直到后来，随着年龄的增长、思想的成熟，我才意识到那不过是一种朦朦胧胧的求异心理罢了。”

当学生们听到老师用极为轻松的语调将一部分中学生心中萌动着的对异性的思慕之情称为完全正常的心理现象，而他们的班主任在初中时也曾这样时，都不禁舒心地大笑起来。班主任接着从人生观的高度、从爱情的位置和青春期生理、心理特点等方面，对这一问题进行剖析，引导他们树立远大的理想，用理智战胜情感，循着正确的道路健康成长。班主任的现身说法和因势利导取得了很好的效果，有早恋行为的学生很快就中止了双方的恋情，从感情纠葛中解脱出来。

---

① 福建省厦门市集美中学　罗文明

班主任的现身说法，由于不是凭借他人的事例或第二手材料，因此学生就觉得真切实在，这就大大提高了可信度，使学生乐于接受。

3. **两条平行线**

有一次某班召开主题班会，会上，一个大胆的学生突然问班主任："老师，你读高中时谈过恋爱吗？"那学生的发问，引得哄堂大笑。

班主任听了，先也一怔，但马上反应过来，便大声地说："谈过！"

"哇——"学生们都瞪着惊疑的眼睛望着班主任。班主任停顿片刻，随手拿起粉笔在黑板上划了两条平行线。然后对学生们说："不过，我们谈恋爱正如这两条平行线，永远没有交点——我们分手了。因为我们意识到早熟的果子是苦涩的！"

听着班主任的话，望着黑板上的平行线，同学们都懂得了。这两条特殊的平行线，胜过了千言万语。

这位班主任别出心裁地运用"数学法"来开导学生，使学生在愉悦的心境中接受了教育，明辨了是非。

引导，并不总需要依靠你的苦口婆心的语言、大张旗鼓的举动，有时你的轻轻一指、默默一点，同样能获得震撼心灵的非凡效果。

[教育案例]

母亲的账单

小彼得是个商人的儿子。由于他聪明过人，爸爸经常把一些收款和付款的账单交他经办，他每次都办得很好。他渐渐觉得自己是一个小商人。

有一次，他突然想出一个主意：也开一张账单给妈妈，索取他每天帮妈妈做事的报酬。

这一天，妈妈发现在她的餐盘边放着一张账单，上面写着——

母亲欠儿子彼得如下款项：为取回生活用品 20 芬尼、为把信件送往邮局 10 芬尼、为在花园帮大人干活 20 芬尼、为他一直是个听话的孩子 10 芬尼，共计 60 芬尼。

小彼得的母亲收到账单后，仔细看了一遍，什么也没有说。

晚上，彼得在餐桌上找到了他要的 60 芬尼。正当小彼得如愿以偿，准备把钱放进口袋时，他发现餐盘边还有一张给他的账单。

彼得欠她母亲如下款项：为在他家过了十年幸福生活 0 芬尼、为他十年中的吃喝 0 芬尼、为他病中的护理 0 芬尼、为他一直有一个慈爱的母亲 0

芬尼，共计0芬尼。

小彼得读着读着，羞愧万分。过了一会，他怀着一颗砰砰直跳的心，蹑手蹑脚地走近母亲，将发烫的脸藏在母亲的怀里，小心翼翼地把那60芬尼塞进了她的围裙口袋。

在课程改革的今天，“关爱、平等、宽容、引导”等等叫得震天响，然而，在实施的过程中，总是显得苍白无力。彼得母亲的账单是一剂绝妙的药方，给人更多的启示。

1. **尊重——人格的平等**

付出劳动，获得报酬，错吗？不错。小彼得就是这样想的，母亲无声无语地在彼得账单旁放了60芬尼，这就是承认和尊重，彼得母亲首先把彼得看作有独立人格的人，而不是自己的儿子，平等交流中，敏锐地捕捉到彼得言行中积极的东西，我们平时教育中，首先根深蒂固地认为教育的对象是孩子，是学生，谈话亲切了，语气缓和了，但根本上没有与孩子人格上对等，所以常常让孩子感觉我们是在“教育”他们。

2. **引导——教育的智慧**

小彼得帮妈妈做事，索取报酬，显然又错了。如何让他明白，采取什么恰当的方式，这是教育的智慧。顺着他的思维方式“顺手推舟”开出一份账单，彼得应该最容易接受。再看看我们的教育，孩子犯错时，首先是否定，包括思维的方式，而实际上，孩子犯的往往只是认识上的不足或者是偏颇，他的思考压根没错。当我们怀着自豪感满足于某次教育的成功时，或许孩子心中留下的是不满和倔强，更为严重的可能是对孩子思考积极性的打击。所以，教育除了需要爱和责任，也需要智慧。

3. **暗示——深深的关爱**

账单中最具震撼力的是什么？是那几个“0”。账单中的那几个“0”暗示着宽容和理解，暗示着母亲深深的关爱，暗示着亲人的关怀是不记报酬的。更重要的是这几个“0”给了彼得自我反省、自我教育的机会。想想我们的教育总是喜欢把道理说透，把孩子说服，“正义”战胜“邪气”，往往正是缺少了这种拨云见日的暗示，润物无声的暗示，震撼人心的暗示。

“当孩子意识到你是在教育他的时候，你的教育已经失败了。”让我们铭记这句话，学会尊重，学会引导，学会暗示。

引导，并不需要你的倾囊相送、越俎代庖，你应该把你能帮的和你不能帮的事项告诉你想帮助的人，你只需要让他明确方向，让他知道要获得成功还需要依靠自己努力和奋斗，每个人应该有自己的人生，别让他成为你的“寄生虫”。

[教育案例]

把你的无奈告诉孩子

孩子，我能给你生命，但不能替你生活；孩子，我能教你东西，但不能强迫你学习；孩子，我能指导你怎么做人，但不能为你的行为负责；孩子，我能告诉你如何分辨是非，但不能替你做选择；孩子，我能教你如何尊重别人，但不能保证你受人尊重；孩子，我能告诉你真挚的友谊是什么，但不能替你选择朋友；孩子，我能对你进行性教育，但不能保证你保持纯洁；孩子，我能对你谈人生真谛，但不能替你赢得声誉；孩子，我能提醒你酒精是危险的，但不能代替你对它说“不”；孩子，我能告诉你必须为人生确定崇高的目标，但不能替你实现这些目标；孩子，我能教给你做人的优良品质，但不能确保你成为善良的人；孩子，我能责备你的过失，但不能保证你因此而成为有道德的人；孩子，我能肯定我将尽自己最大的努力给予你最美好的东西，但不能给予你前程和事业……

是的，孩子，父母能为你做很多很多，因为我们爱你；但是，你要明白，即使父母愿意永远和你在一起，你也得打起背包离开家，因为，你有自己的人生。

从上述实例我们可以看出：采用“顺势疗法”的教育教学效果优于“逆势疗法”，具有深远意义。虽然教师需要为此多花精力、多费功夫，但也是值得的。那么，怎样实施“顺势疗法”教育策略呢？

教师至少应掌握以下三点要领：一要“以小窥大”，即教师应透过“点”看到与此相关的“面”，了解学生思想背景，为分析原因提供依据；二要“拨末寻本”，即教师应在众多矛盾中抓住主要矛盾，致力解决主要矛盾，那么次要矛盾也就迎刃而解了；三要“潜移默化”，即教师应采用情感教育，“和风细雨”般地关怀学生，动真情，导其行，纠其错。

不过，“逆势疗法”不是一无是处，在特定情形下，它对治疗一些“硬伤”，或锻炼人的“抗病”能力，还是大有裨益的。

[生活事例]

“逆向关怀”改陋习

美国阿拉斯加国家动物园的鹿苑里，鹿群因不必为觅食而发愁，也不必为逃避敌害而穷于奔跑，因而很快就繁殖起来。然而在一度兴旺之后，病弱残疾者与日俱增，最后竟出现濒临绝种的危机，当地政府曾投入巨资予以挽救，可是一概无效。

后来，一位聪明的管理人员建议，把几只凶残的恶狼引进鹿苑，许多病弱的鹿被捕杀了。几年后，鹿的数量不但没有减少，反而大大增加了。狼捕食了病弱者，迫使鹿群为逃避狼害而重新拼命奔跑，从而使得留下来的鹿群体质日益健壮。于是，人们把这种奇特的动物“保护”方式称为“逆向关怀”。

“逆向关怀”在教育方面有着重要的作用，改掉学生厌食、挑食的坏习惯就是其中之一。随着生活水平的日益提高，人们在吃喝方面也越来越讲究，没有经历过艰苦生活的孩子们就更不用说了。

在学校中，每次中餐分饭班中总有那么几个学生不爱吃这，不想吃那，一碗饭只嚼几口就进了垃圾桶。浪费粮食不说，营养摄入也严重不足，直接影响其生长发育。无论是家长还是教师都为此伤透了脑筋，也采取过各种各样的措施：买玩具、小零食“哄骗”的；不吃饭不准看电视“恐吓”的；谁吃得多就得一颗五角星“比赛激励”的……但都是治标不治本，效果不明显。

为了不忘过去最苦的日子，日本一所学校给孩子做“忆苦饭”，结果孩子面对大人当年吃过的糠菜嚎啕大哭，拒食三天。可校方不为所动，第四天孩子终于咽下了这碗“忆苦饭”。我们的家长、学校绝对硬不起心肠让我们的孩子挨饿，但面对体质越来越差的孩子，我们可以转变思维，通过“逆向关怀”促使孩子改掉挑食、偏食的坏习惯。我们可以给孩子制定一些规矩，让他们每餐吃一定量的饭菜，如果他们哭闹，就不允许离开饭桌或教室；我们也可以利用假日，让孩子亲自动手做饭菜，体会饭菜的来之不易；或者利用农忙时节带孩子到田里参加实践活动等等。这样的训练能让孩子从思想上真正受到教育，从而慢慢改掉坏习惯。

不是只有捧在怀里才是爱，有时“严”更能爱得彻底，爱得真切。当你用常规的方式无法解决孩子存在的问题时，不妨试试“逆向关怀”，或许能有“柳暗花明又一村”的收获。

点拨思维

[生活事例]

走不出的沙漠

在撒哈拉沙漠中有一块绿洲叫比赛尔，现在每年有数以万计的游客来这儿旅游，可在游客肯·莱文发现它之前，这儿的人没有一个走出过大漠。据说不是他们不愿离开，而是尝试过很多次都没有走出去——从这里无论向哪个方向走，最后都还是转回原地。比赛尔村人为什么走不出去呢？

原来，在一望无际的沙漠中，一个人如果只凭着感觉往前走，会走出许多大小不一的圆圈，肯·莱文在离开比塞尔时，带了一位青年。他告诉这位青年，只要你白天休息，夜晚朝着北面的那颗星走，就能走出沙漠。这位青年照着去做，3天之后果然来到了沙漠的边缘。这位青年因此成为比塞尔的开拓者，他的铜像被竖在小城的中央，铜像的底座上刻着一行字：新生活是从选定方向开始的。

在生活中，人们常常会由于认识的不足而迷路；在教学中，学生同样会由于认识的不足而“迷路”，例如偏离文本的中心思想，此时，就需要教师及时与巧妙地指点迷津，循着正确的价值取向，走出迷茫的“沙漠”。

[教学案例]

语文《孙悟空三打白骨精》

教师要学生说说对于课文中的唐僧、孙悟空、猪八戒、白骨精等，你喜欢谁、不喜欢谁。许多同学当然都喜欢孙悟空，但竟然有一位同学说喜欢白骨精,因为她很勇敢,打败了再打。这时,另一位同学也来帮腔:“我还觉得白骨精很孝顺,吃唐僧肉了,还不忘把老母亲接来。”

如此混淆是非,当然需要教师旗帜鲜明的价值引导。然而,如果教师只是简单的灌输,指出这样是黑白颠倒,妖精害人,怎么可以赞美她呢!并不解决问题,因为它只是价值灌输。现在,老师没有这样说,而是让大家进一步讨论“白骨精的这种‘勇敢’带来的结果是什么,如果她愈‘勇敢’,结果愈加怎么样?白骨精的这种‘孝顺’,‘孝顺’了谁,她拿什么去‘孝顺’?”教师这样与学生作“价值探讨”,才真正提高了学生的辨析、认识能力。

然而,在如今新课程教学中,教师自身的迷糊或迷失现象时有发生,例如不少教师在平时的教学中往往只注重教学目标的达成、教学内容的生成、教学方法的使用、教学流程的推进等,而对自身的评价语言则关注不够,因此也导致了课堂教学中教师评价语言的严重缺位。

现象1:你好我好大家好——无效的“激励”

对于课堂上形形色色的个性化解读,不论优劣、对错、是否,均以“你真棒”、“你真聪明”、“你真伟大”等廉价评语进行评价。由于教师的评价语言单一、空乏,既无关乎文本的内容与情感,又没有学法的渗透或指导,更没有对学生的回答作出应对与评判,故这种评价无疑是对学生的搪塞和敷衍,缺失了评价的针对性与实效性。

现象2:你说我说大家说——费时的“等待”

在一些教师的课堂教学中,一旦揭示了阅读议题,就采用“谁来说”、“谁再来说”的“你说我说大家说”的组织手段,放手让学生交流,而对于学生的回答则不予理睬、不作评价,教师的全部目的就是等待着与自己所期待的答案的出现。表面看,这样的教学似乎彰显的是学生的主体性,但由于缺乏了教师评价功能的介入,使课堂教学犹如一盘散沙,费时误事。

现象3:你来我来大家来——机械地“推进”

有的教师在教学活动中扮演的是“赶教案似的走过场”的角色,他们在教学中运用得较多的是“谁来读读”、“谁来谈谈”、“谁来评评”的“你来我来大家来”的单项活动式。在这个活动过程中,教师仅仅是个串联者,看似把“权利”全部还给了学生,但因缺失了作为教师理应发挥的点拨、指导、修正、引领等主导性功能,这样的教学,对于学生来说,收获的仍是“萝卜煮萝卜”的“萝卜”。

透过上述种种现象,我们看到的不仅仅是教师对课堂评价语言的漠视,更感受到的是教师主导作用在课堂教学中的缺位。

除此，教师的指导作用淡出课堂的现象不一而足，又如传统教学教师大讲特讲，把学生“讲”懂了，但在新课程教学中，教师又视讲为忌，一味地让学生自究自悟。

其实，教学离不开教师的讲解，关键是何时讲、讲什么、怎样讲，我们要知道，“讲”是教师发挥指导作用的一种主要表现方式。

[教学案例]

“讲解”有道[①]

教学数学“解决问题的策略”时，我让学生练习一道题：编织小组每人每天可以编织10个竹筐，照这样计算，5人8天可以编织多少个竹筐？

学生很快列出如下算式：①10×5×8；②10×8×5；③10×(5×8)。在讨论解题思路时，对第①和第②种解法，大家都能流利地说出道理，对第③种解法发生了争执，大多数学生认为“5×8”这一步算式说不出道理来，所以列式是错误的。

我用投影打出如下直观图：“让我们把这道题的数量关系画一幅图来看看。结合这幅图想想，现在能理解吗？”

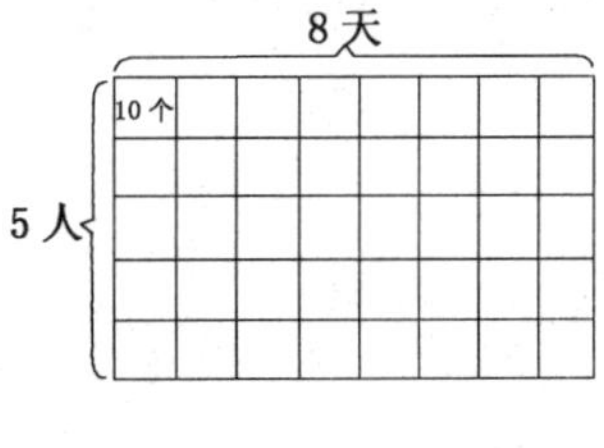

在学生充分发言后，我讲解道：1个小长方形表示“10个竹筐”，图中共有5×8，也就是40个小长方形，“5×8”就表示总个数里包含了多少个“10个竹筐”。

在大家都明白了其中的道理后，我又在黑板上写上“1度电”3个字，启发道：“其实，我们还可以结合生活中的一些复合单位来理解。如1千瓦的电器用电1小时，用电量就是1千瓦时，也就是1度。类推到这一题中来，我们也可以创造一个复合单位——‘人天’，‘10个竹筐’是1个人1天的工作量，可以说成是一个‘人天’的工作量。那么‘5×8’就表示编织小组共生产了40个‘人天’。这样10×(5×8)就表示40个‘人天’的工作量，明白吗？”

由于我的适时讲解，“10×(5×8)”找到了合理的“名分”。

适当的讲解，不失为教学良策。张奠宙先生在《华人如何学数学》一书中指出：“西方的大多数教育学和心理学理论，只是从一般的认识论角度出

---

① 江苏省东台市实验小学　周卫东

发，主张‘探究’、‘发现’、‘实践’的直接经验。其实，人的知识大多数来自间接经验，学生的任务是在短短的几年时间里，把人类几千年来积累的知识精华初步加以掌握。这样的学习要求，没有高度的教学效率怎能成？华人数学教育的一个显著特点正是通过教师有效的讲解，能在有限的时间里，掌握更多的数学知识和技能。”就“10×(5×8)”的算理，要想让学生真正理解、掌握，在课堂教学的即时状态下，教师的诱导、点拨、讲解不失为一种较为有效的方法。

教师要对讲解的时机作出选择，只有适时而需的讲解，才能有效突破教学难点。一般说来，下列情况下教师应当讲解：学习新知时必需的、学生又缺乏了解的背景知识；学生自己解决不了的知识难点；易被学生忽视和混淆的概念；知识单元与教学环节之间的过渡、衔接；时间不容许学生进行充分的讨论、探索；学生自学未形成系统而全面的知识体系，教师需要在这基础上加以适当的点拨、归纳、总结、概括等。

当然，讲解只是一种教学方式，不同的教学思想就会赋予它不同的实质内容。需要特别指出的是，那种仍然视学生为容器，把结论直接灌输给学生，强迫学生机械接受的讲解是应该废弃的，因为这种讲解已经与新课改理念背道而驰了。

点中要害

我们常常佩服盲人凭借一根木棒探路的本领。有人说：生理缺陷可能会造就一个人某方面的特异功能。我们不以为然，这恰恰是盲人在坎坷的人生道路上无奈的苦苦的修炼，其非凡的能力是被生活逼出来的，是无数次失败叠加成的。

[生活事例]

该出手时才出手

在日本东京的地铁站，有个坐在轮椅上的残疾人奋力地推着轮子前行(我们中国，轮椅通常由别人推着)。突然轮椅往旁边一歪，那人几乎摔倒。一个女孩刚要去扶，一个小伙子用眼神制止了她。小伙子在旁边看着那人奋力地校正自己，眼睛写满了关注，双手伸着，仿佛随时可以上前帮助，直到残疾人把轮椅弄直。小伙子向他竖了竖大拇指，目送他"走"出很远才放心离去。

这个小伙子并不是漠不关心、袖手旁观。他相信残疾人身残志不残，会自己摸索校正的方法，多好的一次尝试锻炼的机会。一旦无法"挽回"，小伙子才会出手相助。小伙子用心良苦哪！

由此联想到我们的教育，是否也应该做到"该出手时才出手"。就举数学教学吧，教学新课时，总是先复习本课要用到的旧知，把学生在学习新知过程中可能遇到的障碍一一罗列，并且分解得很细，让学生轻而易举地解决问题。学生在教师面面俱到、点滴不漏、无微不至、步步为营的教学"关怀"和"体贴"下，在已为平坦的道路上一帆风顺地毫不费劲地朝着教师指引的方向前进。

这种近乎专制的爱的教学方式可能一时比较容易让学生领略到"成功"的喜悦，但太顺利的"成功"是难以深入人心、久驻人心的。长此以往，就会造成学生的依赖心理，一遇到挫折极易经不起打击，更易成为失败者。这正是下面故事所描述的结局：

[生活事例]

树苗的命运

有两个人，各自在沙漠上栽下一片胡杨树苗。一个人每隔三天，不管烈日还是飞沙，都给他的树苗浇水；另一个人在树苗刚栽时浇过几次水，等到树苗成活后，他就不再浇水，只是扶一下被风吹倒的树苗。过了两年，两片树苗都长得有茶杯粗了。忽然有一夜，狂风大作，飞沙走石，辛勤人的树几乎全被暴风刮倒，而悠闲人的树没有被风吹倒和吹歪的。

这是什么道理呢？其实树与人一样，对它太殷勤了，就培养了它的惰性。你经常浇水施肥，它的根就不往泥土深处扎，只在地表浅处盘来盘去；反之，树在没有现成的水分和肥料吮吸时，只能拼命向下扎根寻求需要。

育树，育人，其理相通。皮亚杰说过：孩子与生俱来就希望自己成为一个探索者、发现者、创造者。孩子要真正成为这三“者”之“大写的人”，就必须付出汗水和心血、经历困难和失败。“苦其心志”、“劳其筋骨”。有此“磨难”的孩子更易成为学习的强者、生活的强者、社会的强者。我们的教育工作者啊：大可不必对孩子呵护备至，完全为他们提供舒适安逸的环境，而应量“力”、量“度”而行，尽可能地让孩子自力更生、艰苦奋斗，赢得成功。我们只需在他们“山穷水尽”处才出手点一下、扶一把。唯有这种历尽“拼”的体验，孩子才会刻骨铭心，唯有这种历尽“搏”的经验，孩子才会受用终生。

日本教育的“苦待”（我们中国更多地追求“善待”，可能导致过分后的“溺待”），给了孩子更多的挫折磨砺机会。幼儿园的孩子每天早晨就身着汗衫、短裤，有的还赤脚，进行各种体育活动。即使冬天也如此，可很少有人感冒。一年级的学生自己上学和放学，不用家长接送。不舒逸的环境培养了日本孩子的自强自立精神。

美国教育的“出格”（我们中国更多地追求“严格”，可能导致过分后的“死格”），给了孩子更大的自主探究空间。他们获取知识的方式更多地靠自己的努力和求索，教师提供的仅仅是参考和帮助。不俱到的环境培养了美国孩子探索创造能力。

我们不提倡让孩子感受死学之苦，因为其苦后仍是苦，有损身心，而提倡让孩子感受探索之苦，因为其苦后就是甜，有益身心。王国维的治学三阶段：“昨夜西风凋碧树，独上高楼，望尽天涯路”——“衣带渐宽终不悔，为伊消得人憔悴”——“众里寻她千百度，蓦然回首，那人却在灯火阑珊处”，就是很好的注脚。

该出手时才出手！出手的“手段”要缓一些，不挤占学生的时间，期待学生；出手的“手法”要放一些，不包办学生的言行，相信学生；出手的“手气”要柔一些，不碰伤学生的心灵，尊重学生。但愿每一位教育工作者都能出好你的手！

师生关系连连看 8

教师：有错必纠——学生：视错为忌？

阅读思考：

◇学生犯错，属于“家常便饭”吗？

◇学生犯错，需要“人人喊打”吗？

◇教师犯错，需要“遮遮掩掩”吗？

莫“错”待学生

面对学生的错误，我们的第一反应往往是遗憾、生气，然后以严肃的态度、严厉的语言批评、呵斥学生，进行正面的教育。如果能够出于平常心，施以爱心，耐心地引导、说服，善待学生就已经是不容易的了。善待学生仅仅只是爱的教育，教育不仅仅是爱，更是一门艺术。所以，仅仅是善待学生的错误是不够的，还要能够欣赏学生的错误。

一个经营拖鞋的公司派出两个员工去沙滩调查市场情况。两个员工回来后，一个说：“市场不景气，沙滩上的人都不穿鞋子。”另一个说：“市场潜力很大，沙滩上的人都没有穿鞋子。”同样，面对学生不断出现的错误，消极的态度是：学生又犯错误了；积极的态度是：学生又暴露出一个问题，又一次发展学生的契机来了。这样，我们便会拥有一份欣赏错误的最佳教育心态。错误其实是一种表现、一种努力、一种积极的动态。有错误，就会有发展的机遇。没有什么错误的学生往往是自我封闭、消极冷漠的，那是教育真正的悲哀。所以，我们有理由欣赏错误。

欣赏学生的错误，我们便会发现，任何一个学生，无论他是好学生还是一般学生，都有很多的错误，只不过好学生往往善于隐藏自己的错误罢了。任何一个错误，无论是大错误还是小错误，其中都必然有着积极的因素、合理的成分，即使是打架，也表明了学生有着较强的表现欲或是自尊心。这些，都是我们能够教好学生的条件，很值得我们欣赏。这样说并不是要模糊是非，而是要从教育的目的出发，最大限度地处理好错误所包含的是非因素的联系，促使学生沿着正确的方向发展。

最常见的错误原因往往是学生的幼稚和淘气，有的只是我们的学生太聪明了，他们错误的出发点常常是真诚善良的。错误常常表现为运动、嬉戏可能破坏了什么，淘气玩笑可能过了头，个性的张扬可能没被人理解，好事可能做成了坏事……只有欣赏学生的错误，我们才会发现学生犯错误的真正原因，科学地认识到错误的规律，看出形形色色的错误其实都有值得欣赏的亮点。有时,错误根本就不算是错误。从教育的角度出发,是与非,有时真的很难说清。

只有欣赏学生的错误,才会在情感上接受错误,在心理上消除和学生的距离;才不会由于情绪的影响,使自己的智慧、能力受到抑制,在处理错误的第一时间作出错误的决定;才可能站在学生的角度,走进学生的心灵,对错误的性质、程度,作出准确的判断;才可能想到最机智、最艺术、最具有个性化的处理办法;才可能获得学生的心理认可,得到学生积极的响应、热情的配合,在一种互动的关系中把错误消于无形,促成发展。

只有欣赏学生的错误,才可能运用教育的智慧,把无心的、童真的、善意的错误变成美丽。墨水脏了别人的衬衫,指导他学着为人家绣上一个美丽的图案;踏坏了草坪,启发他竖起提示牌;顶撞了父母,教导他写封道歉信或是以做家务、拿学习表现等方式无声地承认自己的不对;背后给老师起外号,诱导学生给老师写一篇书信《老师,请听我说……》。如此等等,没有欣赏错误的心态,是难以做到的。

欣赏错误,不是对错误的纵容,不是一定要表现在脸上的愉快。从根本上说,它是一种存在于内心的良好状态。它不影响我们在教育学生时应表现出来的严肃,它甚至为我们在教育中适度夸张的表情或动作提供最好的心理准备。

在老师的眼睛里,学生的错误只是相对的,发展却是永远的。欣赏"错误",是一种理解、一种超脱、一种宽容、一种升华,是一种睿智、一种自信,更是一种充满爱的情感和爱的艺术的美丽的教育。

[生活事例]

"一般的错误都不是真正的错误"

电脑分析职业倾向时,被认为只能当卡车司机的加拿大人德瑞克·夏普敦,25 岁就成为享誉世界的摄影家。构建照片、道具和背景的雕塑感以及解构负片和照片两方面的实践,使得他的作品格外与众不同,而这中间常常伴随着破坏常规的举动乃至一些严重的错误。

这位摄影家说:除非是将照片误扔进火里,一般的错误对我来说都不是真正的错误。它们更像我离题后找出的新的出发点。很多人犯了错误后急于辩白,其实你需要具备从错误中产生动力的能力,并且要能从中找到一些有价值的东西。

错误可分为两种，一种是必须予以立即纠正的，如乱丢垃圾、不讲整洁、欺侮弱小等，一旦放任，以后就难以收拾，我们把这种错误称之为“低级错误”。当然，正因为是孩子，方向性的错误那是要严肃批评并纠正的，因为没有惩戒的教育是不完整的教育。班哲明·富兰克林在《穷理查德年鉴》中说：“若对小错误视而不见，那你就会犯大错。”

而另一种相对于“低级错误”而言的“高级错误”，即孩子能够自行纠正，主要是如何适应生活的那一类，却是应该允许其犯错误的。

[生活事例]

“错误”的思考

一天，她去一位美国老师家作客，无意中看见老师不满3岁的孩子拿着一把钥匙，在笨拙地试着插进锁孔中，想打开卧室的门，可怎么也插不好，打不开。于是，朋友主动过去想帮他一下，却被老师阻止。老师说，让他自己先犯些“错误”吧，琢磨一会儿总能把门打开，这样他就再也不会忘记这门是怎样打开的！果然，那孩子折腾了很长时间后，终于如愿以偿。

孩子不断“犯错误”的过程其实正是不断改正错误、完善方法的过程，假如不给予这类机会，轻易地帮他打开门，非但剥夺了孩子寻求正确“开门”方法的乐趣，也会使他们变得懒于动手、疏于尝试、习惯依赖。

复旦大学附中的耿老师赢得了他自己班上学生的完全信任。他说：“学生再大的错误都可以原谅，因为这是成长的错误。”一位西方智者也说过这样一段话：“难道你不害羞吗？你还真的发怒了。看吧，孩子那样娇小单薄孱弱无助，这不是指他将来会是什么样，而是他今天的样子。在他刚会开心地喊叫并绽放出灿烂的微笑的时候，孩子知道自己的不完美是何等重要，他们能够猜测得到。还是让他们多享受这懵懂无知的时光吧！”

一位去英国进修回来的中学教师说：“在英国，不论是大学教授，还是中小学教师，从来不对学生说‘You are wrong’（你错了）。”中国学生在小学时都很活跃，初中时也勇于发言，上了高中后大多数学生就变得沉默起来，高中的课堂最为呆板。这位老师认为，出现这种现象，主要原因在于中国学生从小到大，都处在不断被纠正错误的过程中。随着年龄的增长，孩子的自尊心越来越强，如果还在课堂上经常被老师否定，就会觉得丢面子。因为怕出错就越来越羞涩，越来越沉默。何尝不是呢，正在成长的小苗，常常遭遇无故之霜，它不蔫掉才怪呢！

可以肯定的是，孩子的错误更多时候并非是有意的，因为他们是为着成长成熟而在努力尝试，正如小学英语课堂上老师就经常要问："Do you try?"既是尝试，自然就会伴随着失误、错误的出现。况且任何一个错误都是相对于某一个用于判断的坐标系而言的，如果超越这个坐标系，可能又是另外一回事。如，数学作为人类探索自然界未解之谜的活动，就不能排除错误和失误的可能性，事实上数学家就经常是在试错的情况下向正确的方向推进的，数学本来就是拟经验，易谬的。其实不仅仅是数学，医学上的青霉素和物理学中的X射线同样是在相对于原来的坐标系来说是错误的情况下发现的。电灯的发明不就是建立在爱迪生成百上千次错误尝试的基础之上的吗？没有爱迪生成百上千次错误的基础，哪来今天"黑暗里的光明"？

回顾课堂教学，好多教师给学生斩断了无数荆棘，给学生架设平坦的学习空间，本身便是一种"低级错误"。殊不知，学生是带着无数的疑问走进课堂的，他们每一次的学习，都是"摸着石头过河"，错误自然不可避免。每一次学习非对即错，但不管怎样，他们的价值都是一样的，起码它证实了某种想法或某种做法的可行性或不可行性。学生没有错误就没有经验和教训，没有错误就没有成功和喜悦，没有错误也就没有了"吃一堑，长一智"。因此，"错误"也是一种"美丽"，"错误"也是一种"成功"。

错误不是不需要纠正，关键是纠正什么、怎样纠正。在港台地区，已经悄然兴起了一股家教纠错新原则，与我们重视大错误、忽视小错误的惯常思维相反，采取的是"小错不迁就，大错不追究"。

这种纠错原则有什么可取之处呢？台湾的很多爸爸妈妈认为，小孩子有了小错，就像衣服上破了个小洞，如果不及时加以修补，洞就会越破越大，甚至整件衣服都不能再穿。因此，小孩子有了点蛛丝马迹的小毛病、小错误，爸爸妈妈都会把孩子拉到跟前，严肃地批评他："你的错误很严重，很恶劣，今后一定不能再犯，否则爸爸妈妈可要不高兴了！"

纠错新原则另一方面，就是"大错不追究"。其实，犯错之后，孩子的心里本来已经充满愧疚、自责。所以，智慧的父母，往往会对犯下较大错误的孩子抱着理解、宽容的态度。因为，其实不用父母说，孩子犯了大错之后，会很自然地"吃上一堑，长上一智"的。

在学校教育中，粗心造成的"小错"直接影响着小学生的现时乃至以后的学习。所谓粗心，一般指过失性的失误，即本来不应该错的错了。造成小学生学习粗心的根源，是人的感知、思维、注意、记忆出现了障碍，其主要致错因素有以下几个方面：(1)感知粗略、不精细；(2)思维定势、不发散；(3)注意失调、不集中；(4)记忆还原、不深刻。

造成小学生粗心的心理成因并不是孤立存在的，而是相互影响、相互联系的。教师除了要重视学生基础知识、基本技能的学习外，还要从小学生的认识心理出发，采取有针对性的教育措施，来矫正学生粗心的毛病，防患于未然。例如可以注重(1)整体、精确的感知培养；(2)缜密、灵活的思维培养；(3)有意、专一的注意培养；(4)深刻、持久的记忆培养。

莫“错”失良机

[生活事例]

好主意

米勒先生是银环餐厅的老板，这家餐厅是米勒先生的祖父创立的，到现在已经有 80 多年的历史了。近几年，餐厅附近的酒吧、俱乐部、餐饮中心越盖越多，建筑一座比一座宏伟，外部装潢一家比一家豪华，名字一个比一个古怪新奇。相比之下，朴实无华的银环就显得有些落伍了。虽然这里的菜肴比别家都精致，价格也更实惠，却吸引不到顾客，渐渐地就只剩下几个老主顾了。米勒先生一筹莫展。

这天，米勒在街上碰到了儿时的好友，一位心理学教授。米勒先生觉得生意不好，关键是因为店名不够新潮和吸引人，他让老朋友帮忙想一个抢眼的好名字。

“太容易了，你回去立刻改名叫‘五环餐厅’，”心理学家说：“记得在招牌上画 6 个圆环。”

“6 个环？可你刚才不是说叫‘五环’吗？”米勒大惑不解，“这个名字也不新奇，怎么能吸引顾客呢？”

"到时候你就知道了,"老朋友胸有成竹地说。几天后,奇怪的事情发生了,五环餐厅还没开张,米勒就看见几个路人在门外对着新招牌指指戳戳,甚至有人不耐烦地从窗口向里面张望。10点钟,店门刚开,很多人就拥进来,七嘴八舌地告诉领班:饭店招牌上多画了一个环。米勒先生在一旁觉得自己像个傻瓜,尴尬万分。

等指完错误,进来的人都为自己的观察力而沾沾自喜,并因为可以展示聪明才智而感到心满意足。这时,他们开始注意到厨房里飘出诱人的香味,餐厅高雅舒适的布置,侍者们的彬彬有礼。来挑错的人食欲大增,当即决定在五环餐厅吃饭。米勒听见很多人临走时说:"原来还有这么棒的一家餐厅,我以前怎么没注意到?"那天,上门挑错的人络绎不绝,饭店的生意也空前兴隆。此后连续几个月,错招牌引来无数顾客,五环餐厅名声大振,越办越红火。米勒先生去老友家道谢,告辞时他忍不住问:"你怎么知道这招一定行呢?"

心理学家笑着回答:"你难道不知道,人类最大的癖好之一就是挑毛病。"

小学生的知识背景、思维方式、情感体验等和成人不同,他们的表达方式也不准确,学习中难免会出现各种各样的错误。教师们通常更多看到的是错误的消极方面,因此总想千方百计避免或减少学生出错。但是往往事与愿违,事倍功半,处置不当还挫伤了学生的学习积极性和自尊心。其实,学生的错误并不可怕。一般情况下,只要学生经过思考,其错误中总会包含某种合理的成分,有的甚至隐藏着一种超常,一种独特,反射出智慧的光芒。教师若能顺着学生的思路,将"合理成分"激活,让智慧光芒喷薄而出,引导学生对自己的思维过程作出修正,助其迈向成功的道路,那么"错误"也可变成宝贵的教学资源。

1. **利用错误,激发探讨兴趣**

[生活事例]

让孩子从错误中成长

这是一位名人小时候的故事。一次,他从冰箱里拿一瓶牛奶,谁知瓶子太滑,不小心掉在地上,牛奶全洒了。妈妈来到了厨房,没有责备,没有教训,更没有惩罚。于是,他拿来海绵,和妈妈一起收拾好地板上的牛奶。干完以后,妈妈说:"今天我们做了一个失败的尝试,没有能让你的小手抓住这个大牛奶瓶子。现在,我们到院子里去,给瓶子装满水,看看能不能发现怎样才能抓得住,掉不了!”

在妈妈的带领下,他很快就发现只要他两手握紧瓶嘴的那部分,瓶子就不会掉。这个小孩就是后来的著名科学家斯蒂文·格伦。

学生错误来源于学习活动的本身,是具有特殊教育作用的学习材料,它来自于学生,贴近学生,教学时又回到学生的学习活动中,对激发学生的探究兴趣,唤起学生的求知欲具有特殊的作用。

[教学案例]

工程应用题

教学工程应用题:“一段公路长30千米,甲队单独修10天完成,乙队单独修15天完成。两队合修几天完成?”

出示例题后,我先让学生根据通常应用题的解题思路列出算式:$30\div(30\div10+30\div15)=6$(天),并说明算理。然后诱导学生:“如果这段公路长60千米,那么时间是多少呢?”“12天。”学生不假思索地回答。计算结果出乎他们的意料“6天”。路程扩大一倍,时间竟然不变!“如果路程分别是15千米、45千米、120千米,时间又分别是多少呢?”此时学生不再脱口而出,而是满脸疑惑。片刻,答案又出来了,都是6天!

“为什么公路的长度不管变成多少千米,时间总是不变呢?”“是不是工程应用题中的工作总量和工作时间无关呢?”……“错误”引发了同学们对以上问题的主动、积极的思考,极大地调动了同学们的思维热情。

2. 利用错误,激活创新思维

[生活事例]

错误衍生的美丽

在英国,一次两所学校间举行一场足球赛。有一个学生热爱足球运动,集体荣誉感又很强,他起初只是个“板凳队员”,比赛快结束时才上场。就在将要进入倒计时的关键时刻,他心中油然生出一个强烈的愿望:必须在几秒钟内让球进去。霎间,他冲上前去,把球抢在手中,在一片惊讶、喧哗、责骂声中,他拿着球跑向对方的禁区,把球掷进了球门……

那一次比赛结果毫无疑问地被取消了，这件事给了体育界的人士一个启迪：为什么不可以设置一种用手夺球、传球、投球的运动呢？于是，橄榄球诞生了。

直至今天，英国还有一座这样的雕像：一个蹲着的少年将要跃起去抓住球。雕像上刻着如下一段文字："他无视规则，抓住球，奔跑了。"小男孩怎样也不会想到，他那样一个小小错误竟会绽放出如此的美丽，直接促成了一种运动项目的诞生。

利用学习错误，挖掘错误中蕴含的创新元素，适时、适度地给予点拨和鼓励，能帮助学生突破眼前的思维障碍，进入创新求异的新境界，让学生体验到思维的价值，享受到思维的快乐。

[教学案例]

复名数改写

教学"4 千克 70 克=（　）千克"，大部分同学都按照正确的思路，把"4"写在整数部分，把"70 克"改写成"0.07 千克"，合起来就是"4.07 千克"。而有一位同学却改写成"4 千克 70 克=4070 千克"。我们一看结果，很明显是错误的。但是，为了弄清这个同学是怎样想的，于是，我请该同学大胆说出他的想法。他说："我先把'4 千克'改写成'4000 克'，然后再把'4000 克'与'70 克'合起来。"说到这儿，他迟疑了一会儿："老师，我知道错在哪儿了，这里要求改写的是千克，而我改写的是克了。"

我本计划让其他同学替他完成，但还没等我叫其他同学，这位同学又站了起来说："老师，我把 4070 的小数点向左移动三位不就变成了 4.07 千克了吗?"我想，他是运用了前面学习的复名数改写成低级单位的单名数的知识，懂得了把低级单位得数的小数点向左移位就可变成高级单位的数的解题方法。

3. 利用错误，提高反思能力

让学生经常反思错误产生的原因，能促进学生充分认识错误、认识自己，达到"吃一堑，长一智"的目的。

[教育案例]

“跌倒后先别急着爬起来”[1]

每次考试完毕，总有一些学生考得不理想，一脸的沮丧和无奈。我呢，也顾不得他们，忙着讲评，学生也忙着订正。一些做得好的学生三下两下就订正好了，可那些错得多的学生仍是一头雾水，面对错题，像没头的苍蝇，东碰西撞，结果几次三番方可搞明白。

这次，发下考卷，我一反常态，给大家讲了一个小故事——

一个旅行者在行进的途中，突然决定改变原来的路线，打算抄近道前往目的地。没想到在他穿越那片看似平坦的草地时，没走几步，脚被什么东西绊了一下，摔了个跟头。他没在意，从草地上爬起来，揉了揉有点儿疼痛的膝盖，继续前行。但没走出几十米，又结结实实地跌了一跤。这一回，他没有急着站起来，而是躺在那儿，一边揉着受伤的腿，一边仔细打量着脚下的草地。

原来绊倒他的是一个草环，一种丛生的植物用疯长的、极柔韧的枝蔓编织的一个隐蔽的草环，在他跌倒的周围有很多这样的草环，行人稍不注意，就会绊跟头。他坐起来将目光再往前一延伸，不由大吃一惊，前方不远处，掩藏在繁花绿草间的竟是一片可怕的沼泽。

转到另一条安全的路上，他仍在庆幸刚才跌的那个跟头，更庆幸自己没有像第一次那样，急于爬起来赶路，而是细心地查清了使自己跌倒的原因。

事后，他听说，那个隐藏在草地深处的沼泽不久前刚吞噬了两个粗心的过路人。

故事讲完，教室里一片沉寂，我问学生听后有什么话想说。过了片刻，一位学生站起来说：“老师，您讲的故事我明白了。一个人跌倒了，仅仅想到爬起来还远远不够，还必须知道自己是因为什么跌倒的，知道怎样才能不跌更大的跟头。”

另一个学生说：“老师，我也懂了，您讲故事是让我们明白，我们考试就如旅行者走路，考砸了就如跌倒一样，不要急着订正，要想想为什么错怎样做，以后才能不再犯错。”

---

① 浙江省绍兴县马鞍镇丁家堰小学　杨锋

我欣慰地笑了。学生们开始订正,收效出奇的好!

4. **利用错误,克服不良习惯**

尽管我们在让学生练习前,对一些常见错例作了预防,但在批阅中还是经常碰到这样或那样的错误,尤其有一些学生犯的错误具有个性特征,不利于集体辅导。对于这样的错误,目前教师普遍采用的是一对一的形式,面对面地教学,指出其错误之处,让其订正,确实能收到好的效果。可时间一长,学生又“旧病复发”,教师又需加以指正,长此以往,耗费了师生大量的时间和精力。

[教育案例]

为“错题集”干杯

最近有位记者访问了一所名牌中学的几位高考单科“状元”,问他们在学习上有什么好的经验,他们中的四人不约而同地拿出一个本子,封皮上工工整整地写着3个字:错题集。

打开本子一看,原来他们把作业或考试中做错的题目都收集在本子里了。首先,他们把做错的解答原封不动地抄下来,用铅笔标出错的地方;然后认真再做一遍,把正确的解答写在错的解答下面;最后用简明的语言归纳出错误的类型和失败的原因。

开始一两个月,要收入“错题集”的题目一个接一个,每天要花不少时间。半年以后,需要“登记”的错题就越来越少了。有时候,一星期也碰不上一个。因为,好多题目都是类型相似,一个弄懂了,另外的也就融会贯通了。原来,“错题集”就是这么管用。

5. **利用错误,调整教学方案**

课堂教学充满着许多变数,也会出现诸多错误。有时,教学中出现的“错误”具有比较高的生成价值,有效利用,将错就错,及时调整教学设计,就可以创造教学的精彩。

[教学案例]

化学“氧族元素——环境保护”①

在将要学习高一化学第六章《氧族元素——环境保护》时，为了引出这一章的章课题，设计了一个互动环节“请你在黑板上竖着写出ⅦA主族的所有元素的元素符号”，我打算先复习卤素知识，由卤素引出氧族元素，这样以旧带新进入新课的学习。

我请小A同学到黑板上去写，然后我到下面检查同学们的书写情况。等到我回头看黑板时，发现该同学并没有听清要求，而是正在写着我们将要学的ⅥA主族元素的元素符号，这时大多数同学也发现该同学写错了，就有前排的同学试着告诉小A，“写错了，写错了”，而小A还不明白怎么回事，一脸茫然地看着我，其余同学也都盯着我，看我该如何收场。我迟疑片刻，决定来个将错就错，我说：“小A同学，你先不要回座位，你接着写出周期表中位于它们右侧且与它们相邻的的元素符号。”小A同学写得很好，我舍弃了自己的引入方案，完全顺着小A的板书，直接分析氧族元素，从而开门见山引出新课。

6. **利用错误，培养质疑意识**

孟子说：“尽信书则不如无书。”书本中经常会有各种错误，教师可以利用这些错误，让学生敢于挑错，培养学生不迷信书本、不迷信权威的思想意识。

[教学案例]

语文《沙漠里的奇怪现象》②

“老师，书上写错了一个字！‘举目远看净是沙’中的‘净’字应写作‘尽’。”

“是吗?”我心里一阵慌乱，说实在话，我根本没有考虑到这一点，只能顺水推舟地问：“为什么这么说，能说说理由吗?”

---

① 北京市首都师大附属丽泽中学　李惠

② 江苏省张家港市永联学校　李春燕

"'尽'解释为'全,所有的',我们通常写作时也用这个字。"

他说对了吗?我茫然。只能听听其他学生的意见:"同学们同意他的说法吗?"

这一下,班级里炸开了锅:"是的,我们平时就是这样写的。""不对,我认为也可以写作'净'。"在争论中学生翻起了《现代汉语词典》。"老师,书上写的是对的。'净'可以解释为'副词,表示单纯而没有别的;只'。所以我们可以把句子理解为:满眼看到的只是沙。"

我长吁了一口气,心里暗自庆幸:顺利解决了!同时也不由地佩服学生的这份细心。是啊,读书不能读死书,读书总要有些收获,总应该有一些自己的想法吧。否则,学习语文又有什么用呢?激动之余,我热情地表扬了班上的学生。

让人想不到的是,这件事之后,又有学生向我反映:《紫藤萝瀑布》(苏教版《语文》八年级下册)一文中,把"察言观色"写成了"察颜观色";《初中拓展强化讲·练·测》(苏教版语文八年级下册)一书中,把第二单元中单元总结的第一题"根据汉字写拼音"写成了"根据拼音写汉字"。

如果说第一次发现问题是"无意之举",那么我想第二、第三次则是有心所为了。这不由让我一阵感动,原本只是想表扬一下而已,却想不到"一石激起千层浪",带来了一些意外的收获:学生在读书时变得爱思考、爱质疑了。

人的一生中,错误总是如影随形地跟随着我们。四体不勤,躺着不动,除了懒惰当然啥错误都没有,成功者、干大事者、敢于创新者的错误,往往比因循守旧、墨守成规者的错误要多得多。

IBM 的创始人华特先生说过一句极端的话:"成功的法则就是把犯错误的速度提高一倍。"哲人说:"错误是正确的先导。"因此,错误并不可怕,可怕的是你逃避错误,而不正视错误、利用错误。错误不仅有时会衍生美丽,而且常常会带来机遇。

在教学中,有时教师故意人为地制造"错误",以"错"引知,以"错"强知,能起到比常规教学更好的教学效果。

[教学案例]

温柔的“圈套”[①]

教学人教版五年级《有这样一个小村庄》，在学生读了“一年年，一代代，山坡上的树木不断减少，裸露的土地不断扩大……”后，师生对话如下——

师：句子里有两个关系密切的词，能找出来吗？

生：“减少”和“扩大”。

师：它们是什么关系？

生：反义词。

师：同意的举手。（生一齐举手）

师：好。那如果我不砍树，一直种树，树木会怎样呢？

生：树木会增加。

师：如果老砍树呢？

生：树木会减少。

师：那“减少”的反义词是——

生（不好意思地笑）：“增加”。

师：由于我种树，那裸露的土地会——

生：会“缩小”。

师：把这两组反义词说一遍。

生：“减少”的反义词是“增加”，“扩大”的反义词是“缩小”。

师（微笑）：我设了一个温柔的圈套，你们全掉下去了。但今后，你们永远都不会再搞错了。

教师故意引出错误，引起学生的疑问，从而激发了学生的思维，从错误的反省中，学生对“反义词”有了更为深刻的思考，这两组反义词深深地嵌入了学生的大脑。

① 江苏省兴化市竹泓中心小学　徐顺桂

莫“错”埋匠心

[生活事例]

别太把自己当回事

英国著名剧作家萧伯纳在莫斯科旅游时，与一个小女孩十分投缘，分别时，萧伯纳说：“回去告诉你妈妈，今天你在街上和世界名人萧伯纳聊了很久。”不料小姑娘也学着他的样说：“回去告诉你妈妈，你今天和漂亮的苏联小姑娘安娜聊了很久。”萧伯纳很吃惊，深有感触：一个人不管有多大的成就或地位，都不能自负和骄傲，而应平等待人，保持谦虚，别太把自己当回事。

在学生面前，老师是知识的拥有者，是对学生进行“传道授业解惑”的，正因为有这样一种先学、先知，所以教师就有了那样一种“权威”的地位，动辄对学生发号施令，颐指气使，一旦学生不听老师的话了，或者对老师不那么尊敬了，或者自己出现教育教学失误，老师就会产生一种心理上的失落，就会用尽一切手段维护自己的尊严，也就是说，老师太把自己当回事了。

老师太把自己当回事，那学生有没有真把你老师当回事呢？

[教育案例]

一道题目的“陷阱”

有位学生曾拿了一道题目去“请教”老师，对老师说：“这条选择题的答案是B，我想不通，请老师指点一下。”老师拿着题目，左思右想，以答案的结果推导原因，对学生作了辅导。结果，学生大笑，“哈哈，老师你上当了，正确答案不是B，而是C”，老师的窘迫可想而知。

这个真实的例子对我们老师应该有所启发，你别以为自己真正比学生聪明多少，你也别真的以为别人都十分把你当回事，你应该有一种放下自尊、放下架子的基本姿态，你不该太把自己当回事。

[教学案例]

“犹抱琵琶半遮面”

一次小学语文课，老师讲闻一多的《七子之歌》，一个学生举手说，诗中“三百年来梦寐不忘的生母啊！”一句弄错了澳门被葡萄牙“掳去”即被葡萄牙侵占的时间。老师批评学生，说不要瞎怀疑，闻一多是著名诗人，他怎么会写错呢？

课后，老师查阅资料，发现学生的说法是有根据的，因为这首诗是《现代评论》1925 年 7 月发表的。如诗描述，则澳门在 1600 年左右就离开了母亲的怀抱，但历史是：1533 年，中国官府只是允许葡萄牙人在澳门就船贸易，直到 1840 年鸦片战争爆发前夕，中国政府一直拥有着澳门的主权，葡萄牙人一直作为中国皇帝的子民得以在澳门居留、贸易。至《七子之歌》问世的 20 世纪 20 年代，澳门离开母亲怀抱的准确时间只有 70 多年。

第二天，这位老师把查阅结果告诉学生，但为了维护自己的尊严，仍然强调闻一多的“三百年来”是虚指……

这位老师如此“顽固”，就在于他太把自己当回事，造成的负面效果是显而易见的。

教师，只有不把自己太当回事，他才能不断学习，不断进取。教师，只有不把自己太当回事，他才能敢于在学生面前承认自己的错误，暴露自己的错误，改正自己的错误。

首先，教师要勇于承认错误言行。教育教学是动态的，在教育教学中出现错误是难免的，我们不仅要允许学生出错，也应允许教师出错。当教师出现差错时，教师不能遮遮掩掩，企图蒙骗过关，而要大方地向学生承认，这也是教育民主、平等、和谐的一个重要方面，要求学生做到的，教师首先带头做到。

[教育案例]

“千年等一回”①

一次,疏忽的我上课迟到了五分钟。自己是一个恪守时间之人,竟然迟到了,心中懊悔极了。回想前两天,有好几个学生上课迟到,而且其中的两个是迟到的常客,一时生气我就当着全班学生的面批评了他们,当时有一个学生还很不服气。

急匆匆走到教室外面,看见有几个学生窃窃私语,尤其是上次不服气的那位似乎还边说边笑。这下倒好,自己总算让学生抓住把柄了。

硬着头皮走进教室,教室里一下安静下来。几十双眼睛在看着我,怎么解释呢?我感觉到我的脸已经涨得通红,才开口:“对不起,我来迟了!让大家等了……”底下的学生开始笑了。“我们是千年等一回!”不知哪个学生冒出了这么一句。我又困惑又吃惊地寻找着发言者,竟然是冤家,上次因迟到曾被我当众批评并不服气的那个孩子。

看到我在望着他,他不好意思地解释道:“老师上课从来没迟到过,这是仅有的一次,不是吗?我们大家难得等老师一回,我们要学会等待,大家说对不对?”“对,千年等一回。”大家都附和道。我的心情一下子从阴雨转到了晴天,激动得一时找不到恰当的语句来答复和感谢这帮可爱的学生们,只好发自内心地说了声“谢谢大家”,学生都开心地笑了。接下来的时间我开始上课,第一次发现他们听得那么认真,提出的见解那么实际新颖,那堂课是我上过的最值得回忆、与学生关系处得最融洽的一节课。

其实只要教师真诚投入,与学生真诚对话,哪怕是老师说错了、做错了什么,学生也会原谅。

[教育案例]

两双一模一样的短靴②

玲是我班的中队长,一个文静、稳重、朴素的女孩,是班中的佼佼者。

① 江苏金坛市第一中学 徐群策

② 江苏无锡市雪浪中心小学 王晓

雯是我班一名活泼漂亮的女孩，穿着打扮光鲜亮丽，只是放在学习上的心思不太多。为了让雯进步，我把她安排在玲的身边，成为玲的同桌，希望玲能感染她、帮助她。

过了一段时间，我发现雯并没多大进步，玲在学习上反而有点心不在焉了。我几次暗示玲不要受雯的影响，可一番苦口婆心好像并没有打动玲。正在发生的一切似乎都背离了我的初衷，作为班主任，我心急如焚，该如何挽回这一切呢？

一堂自习课上，全班同学都在静悄悄地做练习。我也在教室里来回转悠，忽然发现玲和雯的脚上穿着一模一样的黑短靴，款式简单又不失时髦。我的心不由得一惊，玲真的变了，学会赶时髦了，难怪学习退步了。

第二节进行数学单元测验，玲的成绩让我大吃一惊，这么简单的卷子她竟然连90分都没达到，积蓄在我心头的不满再也按捺不住了。我拿着卷子气冲冲地走进教室，把卷子发下去后，便滔滔不绝地开始了有针对性的考后小结："这次单元测验，我班大部分同学都很认真，也考出了自己的水平。但是，有个别同学自以为了不起，不把心思放在学习上，开始爱美了，学着其他同学赶时髦，别人有一双短靴，你也买一双短靴。再这样下去，别说八十几分，七十几分都有可能考不出来……"我一边冷嘲热讽地批评，一边不时用眼睛向玲和雯瞟过去。测验成绩同样不理想的雯和玲都涨红了脸，默默地低下了头；其余同学不约而同地朝她俩望去，教室里静悄悄的。我不禁暗暗得意，这下你们两个人总该认识到错误了吧。

一周后，我在批阅全班同学的周记时，学生宪的一番大胆表白让我恍然大悟，她写道："王老师，您在课堂上说有些人爱打扮、赶时髦，难道您没发现那双黑色的靴子是玲先穿来的吗？雯是在学玲呀。您这句武断的话伤了一个人的心呐！"这诚恳的一字一句让我这个班主任感到非常汗颜。是啊，我自认为理所当然的一番话深深地刺伤了一个女孩敏感又自尊的心灵，也许不是一个，是两个女孩。该如何来挽回这一切呢？我陷入了深深的自责与沉思之中。

既然我是从周记中明白了我的错误，就在周记中承认我的错误吧。于是，我在玲的周记本上写道："老师错怪你了，你的新靴子很好看，希望能经常看到你把它穿在脚上，也相信你能带领雯共同进步！"在雯的周记本上，我写道："爱美是每一个人的天性，你可以和玲穿一样的靴子，也一定可以和玲一样成为班中的佼佼者！"怀着对学生的愧疚，放下师道尊严，我再一次将孩子拉回了我的身边。

在又一周的周记中，玲写道："王老师，前段时间我家进行装修，让我不能静下心来学习。不过现在已经结束了，我一定会调整学习状态，帮助雯一起进步，您放心吧。"雯写道："王老师，我一看到别人的漂亮衣服就非常羡慕，我知道这样不好，以后我会尽量控制自己，向玲学习。"

明尼苏达大学心理学家爱基兰德说："心灵施暴可以将一个孩子的自尊心完全毁灭。"有时候从表面看老师并未对学生进行诸如罚站、揪耳朵等肉体惩罚，看不到外表的伤痕，可实际上挖苦、讽刺对学生造成的伤害更为严重。

陶行知先生说："你的教鞭下有瓦特，你的冷眼里有牛顿，你的讥笑里有爱迪生……"老师们，千万注意，莫让语言施暴伤害了学生。

其次，教师要充分利用自己造成的错误资源。教师不仅要勇于承认错误、及时改正错误，有时也要充分利用错误资源，借题发挥，启迪学生的智慧，拓展学生的思维。

[教学案例]

数学"简单的分数大小比较"

一位教师在组织学生练习时，设计了比较$\frac{3}{9}$与$\frac{2}{9}$的大小，因笔误错写成比较$\frac{3}{8}$与$\frac{2}{9}$的大小。题目出示后，教师并没有发现自己的失误，照他的预想，学生应该能迅速地解答这道题。事实出乎他的预料，学生看到题后一时不知所措，教师也感到奇怪，仔细一看才发现自己的笔误。面对自己的失误，这位教师设计了以下的教学环节——

环节一：勇于认错，化封闭为开放

师：在写这道题时，老师把其中的一个数字写错了，你能猜出是哪一个数字写错了吗？

生1：我猜$\frac{3}{8}$应该是$\frac{3}{9}$，老师把9错写成8了。

生2：我猜$\frac{3}{8}$应该是$\frac{2}{8}$，老师把2错写成3了。

生3：我猜$\frac{2}{9}$应该是$\frac{3}{9}$，老师把3错写成2了。

生4：我猜$\frac{2}{9}$应该是$\frac{2}{8}$，老师把8错写成9了。

教师把学生的猜想一一板书出来：$\frac{3}{9}$与$\frac{2}{9}$，$\frac{2}{8}$与$\frac{2}{9}$、$\frac{3}{8}$与$\frac{3}{9}$、$\frac{3}{8}$与$\frac{2}{8}$。

师：你们的猜想都正确，现在你能比较每组中两个分数的大小吗？

环节二：巧妙用错，化失误为精彩

师：如果要比较$\frac{3}{8}$与$\frac{2}{9}$的大小，你有什么好方法吗？

生1：我先画了两条一样长的线段，把其中一条线段平均分成8份，表示出它的3份，写上$\frac{3}{8}$；把另外一条线段平均分成9份，表示出它的2份，写上$\frac{2}{9}$。从线段图中，很容易看出$\frac{3}{8}$比$\frac{2}{9}$大。

生2：我是画了两个同样大小的长方形，一个长方形平均分成8份，用阴影表示出其中的3份；另一个长方形平均分成9份，用阴影表示出其中的2份。比较两个阴影部分的面积，很容易发现$\frac{3}{8}$比$\frac{2}{9}$大。

生3：我先求出$8\times9=72$，假如有72颗围棋子，把它平均分成8份，其中的3份有$72\div8\times3=27$(颗)；把它平均分成9份，其中的2份只有$72\div9\times2=16$(颗)。因为27颗比16颗多，所以$\frac{3}{8}$比$\frac{2}{9}$大。

生4：$\frac{3}{8}$里有3个$\frac{1}{8}$，$\frac{2}{9}$里有2个$\frac{1}{9}$，因为$\frac{1}{8}$比$\frac{1}{9}$大，3个$\frac{1}{8}$比2个$\frac{1}{9}$多，所以$\frac{3}{8}$比$\frac{2}{9}$大。

生5：我从$\frac{3}{8}$和$\frac{2}{9}$的分子、分母中各取一个数组成一个新的分数，请它做裁判比较出$\frac{3}{8}$与$\frac{2}{9}$的大小。可以请$\frac{3}{9}$做裁判，因为$\frac{3}{9}$比$\frac{2}{9}$大，$\frac{3}{9}$比$\frac{3}{8}$小，所以$\frac{3}{8}$比$\frac{2}{9}$大；也可以请$\frac{2}{8}$做裁判，因为$\frac{2}{8}$比$\frac{3}{8}$小，$\frac{2}{8}$比$\frac{2}{9}$大，所以$\frac{3}{8}$比$\frac{2}{9}$大。

师：面对这道难题，同学们没有退缩，而是运用画图、假设、转化等方法去解决它，这些方法也是解决其他数学问题的好方法。这种知难而上、勇往直前的精神，将使你们的学习不断取得进步。

“阳光总在风雨后。”课堂上的失误是宝贵的，不论是学生的失误，还是教师的失误，课堂正是因为有了失误加上教师的妙笔生花才变得更加精彩。我们要现实地面对失误，努力化失误为精彩，让失误美丽起来。在“出错”、“纠错”的探究过程中，学生得以成长，教师得以发展。

师生关系连连看 9

教师：制造失败——学生：创造胜利？

阅读思考：

◇“失败是成功之母”，如今我们又会有什么新的认识？

◇现在教育还需要惩罚吗？怎样的惩罚不让人伤“心”呢？

◇表扬是一种“灵丹妙药”吗？批评需要什么艺术？

失败的滋味——一枚“青橄榄”

[生活事例]

挫折是最好的礼物

一位年轻人刚从军中退伍，只有高中学历，无一技之长，只好到一家印刷厂担任送货员。

一天，这个年轻人要将一车书送到某学校7楼办公室。当他把书放到电梯门口等候时，一位警卫走过来：“这电梯是给老师搭乘的，其他人一律不准搭，你必须走楼梯。”

年轻人解释：“我要送一车书到7楼办公室，这是你们学校订的书！”警卫面无表情地说：“不行就不行，你不是老师，不准搭电梯。”两人在电梯口吵了半天，但警卫依然不予放行。年轻人心想，要搬完这一车书，至少要来回走7层楼20多趟。他无法忍受这无理的刁难，心一横，把书搬到大厅角落，不顾一切地走了。后来，他辞职了，并立刻到书店买来整套高中教材和参考书，含泪发誓：我一定要发愤图强，考上大学，我绝不会再让别人瞧不起！

年轻人在高考前半年天天闭门苦读14小时，因为他知道，他已无路可退。每当他懈怠时，脑中就想起警卫不准他搭电梯的一幕，也就打起精神，加倍努力。最后，他终于考上了某医学院。

二十多年过去了，当年的年轻人成了一家诊所的中年医生。他常静下心来想，当时，要不是警卫无理刁难，他怎能从屈辱中擦干眼泪，坚决地站起来？那位被他痛恨的警卫，不也是他的恩人吗？

生命中的每一个挫折、每一个伤痛、每一个打击，都自有它的意义。

美国人喜欢娇纵孩子，教育不严格。从小学到大学，从哈佛到社区的夜校，分数膨胀无所不在。甚至明明答错了的题，也要打折扣给贬值分，理由是没有功劳也有苦劳，人家尽了努力。2000 年哈佛毕业班竟有 91% 的学生成为荣誉毕业生。一般公立学校，老师给学生打个不及格，甚至可能招来官司。老师的使命，是让孩子感到自己受尊重、有自信，分数少了是不行的。

这套哲学，直接在体育上立竿见影。美国的公路长跑比赛，成人赛后有个儿童赛，都是三四岁以下的孩子。每人胸前的号码都是 1 号，最后每个人都是第一。大点的孩子也大同小异，各种各样的比赛，常常是只要参与，最后就得一个奖杯。一个 12 岁的孩子，常常就已经有了 20 个奖杯。

如今，美国教育的风向又变。大家觉得对孩子过于娇纵，导致美国的孩子学术表现不如其他发达国家。于是，教育界要提出高标准，治理分数膨胀，不及格就是不及格，有些毕业生完不成学业，就不能从高中毕业。

这一风向，在体育上马上有所反应。一些儿童体育组织开始放弃了长期坚持的给所有参加运动的孩子发奖杯的做法。理由是，这样的做法，让孩子的性格变软，失去了竞争性。他们这样长大，总觉得被别人尊重是自己天经地义的权利，不懂得要想获得任何真正的尊重，都必须经过自己的努力。

2005 年 6 月，英国教师职业协会（BPAT）的年会上有一个提案，建议把“失败”这个概念从英国教育体制中剔除出去。时任英国教育大臣的罗斯·凯利拒绝了这个建议，绝大多数的英国评论家也对此表示反对。

这个提议只不过是进步主义教育者的一个最新的浮躁理念，一个试图让学生回避生活中的失败现实的错误做法，企图通过制造任何成绩都可接受，所有学生都能成功的假象，来侵蚀教育标准。

的确，孩子早晚要理解竞争的意义，这也是他们日后生存的基本技能。有心理学家指出，孩子在 9 岁以前，分不出努力和能力之别，觉得自己参加了就是尽了力，和别人没有什么不同，大家都该得奖杯，这样才公平。但 9 岁以后，孩子渐渐懂得了强者为尊的道理，懂得努力和成功的关系。给所有孩子奖杯，已经和孩子的智力发育不符了。

从小玩什么球，长大做什么人。毕竟大家生活在自由竞争的社会，在这种社会规则里，不是每个参与者都有奖杯的。

[教育案例]

零分的毕业考试

这是一批大学毕业生的最后一次测验了。考生带着四年大学学习所获得的自信,感觉自己已经准备好,甚至能够征服整个世界。

教授说,考生可以带任何材料进试场,并且只有5道评论类型的试题。

3个小时过去了。考生看起来不再自信,脸上留着一种无奈。

"完成5道题目的有多少人?"

没有一只手举起来。

"完成4道题目的有多少?"

没有人举手。

"3道题?2道题?1道题?"

整个教室仍然沉默。

教授微笑着说:"即使你们已经完成了工程学学习,但还有很多你们不能回答的生活问题。即使你们现在是大学毕业生了,你们的教育也还只是刚刚开始。"

无论时间怎么推移,学生对这次考试总是难以忘怀。

在如今大谈"成功教育"、"赏识教育"的大"好"形势下,"失败"似乎已被抛到遗忘的角落,越来越让教师感到"忌口"。教师无非担心失败会让学生降低兴趣、丧失信心、挫伤心灵。事实真的如此吗?

从上述案例可以看出,适当的"失败"教育能改变学生原有的认识和态度。失败可以让学生从自我满足和自我陶醉中走出来,体察到"山外青山楼外楼"的现实。学生有了前进的方向和进步的动力,从自傲的消极状态转变为自奋的积极状态。

[教育案例]

都没有的知识

"世界很复杂,充满变数。"中文教授说,"包括那些看似简单的事物。"

马上就要毕业了,大学生们心情浮躁,来上课的人并不多,而且似乎都心不在焉。

“在大家信心十足、跃跃欲试的时候，我想给一点提醒。”教授敲了敲讲台。今天，他两手空空，没有带书和讲义。“因为，大家未必识庐山之真面目，所以，过于自信有时会导致自闭。”

这句话分量有点重，学生们开始注意教授。黑板上，教授写下“中学到大学”几个字，问：“知道它的意思吗？”

学生们笑了，没有人回答，可能是不屑于回答。教授说：“的确太简单了。”然后转身添加“都没有的知识”几个字，问：“知道这句话的意思吗？谁来念一下？”

学生们仍然在笑，没有人愿意站起来当“小学生”。教授只好自己念：“中学到大学都没有的知识。”然后解释：“是的，你们的学历值得很多人羡慕，但是，学历与学问几乎是两个概念，后者的内涵实在太广阔了……”

学生们又开始聊天，交头接耳：谁谁将分进党政机关，谁谁应聘于某某大企业，谁谁准备去南方……教授忽然提高嗓门：“一个小小的因素，就可能导致全局震荡！”

学生们一惊，抬头，教授见大家注意力集中了，笑眯眯地在那句话前加了一个字“从”。台上有学生轻声念：“从中学到大学都没有的知识。”教授立即指着他：“这位同学，请你读出这句话，注意断句。”

学生站起来，挠挠头，有点不好意思，念道：“从中学/到大学/都没有的/知识。”其他同学呵呵笑。教授问：“难道他念得不对？”学生们仍然呵呵笑，兴致盎然且轻松。

教授环顾四周，见没有人答话，叹了口气，扔掉粉笔：“唉，思维定势了，不利于面对充满变数的世界。”这时有个同学反问：“难道他念得不对？”教授断然回答：“只对了一半！”台下的人再次提起精神，盯住教授。教授开始念：“从中/学到/大学都没有的/知识！”

台下一片安静。教授得意地诡秘一笑，走下讲台：“诸位，很抱歉！作为一名中文教授，我竟然在与各位道别的时刻玩了一次小学生的文字游戏——不过，我用心良苦，因为你们即将面对的社会的确充满了——从中学/到大学/都没有的/知识，而你们又必须——从中/学到/大学都没有的/知识。”

台下的学生们纷纷起立，向敬爱的老师报以热烈的掌声。

上述两个案例中，教授采用的失败教育、挫折教育无疑让那些沾沾自喜、自以为是的天之骄子们清醒了许多，让他们认清了正确的人生方向。从小处看，失败教育还能提醒和强化学生注意平时应该注意的事项，克服不良的学习态度和学习习惯。

[教学案例]

全班学生都得“零”分①

期末考试前，我们紧锣密鼓地复习功课，每次的小测验最让我头疼的就是学生的粗心马虎。有些题学生明明会做，应该得到分，结果却失分了。鉴于此，我设计了这样一节课——

师：同学们，今天我们来一次小测验，题比较简单，但题量大，并要求在五分钟内完成。

卷子测验的内容是：1、请写出5种水果的名字；2、请写出5种动物的名字；3、请写出5位中国科学家的名字；4、请写出5种文具名；5、请写出5本书名；6、请把你的名字写在试卷的左下角，其余题不要做。

我把试卷发下去，只见学生个个急匆匆地做起题来，为了在规定的5分钟内完成，同学们都不假思索地写了起来。有的同学怕做不完，头也不抬，不停地在纸上写着。

5分钟很快到了。随着教师要求交卷的声音，很多学生赶忙把名字写在试卷的右上角。同学们几乎个个慌慌张张的，我也数不清到底有几个学生没有做完。收上卷来，我把卷子迅速地看了一遍：没有一个满分，全部学生都是零分。

我又把卷子发给学生，严肃地说：“请同学们用手指着，再仔细认真地把题从头到尾看一遍。”同学们又赶紧认真地审起题来，直到看完最后一题，同学们几乎异口同声地说：“完了，完了……原来题这么简单，唉——”同学们都叽叽喳喳议论起来。我见机行事：“同学们，谁能说说老师搞这次小测验的用意？”同学们纷纷举手，有的说：“是老师想让我们改掉学习不认真的坏毛病。”有的说：“是老师教育我们在今后考试中要认真审题。”

同学们各抒己见。我说：“同学们说得都很好，作业、考试时都要审好题，弄清楚题目的要求。你们或多或少都有不认真的坏毛病，它不但影响你们的成绩，还影响你们的生活，如果养成马虎的习惯还会严重影响你们今后的工作和生活。我衷心希望这次考试对你们有警示作用。”

在教育中，我们不难发现，现在的教师一味追捧表扬和“无微不至”的

---

① 山东青岛市莱西水集中心小学　赵彩霞

关怀，学生由此获得的成功就可能是轻易的、浅层的、廉价的，缺乏锻炼的，经不起批评和挫折的；我们不难想象，这些学生走上社会怎么经得起“风雨”的洗礼？

日本的铃木健二说：“消极的成功，不如积极的失败！”我们不妨让学生经历失败，然后积极鼓励，引导扶持，激其振作，勇敢挑战，争取成功。这样的成功将会是一种“苦后更甜”的滋味。我们记住：在由失败转化为成功的反应式里，教师的帮助，只是催化剂；个人的努力，才是原动力。

有人说，失败是成功之前的投资。实际上，现在提倡的“成功教育”、“赏识教育”也并没有否定“失败”在教育中的价值。我们教育者应该用一种成功的理念、赏识的眼光去评价学生失败的行为，使失败对学生的发展同样能产生积极的促进作用。因为在失败的染色体上，往往蕴含着成功的基因。美国的杜威说：“‘失败’是一种教育。”美国的查宁也说：“错误与失败是前进所不可缺的训练课程。”

在教学中，我们完全可以有意创设一些让学生“失败”的坎坎坷坷，激发学生潜在的好胜心，不甘失败，总结教训，积极探索，寻找新路，从而站得更高、看得更远、钻得更深、练得更强。

挫折教育的方式很多。如果说上述案例使用的是成功情况下的失败教育策略，来让学生有自知之明，那么下面的案例使用的是失败情况下的失败教育手法，来让学生有自奋之心——

[教育案例]

让缺点暴露在大庭广众

小周同学是我曾经接的一个班中各科教师心目中的“问题”学生。他性格内向，学习习惯极差，久而久之，连同他自己都把自己归于“差生”的行列，什么活动都不参加，老师也习惯了他在一边当观众。我了解到这一点，并没有对他进行特殊看待，也没有刻意地去呵护他的自尊。

一次班会课，我在要求其他几名学生表演了节目后，非常自然地叫到了他。他简直不敢相信自己的耳朵，睁大眼睛指着自己的鼻子问：“我吗？”因为他从不参与，老师也不去强求他，我的注意让他感到意外又不容置疑。他在我的目光鼓励下走上了台，用他那五音不全的嗓子唱了一首歌。我没有理会同学们在台下的窃笑，却也只是淡淡地说：“下次班会再叫你。”

等到第二次班会，他给了我惊喜：一首歌完整地唱了下来，竟然还有些动听……在以后的日子，我仍轻描淡写地对他要求这要求那，他也继续边暴露着自己的缺点，边进步着……

对于所谓的差生，我们总是想方设法地寻找着他们身上的闪光点，以使他们获得自信。只是在这过程中我们常常忽略了把他们当普通的学生对待，无形中视之为“贴标签”的特殊人物。在上述案例中，这位教师没有给小周躲避的机会，任由他因自己经常的“失败”而麻木不仁、心安理得，而是让他的缺点尽量地暴露于同学面前，无所遁形，让他自己也能清晰地看到自己的不足之处，从而自发地产生改变现状的强烈愿望，在教师的推动下，积极地从失败中站起来。

失败有时无须隐藏，因为一次失败也是一次经历、一种动力、一笔财富，失败往往能孕育成功。

[教育案例]

撤掉学习的扶梯

我踏上工作岗位不久，在小学曾经教过一位名叫陆张林的学生。在数学课上，他发言积极，回答问题的正确率也比较高。但在课后的作业和考试中，他却速度不快、成绩不高。一旦我在一旁“指点江山”，他就能“自力更生”。他前后的表现怎么会判若两人？教学的“失败”促使我认真地反思。

调查研究后，我终于明白：我在课上分析习题时采用的一步一趋的教学方式，无形中已经为学生安装了“登高”的脚手架，学生循着我设置的台阶一步步攀缘，显得比较轻松。而当他们独立作业或考试时，他们就失去了教师循循善诱的“拐杖”，必须自己寻找解决问题的“抓手”。这对习惯“喂养”方式的学生无疑是难题，他们有时就会感到无所适从。陆张林同学就是这样的典型。

于是，我一改原先“保姆”式的教学方法，课中在呈现新知识、新问题前，不管内容简单还是复杂，不管学生会成功还是失败，我总是不急于讲解，而是采用“留白”艺术，放手让学生去尝试一阵，去“折腾”一番……

例如教学《能被 3 整除数的特征》时，我先让学生自己研究，学生受能被 2、5 整除数的特征的定势影响，着眼点会局限于数的个位。屡次的失败使学生产生强烈的探究需求，我顺势导入教学；又如教学《求三个数的最小公倍数》时，我也先学生自己尝试用短除法解答。多次的失败同样使学生产生浓厚的求知欲望,我趁机讲解方法。“失败”,营造了学生学习的良好心理氛围。

另外,我还故意把习题改编成缺问题、缺条件、多条件等开放题“捉弄”学生,增加学生失败的可能,培养学生处理信息的能力;在安排习题中,我还喜欢穿插一、二道思考题“为难”学生,增加学生失败的因子,培养学生知难而进的信心。

失败后的成功,让学生经历了一种刻骨铭心的探索过程和情感体验,从而更加珍惜自己发现的学习成果,更加重视教师指导的学习过程。学生变得更会学习、更爱学习。陆张林同学就在这样的“跌打滚爬”中逐步练就了审题的本领。

有人说,这样的教师真“狠”。一是教师思想真“狠心”,不让学生一帆风顺,有意设置学习障碍,处处与学生“作梗”,让学生经历失败和挫折。这种“狠心”的结果,我们不妨借用美国卡耐基的话来说明:“从失败中培养成功。障碍与失败,是通往成功的两块最稳靠的踏脚石。……回头看看,难道你看不见失败曾在那里帮助过你吗?”;二是教师行为真“厉害”,这样的教师真正懂得“吃一堑,长一智”、“失败是成功之母”等含义,并能巧妙地把“失败”运用于实际的教育教学之中。这种思想与现在倡导的自主性、探究性学习有着相通之处:学生学习要自主、要探究,也就意味着会有失败。这种“厉害”的结果,我们不妨借用英国斯迈尔斯的话来说明:“我们从失败中学到的东西要比从成功中学到的东西多得多”。

“失败”,犹如教学中的一枚“青橄榄”,苦涩里透着甘甜,让学生“开胃生津”,回味无穷。

当然,教学让学生经历“失败”,教师也应把握好“度”,不要“超负荷”运作,让学生“一败涂地”、“灰心丧气”,产生失败的消极效应。教师应采用积极的评价方式,引导学生及时地调整心态,正确、健康地对待学习中的失败。

[生活事例]

失败了也能笑出来

在日本,有一位企业老总,他把每个月末召开的工作例会取名为“快乐例会”,在具体检查和布置工作之前,要求各部门经理用3分钟时间向大家汇报一下本月最快乐的事情,而他总是带头把快乐传给大家,引得全场上下哈哈大笑。这位老总就是日本当时最大的零售集团"八百伴"公司总裁和田一夫。

前两年,"八百伴"一夜之间跌入低谷,当时和田一夫已是72岁的老人了。和田一夫并没有因"八百伴"的倒闭而压垮自己心中的信念和快乐,他和几个年轻人合作,开办了一家网络咨询公司。面对新的行业,他充满了自信,脸上始终绽放着微笑。他快乐、热情和积极的人生态度,终于感动了顾客,没有多久他又把生意做得红红火火,作出了人生的又一片"艳阳天"。

有记者问和田一夫,为什么能在如此短的时间内反败为胜、东山再起?和田一夫快乐地答道:"因为失败了,我也能笑出来!"

"失败了也能笑出来",无论在什么情况下,如果也能像和田一夫那样,坚持地"笑"下去,快乐地"笑"下去,那么,这生命中的阳光,终会催开人生成功的花朵。

学校面临的挑战不是尽力保护学生避免经历难免的错误、失意和失败,而是在他们心中培养出对待生活中的失败的健康心态。对失败的健康心态可以通过以下方式来培养——

1. 帮助学生在自己学习进程的大背景下看待错误和失败

我们学校当前的现实是,同年龄的学生处在不同的学习阶段,且进步的速度也不相同。到了小学五年级,排在前10%的学生,阅读能力能领先排在后10%的学生5年。

在这样的现实面前,必须帮助每个孩子树立起一个积极的自我概念,认识到自己能够成为一个成功的学习者,无论他们当前在同龄人中的排名如何。当学生明白他们的学习之路还很长,甚至超越了在校读书阶段时,他们就能更好地理解错误和失败并不是终点,而只是在学习过程中的一种自然现象。

2. 帮助学生理解失败在进步过程中所起的作用

通过对学生所犯错误进行识别、分析和理解,教师帮助学生查漏补缺,纠正错误,扫清学生进一步前进的障碍。

3. 帮助学生理解绝对标准在社会上存在的必要性

公共利益的保护有赖于给各种职业和活动设定最低限度的标准。一个人有可能经过多次努力才达到这样的社会标准,这意味着最好把失败理解为暂时的。

在中小学,对待失败的健康心态有赖于接纳错误、支持并鼓励学生冒险的宽容的课堂文化。如果学生没有获得犯错或失败的支持,他们就失去了学习和成长的支持。

现在需要对什么是成功的学习有更深入的理解：既要考虑到学生在上学的某个阶段应达到一定标准，也要考虑到学生有他自己的长期学习轨迹，不能只强调其中一方面而走极端。一个阅读成绩达到了所在年龄标准、但在过去12个月却进步甚微的学生，与尽管没有达到所在年龄标准、但却在过去一年取得显著进步的学生比起来，更值得担忧。

解决教育中的失败问题不是尽力避免学生经受失败或挑战，或把“失败”两字赶出教育词典。正确的做法应该是，培养学生对失败的健康心态：从观念上把失败看作生活的一部分，成长中必不可少的经历，一个暂时的挫折，一个学习的机会。

中小学生应该被鼓励把失败看作一个事件而非一种状态，让学生深信，尽管所有人都经历失败，但没有人是失败者。

有位哲人说：“失败的味道挺苦，但其间包含的道理是甜的。”可见，经营“失败”就是一种“高明”。

惩罚的滋味——一支“强心针”

现在学校普遍提倡“赏识”教育、“激励”教育，很少用惩罚性手段，认为处罚只能打击学生的自尊心，使学生丧失上进心和改正缺点的动力。

教育不能没有“惩罚”，没有批评和惩罚的教育是不完整的教育。人的一生中，肯定会遇到许多挫折与失败。一个人的学生时代如果太一帆风顺，一个人在年轻时如果不曾受到批评或惩罚，那他将来很难面对挫折与失败。所以，在学生时代，一个人有了缺点或错误，就要正确地面对，接受批评或处罚，从思想深处认识自己的缺点与错误，进行反思和借鉴，以免今后再犯类似的错误。这是一个人一生中的宝贵财富，是不可替代的，也是学不来的，只能自己积累。我们要维护学生的尊严，更重要的是首先告诉他们什么是尊严——只有从缺点和错误中汲取经验和教训，自强自立，才有尊严。

那么，怎样的惩罚方式才具有“励志”性呢？

[教育案例]

爱的惩罚

英国的皮特丹博物馆收藏了两幅画，一幅是狗的骨髓图，一幅是狗的血液循环图。能够摆在这家博物馆里的画，人们都以为是什么大画家的作品，其实不然。这两幅画都是一个小学生的作品。

这个小学生对什么都好奇，有一天他看见校长有一只很漂亮的小狗，于是偷偷地打死了这只小狗，目的只是想看一下小狗的心脏是什么样子。校长发现自己心爱的小狗被小学生打死了，非常伤心，也非常恼火，想要惩罚打狗者。

怎样惩罚他呢？校长了解到这个小学生打死狗的原因后，作出了这样的惩罚决定：要他画两幅画，一幅是狗的骨髓图，一幅是狗的血液循环图。这就迫使那个小学生认真地研究狗的内部结构，并由此对动物的组织结构产生了浓厚的兴趣，有了进一步深入研究的欲望。正是这个包含理解、宽容和善待胸怀的“惩罚”，使这个小学生爱上了生物学，并最终因发现胰岛素在治疗糖尿病中的作用而走上了诺贝尔奖的领奖台。

这个小学生就是英国著名的科学家麦克劳德。

我们可以看出，充满爱的惩罚是一种善意的惩罚，能让受教育者暖意地接受。有时，无声的惩罚也能达到“胜有声”的教育效果。

[教育案例]

瞌睡虫

到了大学，学生们上课打瞌睡的艺术已经登峰造极。如果你不相信，请来听听大学课堂上打呼噜的声音。

我在大学里教科普课有20年了。到这个时候，可以说我的讲课已经千锤百炼，讲得恰到好处了，它们生动有力，充满了吸引大学生眼球的闪光点。介绍动物学时，我在讲台上解剖鲨鱼；讨论地壳变迁时，我播放熔岩喷发的录像；讲解化学反应时，我的试管发出震耳欲聋的爆炸声……但学生们还是能睡着。

当然，不是全班集体瞌睡，但有几个就足够了。我忍不住问自己，如果在我的解剖刀下，他们都能安然入梦，那么在“相对认知学”、“成就或几率”这样的课上，他们又会怎样呢？

一次，又有一名学生在我的课上睡着了。以前，我总是对沉睡的“狮子”视而不见。但这个女生竟然把毛衣铺在课桌上，给自己做了个舒服的“小窝”，然后大模大样地打起瞌睡来。而我那天讲的是美洲食人鱼——这还不够刺激！

我突然想到要给她一个教训。怎么办？我拿起备课笔记，对处在清醒状态的其他 20 个学生小声说：“拿上你们的书包跟我来，请尽量不要发出声响。”然后，我带着他们离开教室，来到大楼另一头的空教室，重新摆好仪器，继续讲课。

15 分钟以后，瞌睡女生终于找到了我们的新教室。从那以后，她每堂课都端正地坐在第一排，再也没有睡过觉。我的目的达到了。

教育反对体罚，因为这可能会伤害学生的身心。但是，有时，别具一格的“体罚”反而没伤害学生，却“拯救”了学生。

[教育案例]

另一种“体罚”[1]

上一级所教学生中有一个很聪明又很调皮、自制力较差、成绩也较差的男孩，他上课经常连课本都不带，每节课最多坚持 20 分钟，之后便如坐针毡，每节课要提醒他好几次。批评和表扬对他来说效果都不明显，为此我大伤脑筋。

那是在毕业前大约三个月，第一次中考拉练之后，他只考了 26 分（满分 50 分），这个成绩中考是没有任何竞争力的。作为教师最着急的事情莫过于眼看着那些聪明的学生成绩不好而无能为力了。我决定对他实施“体罚”措施。

放学后，我把他叫到办公室，让他伸出右手。他莫名其妙地看着我，然后我在他手心狠狠击了一掌，之后把我的手心和他的手心放在一起让他看。那是一个身高一米八几的大男孩，那只手又大又厚，比我的手大得多，当他看到我的手掌已经通红，而他的手掌几乎没有什么变化时，他惊讶地

---

① 山东省安丘市东埠中学　宿秀菊

睁大了眼睛。我接着说："刚才我打了你一巴掌，你也打了我一巴掌，我打你是因为你没有学好，你没有尽到你的责任；你打我是因为我没有把你教好，我也没有尽到我的责任。下一步，我想尽我最大的努力把你教好，你呢？"听惯了批评的他，作好了挨批的准备，没想到听到的却是老师的自我批评，他又一次惊讶地看着我，神情严肃而又坚定地说："老师，从明天开始看我的！""好，老师相信你是真正的男子汉。"

从他的眼神中，我看得出，这一巴掌打到他的心里去了，这是成功的一巴掌！

他拿着录取通知书来看我时说的一番话，让我深受启发和感动。"在那苦干的三个月里，我多次想动摇，这时我就用自己的右手狠狠地打左手一巴掌，以此来警告自己，几次之后我的自制力慢慢增强了，我能坐住了。"

对学生的问题行为的处理是每位教师感到头痛的问题，"错误——惩罚"已经成为一种思维联结，而基于效果的思考，则提示我们可以先考虑下面三个问题，再去进行教育：(1)为什么要去教育他？(2)希望得到什么样的结果？(3)最好采取什么方法去教育？

思考了这三个问题，我们会发现"惩罚"并不是目的。这种注重效果的思考促使我们把注意力放在未来，更易于问题的解决。

很多时候，问题难以解决，原因就在于我们一开始就站到了问题的对立面，而接纳问题是改变问题的前提。但是，接纳并不意味着我们不改变它，下一步我们要寻找其错误之处，并找到合理的、循序渐进的改变方法。用爱体谅缺点，恰恰是我们改变缺点的开始。

对于出乎我们预料结果的不能接纳，往往是我们存在预设"应该是怎样"的缘故，这种心理的预设会妨碍我们对问题的分析。身心语法程式学认为，每个人之所以会有不同的成就，原因就在于所提出的问题不同。只有能提出好的问题，才能得到好的答案。

例如：一道题目，讲了多遍学生还不能理解，我们会问："为什么就你不懂？"这其实就是暗含着"我讲了你就应该懂"的预设。如果我们自问，"为什么我讲了许多遍，学生还是不理解"，反而更利于问题的解决。

又如：一位学生打伤了同学，对他说"你不应该打人"，则无益于解决问题。如果问他，"你希望打他会为你带来什么"，则会把他引入解决问题的积极方向。

改变了问法，其实就是换一种方式看待问题，也就转变了问题的方向。比如一直问自己，"我为什么会这么沮丧"、"为什么别人不喜欢我"，我们就不会改变那种无奈状态，相反，如果问自己，“我怎样才能改变目前的沮丧，让自己快乐且受人欢迎”，则会得到完全不同的结果。

再想到我们的家庭教育，“再穷不能穷孩子”，这是曾经被广泛地刷在墙上和挂在嘴边的一句话，表达了调动一切社会力量办教育的决心。这句话如今有了新的注解，家长们总是竭尽所能地满足孩子的种种消费需求。开学之初花费上千元购买文具，放假之时让孩子天南海北地放松。家长宁可自己省吃俭用，也不能委屈了孩子——父母的良苦用心可以理解，只是父母一味迎合孩子的需求，孩子却往往并不领情，甚至认为理所当然，无形中养成了高消费、互相攀比的不良习惯。

那么，是不是富裕家庭的孩子的消费可以“水涨船高”呢？发达国家的父母在孩子的消费上大多比较“吝啬”，父母给孩子的零花钱有限额，家长一旦发现孩子乱花钱，就会扣除下月的零花钱以示惩罚。

否定的滋味——一杯“酸梅汤”

新课程呼唤充满生命活力的课堂，呼唤充满人文关怀的课堂。“靠近清泉，心灵就会湿润；靠近评价，生命就会舞蹈。”教师对学生的评价形式是多种多样的，但最直接、最快捷、使用频率最高、对学生影响最大的莫过于课堂教学中的评价语言。综观现今的课堂教学，很多教师在“平等对话”精神的感召下，激励用语贯穿始终，课堂上洋溢着活力和魅力。但同时我们也不难发现，失当的课堂评价俯拾皆是，不利于课程目标的达成。

1.“你问我爱你有多深”——课堂评价语泛滥成灾

有人说：“表扬是最廉价、最有效的奖品。”我们在课堂教学中发现，为了保护学生的积极性，提出评价以鼓励为主，出现了大量廉价的表扬，“好”声一片。

[教学案例]

不合时宜的肯定

语文课上,一位老师让学生用"一边……一边……"造句。一位学生说:"我一边吃瓜子,一边写作业。"从句子结构成分来看,这句话没有什么问题,但从教育的角度来考虑,这位学生的学习态度不端正,应该给予纠正。可老师却表扬道:"某某同学真聪明,能够把生活中的事联系到造句上来。"被表扬的同学会错误地认为自己一边吃瓜子,一边写作业可以得到老师的表扬呢!

一般说来,学生智商的差别不大,重要的是他们之间在学习态度、学习方法等方面的差距,所以当学生取得进步时,要探明其成功的内在因素,给学生一个正确的评价,给学生以适当的表扬。但在课堂评价中,一些过多的、笼统的表扬,成了美丽的空中楼阁。这些现象大大削弱了教学的评价导向功能,原来的教学效果大打折扣,甚至形成模糊的知识概念,造成了知识的误区和科学陷阱。

随意的激励是无法对学生起到促进作用的,而且还有可能对学生产生消极影响,造成很多学生只能听表扬,不能听批评,认识不到自己的缺点和不足,盲目乐观。

2."想说爱你不容易"——课堂评价语空泛单调

课堂中,教师面对学生的发言,不假思索,无所用心,或以含糊不清的"哦"、"嗯"来回应学生的精彩发言,或如点将一般,只会无目的地说"你说""他说",漠视学生的学习表现。

[教学案例]

不置可否的肯定

一位老师教学《蜜蜂》,在一个交流反馈的环节采用了这样的方式——

师:同学们,究竟蜜蜂有没有辨别方向的能力呢?你是怎样推断出来的?

生1:我觉得蜜蜂是有辨别方向的能力的,我是从作者的试验结果推断出来的,因为"我"带出去的二十只蜜蜂有十七只准确无误地回到了家。

师：哦，你说。

生2：我也认为蜜蜂有辨别方向的能力，而且我还知道它回到家不是靠超常的记忆力，而是一种本能。

师：哦，好的。

生3：老师，我觉得法布尔太粗心了，课文中说"我"带出去的蜜蜂有二十只，可只飞回来十七只，那还有三只去了哪儿，竟然没有提到。我想它们是迷路了，我认为法布尔的实验结果不一定正确。

师：哦，你是这样认为的。

评价语言单调乏味，激励方式单一死板，对学生的正确回答不明确地指出究竟"好"在哪儿，"对"在哪儿，"还有三只去了哪儿?"这是一个难能可贵的课堂生成点，可老师却一笑而过，只是不知厌倦地做课堂上的裁判，廉价地评价学生的学习成果，让人感觉趣味索然。

3."你怎么舍得我难过"——课堂评价语定位不当

(1)过火——课堂评价语夸大其词

许多老师怕伤害孩子的学习积极性，面对学生的发言，往往夸大其词，使其无以复加，"你真是我们班最聪明的孩子"、"再没有人比你出色了"类似的评价语课堂上比比皆是。

[教学案例]

言过其实的肯定

一位教师让学生说说新学的生字中哪些地方特别容易写错，一学生找到了一个字中比较明显的易错的笔画后，教师以一句"你的眼睛真比孙悟空的火眼金睛还厉害"表扬该生，夸张至极。

(2)错爱——课堂评价语盲目错位

面对学生的一些明显值得商榷的感受，也不敢提出批评和指正意见，明明是值得讨论的地方却称赞"对极了"，明明是信口开河，胡思乱想，却冠以"你真会想象"，怕戴了"棒杀"的高帽，长此以往势必对学生的认知形成误导。

[教学案例]

走入歧途的肯定

细读深究《赶花》一文时，教师让学生说说自己想不想成为一个养蜂人，本意是引导学生进一步体会养蜂人工作的艰辛。一学生说："我不想成为一个养蜂人，太苦了，我可受不了！"教师马上鼓励道："很好，你说出了自己的感受。"

学习心理学认为："学习也是学生不断尝试错误的过程。"因此，当学生的发言出现问题时，善意的否定性评价也必不可少。

[生活事例]

拒绝的背后

"你已经10岁了，要学着自己洗衣服，"母亲没有接儿子递过的脏衣服。

"我们班上的小朋友都是他们妈妈洗的衣服，"儿子噘嘴说，"为什么你不给我洗衣服?"

"因为你已经是一个小男子汉了！"母亲依然没有接。

"哼！"儿子气愤地把衣服扔到地板上。"我洗吧！"父亲将双手伸向脏衣服。

"不，"母亲阻止了父亲，"让他自己洗！"母亲将一盆清水端到儿子面前，并将一袋洗衣粉放在他面前，满眼柔情地望着他。

儿子撇着嘴将洗衣粉胡乱地倒入脸盆中，又胡乱地搅了几下，然后把衣服放在水中，泪水顺着儿子胖乎乎的小脸滑落下来。一阵手忙脚乱过后，他将衣服从水中捞出。洗过几次后，脸盆中的水依然很黑。这时，母亲从儿子手里接过衣服，挂在衣架上。

等儿子洗完衣服后，母亲微笑着在他脸蛋上轻轻地吻了下："儿子长大了！"

从此，儿子所有的衣服都是自己洗，而且一次比一次干净。儿子在学校经常对小伙伴们说："看，我自己洗的衣服！多么干净！我自立了！"

一天深夜，儿子起来去卫生间。他发现卫生间里的灯亮着，而且有洗衣服的声音传来。他轻轻地走进卫生间：原来母亲在洗衣服！正是今天自己刚刚洗过的衣服！

学生处于成长期，生活的宠爱只会培养生活的“矮人”，生活的磨炼才会培养生活的“能手”，但这时时需要父母有勇气对孩子的过多依赖说“不”。

在学习过程中教师多激励少指责这是无可非议的，但教师过度的激励性评价会造成学生自我感觉太好，对学习、工作的困难性产生低估，使激励性评价贬值，也会使有的学生经不起批评和挫折，稍不如意就情绪低落。所以，否定性评价对于任何一堂课来说都是必不可少的。

[教学案例]

“能不能再提一个问题呢？”

教学数学“9加几”时，我让学生观察一幅挂图：9只蚂蚁抬一只大青虫，还有3只在“助威”，要求学生根据信息提一个问题。有一学生问：“小蚂蚁要把青虫抬到哪里去呢？”这是一个与数学无关的问题。为了不挫伤他的学习积极性，我说：“你的问题真独特，能不能再提一个数学问题呢？”学生意识到自己提的问题出格了，马上又想出了新的数学问题。

否定性评价，要给学生再试的机会。儿童心理学表明，儿童在首次尝试失败后，强烈的好胜心会使他们的注意力、思维水平都处于最佳状态。所以，此时的再次尝试，效果是最佳的。

另外，否定性评价的一种主要表现方式——批评，仍然是一种重要的教育方式。作为教师，对学生的缺点或错误如何进行批评教育？这是一个非常重要、而且含有技巧的问题。有效的、成功的、具有激励性质的批评，可以让学生一生受益，将一个人引向成功；相反，伤人自尊、令人消沉的批评，如讥讽、嘲笑，会让人精神从此一蹶不振，失去前进和向上的动力，这也就是我们平常所说的“破罐子破摔”。

诚然，教师面对有缺点犯错误的学生，怒其不争的心情是可以理解的，但也应当检讨自己的批评教育方式是否恰当，是否具有“励志”性，是否能催人向上，使学生自觉自愿地改正缺点和错误，立志成才。

教师的幽默、难得糊涂或借景抒情是一种高明的批评艺术，能起到淡化或柔化教育“刻痕”的作用。

[教育案例]

幽默的批评

一次课堂上有两个学生不时窃窃私语，影响了课堂纪律，老师多次暗示，仍无效果。教师略作停顿，十分奇怪地说："我怎么发现有人在悄悄地发短信。"学生一怔，随即恍然大悟，都哈哈大笑起来，那两个学生也难为情地低下了头。

一位老师发现学生写字的姿势不好，就幽默地在旁边说道："啊，亲爱的同学，你们闻到了字的香味了吗?"听了老师的话，学生就会笑着把头抬高了许多。

[教育案例]

糊涂的批评

副班长张某时间观念很强，虽然家离学校很远，但从未迟到过。有一天他却迟到了，按班级常规，班主任要在晨会课上点名批评，但老师却没有这样做。

第二天张某主动来到办公室，很不好意思地说："老师，你忘了点名批评我。"老师微笑着答道："哦，我忘了，因为在我的印象中，你是从来不迟到的。"这种灵活模糊的批评方式，是老师精心设计的一招，是催人改正、激人上进而不伤害学生自尊心的一味良药。

[教育案例]

嫁接的批评

一天，班里的一位女生发现她装在钱包里的10元钱不见了。是谁拿走了呢？正在同学们相互猜疑的时候，一直站在面前不作声的教师一本正经地说："这件事是我的讲桌干的！"

什么？是讲桌干的？怎么可能呢？教师仿佛看出了大家的心思，接着说："请同学们到前面来，告诉这张讲桌你对这件事的看法，对它进行批评教育。"学生们面面相觑了几分钟，开始活跃起来，你一言我一语地对讲桌教育起来。

忽然，教师拍了拍手说：“好了，讲桌已经后悔地哭了！你们快告诉它，下一步该怎么办吧！”同学们又活跃了起来，有的说：“把钱偷偷地放回去，我们还会喜欢你的！”有的说：“写一张纸条向同学道歉，她会原谅你的！”还有的说：“要不你就交给老师吧，她一定会替你保守秘密的。”

最后教师发言：“同学们，你们都说得特别好。我想，这张讲桌一定会吸取教训，尽快改正错误的。谢谢你们给了它一个找回诚实、找回自信的机会！”

第二天，那位女生在书包里发现了讲桌“交”回的10元钱。同学们都说：“咱们老师可真有办法！”

运用矛盾的对立统一规律，在一反常态的问题处置中吸引学生视线，也可能会达到批评教育的目的。谁都知道，一样的观点，喋喋不休的说教，学生听得多了，见得多了，自然无动于衷，心生厌烦，乃至产生逆反心理。面对此情此境，来个逆向思维，往往出奇制胜。

[教育案例]

吸烟的“好处”

某班主任发现学生常常躲着抽烟，他不但不斥责学生，反而借班会召开之机鼓励学生大抽特抽。他说：“吸烟的好处至少有四：一则可以防小偷，因为吸烟会引起深夜剧咳，小偷怎敢上门；二则节省衣料，咳的时间一长，最终成了驼背，衣服可以做短一些；三则可演包公，从小就开始吸烟，长大后脸色黄中带黑，演包公就惟妙惟肖，用不着化妆；四则永远不老，据医学记载，吸烟的历史越长，寿命越短，当然你永远也别想老了。”

生活教育、学校教育这样，在家庭教育中，适当的批评也不可少，批评艺术也有讲究。

1. 背后教子

孩子渐渐长大，当面教训无疑会让他丢面子，为了维护自己在众人面前的尊严，孩子不惜和父母对抗。相比之下，背地里单独的批评会收到较好的效果。

2. 言简意赅

谁都不希望自己的父母唠唠叨叨，没完没了。当孩子真的犯了错误时，不必讲一堆大道理，只要告诉他你对他所做的事的感受和他这样做的后果就可以了。家长说的话越少，孩子记得越清楚。

3. **避轻就重**

正在长大的孩子会有很多的不良行为，家长应及时地批评纠正，但不必事事都那么在意。家长应该让孩子明白哪些行为是自己无法容忍的和其相应的惩罚措施，而对于那些无关紧要的事，请父母去指导而非批评。

4. **指导为先**

当孩子不小心摔坏玻璃杯，家长不要无休止地批评他。这时，不如说些指导性的话，如：把扫帚和簸箕拿来，将碎片打扫干净。他会乖乖地照着你的话做，并感激你没有呵斥他。

教育专家认为，教育孩子既要有赞扬和肯定，也要有批评和分析，而且要尽可能掌握比例。黄金比例最合适，其比值约为 0.618，即对孩子的表扬要占三分之二左右，对孩子的批评要占三分之一左右。

师生关系连连看 10

教师：别具一格——学生：别有用心？

阅读思考：

◇“熟”真的能生“巧”吗？“熟”还会生什么？

◇“微”真的不足“道”吗？“微”还会成什么？

熟悉的地方没有“风景”?

“谁没见过马”、“谁没见过月亮”,这是两样再普通不过的东西,大家都不觉得新奇。“马儿怎样跑”、“月儿怎样弯”,这又是两个再平易不过的问题,许多人却不容易答出来。

“圆面积怎么求”,学生能把计算公式背诵如流。“圆面积为什么可以怎样求”,许多学生却记忆如烟。他们认为熟记圆面积计算公式就可以解决问题,何须记其缘由。

下面我们来看看两份“病历”——

[教学案例]

不正确?

街心花园中圆形花坛的周长是18.84米,花坛的面积是多少平方米?(人教版数学第十一册116页例4)

学生一般用“$3.14\times(18.84\div3.14\div2)^2$”来计算。某次,有一名学生用“$(18.84\div2)\times(18.84\div3.14\div2)$”来计算时,学生面面相觑,不知就里,继而哄笑,以为其错。

教学圆面积计算公式时有一个推导过程,学生在过程中悟得结果。然而熟视这个结果后,一旦有人“回溯源头”,却不识其本来面目。

[教学案例]

不能解?

如图,已知直角三角形面积是5平方厘米,求圆的面积。

学生认为圆面积无法求出,因为圆的半径无法得出。他们看不出可以这样解答：因为 $r\times r\div2=5$，所以 $r^2=5\times2=10$（平方厘米），由此可求出圆面积为 $\pi r^2=\pi\times10=31.4$（平方厘米）。

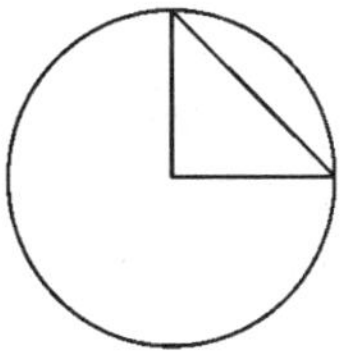

学生在大量练习由圆的半径求圆面积的题目后，他们的眼中似乎只盯着圆面积计算公式中的“r”，而无睹“r^2”，自我封闭了通向罗马的其他途径。

学生熟视无睹。为什么会视而不见、听而不闻、食而无味？因为心不在焉。心理学叫“缺少注意”。观察，包括科学观察，都以注意为前提。那么，为什么会心不在焉、缺少注意呢？

1. **所示材料对观察者缺乏“刺激”，观察者无“趣”顾及**

[生活事例]

熟悉的地方没有风景

有人曾对住在森林公园的一对夫妻羡慕不已，因为公园里有清新的空气，有大片的杉树、竹林，有幽静的林间小道，有鸟语花香。然而，当这对夫妻知道有人羡慕他们的住地时，却神情诧异。他们认为这儿没有多少值得观光和留恋的景致，远不如城市丰富有趣。

熟悉的地方没有风景。这对夫妻对这儿太熟悉了，花草树木，清风明月，在他们长久的日子里，已经变得习以为常，已成了不是风景的风景。

[教学案例]

拼盘式解题

“如果一艘船上装有 35 只羊和 25 头牛，那么船长的年龄是多少？”“某工厂共有 2 吨煤，第一周用去它的$\frac{3}{8}$，第二周用去它的$\frac{1}{4}$，还剩它的几分之几？”

许多学生用“35＋25”计算前例，用“$2-\frac{3}{8}-\frac{1}{4}$”计算后例。就因为学生太熟悉了“完美”式的数学问题，条件和问题匹配，不多也不少，所以他们看到教师提供的数学题目，马上就联想到怎样用运算符号进行“组装”，而很少考虑其中的事理和算理是否合理。

大量机械、单调、枯燥的练习虽能令学生达到“熟”的目的，但正是因为

"熟悉",学生可能就"一扫而过"、"凭着感觉走",造成失误。"熟悉越多,失误越多"也就不足为奇了。这种情形极容易导致学生"熟能生厌"的"病态"。

要解决上述"病症",一方面,教师要在平时教学中加强学生"明眼"训练,提高学生"视力",让学生能时时处处"明察秋毫";另一方面,教师要优化材料的组织状态,改"老面孔"为"新面貌",勾起学生的注意,激起学生的兴趣。我们至少应做到:(1)改一种"烧法"为多种"烧法"——改变呈现方式。我们不要总以一种方式,例如填空题,来呈现某一知识,不妨经常变换成其他呈现方式,例如判断题、选择题、图文应用题等。(2)改一种"作料"为多种"作料"——增加开放题。我们即可以在形式上把原有题目改编成条件开放、问题开放或策略开放等开放题目,还可以在内容上把原有题目改编成生活开放题目等。

在音乐和体育教学和训练中,对技能形成素有"拳不离手,曲不离口"的说法。那么,"熟"还能生什么?

[教学案例]

舞蹈排练中的"怪"现象[①]

一位舞蹈老师有这样的感慨:一个舞蹈在排练刚结束的时候,学生跳得很好。于是请 MIDI 师做了个伴奏带,可是接下来的排练就出"怪"了:孩子的动作和原来伴奏带里的效果音配合不起来了,排练效果不仅没有明显提高,有些动作反而"变形"了,特别是快到演出的时候,越来越感觉到孩子表演的整体效果又"松"又"油"。

是什么原因导致这些情况的呢?这还得从动作技能形成的机制说起。动作技能是人后天习得的一种能力,运动生理学对动作技能的解释是:建立大脑皮层上的一种复杂的链锁的本体感受性的神经条件反射。其形成过程一般可分为:粗略掌握动作阶段(泛化阶段),改进提高动作阶段(分化和巩固阶段),动作运用自如阶段(自动化阶段)。动作技能达到熟练程度后,动作系统接近自动化,没有多余用力,动作速度加快了,所以动作就显得"松"。这时候由于动作速度快,孩子如果不加控制,在原来的音乐伴奏中就出现"抢拍"的现象。此外,学生到这一阶段后有意注意控制也减弱

---

① 江苏省宿迁市实验小学 苗彩成

了，以致神经紧张降低，学生就显得“油”了。

当然，这是从动作技能形成过程的客观上分析的。实际上，还有几种主观层面的因素一直在影响着“熟能生巧”：

一是学生的练习态度。当学生对某一个或一套动作熟练后，对该动作的新奇感和征服感也随之消失，在没有新的目标要求下，学生就会对重复的练习不再努力，其结果不是把动作做得更规范、更优美，而是敷衍了事。

二是教师的教学策略。教师要从创新学习的角度出发，在学生动作熟练的情况下不断提出新的练习要求。因为熟练本身是一个不断创新的过程，要让学生理解并接受熟练的内涵：熟练的目的是为了形成具有个性特点的技能风格。

[教学案例]

短跑的学问

一位老师在训练短跑的时候，虽然单调重复，但他每次训练都提出不同的要求：第一组练习要求学生以70%速度跑完百米全程，把注意力放在听枪和起跑上；第二组练习要求学生以80%速度跑完百米全程，把注意力放在后蹬和步幅上；第三组练习要求学生以100%速度跑110米，把注意力放在冲刺上。

总之，教师要努力创设“一枝一叶总关情”、“虽成曲调犹觉新”的新奇“风景点”，让学生感到每一次练习都有新意，达到“感动过你的知识仍能感动你，吸引过你的知识仍能吸引过你”的“风景”效果，从而步入“熟能生趣”的境界。

“陌生化”是俄国形式主义的文艺理论，被戏剧等其他艺术领域所运用，其代表人物是什克洛夫斯基。他认为，“陌生化”是以一种新颖、独特的信息，引起人们无意识注意的高度集中，不断打破或修正人们的心理定势，使人们的感受从麻木不仁和昏昏欲睡中惊醒过来，产生对周围事物的新感觉和新发现。

将“陌生化”理论运用于语文教学，其意义在于通过改造教学过程的设计和实施，瓦解学生对源于生活的各种信息的感知体验自动化和心理上的惯性化，引导他们把脑中贮存的表象进行再造想象，经过情和理的糅合，在各自不同的联系网中自由驰骋，最后生成创造。

(1)运用“空白理论”，引发“陌生化”

文本给读者留有不确定性的空白，在阅读活动中等待着读者用想象去填充，读者在发掘和填充空白的过程中对文本进行再一次创造。运用“空白理论”把看似熟知无疑的文本整合挖掘出潜在的、有疑的陌生信息，为学生提供超出文本的内容组织和教学结构，从而保证他们能够从多个角度和不同层次来体验和认知，以此提高语文课堂教学的实效。

[教学案例]

用“简直”说话

《卖火柴的小女孩》一文，教师用饱含激情的语言引出“简直”这个非常熟悉的词汇，并进行了互动说话训练——

师：是啊，小女孩所处的环境在我们看来简直无法想象，与同学们今天的生活相比简直是天壤之别！（生点头）

师：你听到老师反复说了哪个词？

生：简直。

师：找找文中有“简直”吗？（学生再次读文）

师：同学们再细细品味一下，这两句话中用上了“简直”后，你有什么感受？

生：用上了“简直”强调了要表达的情感。

师：好，找找课文中哪些内容可以用上“简直”。（生用文中内容造句）

教师运用“陌生化”策略对文本进行个性化处理，找寻到故事中潜在的“空白点”——在熟知的童话故事中几乎被忽略的优美的语言现象，用新视角处理旧教材——以用“简直”说话为载体重组。归并文本内容，实现语言的转换。此时学生的内心与安徒生的内心世界产生了共鸣，他们的人文体验较之以前单纯的一闪而过的“同情”，已经上升为体现个人价值观的“鸣不平”、“献爱心”了。即使面对“熟视无睹”的母语也能够不断有新的发现与体验，感受其“异乎寻常、非同一般”。

(2)形成“幻觉效应”，实现“陌生化”

在布莱希特的戏剧实践中，为了引导观众对戏剧作品作理性的思考，经常采取挂半截幕的办法，让观众看到台上的换景、换人等过程，也就是适当地把戏剧的形成过程展示给观众，以提醒观众，这是在演戏。阅读过程中，我们面对的是作者的创作成果，而不是过程。如果我们能够再现作者的某些创作过程，特别是其中一些重要的细节，对调动学生的阅读期待会有很大帮助。

[教学案例]

《时代周刊》新闻人物评选

上《只有一个地球》一文，教师作这样引导——

师：世界著名的杂志《时代周刊》，听说过吗？

生：听说过！

师：哦，它每年都要评出一位新闻人物，作为这一年最优秀的人物。1979年的年度新闻人物是邓小平，因为他发表了南巡讲话，开创了中国的新纪元。1998年，评选了一位特殊的"年度新闻人物"，让许多人都大吃一惊，知道是谁吗？（点击课件，出示旋转的地球）是什么？

生：地球。

师：你们为什么这么吃惊？

生：以前评选的都是人，为什么这次选地球？

师：《时代周刊》是不是搞错了，想知道原因吗？答案就在这篇文章里。

这个片段中，教师以"《时代周刊》新闻人物评选"为话题，引发了学生强烈的阅读期待：地球不是人，为什么要将它评为《时代周刊》的年度人物？这究竟是怎么回事呢？这样的阅读话题，对学生来说肯定是陌生而新鲜的，学生会兴致勃勃地从字里行间中捕捉自己所关心的信息。

陌生化有利于学生脱离固有东西的羁绊，跳出人云亦云的圈子，联系自己的生活体验，从自己的思维角度出发，用自己的头脑来升起属于自己的太阳。

2. **所示材料令观察者直奔"目的"，观察者无"暇"顾及**

[生活事例]

"慢慢走，欣赏啊！"

法国一条通向阿尔卑斯山的小路旁，矗立着一个十分精致醒目的石牌，上面写着"慢慢走，欣赏啊！"据说是一位饱经沧桑的老人提醒行路者：不要只为欣赏山顶风光匆匆向前，却忽略了道路两旁的风景。不妨放缓脚步，细细品味一下此刻属于你的一切。

熟悉的地方没有风景。这样的行路者因为太熟悉上山的路线,而可以一鼓作气地登上目的地山顶,无需像初次上山者那样在摸索中前进,因而也就忽略了路上可能变化着的风景,仍以为是"未变"的、"熟悉"的风景。

[教学案例]

绕弯式解题

"如图,张大伯利用一面墙用篱笆围一块长方形菜地。求篱笆的长度。""在一张比例尺是1∶2000的地图上量得两地之间的距离是4.8厘米。如果改画在比例尺是1∶4000的地图上,可量得两地之间的距离是多少厘米?"

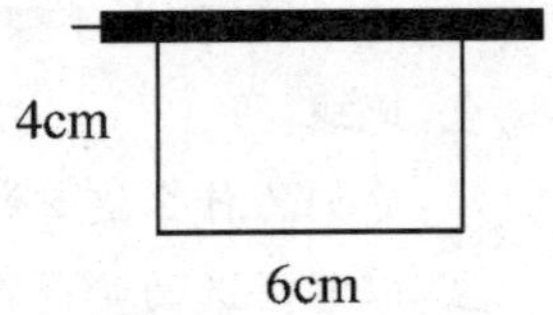

学生基本上用"(6+4)×2−6"计算前例,而不用"6+4+4"这样较简便的解法;用"4.8÷(1∶2000)×(1∶4000)"计算后例,而不用"4.8÷2"这样较为简便的解法。就因为学生太熟悉了长方形的周长计算公式,他们看到与长方形周长有关的题目,脑中就会自动跳出公式,直奔主题,于是就产生了这种结果。如果学生能不囿于结论,放慢"脚步",细细欣赏,完全能够领略到这一番不同的"风景"。

过分强调结论的标准化、最优化,反复操练,只能越来越冲淡学生原有的过程体验,从而缩小学生的思考空间,把目光局限于结论,反而有可能使学生的理解和思考能力下降,甚至连一些简单的问题的解决都要"绕弯子"。这种情形极容易导致学生"熟能生笨"的"病态"。

说起"熟能生巧",人们常常会与数学学习联系起来。一般认为,数学学习只要多练、多做,弄得滚瓜烂熟,自然就会找到窍门,成绩自然就会提高。

熟能生巧在《现代汉语词典》中的解释为:熟练了,就能产生巧办法或找出窍门。此成语来源于《欧阳文忠公文集·归田录》:乃取一葫芦置于地,以钱覆其口,徐以杓酌油沥之,自钱孔入而钱不湿。因曰:"我亦无他,惟手熟尔。"不难看出,熟能生巧是针对技艺型的事物提出来的。而数学是属于思考型的,数学的核心是培养学生分析和解决问题的能力。的确,适量的练习有利于技巧与技能的形成,这是必要的,但运算操作只为学生的理解提供必要条件,而非重要条件。

大量的数学习题训练和反复的测验考试能提高数学学习成绩，但绝不是提高解决问题能力和数学素养的唯一方法。相反，“题海战术”不仅加重了学生的负担，更严重的是长期的机械重复反而抑制学生创新思维和学习兴趣的培养，甚至造成思维的懒惰性。即使一些未被学生理解而仅通过大量练习掌握起来的数学技能，过了一段时间后，就会很快遗忘。从这一层面上讲，肤浅的、机械的、形式化的“熟”就不能生出“巧”。

要解决上述“病症”，一方面，教师在平时教学中加强学生“活眼”训练，扩大学生“视野”，让学生能时时处处“关注全程”；另一方面，教师要优化材料的展开状态，改“偏结论”为“重过程”，加强学生的探索，增加学生的体验。我们至少应做到：(1)对过程，让学生有“成功的路儿不止一条”的感受。我们在教学过程中要充分放开学生的手脚，让他们生动活泼主动地参与到目标的“测探”、结论的“创造”中来。过程中，我们不一定什么都要形成固化的结论，而提倡把一种或多种方法溶解融合在学生刻骨铭心的体验中。(2)对结论，让学生有“透过开满鲜花的月亮”的想象。我们要鼓励学生能透过结论看到“过去”，能透过结论看到“未来”，也就是“退一步”来思考问题，或许能从其形成过程中找到捷径，还要“进一步”来思考问题，或许能从其发展趋向中发现创新。

总之，教师要努力创设“山雨欲来风满楼”、“师者遥指杏花村”的亮丽“风景线”，让学生感到每一次练习都是探索，达到“走过的，再回头慢走，仍能有所感叹；看到的，再放眼远望，仍能有所发现”的“风景”效果，步入“熟能生巧”的境界。

“添油加醋”，诱发学生“食欲”；“细嚼慢咽”，诱发学生“回味”。这样，熟悉的地方也会有风景！

[生活事例]

跳出心理怪圈

1945 年，冈德·哈格就创造了 4 分零 1 秒 4 跑完 1 英里(约合 1.6 公里)的成绩，但多数人认为，这超出了人的生理上限。甚至连生物学家也纷纷提出假设，说明这确实是人类身体和心理的极限。渐渐地，4 分钟 1 英里演变成了体育界著名的“4 分钟障碍”理论。

在那之后的 9 年里，1 英里跑的记录始终徘徊在略微超过 4 分钟的位置。

然而1954年，罗杰·班尼斯特以3分59秒4的成绩打破了这个“不可逾越的极限”。奇迹终于出现了。

更有意思的是，就在“4分钟障碍”的神话被打破后的第46天，又有一名运动员打破了班尼斯特的记录。从此4分钟极限一次又一次被超越，不到一年，就有26名运动员，66次突破了“4分钟障碍”。今天世界上能够在4分钟内跑完1英里的人有数百名。

班尼斯特比哈格仅仅快了2秒钟吗？不！班尼斯特最重要的成就在于他突破了人类心理定势的束缚。他的2秒钟证明，长久以来制约运动员速度的不是生理极限，而是人类的心理压力。没有班尼斯特这2秒钟，就没有后来几百个突破4分钟极限的人。

生活中也有各种各样的“4分钟障碍”，如果你敢于挑战自我，跳出心理怪圈，就会发现没有突破不了的极限。

教育教学中有许多奇怪的现象，而我们习以为常之后，就见怪不怪了——

“我都讲了100遍了，你为什么还不会？”当学生做错了题目，我们会很恼火。我们的目的是教会学生，而我们往往选择了带给学生畏惧和无能感的责怪与批评。

“你难道不知道打人是不对的吗？”两位同学发生冲突，其中一位打伤了另外一位同学，我们又会这样明知故问。我们是想让学生理解错误，而我们却选择了只会引起学生不断辩驳和抗拒的空洞说教或责罚……

教育教学中这种效果和愿望之间的背离，就教师层面而言，首先是思维定势及经验的影响。

在备课本上，我们都会清晰地写下教学目标，而当走进课堂，我们的意识中只剩下怎么完成教学任务；在教学中，我们又坚持“我讲了你就要学会”的奇怪逻辑，无视“教了”和“学会”之间的鸿沟；学生做错了题目，我们首先会怀疑他的理解能力和努力程度，偏偏不想想他们为什么走进我们的课堂；学生犯了错误，我们很自然地去对照违反了什么条例，例行公事般地教育、处罚，却忘记了处罚他们的目的……

诺贝尔经济学奖获得者道格拉斯·诺思提出了“路径依赖”理论，他认为“路径依赖”类似于物理学中的惯性，事物一旦进入某一路径，就可能对这种路径产生依赖，并在以后的发展中不断自我强化。

[教育案例]

罗素的教育观

德国的小学教科书说打败拿破仑完全是德国人的力量；英国的小学教科书说打败拿破仑是英国人的力量。

罗素主张把这两种小学教科书放到一块让孩子念。有人就担心，说你这样让孩子做什么呢？罗素说，你教的学生他不信了，你的教育就成功了。

教育中，由于受到思维定势及经验的影响，我们也习惯于遇到一个问题马上就用自己的一套应对方法，却很少追问自己为什么这样做。比如我们持有一种“缺什么补什么”的机械观念，发现学生不够诚实，就开展“诚信教育”，感觉学生意志薄弱，就搞“挫折教育”……在人们不理性的教育实践中，教育也被肢解，失去其本真的含义。

我们知道，教育的过程是循序渐进的，教育的效果更需要时间的检验。在摄影技术中，慢速快门意味着可以增加光线通过镜头的数量，从而使原本被周围环境干扰、阻碍的主体能够得到足够的光线，不会欠曝。在微距摄影中，由于被摄物体一般都是很小的，光线条件复杂。为了正确曝光，有必要调低快门速度，提高通光量，从而使成像清晰明亮。

新课程标准下的教学也是如此。少一点浮躁，多一点时间；舍一点功利，取一点恒心，用慢速快门曝光学生的美，结果倒是次要的，弥足珍贵的是获得美的过程。

[生活事例]

牵一只蜗牛去散步

上帝给我一个任务，叫我牵一只蜗牛去散步。我不能走得太快，蜗牛已经尽力爬，为何每次总是那么一点点？我催它，我唬它，我责备它，蜗牛用抱歉的眼光看着我，仿佛说：“人家已经尽力了嘛！”我拉它，我扯它，我甚至想踢它，蜗牛受了伤，它流着汗，喘着气，往前爬……

真奇怪，为什么上帝要我牵一只蜗牛去散步？“上帝啊！为什么？”天上一片安静。“唉！也许上帝去抓蜗牛了！”好吧！松手了！反正上帝不管了，我还管什么？让蜗牛往前爬，我在后面生闷气。咦？我闻到花香，原来这边还有个花园；我感到微风，原来夜里的微风这么温柔。慢着！我听到鸟叫，我听到虫鸣，我看到满天的星斗多亮丽！咦？我以前怎么没有这般细腻的体会？我忽然想起来了，莫非我错了？是上帝叫一只蜗牛牵我去散步。

由这首充满哲理的诗联想开去，如果说，诗中的“我”是一位教师，那么，“我”在新课程理念的引领下，慢慢欣赏生命中另类风景的行程，正如那蜗牛的脚步、慢速的快门，而美丽的夜景中，必然有我们可爱的学生。我们唯有慢慢地去体验、去观察，才能够发现从未发现过的东西，看到被浮躁的乌云掩盖下的熠熠星光。

有效的课堂需要留下学生思维的痕迹。目前有的数学课堂，尽管很热闹，动手操作、小组合作，学生忙得不亦乐乎，然而在总结概括的时候，很多学生却难以全面合理表达。因为他们中的一部分在课堂上只是“凑热闹”而已，操作与讨论并没有真正在他们的思维深处留下点什么。

[教学案例]

数学“面积单位的认识”①

李老师让学生充分感知面积大约为1平方厘米的一些物体表面，再让学生想一想、记一记，帮助他们在头脑中建立1平方厘米的表象；然后让学生画一画，促使他们将表象通过外在的操作具体再现，由此检验表象建立的准确性；最后再通过比较，使学生对1平方厘米的概念更加清晰起来。在这个过程中，经过找一找——记一记——画一画——比一比，1平方厘米在学生脑海中的印象由模糊到清晰、由枯燥到生动、由抽象到具体，点点思维的痕迹一一留在了头脑里。

有人说：“记录在纸上的思想如同某人留在沙上的脚印，我们也许能看到他走过的路径，但若想知道他在路上看到了什么东西，就必须用我们的眼睛。”

在作文教学中，叶圣陶先生说：“写作是生活的一部分，是一种发展，是一种享受。”可是在具体的教学实践中，我们却把它从寻常的生活链中割裂开来，原汁原味的“观察积累”被支离破碎的“生活秀”所替代，布局谋篇的“思考揣摩”被条分缕析的“提纲挈领”所笼罩，心向往之的“自由表达”被美

---

① 江苏省太仓市新区第二小学 王文英

轮美奂的“下水文”所遮掩。一篇习作的诞生过程其实就是教师指挥棒下紧锣密鼓的“制造”过程,该说的没有说,要写的出不来,这样的写作怎能冠以“享受”呢?

真正的写作应是一种从容的心灵体验,更是一种自主的精神历程,正如插在阿尔卑斯山谷里的标语牌:“慢慢走,欣赏啊!”

写作心理学研究认为:一般的写作要经历一个双重转化的心理过程,首先是“物”到“意”的转化,即客观现实生活向作为认识主体的作者头脑的转化;其次是“意”到“文”的转化,即作者的思想、感情向外部言语的转化。每一重转化的主体都是学生,每一重转化都需要一个具体的心理过程,作为教师,要让写作活动成为学生的“一种发展”,就得“风行水上,自然成纹”,还学生一个“享受”写作的完整历程——

(1)为之“心动”

我们要求学生写什么,首先得让学生喜欢它,这可是一项“先声夺人”的艺术。习作内容进入学生视野的方式不同,所产生的视觉、心理的冲击力也大相径庭。

作为教师,导入的艺术全在于此:其一,熟悉的陌生化——让学生与习作内容保持适度的心理距离,以唤起其强烈的好奇。其二,陌生的趣味化——让陌生的事物与学生的当下生活建立有趣的联系,以引发其追寻的目光。其三,枯燥的生活化——将乏味的话题链接在鲜活的生活场景下,以柔化其拒绝的心态。其四,静止的动态化——用“动漫”的方式营造轻松活泼的话语情境,以激活其参与的欲望。

(2)为之“冲动”

活动心理学提出的“从动机走向目的”说认为,作文是动机支配的活动,体现了写作主体运用语言进行社会交际的需要。

学生“喜欢”写作对象,只是处于浅层的情绪状态,要形成支配写作活动的动机,还需要从儿童需要的角度去进一步引导:其一,写作就是“争鸣”——对于心中的疑问、见解,可以以摆事实、讲道理的方式,写出自己的真知灼见;对于心中的委屈、烦恼,可以以倾诉、对话的方式,直抒胸臆。其二;写作就是“分享”——对于自己的快乐,不妨通过文字向自己的朋友“喊”出来;对于自己的成功,不妨借助文字向自己的亲人“唱”出来;其三,作文就是“展示”——对于景物,可以用“解说词”介绍;对于自我,可以用“演讲稿”竞选;对于物产,可以用“广告语”推销;其四,作文就是“创造”——阅读后浮想联翩,可以再续故事;问题中奇思妙想,可以信手拈来;

场景外的风马牛，可以重构情境。

当作文教学以“交际”的面孔呈现在儿童的面前时，就会成为他们欲罢不能的写作“冲动”，就会从浅表的写作情绪走向深层的写作激情。

（3）为之“灵动”

儿童是“本能的缪斯”，但这种“本能”只是一种潜能，如果缺乏足够的体认，它就会随着逐渐丧失。朱自强先生在童诗集《多彩的孩子》序言中说：“我在与周（诗集作者）和她的父母以及她所在学校的教导主任接触的过程中，深感儿童的缪斯本能是多么需要后天的教育来激活。”

由此可见，语文教育、语文教学、语文教师，对儿童“缪斯本能”的守望至关重要！一是童年“原生态”生活的展现。习作内容应当从学生原汁原味的生活中来，让学生感受到习作就是他们真实生活的再现，习作的过程就是他们生命的历程。二是童年“原生态”话语的还原。引导学生用童心的标尺“丈量”生活，用“童话”的方式理解生活。习作评改中，要充分保持习作中原有言语的“韵味”，不曲意拔高，追求“伪圣”，不揠苗助长，力求“完美”。三是童年“原生态”精神的留驻。习作教学要站在儿童的立场上，用“诗意”的视角引领学生去发现，用“游戏”的方式引领学生去经历，用“童话”的方式引领学生去表达，以此来延续学生心中的童真，留住学生心中的童心，保持学生心中的童趣。

细小的地方难有“风暴”？

[生活事例]

细节的价值

加藤信三是日本狮王牙刷公司的小职员。一天，他起床后便匆忙地时洗脸、刷牙，不料，忙中出乱，牙齿被刷出血来，他不由火冒三丈，因为刷牙牙齿出血已不止一次发生了。不过,那天他怒气冲冲走进公司大门后,脚步却渐渐放慢,头脑也渐渐冷静下来。

在办公室里,他开始和同事们讨论牙齿出血的问题,并且提出了改变刷毛质地、改造牙刷造型、重新设计刷毛排列等各种改进方案。不过,加藤仍然决定通过实验来验证方案的可行性,找到最终的解决办法。在接下来的一连串乏味实验中,加藤发现了一个被大家忽略的细节:他在放大镜下看到,牙刷毛的顶端由于是机器切割,所以全部呈锐利的直角——这才是问题的真正原因!

下面的事情就简单多了。改变刷毛的切割方式,把这些直角都弄成圆角,问题不就完全解决了?改进后的狮王牌牙刷很快受到顾客欢迎,公司盈利大增。对公司作出巨大贡献的加藤也从普通职员晋升为主任,后来,他最终成为了公司董事长。

加藤的故事告诉我们,不管现实生活多么不尽如人意,依然不乏成功的机会。个人是否成功,关键在于自己是不是能把握住自己生活中的每一个细节。有时,细节拥有巨大的价值潜能,细节最大程度地能打动人心,人容易为细节而感动。

[生活事例]

细节广告

一个可爱的小男孩在看到母亲为奶奶洗脚后,摇摇晃晃地给妈妈端来了一盆洗脚水,这一情景触动了多少父母的心;女孩清晨起床,看见继母为她挤好了洁白又散发清香的牙膏,脸上的警惕融化成对继母信任的微笑;一位年幼的孩子拣起马路上的易拉罐,摇摇摆摆地走向垃圾桶,那稚嫩的脚步让多少成人内疚……这些广告深入人心,脍炙人口,是因为设计师关注到了——人容易为细节而感动。

生活中不乏有许多感人的细节,只是在旁人的熟视无睹中显得黯淡了。然而这些细节中可能包含着一颗沉甸甸的责任心,或是一颗暖烘烘的爱心……在教育中,学生若是能发现这些细节,并能看到其中闪耀着的真善美,那么这将成为会说话的教科书,在孩子心里播下思想的种子,收获意想不到的果实。

[教学案例]

品评细节

我在品德课上曾经尝试带着孩子体会品评生活细节，收到了很好的效果。例如，在教学《现在的我能做什么》一课时，我选取了发生在班上的如下一个细节：一个孩子的妈妈生病了，感觉非常难受。孩子一面焦急，一面又责怪自己没能耐。最后孩子到厨房里端来了一碗汤，捧到妈妈的床前……我很关注并赞赏这一细节。

在上课前，我请这个妈妈写了一封信给女儿，让她的女儿当堂拆开信封，看着熟悉的笔迹朗读，当读到"……没想到平时嘻嘻哈哈的你会这么细心，虽然汤里没有放佐料，但妈妈喝了却觉得很鲜很鲜……你是我的好女儿"时，她感动得哭了。这时课堂上所有的同学都被这个细节震撼了。

一个人不可能一出生就习惯良好，品格高尚，也许是无数点点滴滴的感人细节的积累，才能构建起学生崇高品格的大厦。

一位管理大师说过，现在的竞争，就是细节的竞争。细节影响品质，细节体现品位，细节显示差异，细节铸就完美。

教学的竞争，很大程度上也是细节的竞争。教师首要任务是备课时，在充分钻研教材的基础上，认真对待教材的每一个细节，能够看得全面一些、想得深入一些，看一看能否添加些什么，想一想能否取得锦上添花的效果。

然而，教材细节的开发往往容易被教师忽视，因为教师总认为教材编写已经给了我们一幅完美的"锦绣"作品，教学时只需"搬用"就行，他们考虑的大多是"用得像不像"，而较少思考"有没有更好的用法"。其实，教材仅仅是一个例子，许多教材细节还需教师去多加"推敲"，多加"琢磨"，从而把教材细节做"亮"，使之发挥更大、更好的功效。

[教学案例]

多一处“空白”，多一份想象

苏教版课程标准实验教科书数学三年级上册“认识分数”，教材有这样一道练习题：“先填一填，再读一读”。（如图 1）

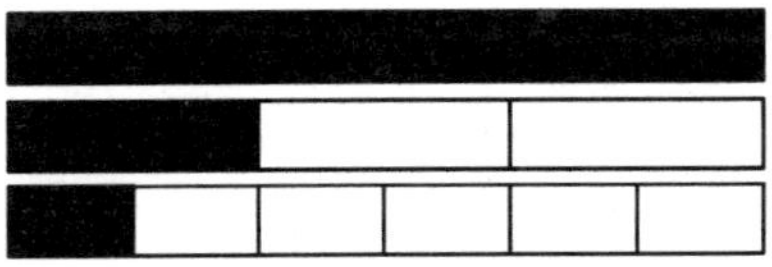

（图 1）

（图 2）

备课时，我建议执教教师思考：如果把最后一次操作中阴影部分后面的分格线隐成空白（如图 2），让学生填写阴影部分表示的分数。最后教师再添加问题：“照这样分下去，想象一下，你还能得到哪些分数？”，这样添加会产生怎样的教学效果？

实际教学中，由于最后一张图例中阴影部分后面已经没有了明确的分格线，学生失去了直接的参考，一些学生只能凭直觉想象阴影部分面积在整体中所占的比例来估想分数，另一些学生则能根据阴影部分面积是上面“$\frac{1}{3}$”表示的阴影部分面积的一半的判断来推想分数，然后教师用电脑验证学生猜想。最后，学生轻松地运用发现的规律想象出后续分数。

教学中，增加教材的“空白”也是一种教学艺术。学生为了能填补这个认知“空白”，就会很有兴趣地、千方百计地去寻求解决悬念的方法，也就可能会比原来“直白”的教材表述而得到更多的收获，例如看得更广一些、想得更深一些、做得更多一些。

总之，开发教材资源的途径很多。其中，“小处着眼、大处着想”，充实和放大、做强和搞活教材细节，就是一种应该倡导的研究视点。也就是说，在新课程理念下的“钻研教材”不是只要领会教材的编排意图，而是还要创造性地使用教材：教师能够透过一个“点”，串联一条“线”，凸现一个“面”，赋予教材细节更深的知识内涵和更广的发展空间，使之能够生发“以小见大”的效力。

关注教材细节处理的“微格”艺术来圈点教学，理应是一项切实可行的课堂教学的评价内容。

细节能让人感动，能深化人的思维，能调动人的积极性，从而让教学增值。细节的改变，改变的只是一点点，换来的可能是一片大好景象。

[生活事例]

你也能写一本书

国外有一家出版公司要出一本超级畅销书。为了让这本书一炮打响，他们请来策划专家出谋划策。专家出了这样一个主意：出一本书，书的名字就叫《你也能写一本书》。这本书除了封面扉页之外，里面既不印字，也不印图，全是白纸。购书者只要把自己想写的书写在上面，然后寄回公司，公司将会派专人认真审阅，并从中选出几部最佳作品出版。

此举一出，举国轰动。几十万册“书”很快销售一空，为公司赢得了丰厚的利润。记者采访专家为什么会有这样出奇制胜的创意，专家微笑着说：“只有不把书当书卖才能卖得比书更好。”“那你把这本书当什么卖呢？”“我把它当本子卖。”

策划专家抓住细节超凡脱俗的想象力，出奇制胜的怪招令人不得不叹为观止！教育教学中，教师出奇制胜的一个举措，那怕是一个细微的举动，何尝不能不让学生激动人心呢！

[教学案例]

流动日记，流动的美丽[①]

期中考试之后，针对考试中作文选材单一、陈旧的特点，我决定重新恢复每周两篇日记的语文作业。可是消息一出，班内一片哗然。有的抱怨作业本来太重，再加作业不合时宜；有的发愁学习紧张，缺乏生活，没有东西可写……

“除了这本日记之外，我们还准备设立一本轮流日记。”

“轮流日记？”他们都惊讶地伸长了脖子，不理解语文老师又要出什么新花样。

“轮流日记，顾名思义，就是轮流着写的日记。我们以一纵排为一个单

---

① 山东省济宁师专附中　朱则光

位，从最前面的同学开始，写完后便传给第二个同学，依次类推。这一排轮完后便和另一排的交换。要求一篇占两面，一面写日记，另一面留给同学发表感受，像论坛里的跟帖一样。谁的日记跟帖多，就表明他唤起了同学的共鸣。”从他们会心颔首的表情来看，他们是很感兴趣的。

几天后，我初查了一遍，质量果然不同一般，不但大多数文章内容充实，情真意浓，而且平时懒于写作、惯于敷衍的同学也写出了不错的文章。

轮流日记，为渴望交流的孩子们搭建了最好的平台。另外，急于了解别人的欲望，尤其是将要被别人了解的压力，使他们格外注重作品的质量，作品的质量就是他们自己的形象，创作出好的作品其实就是塑造自己良好的形象。

细节不需要惊天动地的表现，它更多地表现在教师的一语、一行、一笑、一念间，然而这些一点一滴却能折射出教师的教育理念与教育艺术的区别。

中国家长问孩子最多的语言是“老师教你的知识记住了吗？今天得多少分？”而美国家长问孩子最多的语言是“今天你向老师提了什么问题？今天的课有意思吗？”杨振宁教授比较后发现：老师提一个问题，10 位中国学生只有一种答案，而外国学生至少会出现 20 种以上的答案，而且有些非常离奇。我们的学生已被教师用传统的教学方法塑造成了同一模式。

[教育案例]

请多多举手

有位富有智慧的心理学家，在他的小女儿第一天上学之前，教给她一项诀窍，足令她在学习生活中无往不利。

这位心理学家送女儿到学校门口，在女儿进校门之前，告诉她，在学校里要多举手，尤其在想上厕所时，更是特别重要。小女孩真的遵照父亲的叮咛，不只在上厕所时记得举手，老师发问时，她也总是第一位举手的学生。不论老师所说的、所问的她是否了解，或是能否回答，她总是举手。

随着日子一天天地过去，老师对这个不断举手的小女孩自然而然印象极为深刻。不论她举手发问，或是举手回答问题，老师总是让她优先开口。而因为积累了许多这种不为人所注意的优先举手发言，竟然令小女孩在学习的进步，以及自我肯定的表现上，甚至于许多其他方面的成长，大大超越其他的同学。

多多举手正是心理学家教给孩子在学习生涯中的利器。成功者是积极主动的,失败者则是消极被动的。成功者常在嘴边的一句话是:有什么我可以帮忙的吗?而失败者的口头禅则是:那又不干我的事。凡是多举手,多去协助别人,成功之路将在此展开。

对于我们的每一个孩子,从他们入学开始,举手是他们学会向别人展示自己、学会生活的第一步。会利用举手的孩子,他的生活会因此丰富多彩,与众不同;而不懂得好好把握这一工具的孩子,即使有再大的机遇摆在他面前,他也不习惯高举小手来争取第一时间的成功。

教会我们的孩子要多多地举手,学会向老师索取知识,更多地展示自己,不但是在课堂上有着无往不胜的效果,更多的是教给他们一种对待学习、对待生活的态度,教给他们一种积极向上的动力。

细节,细小的地方,虽然微不足道,但往往孕伏着巨大的"风暴",它可能会影响着人的一生。所以,我们千万勿以其小而不为,应该把细节做大、做对、做好、做亮。

[生活事例]

分苹果

美国一位心理学家为了研究早期教育对人一生的影响,在全美选出50位成功人士和50名有犯罪记录的人,分别给他们去信,请他们谈谈母亲对他们的影响。在后来收到的回信中,有两封回信给他的印象最深。一封来自白宫的著名人士,另一封来自监狱服刑的犯人。两封信谈的都是小时候母亲给他们分苹果的事情。大意是这样的——

面对红红绿绿、大小各不相同的苹果,一位母亲责备想要得到最大最红苹果的孩子,并告诫他,"要学会把好东西留给他人,不能总想着自己",之后把又红又大的苹果奖励给了哥哥,因为哥哥改口说,"想要那个最小的,把大的留给弟弟吧";同是分苹果,另一位母亲在孩子们争着要大苹果的时候,不是施以责骂或说教,而是让孩子们进行除草比赛,最后兑现"谁干得最快最好,谁就有权得到它"的许诺,把最大的苹果奖给了赢得比赛的孩子。很多年后,得到最大苹果的两个孩子命运迥异:前者被送进了监狱,后者则成了白宫的著名人士。

第一位母亲在把又红又大的苹果奖励给那个孩子的同时,也把撒谎、欺骗和投机取巧的种子撒到了他的心田。而"习惯成了不易改,倾向定了不易移，态度决了不易变”（陶行知），最终那个孩子长大后被送进了监狱，也就不足为奇了。与此形成鲜明对照的是，白宫的那位著名人士之所以能够成功，与小时候那次分苹果不无关系：母亲在把苹果奖给他的同时，也把诚实、勤奋、对未来生活的信念与斗志一起奖给了他。诚如他在回信中所写的那样，分苹果让他明白了一个简单而又重要的道理：要想得到最好的，就必须努力争第一；想要什么要多少，就必须为此付出多少努力和代价。

国家一级作家、著名儿童文学作家陈庆祥在教大家该如何做个好家长之后，又举了一些反面教材，以此说明如果孩子出了问题，很有可能根源是在家长身上。“比如一个妈妈煲了鸡汤给儿子喝，他不喝，妈妈就想出了‘喝一口奖一元钱’的办法，结果小朋友喝了汤也赚了钱。但是他会以为鸡汤是为了大人才喝的，根本不知道‘感恩’为何物。”陈庆祥感慨地说，现在很多人都说独生子女自私，其实家长也应该反省一下，自己是否也负有不可推卸的责任。

教育就应该像上述事例中“分苹果”那样，让学生取之有价，学会努力，学会付出，学会感恩，学生才会取之有道。

[教学案例]

“加出来”的分数①

学完《鸟的天堂》一文，我让学生选择自己喜欢的方式来表达自己对鸟的天堂的喜爱和赞美之情。同学们有的选择有表情朗读，有的选择背诵优美语段，有的选择画画。

交流时，当张晗同学拿着自己创作的图画来到讲台前时，教室里发出一阵哄笑，小评委们嚷开了：“榕树枝不繁叶不茂，小鸟也只有一只，70分。”“颜色搭配得也不好看，60分。”“画得太小太乱了，60分。”

“老师，我……”其实，我早就看出来，这幅画张晗是动了一番脑筋的，画面虽不美，但却把文章的主要内容及作者的思想感情都涵盖了。“同学们，让我们先听听张晗同学的创作意图再打分好吗？”“行！”

“我，我，第一幅画的是作者第一次到鸟的天堂时看到的景象，作者只看到了一棵大榕树，感到很奇怪，鸟的天堂里怎么没有一只鸟？所以我画了一棵大树和一个问号。”开始张晗还有点紧张，看到同学们点头称是，底

---

① 山东省文登市三里河完小　邵俊丽

气渐渐足了，越说越流畅，“第二幅画的是作者第二次去鸟的天堂时看到的众鸟纷飞的景象，感到特别激动、兴奋，所以我画了一只小鸟和一个感叹号。”

一个同学站起来说：“我觉得应该再给他加20分，得80分。”“大家同意吗？”“同意！”异口同声的回答让张晗的小脸露出了笑意，我在他的画稿上打上了“60＋20＋20＝100”的分数，这时，不但张晗感到吃惊，全班同学也都发出了一声长长的“啊！”

我慢慢悠悠地解释：“画面不够美观，所以只得了60分；加20分——构思新颖，有创新精神；再加20分——敢发表自己的见解且语言流畅，有条有理。”

全班学生热烈鼓掌。

[教学案例]

“减出来”的分数①

有一次，布置学生写话。其中有一个学生只写了50多字，而且字迹潦草，错别字较多，但是文章的内容还算新颖。按惯例，这样的作文打个60分也就差不多了，怎么办？这样是不是太打击孩子的积极性了，而且埋没了他新颖的题材。于是，我就给他打了这样一个分数：“95－20－15”，并在每个分数下面分别作了解释：95分——内容新颖，有创新精神；减20分——由于内容不太具体；减15分——由于书写太潦草，还有错别字。

这个带着附加值的分数，不仅肯定了学生的创新精神，而且比单一的分数更具有激励性、针对性。学生在这个分数中，不仅看到老师对他们的信任，而且也看到了自己的希望和努力的方向。苏霍姆林斯基指出：“不应当把知识的评定作为某种孤立的东西从教育过程中分离出来。只有当教师和儿童之间的关系建立在互相信任和怀有好意的基础上时，评分才能成为促进学生进行积极的脑力劳动的刺激物。”的确，我们在打分的同时，更应注入我们对学生的信任、尊重和希望，让冰冷的分数也“多情”起来。

① 江苏无锡市安镇中心小学　蒋志芳

[生活事例]

“借”的智慧

江苏一位企业家从事家具行业。他在刚刚创业时，先在一家非常有名的大家具店旁边租了一间房，开办了自己的家具店。别人对他的这一举动表示怀疑，认为他把自己的小家具店开在大家具店旁边，是自寻死路。但是事实与人们预料的相反，他的生意很好，并且实现了自产自销的愿望。他说：“‘狐假虎威’这个成语谁都知道，这叫‘借势’。当时在家具行业弱小的我，之所以要把店面与全市著名的家具店并排摆开，目的就是‘借势’。”

一个人，无论他能力多强、水平多高，纵然长了三头六臂，也是不可能包打天下的。要发展、要成功，自身的努力是关键，但善于借用各种资源，善于利用各种可以利用的力量，借船出海，借梯登高，不但能收到事半功倍之效，也是奋斗创业必须要具备的一种本领。在教育教学中，教师也应该具备“借”的智慧。

[教学案例]

“借出来”的分数①

“你怎么了？”看见一学生眼圈红红地冲出教室，我十分诧异，但看到她手里已被揉成团状的纸，我似乎明白了点什么。“我……我没有及格。”她哽咽着说。“噢，是吗？”我以轻松的语调缓和着她的情绪，“试卷给老师看看好吗？”她有些不好意思地把折皱了的试卷给了我。打开一看，她的卷面是59分，我加了一遍，没错，一分不少，阅卷老师公平负责，的确没有批错。但我灵机一动，说：“哦，真对不起。终于找到你了，我记得统一阅卷时，一份卷子我少给打了一分，原来是你的卷子，让我找个红笔给你添上，好吗？”她不再哭泣，显得有些欣慰地跟我走进教室。

于是，当着全班同学的面我郑重给她加上一分。同时宣布：“××同学是及格分，是老师不小心少给了，现在向她致歉，我同时也相信，凭她对自己的严格要求，下一次她一定会考得更好，其他没有及格的同学，我想也一

---

① 江苏省金坛市第一中学　张雪梅

定会走出低谷，给明天一个亮丽，让我们以掌声预祝他们一定成功，好吗？”在全班同学热烈的掌声里，我看到她和其他几位低分的同学已不再低着头，眼神也不再逃避老师，分明自信起来。

借一分，不仅仅只是加一分。

这一分加的是爱。体现的是教师对学生情感的呵护关怀，是教师对学生作为一个具有巨大潜能的发展者的一份信任。借出一分，收回的却是自信、勤奋、上进，何乐而不为？

这一分加的是自信。加一分，实在是加给学生一份风雨经历中的慰藉，一份自尊，一份自信，使他能重振帆，重扬旗，重新启程！

当然，加分，减分，借分，毕竟只是一种方法，教师还应辅以正面的引导、疏通和激励。同时，应努力改变一元化单一的评价体系，使“寸”亦“有所长”，真正将素质教育落到实处，体现人本主义教育关怀，这才是教育的本源所在。

师生关系连连看 11

教师：教有遗憾——学生：学有遗恨？

阅读思考：

◇“完美”就一定完美吗？

◇公开课，你究竟为谁而教？

◇“简简单单才是真”，这适用于课堂教学吗？

◇“乱花渐欲迷人眼”，教学的“繁华”会迷乱谁的眼睛？

教学之“遗憾美”

在生活中，每个人都在孜孜追求着完美——蒸蒸日上的事业、快快乐乐的生活，然而，完美了就一定完美了吗？

[生活事例]

不完美后的风景

一个失落一小片的圆想找回完整的自己，到处寻找自己失去的碎片。由于它是不完整的，滚动得非常慢，从而领略了沿途美丽的风景；由于它有缺口，经常被卡住，从而在困难中学会了解决问题的方法……。终于有一天，它实现了自己的心愿。然而，作为一个完美无缺的圆，它滚动得太快了，错过了花开时节，忽略了虫子……，以致于失去了许多许多……。

最近，常看到媒体报道好多成功白领有提前退休的想法，有归隐田园的构思，他们感叹在追求完美中失去了生活的欣赏与品味过程，他们想好好享受平常的生活，做一个平凡的人。他们甚至想体验一下残缺生活、遗憾人生中的酸甜苦辣。

[生活事例]

从遗憾中领略圆满

我们常常安慰别人说：“人生是没有圆满的。”你不能得到一切，你永远不会是最幸福的人。然而，谁说人生是没有圆满的呢？我们所拥有的，是另一种圆满。

我们是在遗憾中领略到了圆满。

没有分离的思念，怎能体会相聚时欢欣的泪水？没有经历过被出卖的痛苦，怎会领略忠诚的可贵？没有尝过苦恋的滋味，又怎能知道长相厮守的深情？在纷纷扰扰的人世间，能够相聚，彼此忠诚，长相厮守，不正是一种圆满么？我们活在人世间，不也是一种圆满吗？

圆满的人生，不是拥有一切，而是学会了珍惜和付出。在一个小宇宙里，你是圆满的。

当你不再贪婪，你是圆满的。当你了解了爱情，那是情感得到的圆满。

月满月缺，但是你不会说月亮是不圆满的。

你爱的那个人，也许是不完美的，也许是有许多缺点的，但你自己又何尝不是？然而，你们的关系却可以是圆满的。

那个圆满，超脱了现实，是一种领略和追求，也是一种对自己和别人的宽容。

我们无法验证那些高级白领特别行为中的特别含义，但我们从上面的生活事例的感情抒发中明白，所谓的圆满、完美与残缺、遗憾是相对的，有时我们需要从残缺、遗憾中领悟圆满、完美的真谛。

[生活事例]

漏水的水桶

从前，有一位富翁请了一位管家，管家每天走两里路，为主人到井里打水。管家用的两只水桶上各有一条小裂缝，每次挑水回来，都要漏掉一些。

有一次，管家挑水的时候，碰巧被女主人看见，追求完美的女主人发现了裂缝，很生气，责备管家懒惰，不及时修补。管家微微一笑，邀请女主人下次与自己一起去走一走那条挑水的小路。女主人发现：小路的两边长满了漂亮的鲜花，而水桶裂缝里漏出来的水，正好浇灌着它们！女主人这才明白，为什么自从管家到来后，自己的房间里一直鲜花不断！

读到这则寓言，联想到我们的课堂教学，有些教师喜欢把课前预设方案设计成“滴水不漏的水桶”，如果把这些预设方案看作是一个育人的蓝图，按照“蓝图”去操作的话，就可以把学生培养成教师上课所需要的角色。具体体现在课堂教学上，特别是一些公开课，上课的教师除了对所教内容和各个教学环节要掌握得非常娴熟外，还要反复预演。这时的课堂气氛异常“活跃”，学生在课堂活动中表现得轻松自如，好像“脱口秀”。但这样的课堂教学往往缺乏即时的“动态生成”，学生缺乏问题意识和创新意识，缺少自主的、独创性的学习。

这种“滴水不漏”的课堂教学有悖于新课程的要求：教师与学生都是课程内容的开发者。教学不应是执行预先设计教学方案的过程，而是持续生成教学内容的过程。

[教学案例]

“我想我能搬得动”

在教学数学“吨的认识”中，当学生主动感悟出1吨有多重时，教师让学生展开想象：如果让你搬1吨的大米，你觉得怎样？在备课预设中，教师认为学生肯定都会回答“不可能搬得动”。没想到上课时，半路杀出了个“程咬金”，竟有一个学生说：“我想我能搬得动。”

面对这件预先没有料到的“意外事件”，教师及时抓住教学契机，为了让全班学生都有所体验，该教师又设计背同桌的环节，在这个精心设计的环节中，这位学生从内心说出：“我坚信1吨的大米任何人也搬不起来。”

在学校教育中，完美的课堂教学，是每个教师的孜孜追求。教学目标的全面、教学内容的丰富、教学方法的多样、教学环节的顺畅、教学手段的齐全、教学气氛的热烈、教学结果的无瑕，是教师想唱响的课堂教学的完美之歌。教师力争在每一节课中做到全面兼顾和“达标”，期盼获得尽善尽美的教学效果。

然而，许多教学的意外让预设不再一帆风顺，打破了教师的一厢情愿，但同时恰恰是这种教师眼中的“不完美”，经过教师的艺术处理，反而有可能造就课堂教学的异彩纷呈。

但是，值得我们警惕的是，教师因过分追求“完美”而导致的“不当”行为，会给教学中造成或多或少的“冲击”与“伤害”——

1. **过分添加，得不偿失**

[教学案例]

“自作多情”的情景创设

国标本苏教版第七册《平行与相交》，教材呈现十字路口、操场跑道、单杠、足球球门等生活照片，引出相关数学知识。一位教师教学时，又前置了一个动画情境：两只兔子在雪地上留下的两串脚印相交，另外两只兔子留下的两串脚印不相交，揭示“相交”与“不相交”名称，然后以此判断教材照片中反映的生活现象。

新课程数学教学比较注重情境创设。一些教师为了追求数学教学的“完美”，对情境创设产生了误解与误用：一是“情境”含义的狭隘论，错误地认为动态的场景或有情节的故事才是情境；二是“情境”运用的广泛论，错误地认为每节课都要通过创设情境来导入教学。课后与执教教师交流获知：她认为教材呈现的照片不是情境，因此增设了童话情境来弥补教材“不足”。首先，教材照片反映的就是一种生活情境、现实情境，案例中所创设的虚拟情境就显得多此一举，何况童话情境对四年级学生似乎有点“小儿科”了；其次，上述动画情境中把兔子留下的脚印这些不连续的点视为直线，从数学角度看并不严密。

[教学案例]

“无孔不入”的思想教育

一位教师教学国标本苏教版第六册《轴对称图形》时，课中依次呈现了家乡建筑、天安门、剪纸、京剧脸谱、各国国旗、交通标志等教学素材。在每一种材料展示研究之中，教师忘不了大张旗鼓地进行一番爱家乡、爱祖国的思想教育和审美教育。

在学科教学中渗透思想教育，一是需要教师适时为之，二是需要教师适可为之。也就是说，数学教学要让学生在充分经历“做”数学的活动中潜移默化地受到思想教育，达到教育无痕的“天然”效果，而不是教师去刻意雕琢。案例中，教师为了追求数学教学的“完美”，有意识地要凸现其蕴含的教育性，于是一有“可乘之机”就重彩浓墨地加以渲染，这些“插曲”反而干扰了课堂教学的流畅，也给学生的学习带来了别扭的感觉。

[教学案例]

“画蛇添足”的数形结合

一位教师教学国标本苏教版第七册实践活动《怎样滚得远》时，当学生通过操作实验得出斜坡与地面成30°、45°、60°以及学生任选角度时圆柱形物体滚动的长度，发现斜坡与地面的角度越接近45°，圆柱形物体滚得越远。接着，教师画出了一张折线统计图反映以上发展趋势，让学生形象地理解这种变化规律。

数形结合可以使数学教学形象、生动、美观、明了，可以化解数学教学中的一些难点。案例中，教师深知数形结合的妙用，本想给所教内容“画龙点睛”，却忽视了学生的认知现状——学生还没有学过折线统计图并在生活中很少接触折线统计图，学生难以洞察其中奥妙，越看、越听越糊涂，反而妨碍了原有知识的有效接受。教师此举好比“画蛇添足”，费事又费时。

2. **过分依赖，过犹不及**

[教学案例]

请帮“我”减负①

“我”，叫多媒体课件。自“我”第一次在课堂闪亮登场，就吸引了多少学生如饥似渴的目光！赢得了多少教师如获至宝的赞赏！

当“我”带着雄壮的《黄河颂》、优美的《月光曲》、婉转的江南丝竹在教室里奏响时，整个课堂陶醉了。

当“我”将宇宙星云的壮丽、物体细胞的神奇，将清朝圆明园的毁灭、侏罗纪恐龙的世界一一在教室里再现时，整个课堂震惊了。

望着孩子们兴奋的眼神和教师们满意的表情，“我”很自豪，因为“我”是他们教和学的好助手。“我”决心继续努力为大家服务，但渐渐地发现“我”在课堂上的地位慢慢地发生了“我”不愿看到的变化……

“我”代替了“我”的伙伴——录音带、投影片和录像带，成了“独”媒体课件。“我”纳闷，明明用实物投影仪很容易展示的图片，为什么非要转存到计算机上让“我”来展示？“我”奇怪，明明用录音机很方便播放的音乐，为什么一定要用程序费时费力地转换后让“我”来播放？“我”的伙伴们真的一点价值也没有了吗？“我”还代替了黑板和粉笔，老师们丢掉已用了多年的粉笔，迷上了在键盘上敲击着古老的汉字……

“我”的工作范围越来越大，有一天，“我”惊奇地发现“我”代替了教师！“我”代替了教师的读：有了著名朗诵家的范读，教师们不再指导学生朗读，成了“我”的放音员。“我”代替了教师和学生的交流：学生回答完问题，教

---

① 江苏宜兴市城北小学　程霞

师一按鼠标，由“我”告诉学生“你答对了”或“请你再想一想”，教师成了“我”的“点击者”，忘记了自己“点拨者”的身份。“我”不明白，“我”是什么都能做，但难道什么都非得让“我”做？

终于，“我”代替了学生写，代替了学生讲：明明可以在课堂上大声发言，却非要在留言本和论坛上用敲击键盘取而代之。“我”代替了学生做：学生用拖动鼠标来移动小棒，拼几何图形。“我”还代替了学生思考：“我”对教材的解释是生动而形象的，但有时过细的分析和展示却剥夺了学生想象的权利，挤占了他们思考的时间和空间，学生沦为了“我”的观众。

“我”悲哀！因为“我”不想做万能的替代者。“我”累，教师也累！课件一放，教师就得忙着点击鼠标，仔细搜索，全然忘我，要想方设法将学生的思路引到课件既定的流程上，又怕操作失误。他们又怎能注意到体态语言、面部表情等等呢？

“我”不想做万能的替代者。“我”苦，学生更苦！你看，那五彩缤纷的信息包围着他们，琳琅满目的内容已经让人头昏目眩，还非让他们去玩味，去体会。还有那大段的文字板书搬到屏幕上，如电影的字幕般滚动，是在让他们体验速记的滋味？

请把“我”放在最合适的位置，请帮“我”减负！

教师因过分追求“完美”——教学媒体的“声、光、色”俱全，而迷失了自己、迷失了文本，最终导致学生自主、想象与思维等的迷失。

3. 过分追新，奇形怪状

教学设计有新意，这也可以让教学更美丽，这也是许多教师都在努力追求的。但是，教学设计有它的特殊性，并不是越新越好，更不是越奇越好。眼下，有些教师在教学设计上陷入了一个误区：一味求新求奇，绕来绕去，让学生如堕云里雾里。这种所谓的新颖，用通俗的话来说，就是“教师出风头，学生吃苦头”。

[教学案例]

有“新意”的课与有“心意”的课

一位颇有实力的青年教师要上一节公开课，选的课文是《小英雄雨来》。他写了个教案，要我帮助看看。看后，我觉得分析课文的线索不清。他解释说，线索比较特别，就是抓住课文最后一个情节：大家都以为雨来死了，结果没死。当人们发现雨来还活着时，最高兴的是谁？为什么？他自己解释说，最高兴的是赵大叔，为什么是赵大叔呢？由此一步步倒推上去分析。

我觉得以这个问题作为线索很勉强，虽然也能贯穿全文，但不是提纲挈领，好像拎衣服，不是拎在领子上，衣服倒挂，不成样子。我说，为什么不以课题为线索：雨来是个小英雄，他的英雄行为表现在哪些方面？他连忙说："这样的上法很多了，没有新意。"我问："照你现在这样上，学生会怎么样？会不会稀里糊涂？"他一时没话了。

其实，教学设计的新颖与否，往往只是对教师而言的，对学生的意义并不大。教师有可能对同一篇课文教过多次，或在其他地方听过多次，而学生不可能对同一篇课文学过多遍。因而，不管教师采用何种方法分析课文，从哪里切入，对学生而言都只是第一次，都可能是新颖的。当然，学生也需要教师有新颖的教学设计，但学生所需要的新颖在于篇与篇之间的教法不同，不要这一篇是这样几个步骤：先识字解释、再划分段落、再分析讲解、最后概括总结，下一篇也是这样几个步骤。至于教师以什么为切入点，学生并不在乎，在乎的是怎么学得明白，学得愉快，学得高效。

当你用你所谓"完美"的指标去"配置"和衡量你的课堂教学后，蓦然回首，你可能会发现在诸多"圆满"之中，反而失去了其他一些宝贵的东西。

另一方面，追求"完美"还表现在教师对完美结果的刻意追求，学生的许多探索过程都成了"道具"，有时学生的探索还没有展开，就得到了标准的答案，似乎"完美的结果"较之学生真实的探索过程更为重要。事实上，探索的过程比知识本身更有价值，如果学生没有真实的探索过程，教师人为地苛求学生往标准答案上靠。这种做法，对学生而言其实就是一种牵制、一种欺骗。

[教学案例]

数学"测量"

教学二年级"测量"一课时，学生认识了厘米、分米、米之后，教师让学生分组到操场去量一量，在现实的场景中学生测量时产生了许多创造性的做法。如：一组学生在测跑道时卷尺不够长，他们就一段一段地量，一次次重选起点，他们发现量完一段后终点的人不动，起点的同学跑到下一个终点又能量出相同的一段长度；在测足球门柱高时，学生的个子不够高，学生就把卷尺顺着门柱往上推（防止其滑落），最终量出了柱高等等。

然而回到教室以后，教师根本就不关心学生是如何得出这些数据的，而是关注学生的测量结果是否标准，把误差多少当成评价学生的唯一尺度。

“完美的结果”只是教者主观上想得到的，其实，对学生而言意义也不大，相反，学生在真实探索中的点滴发现、失败教训、成功经验、方法总结，才是其享受知识、体验成功所在。为了标准的答案、完美的结果让学生的探索过程失真，不仅对学生的知识形成无益，更为重要的是对学生的学习品格产生了畸形的影响，是典型的形而上学，诚不足取。

教学是一门艺术，既然是艺术，那就肯定会有遗憾，教学是一门遗憾的艺术。由此，我们应该以平常心来看待教学中存在的遗憾，不要为教学的遗憾而遗憾。

[生活事例]

缺处知足

书法家龚望先生生前曾有一横幅书法，上书“缺处知足”四字。

曾有一篇文章专谈人的遗憾，说百分之九十以上的人都有遗憾。人的某种意愿某种抱负没有实现，自然而然会遗憾。说得再直白一些，遗憾就是缺憾，就是人生的缺失、缺处。

人是很奇怪的，本来有的东西都不算数，唯独盯住那一点点“缺失”不放过。孩子期末考试报告成绩：语文 100 分、数学 100 分、外语 95 分。家长无一例外地盯住那 95 分，盯住那跑掉的 5 分。

都认为健康是最大的快乐，若问健康人，你快乐吗？她会说：最近烦着呐，晋升没轮上，职称差一点，老公回家晚，孩子不上进。

其实健康与生活的满足感无关，只有在病情很严重、很痛苦时，才会影响到人的心情，才会感到健康是最幸福的。然而，一旦痊愈，哪都好受时，谁也不会为自己的健康永远地快乐下去。

我们的思路是沿着这么一个方向前进的：有了健康时就想，我年轻多好；有了年轻又想，俊俏苗条多好；有了这些还想，找个白马王子多好……然而，一旦我们有了“缺处”，又出现另一种循进的思路：濒死的人想拥有生命多好，哪怕健康差一些，有了大病时想得小病多好，得小病想，没有病真好，真没病时又想年轻、想富有了，……

缺处知足是让人面对现状，再作退一步想，让人学会顺其自然，懂得

“适者生存”的道理。越是能顺其自然、适应自身的具体情况来生活，就越能够多一些满意，少一些不满意。

许多人牢骚满腹、郁闷不快、看哪都不顺眼，应检查一下是否将目光盯在了“缺处”上。“缺处”犹如结痂的伤口，你终日挤掐捏拧揉，它不疼不流血才怪，将眼光从“缺处”挪开，或是以知足的心态对待它，能不“天天都是好日子”吗？

评价一节课的完美与否，我们没有必要死死盯着教学的“缺处”，对照着那张“完美”的评价表上所列的众多条目，死揪不放。

[教学案例]

质疑教学环节的完美性

笔者最近听了四节苏教版一年级数学下册教材的实验研讨课，其中一节是用竖式计算两位数加减两位数内容，本节课教师没有像其他三位老师那样有意识地去调控教学时间，因而整节课没有完成巩固学习的环节，整个教学流程因没有其他三节课完整、流畅，便得到老师们的大大否定。

从课堂表现上看，这位教师没有放弃学生存在的问题，来进行下面预设的环节，正如这位教师所说的，“当时我也想按照我的预设，回避这些问题，放弃这些学生，但我有点于心不忍，上课是为了让每个学生学会、会学，而不是为了我的好看和方便”。

长期以来人们已经形成一种课堂评价习惯，认为一节课应有完善的教学目标，同时还要追求过程的完美性，殊不知对一般教师而言要求平常每节课都达到这一要求是十分困难的，特别是当前在课堂中提出生成性的教学过程，有时学生一两个问题的提出或一两个问题答不出都需要花费不少时间来解决。

预设的教学环节没有如期进行，既定的教学目标没有如期达成的教学，我们是不是就可以说这样的教学都是失败的呢？虽说这样的教学多少存在一定的缺憾，但是作为教师应该理智地、辩证地看待这一问题。如果在教学中学生的确获得了充分、有效、自主探索的时空，充分进行了彼此间思想、方法和见解的互动，产生了充实而深刻的体验，我们就不必过多地纠缠于一些既定的教学形式、教学环节。我们应当看到，教学是一项长期的、系统的生态工程，不要指望一蹴而就。在传统教学评价观念视角下显得并不完美的课堂教学，也许确实使学生获得了“长效发展”的潜能！

一节“完美课”是教师的追求，“残缺课”也有令人神往的地方，在这个美丽的地方，缺少的仅是某个教学环节，但学生在心智、情智上都获得完整、全面的发展，因为真实才出现了课堂环节的“残缺”，这种“残缺”也是一种美，因为它常给人们带来更多的思考。

成尚荣先生说：“教室是学生出错的地方。”还有人说，他在自己的教学中期待学生“出错”。这些观点，看来还是有一定道理的。

在不少公开课上，你总会看到教学脉络分明，环环相扣，一帆风顺，一马平川。学生为什么不出错？教学为什么没有节外生枝？

学生不出错，是因为执教老师没有给予学生犯错的时空。学生犯错，如果教师能运用教学机智，随机应变，因势利导，教学便会“锦上添花”；反之，如果教师不能从容应对，手忙脚乱，机械处理，课堂便会“黯然失色”。这样的高“利润”必然带来高“风险”，需要教师有足够的自信、智慧和勇气。所以，不少上课老师宁愿“稳步求完美”，也不愿“冒险走一回”。正因如此，公开课上，我们看到，教师提出的问题要么直接指向教材，学生读了课文就能找出答案；要么提出貌似开放，实际带有很大束缚和诸多暗示的问题，让学生难以出错。同时，我们还看到，教师留给学生讨论、交流、质疑的时间和次数明显偏少，只是走走过场而已。这样的课堂，教师心中只有“教学过程”，而没有真正关注教学对象——人，学生又怎么会出错呢？

学生不出错，是因为学生习惯猜测教师的底牌并善于迎合教师的口味。面对教师提出的问题，我们的学生总是小心翼翼地揣摩老师的心理，猜测教师的意图，选择教师最期望得到的答案，做到“老师要什么，我们说什么”。实在难以回答，便鹦鹉学舌，人云亦云；或效仿南郭先生，滥竽充数。即便心中确有不同见解或不明之处，也闭口不言，暗藏心底。要知道，在公开课上，哪个学生愿意当众出“错”，丢掉自己脸面又给老师带来麻烦呢？师生心有“灵犀”不点自通，学生又怎么会出错呢？

学生不出错，其实并不能反映教师的教学技艺多么高超，更不能说明学生什么都学会了。此种现象反而违背了学习的规律，束缚了师生的手脚，掩盖了教学的不足。所以，我们应该期待学生出错。没有“错”，哪来“正确”、“比较”和“研究”。

既然如此，我们的教学就不要刻意去求顺畅，求完美。其实，出错了，不可怕，可怕的是老师不让出错，学生不敢出错。不让出错、不敢出错，就不会获得发展和成功。

教学永远是一种遗憾的艺术。也就是说，教学很难达到十全十美的境界。我们的教学不可能一次承载太多太多的“重任”，也不可能一次承接太顺太顺的“呵成”。“一应俱全”、“一帆风顺”的教学未必就一定完美。

教学之“真实美”

[生活事例]

筵席菜与家常菜

筵席菜，由于会有贵宾品尝，总少不得要注意“选料”的上乘、“做工”的精细和“搭配”的合理，讲究的是“色香味俱全”，且要有所创新，最好能独具一格。但倘若“火候”把握不好，或是“佐料”放得太多，再好的原料底子，做出菜来也容易倒人胃口。

至于家常菜，虽然天长日久，可能会貌似平淡，但做厨师的只要按季选料，顺应时令，营养未必就差，如遇有心人能“稳中求变”、“实中求新”，则“家常菜”之品味档次，更会大幅提高。

老三样的家常菜只为填饱肚子而做，固然难登“大雅之堂”，但如果是料足味醇、功底扎实而又不乏新意的家常菜，偶尔摆在“公开”的筵席上，却也能令人“耳目一新”。反之，筵席菜往往倒是很难搬到日常餐桌上，何也？一则成本太高，不划算；二则既无贵宾前来品尝，无名无利，对很多厨师来说也就失去了精心制作的动力。

可以说，“当好一名教师”和“当好一名厨师”在本质上是并没有太大区别的。如何在教学成长过程中摆准“家常课”和“公开课”的位置，充分认识两者之间的联系与区别，应当是每一位欲“教有所成”的一线教师必须首先在观念上解决的问题。而作为厨师，同样既要以自己能作出高档次“筵席菜”为追求目标，也不能忽视了“家常菜”的日常锻炼。

然而，在现实教学中，教师因重视公开课而轻视平常课的现象，让人不得不对“公开”两字进行质问和思考。

[教学案例]

让听课老师看见

在一节数学公开课上，执教教师让一位学生用一根线演示对线段的认识，这位学生两手捏住线的两端拉直后举过头顶，全班学生都能看清楚。此时，执教者并不满足，要求这位学生转身站在凳子上高举“作品”，以保证后面的听课教师也能看清楚……

[教学案例]

让听课老师听见

在一节语文公开课上，一位学生用男中音回答了执教教师的提问，全班学生都能听清楚。此时，教师作出如此评价：“如果你的回答让后面的听课老师都听清楚，那就更好了。”于是，这位学生迫不得已，提高嗓门重新复述了一次……

以上两个镜头是我们在听公开课过程中遇到的实例，引发了我们的一些思考，那就是：公开课，究竟为谁而教？

在学校教学研究过程中，教师观摩公开课（包括示范课、研究课等）是一种必要的形式和必需的途径。在听课过程中，教师可以领悟执教内容实施的不同策略，还可以领略执教教师展现的不同风采，而这种教学研究的最终目的无非是为了学生能学得更有趣、更轻松、更聪明。

然而，很多教师太注重公开课的“公开”两字，把公开课片面地视之为不同于平常课的一种比较“高级”的课。在他们的眼中，平常课好比平平淡淡的“家宴”，公开课好比丰富多彩的“国宴”。它们的区别就在于公开课中多了同行、专家、领导等“贵宾”的光临，似乎就被赋予了公开课一种额外的“荣耀”和一些附加的“利益”，例如可能会能被听课者看好而美名传扬（一课成名者大有人在），这种“成名”方式远比被学生看好要简单（让学生喜爱不是一朝一夕之事）、明显（小学生的表达方式大多是爱在心里口难开）、快捷（通过学生传播还需经过家长才有可能上达学校领导）得多。

由此，教师为了公开课而绞尽脑汁、煞费苦心，施展浑身解数。教师还多方求援，校内请大家支持，校外请“大家”指点，全身心、全方位地精心打造公开课。在这种情形下，这些教师淡忘或敷衍平常课的现象屡见不鲜，不过“一美可以遮百丑”，领导和同事也就不斤斤计较这种“小事”了。

公开课，似乎成了执教教师的“T”型台，他们“精打细算”地利用有限的时间，想方设法地显尽自己的能耐，例如“公开”自己平时难得一露的笑容、“公开”自己平时懒得一用的教艺，“公开”自己平时昙花一现的过程……。上课学生笑了，还不行，听课教师笑了，才算行！

难怪，现在一些公开课“热闹非凡”，越来越好看、越来越耐听，“折腾”得上课学生“热气冲天”、听课教师“热血沸腾”，以致于患上“活动过头”、“营养过剩”等“富贵病”。例如公开课中形式“多样”、内容“密集”、活动“频繁”、语言“优美”等过度做法，又如上述案例中特意“给听课教师看”、“给听课教师听”等多余动作无疑出自执教教师的功利心——心中装着听课教师，并且分量大于上课学生，他们很大程度上为听课教师而教。此中，学生已经不再是公开教学的终极对象，而降格为一种“中介”，成为执教教师包装公开课的“道具”。在此意义上，学生或许不是“绿色教学”的受益者，相反成为“泡沫教学”的受害者。

[教育案例]

被公开课“吓”了的教师

有位老师私底下跟我说，他不喜欢有人把他的学生拉去上公开课。虽然学生也得到了一些锻炼，但是回来后他总是要“炒回锅肉”——给学生补课。因为教者为了过多地“迎合”与“展现”，隐去了一些本该传授的知识点、能力的训练点。

[教育案例]

被公开课“晾”了的学生

福建福州市闽侯实验小学的40个“好孩子”日前在公开课上尽兴表演，赢得福州市普教室及福州市五区八县各小学老师的一致好评。但令人痛心的是，该班另外29名盼望上公开课的“差生”却被老师留在班上做作业。据称，这是因该校老师担心“差生”坏事、为保全学校和班级的荣誉不得已而为之的。

下课了，刚参加了表演的小朋友意犹未尽，笑着闹成一团；另外几名学生则在教室里坐着，我们走近他们时，他们脸红了，其中一个委屈地说："老师本来叫我去，我还准备了打鼓节目，可被换了下来。"旁边的同学说他在课堂上"讲话了"。

该班一"差生"家长陈先生说，一天晚上孩子回到家书包一扔，气呼呼地作业也不做、饭都吃不下。再三询问下儿子才说出原因：公开课没有被老师选上、不让上。陈先生说，学校这种区别对待的做法严重伤害了孩子和家长的自信心。

那么，"公开课为听课教师而公开"是否只是一些执教教师的"一厢情愿"呢？其实，这种错误认识还可以在一些听课教师身上找到"影子"——

[教学案例]

活动的要求没说

在一节数学公开课上，执教教师让学生小组合作做游戏："小朋友，下面我们就来玩小动物找家的游戏。开始——"。……课后评课时，听课教师认为执教教师对学生如何开展游戏活动没有提出明确的要求，让听课教师看不明白。而执教教师自述自己的教学行为是基于本班教学，此类活动已非首次开展，所以没有必要为听课教师而复述"陈词滥调"。

[教学案例]

准备的台词仍说

在一节音乐公开课上，听课教师除了陶醉于优美的旋律之外，还为执教教师优美的语言而叫好。评课时，大多数听课教师认为执教教师素质比较好，他们听得比较舒心满意。最后只有一位听课教师与众不同：执教教师虽然让一些学生充分发表了意见，但她并没有借机引用或总结或提取这些学生的发言，而是仍然沿用自己原来已经准备好的优美"台词"……

公开课，究竟为谁而教？当你找到问题的答案后，你也就明白一些执教教师为什么只喜欢上公开课而不喜欢上平常课，你也就明白一些听课教师为什么只喜欢听公开课而不喜欢听平常课。

平心而论，每堂家常课都上成“公开课”一般，这是不现实的，但每堂课都要体现“新课程理念”，做到“心中有学生”，这又是我们应该追求的。我们应当承认两者区别的存在，但是“公开课”终究不是演戏，它同样应以“发展学生能力、提高学生素质”为最高目标；“家常课”也不是应付拼凑，它万万不能蜕变为“上到哪儿算哪儿”的见不得人的“秘密课”。

公开课，少一些舞台上表演性的公开课，多一些教室里随堂性的公开课。

公开课，应该让学生“笑”到最后！也应该为学生“笑”到最后！

教学之“简单美”

教学内容决定教学形式，是教学的辩证法。但近年来，为了体现新理念、实践新理念，“理念先行、形式至上”的备课思路大行其道。许多教师在设计教学过程时，考虑教学内容少了，追求教学形式多了。如确定学习方式，不是从教学内容本身出发“量身定做”，考虑这节课适合采用什么学习方式，而是从形式与需要出发“削足适履”，让教学内容去迎合学习方式，片面追求教学方式的新课程化。再如课堂导入，不管课型、不管教学内容，一概以创设情境而入，“由旧知引出新知”的传统方式被完全弃置，取而代之的是花样繁多的“情境”。如此颠倒内容与形式的关系，知识味、学科味的缺失成为必然。

时下一节课的教学目标少则四、五条，多则八、九条，显然，这是不必要，也是不可能的。产生这一现象，固然是教师机械套用、罗列三维目标的结果，但也不乏人为的因素，许多教师为了追求课堂看点，刻意挖掘教学内容之外的东西，人为地添加许多非学科的教学目标。但一节课的时间总是一定的，教学目标定得越多，每个目标所分配的时间就越少，要落实非学科的教学目标，就必然要挤占学科的教学时间。因此，教学目标的设定要善于抓大放小。与其面面俱到，广种薄收，不如突出重点。事实上，也只有首先从教学目标的数量上“瘦身”，凸现教学内容，才能保证学科教学特有教育功能的发挥。

简简单单才是真。但是,这种简单并不是简单的“简单”,这种简单并不简单。例如:简单语文的提法一浮出水面,有些老师便如释重负:“这下语文课简单了,就是读读写写讲讲。”语文教学的简单,不是刻意追求的简单,这儿的简单是一种境界。把课讲简单些,其实是意味着把课上得精炼一些,就是去掉一些本不属于语文的东西,就是把语文教学艺术化、精良化、高效化。简单不是单调乏味,不是机械刻板。有位哲人说,简单到极致就是美丽。

1. 简单中有智慧的交锋

教学的过程是师生与文本、师生之间的对话过程,这种对话不是苍白的一问一答,不是对教学内容平庸的图解,不是贴标签,不是喊口号。教师要引导学生独立思考,尊重并鼓励学生对文本的独特的理解与感悟,让对话的过程焕发智慧的光彩。

[教学案例]

语文《江雪》

教学柳宗元的《江雪》时,老师向学生提出了这么一个问题:“这么寒冷的天,这位老人仅仅是在钓鱼吗?”

学生思考后有的说:“老人是在欣赏风景。”万里江山,粉妆玉砌,渔翁之意不在鱼,在乎雪景美也!有的说:“老人内心十分孤独、寂寞,每一行的第一个字连起来就是‘千万孤独’。”多妙的发现啊!有的说:“我觉得老人是在锻炼自己的意志,因为天寒可以锻炼人。”有的说:“这位老人与众不同,看起来很清高。”诗人那种不愿同流合污的心迹不正隐含其中吗?最后一个学生说:“他在钓一个春天!”一语双关,是啊,冬天来了,春天还会远吗?诗人在遭受重重打击下仍孜孜以求,不正是等待“春天”的到来吗?

课堂上,学生思维是那么深刻,那么广阔,那么独特,这就是由一个字数“简单”而用意“不简单”的问题引发的精彩!

2. 简单中有情趣的充盈

语文教学“就是读读写写讲讲”,但怎么读怎么写还大有学问的,还是不简单的。读不是反复的读,写不是机械的写,讲不是乏味的讲。

[教学案例]

语文《荷叶圆圆》

《荷叶圆圆》一课有12个字的复习巩固任务。上课伊始，在学生充分预习生字的基础上，赵老师和学生们做起了对口形猜字的小游戏。他对孩子们说："我从生字卡里面随便抽出一个字，你们来读，但不要出声，只对口形。我不看卡片，只看你们的口形，就知道这是什么字。你们相信吗？"学生当然不信，纷纷摩拳擦掌。在揭开一个又一个"谜底"的同时，学生们将本课要巩固的所有生字都认认真真地复习了一遍。虽然是在读生字，却全然没有累的感觉，学生们自始至终兴趣盎然。这样的课堂，学生怎不喜爱？

3. 简单中有灵光的闪现

简单的教学不是平淡如水，味同嚼蜡，而是常常要灵气勃发、灵光闪现，或在教学设计上别出心裁，或在文本感悟上独具慧眼，或在课堂操作上另辟蹊径。简单也是一门艺术，教师要匠心独运，"为有好设计，捻断数茎须"。

[教学案例]

语文《识字》

师（在黑板上画"仆"字的象形文字）：这是一个侧身站立的人，有人在他头上戴了一个"羊"的标志，表示这是一个战俘或罪犯。在他的屁股后边还要插上几根尾毛，让他走在大街上。（众大笑）如果是你，会觉得怎么样？

生：……

师：不仅这样羞辱他，而且还要他整天干重活！（师画图形）这样的人过着怎样的生活？

生：……

师（脸色凝重地）：这样的人就是"仆"！这个字就是奴"仆"的"仆"！

师：勾践夫妇到吴国当"奴仆"，他们又会遭到怎样的磨难呢？

薛老师对象形文字"仆"的讲解与谈话恰到好处，既对勾践夫妇在吴国的非人处境作了铺垫，也使学生受到了中国文化的熏陶，课堂上弥漫着浓郁的文化气息、书卷气息，设计自然而巧妙，意味无穷。

杜威说，每一位教师要带着自己的哲学思想走向课堂。通俗地讲，教师学会做“加减运算”就是辩证思考、把握本真的有效教学策略。

1. **减少烦琐分析，加强实践活动**

[教学案例]

形象的识字[①]

教学一年级《月亮的心愿》，有一位教师没有繁琐地分析“窗、户”两字，而是把它们贴在教室的窗户上；又把“窗、帘”两字贴在窗帘上；还请一女孩读，把写有“女孩”的卡片贴在她胸前……

没有繁琐的字形分析，没有繁琐的字义理解，学生在不知不觉中认会了生字，理解了意思。同时，教师没有花大量的时间制作“窗户、窗帘、小女孩”的课件，花里胡哨地、喧宾夺主地开发所谓的资源。

2. **减少低效环节，加强目标落实**

[教学案例]

花俏的导入

一位教师揭题华丽，形式花里胡哨，一个引题就花了十几分钟。互动交流时，我给了她一个实实在在的开门见山引题的建议，她若有所思地说：“我原来就是这么设计的，但是，因为您要来听课，我想创新些，所以就改成现在的样子了！”真是让人哭笑不得。

一切形式都得为内容服务，如果说为了悦人眼目，为了一味迎合听课教师的心理而在课上不断翻花样，那就是作秀，得不偿失。不管是公开教学还是平时教学，简简单单教知识，本本分分为学生，扎扎实实求发展才是常态教学追求的理想境界。

① 浙江省慈溪市教育局教研室　方蓉飞

教学之"自然美"

新课程教学中，有些教师存在着这样的困惑："一样的新教材，一样的新手段，一样的新方法，一样的新……，怎么没有一样的新效果？"要回答这个问题，我们选择几组教学案例的比较来进行透析——

[教学案例]

课件：是"一手遮天"？还是"见缝插针"？

A教师教学《圆的认识》时，把教学内容按照预设方案"按部就班"地悉数设计在课件中，在教师的频频点击下按照"既定方针"完成了教学任务。最后，黑板上一片空白，没有任何板书，因为这些都已经被安排在课件中"闪亮登场"了。

B教师教学《圆的认识》时，课件与板书双管齐下，"该出手时才出手"。最后，黑板上教师的板书一目了然，整齐、清楚、明白。

C教师教学《圆的认识》时，也把课件与板书"联姻"，辅助教学。不同的是教师的板书乱七八糟，最后在学生"不舒服要求整理"的"抗议"下，"麻烦"学生动一番脑筋，重新整理"刷新"记录。

[教学案例]

合作：是"一步到位"，还是"见机行事"？

A教师教学《三角形的面积计算》时，直接呈示一组思考提纲，让学生小组合作讨论、动手操作，按照提示"循序渐进"地推导出三角形的面积计算公式。

B教师教学《统计》时，课件播放动物园饲养员喂猴子吃饼干的动画。

随着播放速度的加快，学生在力不从心中自发要求合作完成统计任务。教师“顺应民心”，让学生自由组合成合作伙伴，并共同商定记录方法。

C教师教学《圆的认识》时，让学生利用圆形纸片探究圆的特征前，才发给学习小组一封信，告诉学生：“能独立研究的就独立研究，需合作研究的才合作研究。迫不得已时，再拆开信封，里面写着一些主要的研究思路，供参考。”

[教学案例]

情境：是“一应俱全”，还是“见微知著”？

A教师教学《认识乘法》时，课件呈现了一幅五彩缤纷、制作细致的动画“动物园的一角”。学生发现连连：“我发现这儿真好玩，有……”、“小河水在不停地流动呢”、“小河里还有鱼儿在游”、“小鸡的头在一动一动，它们是在啄米还是在啄虫子？”、“两座房子是小鸡的家还是小兔的家？”……

B教师教学《时分的认识》时，课件呈示了4个有关时间和钟表的谜语导入教学，学生费了好多时间才一一想出了谜底。接着课件呈现了许多各式各样漂亮的钟表：有卡通形的、有会鸣叫的、有会摇动的……，学生欣赏着，兴奋不已。

C教师教学《求平均数》时，课件呈现非洲干裂的土地画面：“在严重缺水的地区，平均每人每天的用水量约为3千克”，接着课件呈现小刚家用水统计图，计算小刚家平均每人每天的用水量……

基础教育课程改革让课堂教学翻开了新的一页：新的教学材料，新的教学手段，新的教学方式，新的教学环境……。众多外在的“新”情，出发点和归结点都应建立在教师内在的“心”情，心“新”才可成就真正的教学“新”面貌。

[生活事例]

你的心“新”了吗？

新年来了，老和尚要求让寺庙焕然一新。小和尚把器皿擦得光洁如新，把庭院打扫了一遍又一遍。老和尚最后却指了指小和尚的心口：“你的心新了吗？”小和尚恍然大悟：心情不新，是不能做出新事的。

教学也是如此，尽管教师采用了新的教学内容和新的教学形式，如果教学观念仍是陈旧的，或对新教学理念一知半解，或迫于一种不情愿的无奈，那么这些新的做法就可能停于表面，流于形式，成为一种被动的行为，成为一种时髦的追逐。

就如上述第一个案例中 A 教师不管什么，都用课件去包办，把课件当作万能工具；上述第二个案例中 A 教师不管什么，都用合作没商量，把合作视为固定程式；上述第三个案例中 A 教师、B 教师不管什么，都用情境来装扮，把情境绘成点缀饰品。此种“形似而神散”的教学“新”行为，只能造成教学的不真实、不自然。

[生活事例]

自然美

一次，老和尚让小和尚美化庭院。小和尚把一些旧的物品换成新的，并把庭院打扫得干干净净。老和尚最后却步入园中，用力摇动一棵树，抖落一地的树叶。老和尚说，庭院的美不只是崭新与洁净，更是一种自然美。

同理，教学也需要真实的自然美。而要达到这种教学境界，根本的是教师必须具有新的教学理念，一切为了学生的发展，才能使教学行为没有刻意雕琢的做作，没有牵强附会的别扭，使教学的新意符合学生的心意。更进一步讲，符合学生的心意才可成就教学的新意，适合学生发展的教学就是新的、活的、美的、好的。

就如上述第一个案例中 C 教师根据情况，对课件适而用之，把课件看作点化工具；上述第二个案例中 B 教师、C 教师根据情况，对合作择而从之，把合作变成内在需求；上述第三个案例中 C 教师根据情况，对情境选而待之，把情境视为衬托手段。在人本主义教学思想“心的呼唤”下，教师一定能营造出适合学生发展的绿色的、自然的教学“生态”环境，为新课程教学谱写出新的篇章。

[生活事例]

快乐的放弃

家里的盐快用完了，临到点火炒菜时才发现。实在不想再出门，将就对付完这一餐再说。

几碟油亮香浓的菜肴出了锅，只剩下最后一道素炒花椰菜了，盐盒被我倒了个底朝天，淡就淡一点吧。

翻炒了一会儿，咦，怎么那么香？我夹了一口品尝，菜还未入口清香已扑鼻而来，咸味不再主宰着蔬菜的滋味，只是作为一种陪衬，淡淡地衬托着花椰菜的可口。没加盐的花椰菜原来也那么好吃啊！那纯朴天然的香甜甚至令我产生了蓝天碧野般的浮想。

洁白的花椰菜谦逊地居于饭桌的一隅，可它扑鼻的花香却引来贪婪的筷子，花椰菜竟然在一桌五颜六色的菜肴中抢尽了风头。

真的很感慨，原来我们一直在用油盐酱醋等各种调味品麻醉着我们的味觉，把各种调味品增增减减变化出各种比例与配合，失去了大自然赠与我们的各种天然的滋味。为什么？因为我们的要求太高了，我们以为不断地增添各种调味品就能使我们的舌头更快乐。

岂止食事是如此呢？我们对生活要求得太多，衣食住行玩乐，样样都不甘落后，一件一件地负在肩上，坠在心头，最后反倒体味不到生活的原味了。

教育教学难道就不这样吗？教育教学的快乐其实也很简单，只要减少一点要求，放弃一些东西，放慢一下脚步，还课堂教学以本色，就能感受到自然的美好与香甜。

1. **本色课堂，力求朴实自然**

朴实的课堂没有华丽眩眼、哗众取宠的东西，但不急不躁、娓娓道来。这种课堂不是十分刻意地教给学生知识，而是在学生不知不觉的学习中，流露知识，学习知识，升华知识，一切都显得那么自然、轻松，水到渠成。

2. **本色课堂，力求去粗求细**

有效的课堂不在于其教学环节有多少花样，是多么的新奇。但每个环节之间需要精细化的设计，经过不断的琢磨，由粗及细的推敲，从而找到知识间的内在联系，使整个教学过程自然流畅，环环紧扣，波澜起伏，引人入胜，余味无穷。

在涂抹好教学的本色之后，我们还应当积极追求课堂教学的“建筑美”甚至“诗意美”。

教学的美体现在它的“建筑美”，美在课堂结构。课如流水，在流动过程中的起承转合，构成了一堂课的结构。高明的教师如同一位出色的建筑师，会把他的“房子”设计得新颖别致、美观大方。

一堂好课应是一个整体的“圆”，“美不在部分而在整体。”亚里士多德是这样阐述美的“整一性”的：“……一个非常小的活东西不能美，因为我们的观察处于不可感知的时间内，以至模糊不清；一个非常大的活东西，例如一个一万里长的活东西，也不能美，因为不能一览而尽，看不出它的整一性。这就像人，我们常看到一些面孔，就其中各部分孤立地看，就看不出丝毫优点；但是就整体看，它们却显得很美。”所以课堂结构设计应追求一种系统美。“圆”形的课，它的完整性、流畅性、延伸性、开放性，无不折射出迷人的美的气息，这是符合中国人传统的审美观念的。遵循画圆的规律，遵循学生学习的规律，我们可以展开这样的设计流程：“先找到一个支点，再拉出一条线，最后画成一个圆。”

例如：语文《打碗碗花》围绕一个“点”——“体会人物心情，练习有感情地朗读课文”分成三个层次展开教学流程，把这个“点”拉成了一条不枝不蔓的“主线”，而这条主线又充实了许多“血肉”，使之显得很“饱满”。拉线的过程是展开教学步骤的过程，必须做到线的流畅性、层次性、丰满性、延伸性。最后是“画圆”，整堂课的结构应相互融通、首尾呼应，是一个开放的圆，努力形成“曲径通幽”、“别有洞天”的意境。

教学的美还体现在它的“诗情美”。世界上有些属于心灵属于美的东西，往往与诗有关，是说不清或不需要说清的。最有“滋味”的课，是不容易说清楚好在哪里的，甚至不需要说清楚，就像一首诗，令人回味无穷。一堂好课应是老师诗意的表达和传述。

1. **散文诗——洒脱美**

课堂上为了维持课的流畅运行，教师要善于顺势引导，及时抓住课堂上生成的资源，进行巧妙的点拨、引领。这样的课堂状态看似散漫，实则集中。师生一起如同在山间闲步登山，或观光赏景，或嬉戏山涧，或歇息山亭，虽然登山的速度或快或慢，路线或曲或直，但目标却是明确而单一的——登上山顶。这样的课堂，流泻自由、放荡不羁、呈现洒脱，给人以美的享受。一堂好课应是一首优美的散文诗，形散神聚。

2. 叙事诗——充实美

一些人文内涵很丰富的课文，老师在课堂上应着力向学生呈现一个丰厚的文化背景，使课堂拥有浓浓的文化气息，给学生很大的信息量。就像一首恢宏磅礴的叙事诗，具有充实美。

3. 韵律诗——对仗美

一堂好课应像一首对仗工整的韵律诗，不论是平仄，韵脚，都处理得非常和谐，舒服。在课的流淌过程中，前后呼应，甚至细节处也会照应，给人以浑然一体，非常圆润的感觉。

最后，借用中央电视台的一句广告词“心有多大，你的舞台就有多大”，引申为“心有多新(新的教学理念)，你的舞台就有多新”。

琢玉在手，成玉在心。“心手”结合无间，做出的玉必是玉中珍品、上品。

这样用“心”打造的课堂教学才会焕发出“自然美”。

那些老师啊，你还会困惑吗?!

后记

我们常说"天时、地利、人和"，是世上芸芸众生生存之道。我想，和谐教育同样得"道"于此。其中，教育的"人和"无疑就是和谐的师生关系。

师生关系，"关"乎什么？"系"于什么？我认为，师生关系"关"乎教育的命运，"系"于教育的平等。

师生关系，是一个"首要"关注的问题，因为教育本质上是人(师)与人(生)之间的交往与沟通；师生关系，是一个"重要"把持的问题，因为师生关系直接影响着教育的状态与质量；师生关系，是一个"需要"研究的问题，因为无论是"刚性教育"无论是还是"柔性教育"、无论是"显性教育"还是"隐性教育"、无论是"正面教育"还是"反面教育"、无论是"顺势教育"还是"逆势教育"等，种种教育艺术值得我们讨论。

编完全书，我的感觉是，师生关系范围广泛，让人难以尽收眼底，一目了然；师生关系错综复杂，让人难以尽控掌中，挥洒自如。不同的教育观念，不同的教育对象，不同的教育环境，不同的教育方法，不同的教育评价，就会有不同的师生关系。但无论如何，师生关系都应该有一条"情感热线"维系两头，师生关系都应该有一条"情感通道"联系双方，师生关系都不应该因各种干扰而出现"断线"、"断路"，使学生心灰意冷，从而阻碍学生学习生活的上升空间，减缓学生学习生活的上升指数。

最后，对于书稿本身的问题，我想，我们读者与作者之间是否也能建立一条"情感热线"、"情感通道"，把你的一些读后感发至我的电子邮箱 yyh@e172.com 或 13861472533@e172.com，共同为师生关系的和谐艺术作更广泛、更深入的探讨与交流。我期待着这一天……

严育洪

2007 年 2 月编写于江苏无锡